2025年版

ユーキャンの

旅行業務取扱管理者

過去問題集 総合

[おことわり]

本書は執筆時点2025年1月31日現在において施行されている法令・制度および2025年4月1日までに施行されることが判明している法令・制度に基づいて編集されたものです。本書の掲載内容について、執筆時点以降の法改正・制度改正情報などにより変更が生じ2025年度試験の対象になるものについては、『ユーキャンの本』ウェブサイト内「追補（法改正・正誤）」コーナーにてお知らせいたします。

https://www.u-can.co.jp/book/information

※「国内旅行実務」「海外旅行実務」科目におけるJR・航空各社・貸切バスの運賃・料金額や規則についてはP15をご確認ください。

はしがき

旅行業務取扱管理者は、法律により「営業所ごとに必ず１人以上選任すること」が義務づけられています。旅行業を営むに当たり、**なくてはならない**、いわゆる「法定資格」ですから、努力して合格を目指すだけの価値ある資格だといえます。受験に当たり、**年齢、学歴などの制限がなく**、また**合格者の人数制限もありません**ので、**誰もが合格を狙える国家試験**です。

総合旅行業務取扱管理者試験では「**すべての科目**で**60％以上**を得点すること」が合格基準として公表されています。つまり、ある科目が満点であったとしても、いずれか１科目でも合格基準を下回った時点で合格できないわけですから、受験対策としては「**極端に苦手な科目をつくらない**こと」が何より大切です。少し荒っぽい表現でいうと、「あえて満点を目指さず、どの科目でも安定して合格基準点に達するための対策を練ること」が合格への近道だといえます。

本書は、重要事項をマスターし、確実に**合格基準点に達する知識**を身につけることを目的として、ユーキャンの通信教育「旅行業務取扱管理者講座」の講師陣が編集・制作した「総合試験の受験対策」にうってつけの１冊です。**過去に出題された問題から厳選したテーマ別の良問**と、直近の**本試験問題**とで構成され、受験生が**無理なく、無駄なく基礎力・応用力を高められる**構成になっています。また、通信講座教材の制作ノウハウを活かし“ポイント整理”“キーワード”“ここがねらわれる！”などのコラムを設け、問題を解くことに加え、解説を読むことで、さらに踏み込んだ知識を補えるよう、さまざまな工夫を凝らしています。

姉妹書「旅行業務取扱管理者 速習レッスン」とともに、本書がこの試験の合格を目指す方のパスポートとなり、１人でも多くの方が合格の栄冠を勝ち取られることを願っております。

ユーキャン旅行業務取扱管理者試験研究会

西川　美保

本書の使い方

STEP1 テーマ別の重要問題に取り組もう！

まずは､P15～P371の｢テーマ別問題｣を解き、本試験で頻出の重要テーマを学習しましょう。姉妹書の『2025年版 国内・総合旅行業務取扱管理者 速習レッスン』などのテキストで学習した箇所から取り組むと学習効果が高まります。解答を確認する際には、必ず解説をすべて読んで理解を深めましょう。繰り返し学習のため、間違えた問題や知識があやふやな問題にはチェックをつけておくとよいでしょう。

STEP2 本試験問題に挑戦！

「テーマ別問題」での学習を終えたら、本試験問題にチャレンジしましょう。本番と同じ条件で取り組んでみると、時間配分などの確認ができます。別冊の｢解答･解説｣で採点して実力を確かめたら、正解・不正解を問わず、しっかりと解説を読み知識の再確認をすることが大切です。

重要度を表示

A B C

高 重要度 低

出題傾向の分析などから、学習の指針として３段階の重要度表示を行っています。

出典＆改題を明記

テーマ別問題については、何年度の試験で出題されたかを表示しています（引用が複数年度に及ぶ場合は、該当年度を列挙しています）。また、法改正・制度変更等による変更や、学習効果等を考えたうえで必要なものについては「改」表示をして改題を行っています。

【凡例】

令 5- 改

→ 令和５年度の問題を改題

---

6 営業保証金

問題9 重要度 A 令4 ✓□□

営業保証金制度に関する次の記述のうち、正しいものはどれか。

a．旅行業者が供託すべき営業保証金の額は、前事業年度における旅行業務に関する旅行者との取引の額または国土交通省令で定める額に応じて算定されるが、この旅行者との取引の額には当該旅行業者の受託契約に基づく受託旅行業者の取扱いによるものは含まれない。

b．旅行業者は、営業保証金を供託したときは、直ちにその事業を開始することができる。

c．新規登録を受けた旅行業者が供託すべき営業保証金の額は、登録の申請時に添付した書類に記載した年間取引見込額により算定した額とする。

d．旅行業者の主たる営業所の最寄りの供託所に供託すべき営業保証金は、現金に限られる。

問題10 重要度 A 令5 ✓□□

営業保証金制度に関する次の記述のうち、正しいものをすべて選びなさい。

a．変更登録を受けた旅行業者が、その登録を受けた事業年度に供託すべき営業保証金の額は、前事業年度における旅行業務に関する旅行者との取引の額に応じて、業務の範囲の別ごとに、国土交通省令で定めるところにより算定した額である。

b．営業保証金は、特別の法律により法人が発行する債券をもって、これに充てることができる。

c．旅行業者代理業者が供託すべき営業保証金の額は、その所属する旅行業者の登録業務の範囲の別ごとに、国土交通省令で定めるところにより算定した額である。

d．旅行業者等との旅行業務に関する取引によって生じた債権に関し、旅行業者が供託している営業保証金について、その債権の弁済を受ける権利を有する者は、旅行者に限られる。

＊＊＊

STEP3 繰り返し学習が効果的！

STEP1 でチェックした問題、STEP2 で間違えた問題など、自分が不得意なテーマを中心に、あらためて問題に取り組む、テキストに戻って復習するなど、繰り返し学習を心がけ知識を確実なものにしてください。仕上げとして本試験問題に再チャレンジすることをおすすめします。

6 営業保証金

旅行業法

問題 9 解説 解答 c

a．**誤り。**営業保証金を算定する場合の「**前事業年度における旅行業務に関する旅行者との取引の額**」には、その**旅行業者自身の営業所における取引の額**のほか、次の２つが含まれる。

① 自社に所属する**旅行業者代理業者の取引額**

② 自社の実施する募集型企画旅行の**受託契約に基づく他社の販売額**

b．**誤り。**旅行業者は、**登録の通知を受けた日から 14 日以内に**、「供託物受け入れの記載のある供託書の写し」を添付して、**営業保証金を供託した旨を登録行政庁に届け出**なければならず、その届出をした後でなければ、**事業を開始することはできない。**

c．**正しい。**記述のとおり。なお、**変更登録**を受けた場合も同様である。

d．**誤り。**営業保証金は、**金銭（現金）**のほか、**国債証券、地方債証券その他の国土交通省令で定める有価証券**によって供託することができる。

問題 10 解説 解答 b，d

a．**誤り。変更登録**を受けた旅行業者が、その登録を受けた事業年度に供託すべき営業保証金の額は、**登録の申請時に添付した書類（事業計画など）**に記載した「旅行業務に関する旅行者との**年間取引見込額**」で算定される。

b．**正しい。**“特別の法律により法人が発行する債券”は、国土交通省令で定める有価証券に該当するので、本肢の記述は正しい。

c．**誤り。旅行業者代理業者は営業保証金を供託する義務はない。**登録に当たって営業保証金の供託が求められるのは**旅行業者のみ**である。

d．**正しい。**旅行業者が供託している営業保証金から**債権の弁済を受ける権利（還付請求権）を有する**のは、その旅行業者と旅行業務に関する取引をした**旅行者のみ**である。

以上により、b、dを選ぶのが正解である。

ポイント整理 営業保証金の額（最低額）

営業保証金の額（取引額 400 万円未満の場合）			
第１種旅行業	第２種旅行業	第３種旅行業	地域限定旅行業
7,000 万円	1,100 万円	300 万円	15 万円

※旅行業者の主たる営業所の最寄りの供託所に供託する。

得点に結びつく補足解説

キーワード

押さえておきたい重要な用語や専門用語を詳しく解説しています。

ポイント整理

問題のテーマに関して試験に直結する重要事項を整理し詳しく解説しています。学習期の知識整理や、直前期の見直しに有効です。

試験で問われやすいポイントを解説しています。

※掲載しているページは、「本書の使い方」を説明するための見本です。

ユーキャンの総合旅行業務取扱管理者

過去問題集

目次

●テーマ別問題●

旅行業法及びこれに基づく命令

旅行業約款 運送・宿泊約款

国内旅行実務

海外旅行実務

令和6年度総合試験

※「テーマ別問題」および「総合試験」で使用する資料は、それぞれ別冊巻頭に掲載しています。

資格について

❶ 旅行業務取扱管理者とは

旅行業を営む場合に、原則として営業所ごとに1人以上置かなければならないと法律（旅行業法）で定められているのが、旅行に関する業務全般を取り扱う責任者（管理者）である「旅行業務取扱管理者」です。

旅行業務を取り扱う営業所において、旅行者との取引にかかわる旅行サービスの確実性、取引条件の明確性、その他取引の公正を確保するために、以下の各事項についての管理・監督に関する事務等を行います。

① 旅行に関する計画の作成に関する事項
② 旅行業務の取扱い料金の掲示に関する事項
③ 旅行業約款の掲示および備え置きに関する事項
④ 取引条件の説明に関する事項
⑤ 契約書面の交付に関する事項
⑥ 広告に関する事項
⑦ 企画旅行の円滑な実施のための措置に関する事項
⑧ 旅行に関する苦情の処理に関する事項
⑨ 契約締結の年月日、契約の相手方その他の旅行者または旅行に関するサービスを提供する者と締結した契約の内容に係る重要な事項についての明確な記録または関係書類の保管に関する事項
⑩ 前述①～⑨に掲げるもののほか、取引の公正、旅行の安全および旅行者の利便を確保するため必要な事項として観光庁長官が定める事項

旅行業務取扱管理者は、取り扱える業務の範囲により次の3種類があります。

◆**総合**旅行業務取扱管理者：**国内・海外**の旅行業務を取り扱える
◆**国内**旅行業務取扱管理者：**国内**の旅行業務のみを取り扱える
◆**地域限定**旅行業務取扱管理者：**拠点区域内**の旅行業務のみを取り扱える

※拠点区域内…営業所のある市町村（および隣接する市町村）の区域内

これら3つの資格を認定するため、「総合旅行業務取扱管理者試験（以下、総合試験）」「国内旅行業務取扱管理者試験（以下、国内試験）」「地域限定旅行業務取扱管理者試験（以下、地域限定試験）」が実施されます。

❷ 総合試験の概要

受験資格

年齢、性別、学歴、国籍等に関係なく、どなたでも受験できます。また、同じ年に国内試験と総合試験の両方を受験することもできます。

※ただし、「過去一定期間内に実施された旅行業務取扱管理者試験で不正行為を行った者」は受験資格はありません。

試験スケジュール

願書受付期間	7月上旬～8月上旬
試験日	10月下旬の日曜日
合格発表日	12月中旬

※上記スケジュールは2024年度の試験日程をもとに作成しています。2025年度の試験の実施概要については変更になる可能性がありますのでご注意ください。

受験申込方法

願書をインターネットもしくは試験実施団体から郵送で入手し、必要事項を記入の上、試験実施団体へ簡易書留で提出します。詳しくは、試験実施団体のホームページ等でご確認ください。

受験手数料

6,500円

試験地

以下の都道府県で実施されます（2024年度実績に基づく）。

北海道、宮城、東京、愛知、大阪、広島、福岡、沖縄

※試験会場が複数ある試験地では、受験者が試験会場を選択することはできません。受験票に記載された試験会場で受験することになります。

試験科目・出題数・試験時間

試験科目	配点・問題数	試験時間
旅行業法及びこれに基づく命令	100点（25問）	80分（午前）
旅行業約款、運送約款及び宿泊約款	100点（30問）	
国内旅行実務	100点（32問）	120分（午後）
海外旅行実務	200点（52問）	

※問題数は、2024年度試験実績です。

出題形式

択一選択式および多肢選択式（マークシート方式）。

受験科目の免除について

① 科目免除制度

国内旅行業務取扱管理者（旧主任者を含む）資格をお持ちの方は、合格の次年度以降に総合試験を受験する場合、「旅行業法」「国内旅行実務」の２科目が免除となります。

② 科目合格制度

試験において、「国内旅行実務」または「海外旅行実務」が合格基準点に達した場合、その科目を一部合格とし、翌年の試験においてのみ当該科目の受験が免除されるという科目合格制度があります。ただし、国内試験、総合試験の相互間の免除は認められていません。詳しくは、試験実施団体のホームページ等でご確認ください。

合格基準

合格ラインは、各科目それぞれで満点の６割～６割５分以上の得点と推測されます。なお、過去３年間の合格ラインは、各科目それぞれで６割以上でした。

過去の試験実施状況

年度	受験者数	合格者数	合格率
2022年度	2,064	278	13.5%
2023年度	2,102	167	7.9%
2024年度	2,112	279	13.2%

※「４科目受験」のデータです。

❸ 総合試験実施団体

〒100-0013　東京都千代田区霞が関３－３－３全日通霞が関ビル３階

TEL：03-3592-1277（試験係）

ホームページ：https://www.jata-net.or.jp/

出題分析と試験対策

総合試験の受験科目は、「旅行業法」と「約款」からなる法規２科目、「国内旅行実務」と「海外旅行実務」からなる実務２科目、合計４科目で構成されています。本書を利用するに当たり、各科目の出題傾向および特徴、学習対策を確認しましょう。

旅行業法（旅行業法及びこれに基づく命令）

1．出題実績（2024年度）

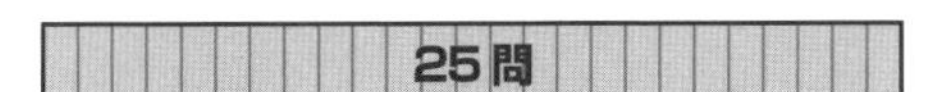

全25問（25問×4点＝100点）

2．傾向と対策

●類似問題が繰り返し出題される

出題数や問われるテーマは例年ほぼ同じで、過去問題の選択肢をばらしてつなぎ直したような問題が大半を占めています。一言でいうと「**過去問題の焼き直し**」の要素が高く、「問題への取組み」が必要不可欠です。

●早めに問題に取り組もう

旅行業法の全体像をざっくりと理解したら、早めに問題演習中心の学習に切り替えましょう。**学習初期**において「**どのあたり**から、**どのレベル**の問題が出題されているのか」を**確認**することが、以降の効率良い学習につながります。

「まだ勉強が進んでいないので過去問題はもう少し後で…」と問題への取組みを後回しにする方がいますが、初期段階においては「解けるかどうか」は重要ではありません。「知識の習得・定着」を目的として積極的に問題を活用しましょう。

●条項番号を覚える必要はない!!

本書に掲載された問題を見てもわかるとおり、設問文の中に「第△条に基づく…」など、条項番号が記述される場合があります。これは単に設問の設定上、適用する条項番号を特定しているにすぎませんので、これらの**条項番号を暗記する必要はありません**。

 約款（旅行業約款、運送約款及び宿泊約款）

1. 出題実績（2024年度）

標準旅行業約款	運送・宿泊約款
20問	10問

標準旅行業約款　内訳

募集型	11問
（うち1問は団体・グループ契約）	
受注型	2問
旅程保証	2問
特別補償規程	2問
手配	1問
募集型・受注型共通	1問
相談・渡航	1問

運送・宿泊約款　内訳

国際運送約款	5問
国内旅客運送約款	3問
貸切バス約款	1問
モデル宿泊約款	1問

全30問（20問×4点=80点、10問×2点=20点）

2. 傾向と対策

●出題の中心は「標準旅行業約款」

全体の8割（20問）が標準旅行業約款から出題されています。合格基準点は60％以上（つまり60点）ですから、標準旅行業約款を完璧にクリアすることで合格基準点に達することも可能です。なかでも「募集型・受注型企画旅行契約」が出題の柱ですから、まずはここを攻略することを目標としましょう。

●募集型と受注型の内容は9割が共通

「**募集型**企画旅行契約」と「**受注型**企画旅行契約」は、大半の規定が**共通**しています。「募集型企画旅行契約」に関する問題を解くに当たり、「受注型の場合ならどうなるか」を意識しながら学習するとより効果的です。「手配旅行契約」と「旅行相談契約」「渡航手続代行契約」は、出題される事項がある程度確定されています。本書に掲載した問題をすべて解けるようになれば、あとは応用力でおおよその問題には対処できるでしょう。

●運送・宿泊約款は重要事項をピンポイントで

「国際運送約款」「国内旅客運送約款」「モデル宿泊約款」「貸切バス約款」が出題の中心で、年度によって「フェリー約款」が1問程度出題されることもあります。内容は易しく、ひねった問題も出題されないのが特徴です。問題を解きながら、日数、金額、個数などの数字を暗記し、得点アップを図りましょう。

国内旅行実務

1. 出題実績（2024年度）

国内運賃・料金	国内観光資源（地理）
12問	20問

国内運賃・料金 内訳
JR ……………… 6問
国内航空 ……… 2問
宿泊 …………… 2問
貸切バス ……… 1問
フェリー ……… 1問

全32問（12問×5点=60点、20問×2点=40点）

2. 傾向と対策

● JRの攻略が合否を左右する

各種運送・宿泊機関の運賃・料金の計算手順について出題されます。なかでもJR運賃・料金はルールや計算手順が複雑なことから、大半の受験生が苦手意識を抱く分野であると同時に、最も得点しにくく、なおかつ**攻略に時間がかかる**のが特徴です。とはいえ、JRからの出題が多く、配点も高い傾向にありますので、JRの攻略は避けて通れません。あせらず、じっくりと取り組みましょう。なお、試験では電卓の使用が禁止されていますが、本書掲載の問題を見てもわかるとおり、**計算式そのものが選択肢になっている**問題が多く、手計算を必要とするような問題はごくわずかです。

●学習初期段階では解けなくて当然

学習初期段階では解けない問題のほうが圧倒的に多いはず。解けないときは「**テキストを読むようなつもり**」で**素直に解説を読む**ことをおすすめします。解説を読み、それでも難しく感じるときは、まだその部分の知識が足りないということです。このようなときは、いったん問題を解く手を止め、テキストに戻って該当事項を復習しましょう。この繰り返しが知識の定着につながります。

●国内観光資源

100点満点のうち、40点（20問×2点）が「国内観光資源」の分野から出題されます。日本全国の自然資源、観光施設、民芸･工芸品、芸能、行事などについて「**広く浅い知識**」が求められます。**旅行パンフレット**は地理の学習にはうってつけの資料です。旅行のプランニングをするつもりで、楽しみながら取り組むのが学習継続のコツといえます。

海外旅行実務

1. 出題実績（2024年度）

国際航空運賃	旅行実務	語学	出入国関係	海外観光資源（地理）
8問	8問	8問	8問	20問

旅行実務　内訳

都市、航空会社コード………2問
時差・飛行所要時間…………2問
宿泊・クルーズ・鉄道………1問
シェンゲン協定・通貨………1問
その他…………………………2問

出入国関係　内訳

旅券法………………4問
外国人の出入国……1問
税関・検疫…………3問

全52問（32問×5点=160点、20問×2点=40点）

2. 傾向と対策

●「時間配分」と「合格基準点」に注意

海外旅行実務の試験時間は、国内旅行実務と合わせて「**120分（2時間）**」です。国内旅行実務「32問」と海外旅行実務「52問」の合計84問の問題を解くことを考えると余裕があるとはいえません。試験直前期には、実際に「時間を計って」問題に取り組み、**時間内に全問を解き終えるスピード**を身につけておきましょう。また、海外旅行実務の**満点は200点**です。合格基準点は他の科目同様に60%以上ですので、この科目では、**120点以上**を目指すことになります。

●別冊の「資料」を使用する

本書にあるとおり、試験でも海外旅行実務用に**別冊**で「資料」が提示されます。問題とそれに必要な資料を照らし合わせながら解答しなければならないので、短時間で必要な情報を見つけられるように、あらかじめ**資料の見方**を把握しておくことが大切です。なお、試験で提示される資料は「A4」サイズなので、本書の資料よりも見やすい大きさとなっています。

●試験では電卓の使用は不可

「国際航空運賃」の問題を解く際に、「＋」「－」「×」「÷」の計算を行うことがあります。単純な計算ではありますが、いざ手計算をしようとすると、予想以上に時間がかかることがあります。試験では「電卓の使用は不可」なので、**試験直前期には手計算に切り替える**ことをおすすめします（学習の初期段階では、電卓を使用したほうが効率的です）。

ユーキャンの総合旅行業務取扱管理者「過去問題集」

テーマ別問題

「テーマ別問題」では、196問の過去問題をテーマ別に収録しています。それぞれのテーマを理解し、習熟度を確認するために最適な問題を厳選していますから、今勉強しているテーマの問題にどんどんチャレンジし、実際の試験ではどのように問われるのかを確認しましょう。

※消費税率引き上げ等に伴い、資料として提示されているJR・航空各社・貸切バスの運賃・料金額に変更が生じていますが、本書は試験実施当時の出題意図に沿うことを目的として、運賃・料金額の修正はしていません（原則として出題当時の額を掲載）。これらの額は暗記が不要なため、試験対策上、問題演習として取り組むうえで不都合はありません。
※国際航空運賃で使用する規則や運賃のなかには、運賃の名称や規則の内容が変更になったものが含まれていますが、問題演習として十分参考になるため、原則として試験実施当時のまま掲載しています。

文章問題の出題形式について

総合試験で出題される問題は、大きく「**文章問題**」と「**計算問題**（または資料の読取り問題）」とに分類できます。中でも文章問題は次の①～③に示すとおり、**3種類**の形式で出題されている点を理解しておきましょう。

①正しい（または誤っている）ものを一つ選ぶ

例：～に関する次の記述のうち、正しいものはどれか

②正しい（または誤っている）ものの組み合わせで正しいものを一つ選ぶ

例：～に関する次の記述のうち、正しいもの（誤っているもの）をすべて選んでいるものはどれか

③正しい（または誤っている）ものをすべて選ぶ

例：～に関する次の記述のうち、誤っているものをすべて選びなさい

上記①と②は、いずれも解答用紙（マークシート）への記入は1箇所のみですが、③の場合は該当する**複数**の箇所に**マーク**することになります。

特に③については、すべての選択肢について確実な正誤判断が要求されますので、いわゆる「消去法」では正答にたどり着けません。選択肢ごとに「正しい」「誤り」を確実に判断できるよう、また「誤り」の選択肢は、解説文を参考にしながら「どこが誤りなのか」まで理解できるように意識しながら問題を解く習慣をつけましょう。

※本書掲載の問題のうち設問文の末尾に、**「～はどれか」**とある場合は①または②の形式を、**「～をすべて選びなさい」**とある場合は③の形式を指しているものとします。

※試験における実際の出題形式は、本書巻末掲載の「総合旅行業務取扱管理者試験」をご参照ください。

旅行業法及び
これに基づく命令

1 旅行業法の目的

問題1　重要度 A　令5　✔

次の記述から、「法第１条（目的）」に定められているものをすべて選びなさい。

a．旅行の安全の確保
b．旅行業務に関する取引の公正の維持
c．旅行業等を営む者について研修制度を実施
d．旅行者の利便の増進

問題2　重要度 A　令1

次の空欄（ア）～（エ）に当てはまる語句の組み合わせで、正しいものはどれか。

法第１条（目的）
この法律は、旅行業等を営む者について登録制度を実施し、あわせて旅行業等を営む者の業務の適正な（ア）するとともに、その組織する団体の（イ）を促進することにより、旅行業務に関する（ウ）の維持、旅行の安全の確保及び旅行者の（エ）を図ることを目的とする。

	（ア）	（イ）	（ウ）	（エ）
a．	体制を確保	公正な活動	取引の自由	利便の向上
b．	運営を確保	適正な活動	取引の公正	利便の増進
c．	運営を確保	公正な活動	取引の自由	利便の増進
d．	体制を確保	適正な活動	取引の公正	利便の向上

問題 1　解説　解答 a , b , d

旅行業法第１条には、旅行業法の目的として、次の６項目が規定されている。

① 旅行業等を営む者についての**登録制度**の実施

② 旅行業等を営む者の**業務の適正な運営の確保**

③ **旅行業等を営む者が組織する団体の適正な活動の促進**

④ 旅行業務に関する**取引の公正の維持**

⑤ **旅行**の**安全の確保**

⑥ **旅行者**の**利便の増進**

ａ、ｂ、ｄは旅行業法第１条(目的)に定められているが、ｃは定められていない。したがって、ａ、ｂ、ｄを選ぶのが正解である。

問題 2　解説　解答 b

旅行業法第１条の条文は、下記「キーワード」参照。(ア) **運営を確保**、(イ) **適正な活動**、(ウ) **取引の公正**、(エ) **利便の増進**が適切なので、ｂが正解である。

キーワード　旅行業法第１条（全文）

この法律は、旅行業等を営む者について**登録制度を実施**し、あわせて**旅行業等を営む者**の**業務の適正な運営を確保**するとともに、その**組織する団体**の**適正な活動を促進**することにより、**旅行業務に関する取引の公正の維持**、**旅行の安全**の**確保**及び**旅行者**の**利便の増進**を図ることを目的とする。

一字一句暗記する必要はないが、太字部分を覚えておくことで、おおよそ、どの問題でも対応できる。第１条（目的）は、毎年同じような問題が出題されるので、確実に得点できるようにしておこう。

2 登録の要否・定義

問題3 重要度 A 令5 ✓

報酬を得て、次の行為を事業として行う場合、旅行業の登録を受けなければならないものをすべて選びなさい。

a．鉄道事業者が、自社の鉄道を利用して、ウォーキングと昼食をセットにした日帰りツアーを自ら企画し販売する行為
b．コンビニエンスストアを営む者が、観劇やイベント等の入場券のみを販売する行為
c．会員制リゾートホテル事業を営む者が、会員を対象に、他人の経営する貸切バスを使用して、昼食付の日帰りツアーを自ら企画し販売する行為
d．登山用品の専門店を営む者が、他人の経営する宿泊サービスとトレッキングをセットにしたツアーを自ら企画し販売する行為

問題4 重要度 A 令4 

報酬を得て、次の行為を事業として行う場合、旅行業または旅行業者代理業の登録を受けなければならないものをすべて選びなさい。

a．観光案内所が、旅行者からの依頼を受け宿泊施設を手配し、当該宿泊施設から手数料を受け取る行為
b．バス会社が自社のバスを利用して、プロ野球観戦と昼食をセットにした日帰りツアーを販売する行為
c．宿泊事業者が、自ら提供する宿泊サービスと他人の経営する農園でのリンゴ狩り体験の利用券をセットにした宿泊プランを販売する行為
d．船会社が、自社の客船を使ったクルーズ旅行において、旅行者の依頼により寄港地で半日観光付きタクシープランを手配する行為

問題3 解説 解答 c，d

a．**登録は不要。**鉄道事業者（運送業者）が、**自らの事業範囲内の行為**である運送サービスを提供し、これにウォーキング、昼食などの**運送等関連サービス**（運送・宿泊サービス以外の旅行サービス）を付加して販売する行為は、旅行業に該当しない。したがって、登録は不要である。

b．**登録は不要。**観劇やイベント等の入場券など**運送等関連サービスの販売を単独で（運送・宿泊サービスの手配に付随せずに）**行う場合、旅行業の登録は不要である。

c．**登録が必要。**宿泊業者が**他人の経営する貸切バス（運送サービス）**を手配し、販売する行為は旅行業に該当する。したがって、登録が必要である。

d．**登録が必要。他人の経営する宿泊サービス**を手配し、販売する行為は旅行業に該当する。したがって、登録が必要である。

以上により、c、dを選ぶのが正解である。

問題4 解説 解答 a，d

a．**登録が必要。旅行者からの依頼を受けて、他人の経営する宿泊施設の手配**をし、その報酬として**宿泊施設から手数料を受け取る行為**は旅行業に該当するため、観光案内所であっても、登録が必要である。

b．**登録は不要。**運送事業者が**自らの事業範囲内の行為**である運送サービスを提供し、これにプロ野球観戦や食事などの**運送等関連サービス**（運送・宿泊サービス以外の旅行サービス）を付加して販売する行為は旅行業に該当しない。したがって、登録は不要である。

c．**登録は不要。**宿泊事業者が**自らの事業範囲内の行為**である宿泊サービスを提供し、これにリンゴ狩り体験の利用券などの**運送等関連サービス**を付加して販売する行為は旅行業に該当しない。したがって、登録は不要である。

d．**登録が必要。**船会社（運送事業者）が自ら運航する客船を利用し運送サービスを提供する行為は、当該船会社の事業範囲内の行為であるため旅行業の登録は不要だが、これに加え、**旅行者の依頼により、他人の経営する運送サービスの手配**をする場合は、旅行業の登録が必要である。

以上により、a、dを選ぶのが正解である。

3 旅行業等の登録（1）

問題5　重要度 A　令5　✓□□

旅行業または旅行業者代理業の登録に関する次の記述のうち、正しいものをすべて選びなさい。

a．旅行業者が有効期間の更新の登録の申請をしようとするときは、有効期間の満了の日の2月前までに、登録行政庁に更新登録申請書を提出しなければならない。

b．旅行業者代理業者が、新たに地域限定旅行業を営もうとするときは、主たる営業所の所在地を管轄する都道府県知事に新規登録申請書を提出しなければならない。

c．法人である第1種旅行業者の代表者の氏名に変更があったときは、その日から30日以内に観光庁長官の行う変更登録を受けなければならない。

d．旅行業の登録の有効期間は、登録の日の翌日から起算して5年である。

問題5　解説　**解答**　a，b

a．**正しい**。記述のとおり。旅行業の登録の有効期間が満了した後も引き続き旅行業を営もうとするときは、**有効期間満了日の2か月前までに**登録行政庁に対して、申請書を提出して**更新登録の申請**をしなければならない。

b．**正しい**。旅行業者代理業者が新たに旅行業を営もうとするときは、**旅行業の新規登録の申請**が必要となる。地域限定旅行業の新規登録の申請先は、記述のとおり、主たる営業所の所在地を管轄する都道府県知事である。

c．**誤り**。**法人**である旅行業者等の“**代表者の氏名**”は登録事項の一つである。代表者の氏名に変更が生じたときは、**その日から30日以内**に登録行政庁に**登録事項の変更の届出**をしなければならない。したがって、“**変更登録**を受けなければならない”とする本肢の記述は誤りである。

なお、**変更登録**とは、**旅行業者**（第1種、第2種、第3種、地域限定旅行業者）**相互間**で**登録業務範囲を変更する**ときに行う手続きである。

d．**誤り**。**旅行業**の登録の有効期間は、**登録の日から起算して5年**である。したがって、“登録の日の**翌日**から起算して5年”とする本肢の記述は誤りである。

以上により、a、bを選ぶのが正解である。

ポイント整理　**登録の申請先**

		登録の申請先（登録申請書の提出先）
旅行業	第1種旅行業	観光庁長官
	第2種旅行業	旅行業等または旅行サービス手配業を営もうとする者の主たる営業所の所在地を管轄する都道府県知事
	第3種旅行業	
	地域限定旅行業	
旅行業者代理業		
旅行サービス手配業		

＊**変更登録**（第1種、第2種、第3種旅行業者、地域限定旅行業者相互間の登録業務範囲の変更）の場合は、**新たな（変更後の）**業務範囲を上表に当てはめた登録行政庁に対して申請する。

3 旅行業等の登録（2）

問題6　**重要度 A**　平27・令2-改　✓□□

旅行業または旅行業者代理業の登録に関する次の記述のうち、正しいものをすべて選びなさい。

a．第3種旅行業者が、第1種旅行業への変更登録の申請をしようとするときは、主たる営業所の所在地を管轄する都道府県知事に変更登録申請書を提出しなければならない。

b．旅行業者代理業者が、主たる営業所の所在地を都道府県の区域を異にする所在地に変更したときは、その日から30日以内に、変更後の主たる営業所の所在地を管轄する都道府県知事に登録事項変更届出書を提出しなければならない。

c．第1種旅行業者の営業所において、選任されている旅行業務取扱管理者に変更があったときは、その旨を観光庁長官に届け出なければならない。

d．地域限定旅行業の登録を申請する者が、100万円以上の基準資産額を有しない場合は、登録を拒否される。

問題 6　解説　解答　b，d

a．**誤り。**P23「ポイント整理」参照。旅行業者がその登録業務範囲を**第1種旅行業に変更**しようとするときは、**観光庁長官**に対して、**変更登録の申請**（「変更登録申請書」の提出）をしなければならない。したがって“主たる営業所の所在地を管轄する都道府県知事に”とする本肢の記述は誤りである。

b．**正しい。**旅行業者等の“**主たる営業所の所在地**”は登録事項の一つである。旅行業者代理業者がその主たる営業所の所在地を、これまでとは異なる**別の都道府県に変更**した場合は、**その日から30日以内**に、**変更後の**主たる営業所の所在地を管轄する**都道府県知事**に対して、**登録事項の変更の届出**（「登録事項変更届出書」の提出）をしなければならない（第2種旅行業者、第3種旅行業者、地域限定旅行業者、旅行サービス手配業者の場合も同じ）。

c．**誤り。**営業所において“選任されている**旅行業務取扱管理者**”は、そもそも旅行業の登録事項として定められていない。したがって、これに変更があったとしても、**登録行政庁への届出は不要**である。

d．**正しい。**P27「ポイント整理」の⑩参照。**旅行業**を営もうとする者であって旅行業を遂行するために必要と認められる**財産的基礎（基準資産額）を有しないものは、旅行業の登録の拒否事由に当たる。地域限定旅行業**を営もうとする者に求められる基準資産額は**100万円以上**なので、本肢の記述は正しい。

以上により、b、dを選ぶのが正解である。

キーワード　更新登録・変更登録の申請、登録事項の変更の届出

- **更新登録の申請**（申請期限：**有効期間満了日の2か月前まで**）
  旅行業の登録の有効期間満了後、引き続き旅行業を営もうとするときの申請をいう。
- **変更登録の申請**（申請期限：定めなし）
  旅行業者間（第1種、第2種、第3種旅行業者、地域限定旅行業者相互間）で**登録業務範囲を変更**するときの申請をいう。

＊申請期限に定めはないが、登録の通知があるまでは、変更後の業務範囲にかかわる業務を行うことはできない。

＊**旅行業⇔旅行業者代理業の変更**の場合は変更登録ではなく、**新規登録の申請**が必要。

- **登録事項の変更**の**届出**（届出期限：**変更が生じた日から30日以内**）
  旅行業者等または旅行サービス手配業者の氏名（商号・名称）、住所、**法人の代表者名、主たる営業所およびその他の営業所の名称・所在地**などが変更したときの届出をいう。

4 登録の拒否

問題 7　重要度 A 令4 ✔□□

次の記述のうち、旅行業または旅行業者代理業の登録の拒否事由に該当しないものはどれか。

a. 営業に関し成年者と同一の行為能力を有しない未成年者でその法定代理人が、暴力団員による不当な行為の防止等に関する法律に定める暴力団員等である者

b. 第3種旅行業の登録を申請する者が、300万円以上の基準資産額を有しないもの

c. 法人であって、その役員のうちに申請前5年以内に公職選挙法に違反して、罰金の刑に処せられた者があるもの

d. 精神の機能の障害により旅行業または旅行業者代理業を適正に遂行するに当たって必要な認知、判断および意思疎通を適切に行うことができない者

問題7 解説 解答 c

ａは下記「ポイント整理」の⑤および③に、ｂは⑩に、ｄは⑥のａ（＊）に当たるので、いずれも登録の拒否事由に該当する。ｃは⑦および②にあるとおり、**法人の役員**のうちに「**禁錮以上の刑**または**旅行業法違反による罰金刑**に処せられ、その執行を終わり、または執行を受けることがなくなった日から**5年**を経過していない者」がある場合は登録の拒否事由に該当するが、本肢は"公職選挙法に違反して、罰金の刑に処せられた者"なので（旅行業法違反による罰金刑ではないので）、拒否事由に該当しない。**罰金の刑**に処せられたことが登録の拒否事由になるのは、その理由が**旅行業法違反の場合のみ**である。

ポイント整理 登録の拒否事由

① **旅行業等**または**旅行サービス手配業の登録を取り消され**、その取消しの日から**5年**を経過していない者（登録を取り消されたのが法人である場合、取消しの当時その法人の役員であった者も含む）
② **禁錮以上の刑**または**旅行業法違反による罰金刑**に処せられ、その執行を終わり、または執行を受けることがなくなった日から**5年**を経過していない者
③ 暴力団員等（暴力団員でなくなった日から5年を経過していない者を含む）
④ 申請前**5年**以内に**旅行業務**または**旅行サービス手配業務に関し不正な行為**をした者
⑤ 営業に関し**成年者と同一の行為能力を有しない未成年者**で、その**法定代理人**が上記①～④または下記⑦の**いずれかに該当**するもの
⑥ 次のａまたはｂのいずれかに該当するもの
　ａ．**心身の故障**により旅行業等または旅行サービス手配業を**適正に遂行することができない者として国土交通省令で定めるもの**
　ｂ．**破産手続開始の決定**を受けて**復権を得ない者**
　＊ａは、国土交通省令により「**精神の機能の障害**により旅行業または旅行業者代理業（旅行業等の場合）、旅行サービス手配業（旅行サービス手配業の場合）を適正に遂行するに当たって必要な**認知、判断および意思疎通を適切に行うことができない者**」と規定されている。
⑦ **法人**であって、その**役員**のうちに上記①～④または⑥の**いずれかに該当**する者があるもの
⑧ 暴力団員等がその事業活動を支配する者
⑨ 営業所ごとに**旅行業務取扱管理者**（旅行業者等の場合）または**旅行サービス手配業務取扱管理者**（旅行サービス手配業者の場合）を**確実に選任**すると**認められない者**
⑩ **旅行業を営もうとする者**であって旅行業を遂行するために必要と認められる**財産的基礎**（次表に定める基準資産額）を有しないもの

第1種旅行業	第2種旅行業	第3種旅行業	地域限定旅行業
3,000万円以上	700万円以上	300万円以上	100万円以上

⑪ **旅行業者代理業を営もうとする者**であって、その**代理する旅行業者**が**2以上**であるもの

5 登録業務範囲

問題 8　**重要度 A**　令4　✓☐☐

登録業務範囲に関する次の記述のうち、正しいものをすべて選びなさい。

a．地域限定旅行業者は、総合旅行業務取扱管理者を選任している営業所においては、本邦外の手配旅行を取り扱うことができる。

b．第2種旅行業者は、本邦内のすべての旅行業務を取り扱うことができる。

c．旅行業者代理業者は、所属旅行業者の委託があれば、自ら企画旅行を実施することができる。

d．第3種旅行業者は、一の企画旅行ごとに一の拠点区域内における企画旅行を実施できる。

問題 8　解説　解答　b，d

旅行業者の取扱い可能な業務範囲は次のとおりである。

○＝できる　×＝できない　△＝拠点区域内に限りできる

業務範囲＼旅行業の種別	企画旅行の企画・実施				手配旅行		旅行相談		受託販売	
	募集型		受注型							
	海外	国内	海外	国内	海外	国内	海外	国内	海外	国内
第１種	○	○	○	○	○	○	○	○	○	○
第２種	×	○	○	○	○	○	○	○	○	○
第３種	×	△	○	○	○	○	○	○	○	○
地域限定	×	△	×	△	×	△	○	○	○	○

※**海外旅行**（海外の募集型・受注型企画旅行、手配旅行、募集型企画旅行の受託販売）を取り扱う旅行業者は、これに付随して、「**旅券の受給のための行政庁等に対する手続き（渡航手続き）の代行**」などの業務も取り扱うことができる。

a．**誤り。地域限定旅行業者**が取り扱うことができる**手配旅行**は、拠点区域内のサービスに限られている。総合旅行業務取扱管理者を選任している営業所においても**海外の手配旅行を取り扱うことはできない。**

b．**正しい。**記述のとおり。第２種旅行業者は、海外の募集型企画旅行を実施することはできないが、その他の旅行業務については、国内、海外を問わず取り扱うことができる。

c．**誤り。旅行業者代理業者**は、所属旅行業者の委託の有無にかかわらず、**自ら企画旅行を実施することはできない。**

d．**正しい。**記述のとおり。第３種旅行業者が実施する募集型企画旅行については、拠点区域内のものに限られている（その他の旅行業務については、国内、海外を問わず取り扱うことができる）。

以上により、ｂ、ｄを選ぶのが正解である。

6 営業保証金

問題 9　**重要度 A**　令4　✓

営業保証金制度に関する次の記述のうち、正しいものはどれか。

a．旅行業者が供託すべき営業保証金の額は、前事業年度における旅行業務に関する旅行者との取引の額または国土交通省令で定める額に応じて算定されるが、この旅行者との取引の額には当該旅行業者の受託契約に基づく受託旅行業者の取扱いによるものは含まれない。

b．旅行業者は、営業保証金を供託したときは、直ちにその事業を開始することができる。

c．新規登録を受けた旅行業者が供託すべき営業保証金の額は、登録の申請時に添付した書類に記載した年間取引見込額により算定した額とする。

d．旅行業者の主たる営業所の最寄りの供託所に供託すべき営業保証金は、現金に限られる。

問題 10　**重要度 A**　令5

営業保証金制度に関する次の記述のうち、正しいものをすべて選びなさい。

a．変更登録を受けた旅行業者が、その登録を受けた事業年度に供託すべき営業保証金の額は、前事業年度における旅行業務に関する旅行者との取引の額に応じて、業務の範囲の別ごとに、国土交通省令で定めるところにより算定した額である。

b．営業保証金は、特別の法律により法人が発行する債券をもって、これに充てることができる。

c．旅行業者代理業者が供託すべき営業保証金の額は、その所属する旅行業者の登録業務の範囲の別ごとに、国土交通省令で定めるところにより算定した額である。

d．旅行業者等との旅行業務に関する取引によって生じた債権に関し、旅行業者が供託している営業保証金について、その債権の弁済を受ける権利を有する者は、旅行者に限られる。

問題9 解説　解答 c

a．**誤り。**営業保証金を算定する場合の「前事業年度における**旅行業務に関する旅行者との取引の額**」には、その**旅行業者自身の営業所における取引の額**のほか、次の２つが含まれる。

① 自社に所属する**旅行業者代理業者の取引額**

② 自社の実施する募集型企画旅行の**受託契約に基づく他社の販売額**

b．**誤り。**旅行業者は、**登録の通知を受けた日から 14 日以内**に、「供託物受け入れの記載のある供託書の写し」を添付して、**営業保証金を供託した旨を登録行政庁に届け出**なければならず、その**届出をした後**でなければ、**事業を開始することはできない。**

c．**正しい。**記述のとおり。なお、**変更登録**を受けた場合も同様である。

d．**誤り。**営業保証金は、**金銭（現金）のほか、国債証券、地方債証券その他の国土交通省令で定める有価証券**によって供託することができる。

問題10 解説　解答 b，d

a．**誤り。変更登録**を受けた旅行業者が、その登録を受けた事業年度に供託すべき営業保証金の額は、**登録の申請時**に添付した書類（事業計画など）に記載した「旅行業務に関する旅行者との**年間取引見込額**」で算定される。

b．**正しい。**"特別の法律により法人が発行する債券"は、国土交通省令で定める有価証券に該当するので、本肢の記述は正しい。

c．**誤り。旅行業者代理業者は営業保証金を供託する義務はない。**登録に当たって営業保証金の供託が求められるのは**旅行業者のみ**である。

d．**正しい。**旅行業者が供託している営業保証金から**債権の弁済を受ける権利（還付請求権）を有する**のは、その旅行業者と旅行業務に関する取引をした**旅行者のみ**である。

以上により、b、dを選ぶのが正解である。

営業保証金の額（最低額）

営業保証金の額（取引額 400 万円未満の場合）			
第１種旅行業	第２種旅行業	第３種旅行業	地域限定旅行業
7,000 万円	1,100 万円	300 万円	15 万円

※**旅行業者の主たる営業所の最寄りの供託所**に供託する。

7 旅行業務取扱管理者（1）

問題 11　重要度 A　令5　✓□□

旅行業務取扱管理者に関する次の記述のうち、正しいものはどれか。

a．本邦内の旅行のみについて旅行業務を取り扱う営業所においては、国内旅行業務取扱管理者試験または地域限定旅行業務取扱管理者試験に合格した者で、法第6条第1項第1号から第6号までのいずれにも該当しない者を旅行業務取扱管理者として選任しなければならない。

b．旅行業者等は、その営業所において選任している旅行業務取扱管理者について、5年ごとに、登録研修機関が実施する研修を受けさせなければならない。

c．複数の営業所を通じて1人の旅行業務取扱管理者を選任することができるのは、地域限定旅行業者または地域限定旅行業者を所属旅行業者とする旅行業者代理業者であって、国土交通省令で定める要件を満たす場合に限られる。

d．旅行業務を取り扱う者が1人である営業所については、旅行業務取扱管理者の選任を要しない。

問題 11 解説　解答 c

a．**誤り**。**国内旅行のみ**を取り扱う営業所には、**総合**または**国内**旅行業務取扱管理者試験に合格した者で、かつ**欠格事由**（法第 6 条第 1 項第 1 号から第 6 号）**に該当しない者**を選任することができる。したがって、“国内旅行業務取扱管理者試験または地域限定旅行業務取扱管理者試験に合格した者で…”とする本肢の記述は誤りである。なお、**国内旅行**のうち**拠点区域内の旅行のみ**を取り扱う営業所であれば、総合または国内または地域限定旅行業務取扱管理者試験に合格した者を選任することができる。

b．**誤り**。旅行業者等には、旅行業務取扱管理者の職務に関し必要な知識および能力の向上を図るため、選任している旅行業務取扱管理者について、**5年ごと**に、**旅行業協会**が実施する研修を受けさせることが義務づけられている。したがって、“**登録研修機関**が実施する研修を受けさせなければならない”とする本肢の記述は誤りである。

c．**正しい**。記述のとおり。旅行業者等の営業所において選任された旅行業務取扱管理者は、原則として他の営業所の旅行業務取扱管理者を兼任することはできないが、**地域限定旅行業者**または**地域限定旅行業者を所属旅行業者とする旅行業者代理業者**の営業所に限り、下記「ポイント整理」の①**および**②**の両方の条件を満たす場合には、例外的に兼任が認められる**。

d．**誤り**。旅行業者等は、**営業所ごとに1人以上**の旅行業務取扱管理者を選任しなければならない（営業所で旅行業務を取り扱う者が**1人**である場合には、**その者が旅行業務取扱管理者の有資格者**でなければならない）。したがって、“旅行業務取扱管理者の選任を要しない”とする本肢の記述は誤りである。

ポイント整理　旅行業務取扱管理者の兼任

旅行業者等の営業所に選任される旅行業務取扱管理者は、原則として、他の営業所の旅行業務取扱管理者として兼任することはできない。ただし、**地域限定旅行業者**（またはこの旅行業者を所属旅行業者とする旅行業者代理業者）の営業所であって、国土交通省令で定める次の①**および**②**の両方の条件を満たす**場合に限っては、**例外的に兼任が認められる**（同一旅行業者等の複数の営業所間の旅行業務取扱管理者として兼任することができる）。

① **複数の営業所が近接している**こと（営業所間の距離の合計が 40km 以下）

② 複数の営業所の前事業年度における**旅行業務に関する旅行者との取引の額の合計額が 1 億円以下**であること

7 旅行業務取扱管理者（2）

問題 12　重要度 A　令 2　✓☐☐

次の記述のうち、旅行業務取扱管理者が管理および監督しなければならない職務として定められていないものはどれか。

a．法第 12 条の 5 の規定による書面の交付に関する事項
b．法第 12 条の 7 および法第 12 条の 8 の規定による広告に関する事項
c．法第 12 条の 9 の規定による標識の掲示に関する事項
d．旅行に関する苦情の処理に関する事項

問題 12 解説 解答 c

旅行業務取扱管理者が管理および監督しなければならない職務は次のとおり（地域限定、国内、総合旅行業務取扱管理者共通）。

① 旅行に関する計画の作成に関する事項
② 料金（旅行業務の取扱いの料金）の掲示に関する事項
③ 旅行業約款の掲示および備え置きに関する事項
④ 取引条件の説明に関する事項
⑤ 書面（契約書面など）の交付に関する事項
⑥ 広告（企画旅行の広告、誇大広告の禁止）に関する事項
⑦ 企画旅行の円滑な実施のための措置（旅程管理業務）に関する事項
⑧ 旅行に関する苦情の処理に関する事項
⑨ 契約締結の年月日、契約の相手方その他の旅行者または旅行に関するサービスを提供する者と締結した契約の内容に係る重要な事項についての明確な記録または関係書類の保管に関する事項
⑩ 上記①～⑨に掲げるもののほか、取引の公正、旅行の安全および旅行者の利便を確保するために必要な事項として観光庁長官が定める事項

aは上記⑤に、bは上記⑥に、dは上記⑧に旅行業務取扱管理者が管理および監督しなければならない職務として定められているが、cの“標識の掲示に関する事項”は定められていない。

なお、旅行サービス手配業務取扱管理者が管理および監督しなければならない職務としては、次の4つの事項が定められている。

① 書面の交付に関する事項
② 旅行サービス手配業務に関する苦情の処理に関する事項
③ 契約締結の年月日、契約の相手方その他の旅行サービス手配業務に関し取引をする者と締結した契約の内容に係る重要な事項についての明確な記録または関係書類の保管に関する事項
④ 上記①～③に掲げるもののほか、取引の公正、旅行の安全および旅行者の利便を確保するために必要な事項として観光庁長官が定める事項

8 外務員

問題 13　重要度 A　令3　✓☐☐

外務員に関する次の記述のうち、正しいものをすべて選びなさい。

a．旅行業者等は、外務員の証明書を携帯させた者でなければ、外務員としての業務に従事させてはならない。

b．旅行業者代理業者の外務員の証明書は、国土交通省令で定められた様式によって、その所属旅行業者が発行しなければならない。

c．外務員は、旅行者が悪意であったときを除き、その所属する旅行業者等に代わって、旅行者との旅行業務に関する取引について一切の裁判外の行為を行う権限を有するものとみなす。

d．外務員は、その業務を行うときは、旅行者から請求があったときに限り、外務員の証明書を提示しなければならない。

問題 13　解説　解答 a，c

a．**正しい。**記述のとおり。旅行業者等の**使用人**はもちろんのこと、**役員**がその営業所以外の場所でその旅行業者等のために旅行業務について取引を行う場合も外務員の証明書（外務員証）を携帯しなければならない。

b．**誤り。**旅行業者の外務員が携帯する外務員証は、その旅行業者が発行し、**旅行業者代理業者**の外務員が携帯する外務員証は、その**旅行業者代理業者**がそれぞれ**発行**する。したがって"所属旅行業者が発行しなければならない"とする本肢の記述は誤りである。

c．**正しい。**外務員は、**旅行者が悪意であったときを除き**、その所属する旅行業者等に代わって、旅行者との旅行業務に関する取引についての一切の**裁判外の行為**を行う権限を有するものとみなされる。

d．**誤り。**外務員としての業務を行うときは、旅行者からの**請求の有無にかかわらず外務員証を提示しなければならない。**したがって"旅行者から請求があったときに限り、外務員の証明書を提示しなければならない"とする本肢の記述は誤りである。

以上により、a、cを選ぶのが正解である。

キーワード　外務員

旅行業者等の**役員または使用人**のうち、**営業所以外**の場所で、旅行業者等のために**旅行業務について取引を行う者**のこと。

ポイント整理　外務員

- 旅行業者等は、**国土交通省令で定める様式**の証明書（**外務員証**）を携帯させなければ、その者を外務員としての業務に従事させることはできない。
- 勧誘員、販売員、外交員その他いかなる名称を有する者であるかを問わない。
- 外務員は、その業務を行うときは、外務員証を提示しなければならない。
- 外務員は、旅行者が**悪意であった場合を除き**、その所属する旅行業者等に代わって、旅行者との旅行業務に関する取引についての**一切の裁判外の行為**を行う権限を有するものとみなす。
- 旅行業者の外務員が携帯する外務員証はその**旅行業者**が、旅行業者代理業者の外務員が携帯する外務員証はその**旅行業者代理業者**が**それぞれ発行する。**

9 旅行業務の取扱いの料金

問題 14 重要度 A 令4 

旅行業務の取扱いの料金（企画旅行に係るものを除く。）に関する次の記述のうち、誤っているものをすべて選びなさい。

a．旅行業者は、事業の開始前に、旅行業務の取扱いの料金を定め、その営業所において、旅行者が閲覧することができるように備え置かなければならない。

b．旅行業者代理業者は、自ら定めた旅行業務の取扱いの料金を、その営業所において旅行者に見やすいように掲示しなければならない。

c．旅行業者は、旅行業務の取扱いの料金を変更したときは、その日から30日以内に、登録行政庁にその旨を届け出なければならない。

d．旅行業者は、旅行業務の取扱いの料金を変更するときは、変更後の取扱いの料金をその営業所において旅行者に見やすいように掲示しなければならない。

問題 15 重要度 A 平28 

次のうち、旅行業者が事業の開始前に、旅行者から収受する旅行業務の取扱いの料金を定めなければならないものをすべて選びなさい。

a．企画旅行契約

b．手配旅行契約

c．旅行に関する相談に応ずる契約

d．旅券の受給のための行政庁に対する手続きを代行する契約

問題 14 解説 解答 a，b，c

a．**誤り**。旅行業者は、事業の開始前に旅行業務の取扱いの料金を定め、その営業所において、**旅行者に見やすいように掲示**しなければならない。旅行者が閲覧することができるように**備え置くだけでは不十分**であるため、本肢の記述は誤りである。

b．**誤り**。**旅行業者代理業者**は、**いかなる場合も自ら旅行業務の取扱いの料金を定めることはできず**、その営業所においては、**所属旅行業者の定めた料金**を**旅行者に見やすいように掲示**しなければならない。

c．**誤り**。旅行業務の取扱いの料金は、制定基準に従って、事業の開始前に各旅行業者が独自に定めればよく、**登録行政庁への届出（および登録行政庁の認可）などは不要**である（現に定めている料金を変更するときも同じ）。したがって“登録行政庁にその旨を届け出なければならない”とする本肢の記述は誤りである。

d．**正しい**。cで解説したとおり、旅行業務の取扱いの料金の変更に際し、登録行政庁への届出などは不要だが、その営業所において、変更後の料金を旅行者に見やすいように掲示しなければならない。

以上により、a、b、cを選ぶのが正解である。

問題 15 解説 解答 b，c，d

「旅行業務の取扱いの料金」とは、**手配旅行、旅行相談、渡航手続き**の契約に対する取扱いの料金であり、**企画旅行契約に関する料金はこれに含まれない**（企画旅行の旅行代金には、あらかじめ旅行業務の取扱いの料金に相当する報酬部分が含まれているので、別途、**旅行業務の取扱いの料金を定める必要はない**）。

以上により、b、c、dを選ぶのが正解である。

旅行業務の取扱いの料金

次の点をしっかり理解し、ひっかけ問題に対処しよう !!

- 料金は**事業の開始前**に定め、営業所において**旅行者に見やすいように掲示**しなければならない（**必ず掲示**する。閲覧できるよう備え置くのは不可）。
- 料金についての**届出や認可は一切不要**（制定基準に従って独自に定めてよい）。
- **旅行業者代理業者**は、**いかなる場合も自ら料金を定めることはできない**（必ず所属旅行業者が定めたものを掲示する）。

10 旅行業約款

問題 16　**重要度 A**　令2　✓□□

旅行業約款に関する次の記述から、誤っているものだけをすべて選んでいるものはどれか。

（ア）登録行政庁が旅行業約款を認可するときの基準の一つとして、旅行業者の正当な利益を害するおそれがないものであることが定められている。
（イ）旅行業者が現に認可を受けている旅行業約款について、契約の解除に関する事項を変更する場合は、登録行政庁の認可を受ける必要はない。
（ウ）旅行業者代理業者は、所属旅行業者の旅行業約款をその営業所において、旅行者に見やすいように掲示し、または旅行者が閲覧することができるように備え置かなければならない。
（エ）旅行業者が、標準旅行業約款と同一の旅行業約款を定めたときは、その旅行業約款については、登録行政庁の認可を受けたものとみなされる。

a．（ア）（イ）　b．（ア）（エ）　c．（ウ）（エ）　d．（ア）（イ）（ウ）

問題16 解説 解答 a

（ア）**誤り。**登録行政庁が旅行業約款の認可をするときの基準は次のとおり。

① **旅行者の正当な利益**を害するおそれがないものであること

② 少なくとも旅行業務の取扱いの料金その他の旅行者との取引に係る金銭の収受および払戻しに関する事項、**旅行業者の責任**に関する事項が明確に（企画旅行を実施する旅行業者にあっては、企画旅行契約と手配旅行契約その他の企画旅行契約以外の契約との別に応じ、明確に）定められているものであること

“**旅行業者**の正当な利益を害するおそれがないもの”は、上記の旅行業約款の認可基準に該当しないため、本肢の記述は誤りである。

（イ）**誤り。**旅行業約款の記載事項のうち、変更しようとする事項が、保証社員である旅行業者の旅行業約款に記載される「所属する旅行業協会の名称」や「弁済業務保証金からの弁済限度額」など**軽微なもの**に該当するときは、**登録行政庁の認可を受ける必要はない**が、本肢の“契約の解除に関する事項”の変更は**軽微な変更に該当しない**。したがって、この事項を変更しようとするときは、原則どおり、**登録行政庁の認可を受けなければならない。**

（ウ）**正しい。旅行業者代理業者は、自ら旅行業約款を定めることはできない。**したがって、旅行業者代理業者の営業所では、**所属旅行業者が定めた**旅行業約款を旅行者に見やすいように掲示するか、または閲覧することができるように備え置かなければならない。

（エ）**正しい。**旅行業者が、**標準旅行業約款と同一**の旅行業約款を自社の約款として定めたとき（または旅行業者がすでに定めた旅行業約款を標準旅行業約款と同一のものに変更したとき）は、その旅行業約款は、**登録行政庁の認可を受けたものとみなされる。**

以上により、（ア）（イ）を選んでいるａが正解である。

旅行業約款

- **旅行業者等**は、営業所において旅行業約款を旅行者に見やすいように**掲示**するか、**または**旅行者が**閲覧**することができるように**備え置かなければならない。**
- **旅行業者代理業者**は、**自ら旅行業約款を定めることはできない**（営業所には、**所属旅行業者が定めた旅行業約款**を掲示または備え置く）。
- 受託契約に基づく**受託旅行業者および受託旅行業者代理業者**は、**自らの旅行業約款**（受託旅行業者代理業者の場合は、その所属旅行業者の旅行業約款）とともに、**委託旅行業者**の旅行業約款を掲示または備え置く。

11 標識

問題 17　重要度 A　令5　✓□□

標識に関する次の記述のうち、誤っているものはどれか。

a．旅行業者等は、営業所において、国土交通省令で定める様式の標識を、公衆に見やすいように掲示しなければならない。

b．標識には旅行業者等が法人である場合には、その代表者の氏名を記載しなければならない。

c．旅行業者等以外の者は、国土交通省令で定める様式の標識またはこれに類似する標識を掲示してはならない。

d．旅行業者代理業者の標識には、所属旅行業者の登録番号および氏名または名称を記載しなければならない。

問題 18　重要度 A　平29

標識に関する次の記述のうち、誤っているものはどれか。

a．旅行業者等以外の者が標識またはこれに類似する標識を掲示することは禁じられており、これに違反した場合は罰則の対象となる。

b．旅行業者の標識には、その登録番号および登録年月日を記載しなければならない。

c．旅行業登録票の地の色は、業務範囲が国内旅行のみの場合は、青色である。

d．旅行業者等は、営業所において、標識を公衆に見やすいように掲示しなければならない。

問題 17 解説 解答 b

a．**正しい。**標識は、**公衆に**見やすいように**掲示**しなければならない。

b．**誤り。**旅行業者等が法人である場合の“代表者の氏名”は、標識の記載事項ではない。

c．**正しい。**記述のとおり。旅行業者等の登録を受けていないのに標識またはこれに類似する標識を掲示した者は、30 万円以下の罰金に処せられる。

d．**正しい。**“所属旅行業者の登録番号および氏名または名称”は、**旅行業者代理業者**の標識の記載事項である。

問題 18 解説 解答 c

a．**正しい。**記述のとおり。

b．**正しい。**“登録番号”、“登録年月日”は、旅行業者および旅行業者代理業者の標識の記載事項である。

c．**誤り。**標識の地の色は、営業所で取り扱う業務範囲が「国内旅行のみ」の場合は「**白色**」で、「海外旅行・国内旅行の両方」の場合は「**青色**」である。したがって、“国内旅行のみの場合は、青色”とする本肢の記述は誤り。

d．**正しい。**記述のとおり。

ポイント整理 標識

- 標識は、営業所において**公衆に見やすいように掲示**しなければならない。
- 旅行業者等以外の者は標識（またはこれに類似する標識）を掲示してはならない。
- 「旅行業と旅行業者代理業の別」および「営業所の業務範囲の別」により標識の種類は**4 種類。**
- 標識の記載事項

記載事項	旅行業	旅行業者代理業
① 登録番号	○	○
② 登録年月日	○	○
③ 有効期間	○	×
④ 所属旅行業者の登録番号および氏名または名称	×	○
⑤ 氏名または名称	○	○
⑥ 営業所の名称	○	○
⑦ 旅行業務取扱管理者の氏名	○	○
⑧ 受託取扱企画旅行（※）	○	○

※⑧は**企画者が明確になるように記載**する（受託契約を締結していない場合は省略できる）

12 取引条件の説明（1）

問題 19　重要度 A　平 28

次の記述のうち、取引条件の説明を行わなければならないものをすべて選びなさい。

a．旅行業者が、旅行者の依頼により新幹線の乗車券類と旅館の手配を行う場合

b．旅行業者が、中学校の修学旅行を企画提案し、その手配を行う場合

c．旅行業者が、他の旅行業者に企画旅行（参加する旅行者の募集をすることにより実施するものに限る。）の販売を委託する場合

d．旅行業者が、他の旅行業者が企画する企画旅行（参加する旅行者の募集をすることにより実施するものに限る。）の受託販売を行う場合

問題 20　重要度 A　平 29・30- 改

次の記述のうち、企画旅行契約を締結しようとするとき、取引条件の説明を行わなければならない事項として定められているものをすべて選びなさい。

a．旅行者が提供を受けることができる旅行に関するサービスに、企画旅行の実施のために提供される届出住宅における宿泊のサービスが含まれる場合にあっては、宿泊サービス提供契約を締結する住宅宿泊事業者の商号、名称または氏名および届出番号ならびに旅行者が宿泊する届出住宅

b．契約締結の年月日

c．旅行の目的地を勘案して、旅行者が取得することが望ましい安全および衛生に関する情報がある場合にあっては、その旨および当該情報

d．旅行業務の取扱いの料金に関する事項

問題 19 解説 解答 a，b，d

旅行業者等は、旅行者と旅行業務に関し契約を締結しようとするときは、旅行者に対して、取引条件の説明を行わなければならない。aは**手配旅行契約**、bは**企画旅行契約**（旅行者を募集するための企画提案であれば募集型、旅行者からの依頼に基づく企画提案であれば受注型）、dは受託契約に基づき、**受託旅行業者が**、他の旅行業者（委託旅行業者）が実施する募集型企画旅行を**代理して販売する場合**に関する記述である。旅行者とこれらの契約を締結する場合には、旅行業者（dの場合は受託旅行業者）は、旅行者に対して、取引条件の説明を行わなければならない。

一方、cは“旅行業者が、他の旅行業者に企画旅行…の販売を委託する場合”とあるので、**旅行業者間の受託契約**にかかわる記述である。この場合、委託旅行業者は、受託旅行業者に対して取引条件の説明を行う必要はない。また、dの記述のとおり、旅行者に対して行うべき取引条件の説明は、募集型企画旅行を代理して販売する受託旅行業者が行うので、委託旅行業者は、旅行者に対する取引条件の説明も不要である。

以上により、a、b、dを選ぶのが正解である。

問題 20 解説 解答 a，c

a．**定められている。**“住宅宿泊事業者”とは、いわゆる**民泊事業を行う者**のことである。本肢の事項は、企画旅行契約における取引条件の説明事項および記載事項、契約書面に記載すべき事項である。

b．**定められていない。**“契約締結の年月日”は、取引条件の説明書面の記載事項ではない（この事項は、**契約書面**に記載すべき事項である）。

c．**定められている。**本肢の事項は、企画旅行契約における取引条件の説明事項および記載事項、契約書面に記載すべき事項である。

d．**定められていない。**企画旅行の旅行代金には、旅行業務取扱料金に当たる報酬部分があらかじめ含まれているため、**企画旅行には旅行業務の取扱いの料金は存在しない。**なお、本肢の事項は、企画旅行契約以外の契約（手配旅行契約など）における、取引条件の説明事項および記載事項、契約書面に記載すべき事項である。

以上により、a、cを選ぶのが正解である。

12 取引条件の説明（2）

問題 21　重要度 A　令 1- 改　✓□□

取引条件の説明をする際に交付する国土交通省令・内閣府令で定める事項を記載した書面に関する次の記述のうち、誤っているものをすべて選びなさい。

a．旅行業者等は、旅行者と旅程管理業務を行う者が同行しない企画旅行契約を締結しようとするときは、旅行地における企画者との連絡方法を書面に記載しなければならない。

b．旅行業者等は、旅行者と企画旅行契約を締結しようとするときは、書面に旅行者の依頼があれば当該契約に係る旅行業務取扱管理者が最終的には説明を行う旨を記載しなければならない。

c．旅行業者等は、企画旅行に参加する資格を定める場合にあっては、その旨および当該資格について書面に記載しなければならない。

問題 22　重要度 A　令 5　

取引条件の説明および取引条件の説明をする際に交付する国土交通省令・内閣府令で定める事項を記載した書面に関する次の記述のうち、正しいものはどれか。

a．旅行業者は、旅行に関する相談に応ずる行為に係る旅行業務について契約を締結しようとするときは、旅行者に契約の申込方法および契約の成立に関する事項を説明しなければならない。

b．旅行業者等は、企画旅行契約を締結しようとするときは、書面に当該契約に係る旅程管理業務を行う者の氏名を記載しなければならない。

c．旅行業者等は、書面の交付に代えて、当該書面に記載すべき事項を国土交通省令・内閣府令で定める情報通信の技術を利用する方法により提供するときは、あらかじめ旅行者の承諾を得ることを要しない。

d．旅行業者等は、旅行者に対して対価と引換えに法第 12 条の 5 に規定するサービスの提供を受ける権利を表示した書面を交付する場合は、旅行者に対し取引条件の説明の際の書面は交付を要しない。

問題 21 解説 解答 a

a．**誤り。**旅程管理業務を行う者が同行しない企画旅行契約を締結しようとするときの「旅行地における企画者との連絡方法」は、企画旅行契約における取引条件の説明書面の記載事項ではない（この事項は、旅行者と企画旅行契約を締結したときに交付する**契約書面の記載事項**に定められている）。

b．**正しい。**「（契約に係る**旅行業務取扱管理者の氏名**および）**旅行者の依頼があれば**当該旅行業務取扱管理者が**最終的には説明を行う旨**」は、企画旅行契約における取引条件の説明書面の記載事項である。

c．**正しい。**「旅行に参加する資格を定める場合にあっては、その旨および当該資格」は、企画旅行契約における取引条件の説明書面の記載事項である。

以上により、aを選ぶのが正解である。

問題 22 解説 解答 d

a．**誤り。旅行相談契約**を締結しようとするときは、旅行業者は旅行者に対し、「①旅行者が旅行業者に支払うべき**対価**およびその**収受の方法**」、「②旅行者が①に掲げる対価によって提供を受けることができる**旅行に関するサービスの内容**」の取引条件を説明しなければならない。本肢の“契約の申込方法および契約の成立に関する事項”は説明事項ではない。

b．**誤り。**“契約に係る旅程管理業務を行う者の氏名”は企画旅行契約を締結しようとするときの取引条件の説明書面の記載事項ではない。なお、契約に係る**旅行業務取扱管理者の氏名**は取引条件の説明書面の記載事項である。

c．**誤り。書面の交付に代えて、**取引条件の説明書面に記載すべき事項を電子メールやインターネットなどの**情報通信の技術を利用する方法**により旅行者に提供するときは、**あらかじめ旅行者の承諾を得なければならない。**

d．**正しい。**旅行業者は、**対価と引き換えに、旅行に関するサービスの提供を受ける権利を表示した書面**（乗車船券、航空券、宿泊券など）**を交付する**ときは、旅行者に対し**取引条件の説明書面を交付する必要はない**（ただし、説明そのものを省略することはできない）。

キーワード　サービスの提供を受ける権利を表示した書面

それを持っていることでサービスの提供を受けることが可能になるものを指す。具体的には、**乗車券、乗船券、航空券、宿泊券**などが代表的な例である。

13 書面の交付

問題 23　重要度 A　平 28- 改　✓□□

次の記述のうち、旅行業者等が旅行者と企画旅行契約を締結したときに交付する書面の記載事項として定められているものをすべて選びなさい。

a．契約締結の年月日
b．契約を締結した旅行者の氏名
c．旅行者が旅行業者等に支払うべき対価およびその収受の方法
d．責任および免責に関する事項

問題 24　重要度 A　令 4

旅行業務に関し契約を締結したときに交付する国土交通省令・内閣府令で定める事項を記載した書面に関する次の記述のうち、正しいものはどれか。

a．旅行業者等は、書面の交付に代えて、当該書面に記載すべき事項を国土交通省令・内閣府令で定める情報通信の技術を利用する方法により提供するときは、旅行者の承諾を要しない。
b．企画者以外の者が企画者を代理して旅行者と企画旅行契約を締結した場合にあっては、その旨ならびに当該代理人の氏名または名称および住所ならびに登録番号を書面に記載しなければならない。
c．旅行業者は、旅行に関する相談に応ずる行為に係る旅行業務について契約を締結したときは、遅滞なく、書面を交付しなければならない。
d．旅行業者等は、企画旅行契約以外の旅行業務に関する契約を締結した場合にあっては、全国通訳案内士または地域通訳案内士の同行の有無を書面に記載しなければならない。

問題23 解説 解答 a，c，d

a．**定められている。**

b．**定められていない。**“旅行者の氏名”は、取引条件の説明事項、説明書面の記載事項、契約書面の記載事項のいずれにも定められていない。

c．**定められている。**

d．**定められている。**

以上により、a、c、dを選ぶのが正解である。

問題24 解説 解答 b

a．**誤り。**旅行業者等は、旅行業務に関し契約を締結したときに交付する書面（契約書面）の交付に代えて、電子メールやインターネットなどの情報通信の技術を利用する方法により契約書面に記載すべき事項を旅行者に提供するときは、**あらかじめ旅行者の承諾を得なければならない。**

b．**正しい。**企画者以外の者が旅行者と契約を締結したときは、企画者を代理して契約を締結したこと、当該代理人の氏名（名称）・住所・登録番号を契約書面に記載することが定められている。

c．**誤り。旅行相談契約**を締結したときは、**契約書面の交付は不要**である。

d．**誤り。**“全国通訳案内士または地域通訳案内士の同行の有無”は、**企画旅行契約以外**の旅行業務に関する契約を締結した場合に交付する契約書面の記載事項ではない（**企画旅行契約の場合は記載が必要**）。

旅行者と契約を締結したときに交付する書面（原則と例外）

原則：次のいずれかを交付する
　① **契約書面**（国土交通省令・内閣府令で定める事項を記載した書面）
　② **サービスの提供を受ける権利を表示した書面**
例外：旅行相談業務に係る契約を締結した場合は**不要**

14 企画旅行の募集広告

問題 25　重要度 A　令3

次の記述のうち、企画旅行に参加する旅行者を募集するための広告の表示事項として定められていないものはどれか。

a．企画者の氏名または名称および住所ならびに登録番号
b．旅行者が提供を受けることができる運送、宿泊または食事のサービスの内容に関する事項
c．旅行者が提供を受けることができるサービスに、専ら企画旅行実施のために提供される運送サービスが含まれる場合にあっては、当該運送サービスの内容を勘案して、旅行者が取得することが望ましい輸送の安全に関する情報
d．法第12条の5に規定する書面の交付を行う旨

問題 26　重要度 A　令4

企画旅行に参加する旅行者を募集するための広告に関する次の記述から、誤っているものだけをすべて選んでいるものはどれか。

（ア）第2種旅行業者は、本邦外の企画旅行の広告を一切行うことができない。
（イ）企画者以外の者の氏名または名称を表示する場合は、文字の大きさ等に留意して、企画者の氏名または名称の明確性を確保しなければならない。
（ウ）旅行者が旅行業者等に支払うべき対価が出発日により異なる場合は、その最低額のみを表示することで足りる。

a．（ア）（イ）　b．（ア）（ウ）　c．（イ）（ウ）　d．（ア）（イ）（ウ）

問題25 解説 解答 d

企画旅行の募集広告の表示事項は次の８項目である。

① **企画者の氏名**または**名称**および**住所**ならびに**登録番号**

② 旅行の**目的地および日程**に関する事項

③ 旅行者が提供を受けることができる**運送、宿泊または食事のサービスの内容**に関する事項

④ 旅行者が旅行業者等に支払うべき**対価**に関する事項

⑤ **旅程管理業務を行う者の同行の有無**

⑥ **企画旅行の参加者数があらかじめ企画者が定める人員数を下回った場合に当該企画旅行を実施しないこととするときは**、その旨および**当該人員数**

⑦ ③に掲げるサービスに**もっぱら企画旅行の実施のために提供される運送サービス**が含まれる場合にあっては、当該運送サービスの内容を勘案して、旅行者が取得することが望ましい**輸送の安全**に関する情報

⑧ 取引条件の説明を行う旨（**取引条件説明事項をすべて表示して広告するときを除く**）

ａは上記①に、ｂは上記③に、ｃは上記⑦に広告の表示事項として定められているが、ｄは定められていない。

問題26 解説 解答 b

（ア）**誤り**。募集型企画旅行の募集広告は、実際に企画旅行を企画・実施する旅行業者だけでなく、その他の旅行業者も行うことができる。第２種旅行業者の場合、自ら海外（本邦外）の募集型企画旅行を実施することはできないが、受託契約を締結した他の旅行業者（第１種）が実施する海外の募集型企画旅行を代理販売するときに、海外の募集型企画旅行の募集広告をするケースも考えられる。したがって、“本邦外の企画旅行の広告を一切行うことができない”とする本肢の記述は誤りである。

（イ）**正しい**。記述のとおり。

（ウ）**誤り**。**支払うべき対価が出発日により異なる**場合であって、広告にその最低額を表示するときは、**併せてその最高額も表示しなければならない（最低額だけの表示は不可）**。したがって、“その最低額のみを表示することで足りる”とする本肢の記述は誤りである。

以上により、（ア）（ウ）を選んでいるｂが正解である。

15 誇大広告の禁止

問題27　**重要度A**　令2　✓□□

次の記述のうち、旅行業務について広告するときに誇大表示をしてはならない事項として定められているものをすべて選びなさい。

a．感染症の発生の状況その他の旅行地における衛生に関する事項
b．旅行業者等の業務の範囲、資力または信用に関する事項
c．旅行者に対する損害の補償に関する事項
d．旅行地の景観、環境その他の状況に関する事項

問題28　**重要度A**　令5　

誇大広告の禁止に関する次の記述のうち、正しいものをすべて選びなさい。

a．旅行者に対する損害の補償に関する事項は、誇大表示をしてはならない事項として定められていない。
b．旅行業者等は、旅行業務について広告をするときは、国土交通省令・内閣府令で定める事項について、著しく事実に相違する表示をし、または実際のものよりも著しく優良であり、もしくは有利であると人を誤認させるような表示をしてはならない。
c．旅行地における旅行者の安全の確保に関する事項は、誇大表示をしてはならない事項として定められている。
d．旅行に関するサービスの品質その他の内容に関する事項は、誇大表示をしてはならない事項として定められていない。

問題 27 解説 解答 a，b，c，d

旅行業者等は、**旅行業務について広告をするときは、著しく事実に相違する**表示、実際のものよりも**著しく優良**であり、もしくは**有利**であると**人を誤認させるような表示**をしてはならない。なお、誇大広告の禁止の規定は、**「旅行業務について広告をするとき」**に適用されるため、企画旅行の募集広告だけでなく、**旅行業務に関するすべての広告**（手配旅行契約の広告、旅行業者の宣伝のためのイメージ広告など）**が対象**になる。

誇大表示をしてはならない事項は次の８項目である。

① 旅行に関する**サービスの品質**その他の内容に関する事項
② 旅行地における**旅行者の安全の確保**に関する事項
③ **感染症の発生の状況その他の旅行地における衛生**に関する事項
④ 旅行地の**景観、環境**その他の状況に関する事項
⑤ 旅行者が旅行業者等に支払うべき**対価**に関する事項
⑥ 旅行中の**旅行者の負担**に関する事項
⑦ 旅行者に対する**損害の補償**に関する事項
⑧ 旅行業者等の**業務の範囲、資力または信用**に関する事項

ａは上記③に、ｂは上記⑧に、ｃは上記⑦に、ｄは上記④に定められているので、ａ、ｂ、ｃ、ｄを選ぶのが正解である。

問題 28 解説 解答 b，c

誇大表示をしてはならない事項は問題27の解説で述べた①～⑧の８項目である。

ａ．**誤り。**“旅行者に対する損害の補償に関する事項”は、上記⑦のとおり、誇大表示をしてはならない事項として定められている。

ｂ．**正しい。**記述のとおり。“誇大広告の禁止”の規定は、**旅行業務についての広告全般**に適用される。

ｃ．**正しい。**“旅行地における旅行者の安全の確保に関する事項”は、上記②のとおり、誇大表示をしてはならない事項として定められている。

ｄ．**誤り。**“旅行に関するサービスの品質その他の内容に関する事項”は、上記①のとおり、誇大表示をしてはならない事項として定められている。

以上により、ｂ、ｃを選ぶのが正解である。

16 企画旅行の円滑な実施のための措置（旅程管理）(1)

問題 29　**重要度 A**　令4-改　✓□□

企画旅行の円滑な実施のための措置に関する次の記述のうち、正しいものだけをすべて選んでいるものはどれか。

（ア）旅行業者は、旅行に関する計画における 2 人以上の旅行者が同一の日程により行動することを要する区間における円滑な旅行の実施を確保するために必要な集合時刻、集合場所その他の事項に関する指示をしなければならない。

（イ）旅行業者は、本邦外の旅行であって、契約の締結の前に旅行者に旅程管理の措置を講じない旨を説明し、かつ、当該旅行に関する計画に定めるサービスの提供を受ける権利を表示した書面を交付した場合は、当該サービスの提供を受けるために必要な手続の実施その他の措置を講じることを要しない。

（ウ）旅行業者は、本邦外の旅行について、旅行に関する計画に定めるサービスの内容の変更を必要とする事由が生じた場合は、代替サービスの手配および当該サービスの提供を受けるために必要な手続の実施その他の措置を講じなければならない。

a.（ア）（イ）　b.（ア）（ウ）　c.（イ）（ウ）　d.（ア）（イ）（ウ）

問題29 解説　解答 b

募集型、受注型の企画旅行を実施する旅行業者に義務付けられている旅程管理のための措置は次のとおり。

① 旅行に関する計画に定めるサービスの旅行者への確実な提供を確保するために**旅行の開始前**に**必要な予約**その他の措置

② 旅行地において旅行に関する計画に定めるサービスの提供を受けるために必要な**手続きの実施**その他の措置

③ 旅行に関する計画に定める**サービスの内容の変更を必要とする事由が生じた場合**における**代替サービスの手配**および当該サービスの提供を受けるために必要な**手続きの実施**その他の措置

④ 旅行に関する計画における**2人以上**の旅行者が同一の日程により行動することを要する区間における円滑な旅行の実施を確保するために必要な**集合時刻、集合場所**その他の事項に関する**指示**

なお、**②と③の措置は、国内旅行の場合に限り、**「**契約の締結前**に旅行者にこれらの措置を講じない旨を**説明**し、かつ、**サービスの提供を受ける権利を表示した書面を交付**したとき」には**免除**される（**海外旅行**の場合は、①～④**すべての措置**を必ず行わなければならない）。

（ア）**正しい。**記述のとおり。上記④参照。この指示は、**国内・海外いずれの企画旅行**であっても行わなければならない。

（イ）**誤り。**上記②参照。この措置は、**海外**の企画旅行の場合、**必ず講じなければならない。**なお、**国内**の企画旅行であって、「契約の締結前に旅行者にこれらの措置を講じない旨を説明し、サービスの提供を受ける権利を表示した書面を旅行者に交付したとき」は、本肢の措置を**省略することができる。**

（ウ）**正しい。**上記③参照。この措置は、**海外**の企画旅行の場合、**必ず講じなければならない。**（**国内**の企画旅行の場合は、（イ）と同様に、条件を満たすことによって本肢の措置を**省略することができる**）。

以上により、（ア）（ウ）を選んでいるｂが正解である。

16 企画旅行の円滑な実施のための措置（旅程管理）(2)

問題 30　重要度 A　令 5　✓□□

企画旅行の円滑な実施のための措置に関する次の記述のうち、正しいものをすべて選びなさい。

a．旅行業者は、旅行に関する計画に定めるサービスの旅行者への確実な提供を確保するために旅行の開始前に必要な予約その他の措置を講じなければならない。

b．法の規定に適合する者の指導による旅程管理業務に相当する実務の研修を受けた経験は、当該研修を受けた地域を目的地とする旅行に係る旅程管理業務に従事した経験とみなされる。

c．旅行業者は、参加する旅行者の募集をすることにより実施する企画旅行についてのみ、旅程管理のための措置を講じなければならない。

d．本邦外の旅行に参加する旅行者に同行して、旅程管理業務を行う者のうち主任の者が有していなければならない実務の経験には、本邦内の旅行に関する旅程管理業務に従事したものも含まれる。

問題 30 解説 解答 a，b

a．**正しい。**この措置は**国内・海外いずれの企画旅行**であっても講じなければならない。

b．**正しい。**企画旅行に参加する旅行者に同行して旅程管理を行う者として旅行業者に選任される者のうち**主任の者（旅程管理主任者）**には、「旅程管理業務に従事した経験」を有することが求められる。本肢の“法の規定に適合する者”とは、旅程管理業務を行う主任の者としての資格要件を満たす者を指し、その者の指導による「旅程管理業務に相当する実務の研修を受けた経験」は、その研修を受けた地域を目的地とする旅行に係る**旅程管理業務に従事した経験とみなされる。**

c．**誤り。**旅行業者は、**募集型・受注型いずれの企画旅行**であっても、旅程管理のための措置を講じなければならない。したがって、“参加する旅行者の募集をすることにより実施する企画旅行（＝募集型企画旅行）についてのみ…講じなければならない”とする本肢の記述は誤りである。

d．**誤り。海外**の企画旅行に同行する旅程管理主任者になるための実務経験は、**海外における旅程管理業務に従事した経験のみが対象**となる。したがって、“本邦内の旅行に関する旅程管理業務に従事したものも含まれる”とする本肢の記述は誤りである。なお、**国内**の企画旅行に同行する旅程管理主任者となるための実務経験は、**国内・海外**いずれの旅程管理業務に従事した経験であってもよい。

以上により、a、bを選ぶのが正解である。

キーワード　旅程管理業務を行う主任の者

企画旅行に参加する旅行者に同行して旅程管理業務を行う者のうち、主任となる者のことで、いわゆる実務上の「旅程管理主任者（主任添乗員）」のこと。

ポイント整理　旅程管理主任者の資格要件

① **欠格事由（P27 登録拒否事由の①～⑥）に該当しない**こと
② **旅程管理研修の課程を修了**していること
③ 次のa、b**いずれか**の実務経験（旅程管理業務に従事した経験）を有すること
　a．研修の課程を修了した日の**前後 1 年以内に 1 回以上**の実務経験
　b．研修の課程を修了した日**から 3 年以内に 2 回以上**の実務経験

17 受託契約

問題 31　**重要度 A**　令3　✓□□

受託契約に関する次の記述のうち、正しいものをすべて選びなさい。

a．旅行業者は、他の旅行業者が実施する企画旅行（参加する旅行者の募集をすることにより実施するものに限る。）について、受託契約を締結したときは、旅行業者代理業の登録を受けなくても、委託旅行業者を代理して企画旅行契約を締結できる。

b．地域限定旅行業者は、第１種旅行業者の受託旅行業者となることはできない。

c．委託旅行業者および受託旅行業者は、受託契約において、委託旅行業者を代理して企画旅行契約を締結することができる受託旅行業者またはその受託旅行業者代理業者の営業所を定めておかなければならない。

d．旅行業者代理業者は、その所属旅行業者の承諾を得た場合であれば、他の旅行業者と直接受託契約を締結することができる。

問題 31 解説 解答 a，c

a．**正しい。旅行業者**は、受託契約を締結した場合、**旅行業者代理業の登録を受けなくても、**委託旅行業者（受託契約の相手方）を代理して募集型企画旅行契約を締結することができる。

b．**誤り。**地域限定旅行業者であっても、第１種旅行業者との間で**受託契約を締結する**ことにより、第１種旅行業者の受託旅行業者となることができる（第１種旅行業者が実施する募集型企画旅行を代理して販売することができる）。**第１種・第２種・第３種・地域限定旅行業者**は、実施できる範囲は異なるものの、いずれも**募集型企画旅行を実施することができる**ので、**登録の種類にかかわらず、自らが委託旅行業者になることも、受託旅行業者になることもできる。**

c．**正しい。**委託旅行業者および受託旅行業者は、委託旅行業者を代理して企画旅行契約を締結すること（受託販売）ができる**受託旅行業者**または**受託旅行業者代理業者の営業所**を受託契約において定めておかなければならない。

d．**誤り。**受託契約は、**旅行業者間**で締結する契約であり、**旅行業者代理業者は、自らが他の旅行業者と直接受託契約を締結することはできない。**旅行業者代理業者は、**所属旅行業者**が他の旅行業者と締結した受託契約において**「受託旅行業者代理業者」として定めた**場合に限り、委託旅行業者を代理して募集型企画旅行契約を締結することができる。

以上により、a、cを選ぶのが正解である。

キーワード　受託契約と委託旅行業者・受託旅行業者

● 受託契約
他の旅行業者が企画・実施する募集型企画旅行を、実施する旅行業者を代理して、販売（旅行者と契約）するときに締結する旅行業者間の契約のこと。効率よく参加者を集客するための販売促進の仕組みともいえる。

● 委託旅行業者
募集型企画旅行を企画・実施し、その販売を他社に委託する旅行業者のこと。

● 受託旅行業者
他の旅行業者の企画・実施する募集型企画旅行を代理販売する旅行業者のこと。

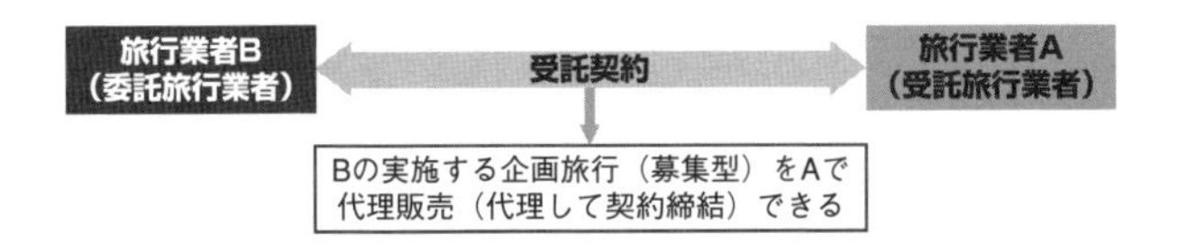

18 旅行業者代理業

問題 32　重要度 A　令 2- 改

旅行業者代理業に関する次の記述のうち、誤っているものはどれか。

a．旅行業者代理業の登録の有効期間は、登録の日から起算して５年である。

b．旅行業者代理業者は、旅行業務に関し取引をしようとするときは、所属旅行業者の氏名または名称および旅行業者代理業者である旨を取引の相手方に明示しなければならない。

c．登録行政庁は、旅行業者代理業者に対し、その行う営業が旅行業であると誤認させ、または所属旅行業者を誤認させないようにするための措置をとるべきことを命ずることができる。

d．旅行業者代理業者は、その行う営業が旅行業であると誤認させ、または所属旅行業者を誤認させるような表示、広告その他の行為をしてはならない。

問題 33　重要度 A　令 5

旅行業者代理業に関する次の記述のうち、誤っているものをすべて選びなさい。

a．旅行業者代理業者は、その所属旅行業者の許諾を得れば、委託旅行業者と直接受託契約を締結することができる。

b．旅行業者代理業を営もうとする者の新規登録にあっては、その財産的基礎については、登録の拒否事由とはならない。

c．所属旅行業者が旅行業の登録を抹消されたときは、旅行業者代理業の登録はその効力を失う。

d．所属旅行業者は、いかなる場合も旅行業者代理業者が旅行業務につき旅行者に加えた損害を賠償しなければならない。

問題32 解説 解答 a

a．**誤り**。登録の有効期間が定められているのは**旅行業のみ**である。**旅行業者代理業**の登録には**有効期間の定めはない**（問題33のcの解説にある①または②に該当しない限り、永続的に有効である）。

b．**正しい**。記述のとおり。

c．**正しい**。記述のとおり。

d．**正しい**。記述のとおり。

問題33 解説 解答 a，d

a．**誤り**。受託契約は、**旅行業者どうし**で締結する契約であり、**旅行業者代理業者は、自ら直接、他の旅行業者と受託契約を締結することはできない**（所属旅行業者が締結した受託契約で「受託旅行業者代理業者」として定められている場合に限り、旅行業者代理業者でも委託旅行業者を代理して募集型企画旅行契約を締結できる）。

b．**正しい**。**旅行業者代理業者に対しては財産的基礎についての定めはない**ため、登録の拒否事由とはならない（一定の財産的基礎を求められるのは**旅行業者のみ**である）。

c．**正しい**。旅行業者代理業の登録は、次の①**または**②に該当する場合に失効する。本肢は②に該当するので、旅行業者代理業の登録は効力を失う。

① **所属旅行業者との契約**（旅行業者代理業者が所属旅行業者のために旅行業務を取り扱うことを内容とする契約）が**効力を失った**とき。

② **所属旅行業者**が、**旅行業の登録を抹消された**とき（登録の有効期間満了、事業の廃止、登録の取消しなどにより）。

d．**誤り**。旅行業者代理業者が旅行業務につき旅行者に損害を加えた場合は、原則として、**所属旅行業者がその損害を賠償する責任を負う**ことになるが、所属旅行業者がその**旅行業者代理業者への委託につき相当の注意をし**、かつ、その旅行業者代理業者の行う旅行業務につき**旅行者に加えた損害の発生の防止に努めた**ときは、その**損害を賠償する責任を免れる**。したがって、“いかなる場合も…損害を賠償しなければならない”とする本肢の記述は誤りである。

以上により、a、dを選ぶのが正解である。

19 禁止行為・登録の取消し・雑則罰則（1）

問題 34　重要度 A　令1　✓☐☐

旅行業者等がしてはならない行為に関する次の記述のうち、誤っているものはどれか。

a．旅行業者等が、旅行業務に関し取引をする者に対し、その取引に関する重要な事項について、故意に事実を告げず、または不実のことを告げる行為は、禁止行為に該当する。
b．旅行業者等は、その名義を他人に旅行業または旅行業者代理業のために利用させてはならないが、他人にその名において経営させることは禁止されていない。
c．旅行業者等が、宿泊のサービスを提供する者（旅館業法第3条の2第1項に規定する営業者を除く。）と取引を行う際に、当該者が住宅宿泊事業法第3条第1項の届出をした者であるかどうかの確認を怠る行為は、禁止行為に該当する。
d．旅行業者等が、運送サービス（専ら企画旅行の実施のために提供されるものに限る。）を提供する者に対し、輸送の安全の確保を不当に阻害する行為は、禁止行為に該当する。

問題 35　重要度 A　令4-改　✓☐☐

「法第13条（禁止行為）」に関する次の記述のうち、正しいものをすべて選びなさい。

a．旅行業者等は、旅行業務に関し取引をした者に対し、その取引によって生じた債務の履行を不当に遅延する行為をしてはならない。
b．旅行業者等が旅行者に対し、旅行地において施行されている法令に違反するサービスの提供を受けることのあっせんまたはその提供を受けることに関する便宜の供与を行う旨の広告をすることは禁止行為に該当する。
c．旅行業者等は、旅行者に対し、旅行地において特定のサービスの提供を受けることまたは特定の物品を購入することを強要する行為をしてはならない。
d．旅行業者等が、あらかじめ書面により通知し、旅行者の承諾を得れば、掲示した旅行業務の取扱いの料金を超えて料金を収受することは禁止行為とはならない。

問題34 解説　解答 b

a．**正しい。**記述のとおり。

b．**誤り。**以下の名義利用等の行為は、いずれも禁止されている。

① 旅行業者等が、**その名義を他人に**旅行業または旅行業者代理業のために**利用させること。**

② **営業の貸渡し**その他いかなる方法をもってするかを問わず、旅行業または旅行業者代理業を**他人にその名において経営させること。**

したがって“他人にその名において経営させることは禁止されていない”とする本肢の記述は誤りである。

c．**正しい。**“住宅宿泊事業法第3条第1項の届出をした者”とは、**住宅宿泊事業者**（いわゆる**「民泊サービス」**を提供するための所定の届出をした者）を指している。旅行業者等が民泊のサービスを提供する者と取引を行う際に、**その者が住宅宿泊事業者であるかどうかの確認を怠る行為**は禁止行為に該当する。

d．**正しい。**“運送サービス（専ら企画旅行の実施のために提供されるものに限る。）”とは、主に企画旅行で使用される貸切バスを指す。貸切バス事業者などに対し、**輸送の安全の確保を不当に阻害すること**は、**旅行者の保護に欠け、または旅行業の信用を失墜させる行為**として禁止されている。

問題35 解説　解答 a，b，c

a．**正しい。**旅行業者等が、旅行業務に関し取引をした者に対し、その取引によって生じた債務の履行を**不当に**遅延する行為は禁止されている（**正当な理由**に基づき債務の履行を遅延することは禁止行為に該当しない）。

b．**正しい。**記述のとおり。実際に「あっせん」や「便宜の供与」をしなくても、これらを行う旨の**広告をすること自体が禁止行為に該当する。**

c．**正しい。**記述のとおり。

d．**誤り。**営業所に掲示した**旅行業務の取扱いの料金を超えて料金を収受する行為は、いかなる場合も禁止されている。**あらかじめ書面により通知し、旅行者の承諾を得たとしても、掲示した料金を超えた金額を収受することはできない。

以上により、a、b、cを選ぶのが正解である。

19 禁止行為・登録の取消し・雑則罰則（2）

問題 36　重要度 A　令3　✓□□

登録の取消し等に関する次の記述のうち、登録の取消事由に該当するものをすべて選びなさい。

a．旅行業者等が、登録を受けてから6月以内に事業を開始していないと認められるとき。
b．旅行業者等が、不正の手段により変更登録を受けたとき。
c．旅行業者等が、旅行業法もしくは旅行業法に基づく命令またはこれらに基づく処分に違反したとき。
d．旅行業者等の役員が、道路交通法に違反して罰金の刑に処せられたとき。

問題 37　重要度 A　令2　

雑則および罰則に関する次の記述のうち、正しいものをすべて選びなさい。

a．観光庁長官は、法令違反行為を行った者に意見を述べる機会を与えなくても、当該法令違反行為を行った者の氏名を一般に公表することができる。
b．観光庁長官は、法令に基づき必要かつ適当であると認めるときは、旅行業法または旅行業法に基づく命令に違反する行為を行った者の氏名または名称を、必ずインターネットにより一般に公表しなければならない。
c．登録行政庁の行う登録を受けず旅行業または旅行業者代理業を営んだ者は、1年以下の懲役もしくは100万円以下の罰金に処し、またはこれを併科する。
d．観光庁長官の行う登録を受けず旅行サービス手配業を営んだ者または不正の手段により旅行サービス手配業の登録を受けた者については、その行為者を罰するほか、その法人または人に対しても、罰金刑を科する。

問題 36　解説　解答 b，c

a．**該当しない。**下記「ポイント整理」の（2）参照。

b．**該当する。**下記「ポイント整理」の（1）③参照。

c．**該当する。**下記「ポイント整理」の（1）①参照。

d．**該当しない。罰金の刑**に処せられたことが登録の取消しにつながるのは、その原因が**旅行業法に違反した場合のみ**である。本肢は“道路交通法に違反して”とあるので、登録の取消事由に該当しない。

以上により、b、cを選ぶのが正解である。

問題 37　解説　解答 d

a．**誤り。**観光庁長官は、法令違反行為を行った者の氏名を一般に公表するときは、**あらかじめ**、その法令違反行為を行った者に対して**意見を述べる機会を与えなければならない。**

b．**誤り。**観光庁長官は必要に応じて法令違反行為を行った者の氏名等を**インターネットの利用その他の適切な方法により**公表することができ、その方法は**インターネットに限定されていない。**

c．**誤り。**本肢の罰則は、**旅行業**または**旅行サービス手配業**を営んだ者に対するものとしては規定されているが、**旅行業者代理業**はこの罰則規定の対象ではない。

d．**正しい。**記述のとおり。

以上により、dを選ぶのが正解である。

ポイント整理　業務の停止・登録の取消し

登録行政庁は、旅行業者等または旅行サービス手配業者が次に該当するときは、**6か月以内の期間を定めて**、その業務の**全部もしくは一部の停止**を命じ、または**登録の取消し**をすることができる（この場合、登録行政庁は、**遅滞なく**、**理由を付して**、その旨を旅行業者等または旅行サービス手配業者に**通知しなければならない**）。

（1）「業務の停止」または「登録の取消し」をすることができる事由

① 旅行業法もしくは旅行業法に基づく命令またはこれらに基づく処分に違反したとき

② **登録の拒否事由（P27）の②、③、⑤～⑧のいずれか一つにでも該当する**こととなったとき（または登録当時に登録の拒否事由①～⑪に該当していたことが判明したとき）

③ **不正の手段により登録**（新規登録、旅行業者の場合は更新登録、変更登録を含む）**を受けた**とき

（2）「登録の取消し」をすることができる事由

旅行業者等または旅行サービス手配業者が、**登録を受けてから1年以内に事業を開始せず**、または**引き続き1年以上事業を行っていない**と認めるとき

20 業務改善命令

問題 38　重要度 A　令 2　✓□□

次の記述のうち、登録行政庁が旅行業者等に命ずることができる措置（業務改善命令）として定められていないものはどれか。

a．旅行業務の取扱いの料金または企画旅行に関し旅行者から収受する対価を変更すること。

b．旅行業務取扱管理者を解任すること。

c．旅程管理のための措置を確実に実施すること。

d．旅行業協会の保証社員になること。

問題 39　重要度 A　平 26　✓□□

登録行政庁が旅行業者等に命ずることができる措置（業務改善命令）に関し、□に当てはまる語句の組み合わせで、正しいものは次のうちどれか。

第 18 条の 3　観光庁長官は、旅行業者等の業務の運営に関し、取引の公正、旅行の安全または旅行者の利便を害する事実があると認めるときは、当該旅行業者等に対し、次に掲げる措置をとるべきことを命ずることができる。

（1）旅行業務取扱管理者を（ア）すること。

（2）旅行業務の取扱いの料金または企画旅行に関し旅行者から収受する（イ）を変更すること。

（3）旅行業約款を変更すること。

（4）企画旅行に係る第 12 条の 10 の国土交通省令で定める措置を確実に実施すること。

（5）旅行者に生じた損害を（ウ）するために必要な金額を担保することができる保険契約を締結すること。

（6）前各号に掲げるもののほか、業務の運営の改善に必要な措置をとること。

	（ア）	（イ）	（ウ）
a．	解任	料金	補償
b．	解任	対価	賠償
c．	選任	対価	補償
d．	選任	料金	賠償

問題38 解説 解答 d

業務改善命令として定められている措置は次のとおり。

① **旅行業務取扱管理者を解任**すること
② **旅行業務の取扱いの料金**または**企画旅行に関し旅行者から収受する対価を変更**すること
③ **旅行業約款を変更**すること
④ **企画旅行の円滑な実施のための措置（旅程管理）を確実に実施**すること
⑤ **旅行者に生じた損害を賠償するために必要な金額を担保することができる保険契約を締結**すること
⑥ 前述①～⑤のほか、**業務の運営の改善に必要な措置**をとること

aは上記②に、bは上記①に、cは上記④に定められているが、dの“旅行業協会の保証社員になること”は定められていない（旅行業協会への加入は旅行業者等の任意である）。

問題39 解説 解答 b

問題38の解説参照。本問の（1）は上記①に、（2）は上記②に、（5）は上記⑤に該当し、（ア）（イ）（ウ）に当てはまる語句は次のとおり。

（1）旅行業務取扱管理者を［（ア）**解任**］すること。
（2）旅行業務の取扱いの料金または企画旅行に関し旅行者から収受する［（イ）**対価**］を変更すること。
（5）旅行者に生じた損害を［（ウ）**賠償**］するために必要な金額を担保することができる保険契約を締結すること。

以上により、bが正解である。

旅行業者等に対する業務改善命令

「業務改善命令として**定められていない**もの」として、過去の試験では次のようなものが出題されている。

- 旅行業協会に加入すること（または脱退すること）
- 旅行業協会の保証社員になること
- 弁済業務保証金分担金を納付すること
- 旅行業務取扱管理者を解雇すること（または管理者の資格を取り消すこと）
- 旅程管理業務を行う主任の者を解任すること

業務改善命令として定められている措置は上記解説の①～⑥の６項目のみなので、しっかり暗記しておこう。

21 旅行業協会（1）

問題 40　重要度 A　令 4　✓□□

次の記述のうち、旅行業協会が適正かつ確実に実施しなければならない業務として定められているものはどれか。

a．旅行サービス手配業者と取引した運送等サービスを提供した者に対しその取引によって生じた債権に関し弁済をする業務
b．訪日外国人旅行者の増加のための諸施策の策定および推進
c．旅行業務または旅行サービス手配業務の取扱いに従事する者に対する研修
d．旅行業務または旅行サービス手配業務の適切な運営を確保するための旅行業者等または旅行サービス手配業者に対する会計監査

問題 41　重要度 A　令 3- 改　

次の記述のうち、旅行業協会が適正かつ確実に実施しなければならない業務として定められていないものはどれか。

a．旅行業務または旅行サービス手配業務の適切な運営を確保するための旅行業者等または旅行サービス手配業者に対する指導
b．旅行業務または旅行サービス手配業務の取扱いに従事する者に対する研修
c．旅行業務に関し社員である旅行業者を所属旅行業者とする旅行業者代理業者と取引をした旅行者に対し、その取引によって生じた債権に関し弁済をする業務
d．旅行業者の取り扱った旅行業務に関する旅行者からの苦情の解決のための当該旅行業者の営業所への立入調査

問題40　解説　　解答　c

旅行業協会の業務として定められているのは、下記「ポイント整理」①～⑤の5項目である。cの“旅行業務または旅行サービス手配業務の取扱いに従事する者に対する研修”は、旅行業協会の業務（下記「ポイント整理」②）として定められているが、a、b、dは、定められていない。

問題41　解説　　解答　d

a．**定められている。**下記「ポイント整理」④参照。

b．**定められている。**下記「ポイント整理」②参照。

c．**定められている。**下記「ポイント整理」③参照。

d．**定められていない。**旅行業協会には、旅行業者等または旅行サービス手配業者の営業所への立入調査を行う権限はない（事務所への立入り、帳簿書類その他の物件の検査等の権限を有するのは登録行政庁である）。

ポイント整理　旅行業協会の業務

① **旅行者**および**旅行に関するサービスを提供する者**からの**旅行業者等**または**旅行サービス手配業者**の取り扱った**旅行業務**または**旅行サービス手配業務**に対する**苦情の解決**

② **旅行業務**または**旅行サービス手配業務**の取扱いに**従事する者**に対する**研修**

③ 旅行業務に関し**社員である旅行業者または当該旅行業者を所属旅行業者とする旅行業者代理業者**と取引をした**旅行者**に対しその取引によって生じた**債権に関する弁済業務**

④ 旅行業務または旅行サービス手配業務の**適切な運営を確保**するための**旅行業者等**または**旅行サービス手配業者に対する指導**

⑤ 旅行業務および旅行サービス手配業務に関する**取引の公正の確保**または旅行業、旅行業者代理業および旅行サービス手配業の**健全な発達**を図るための**調査**、**研究および広報**

21 旅行業協会（2）

問題42　重要度 A　令2　✓□□

旅行業協会が行う苦情の解決に関する次の記述のうち、正しいものはどれか。

a．旅行業協会は、苦情の解決について申出があったときは、必ず文書もしくは口頭による説明を求め、または資料の提出を求めなければならない。

b．旅行業協会は、旅行業務または旅行サービス手配業務に関する苦情についての解決の申出、当該苦情に係る事情およびその解決の結果について、社員および社員以外の旅行業者等に周知させなければならない。

c．旅行業者等または旅行サービス手配業者は、旅行業協会から苦情の解決について、文書もしくは口頭による説明、または資料の提出の求めがあったときは、正当な理由がないのに、これを拒んではならない。

d．旅行業協会は、社員以外の旅行業者等が取り扱った旅行業務に関する苦情について、旅行に関するサービスを提供する者から、解決の申出があったときは、その相談に応じなければならない。

問題 42 解説 解答 d

a．**誤り**。旅行業協会は、苦情の解決について**必要があると認めるとき**は、苦情の対象となっている旅行業者等または旅行サービス手配業者に対し、文書もしくは口頭による説明または資料の提出を求めることができる。すべての苦情について、説明（または資料の提出）を求める義務はないので、"必ず…求めなければならない"とする本肢の記述は誤りである。

b．**誤り**。旅行業協会は、苦情についての解決の申出や、苦情に係る事情およびその解決の結果について、**社員に周知させなければならないが、社員以外の者に対する周知の義務はない**。したがって、"社員および社員以外の旅行業者等に周知させなければならない"とする本肢の記述は誤りである。

c．**誤り**。苦情の解決に当たり、旅行業協会から文書もしくは口頭による説明または資料の提出を求められた場合、**社員は正当な理由なくこれを拒むことができないが、社員以外**の旅行業者等または旅行サービス手配業者は、**正当な理由の有無にかかわらず、これを拒むことができる**。したがって、社員であるかどうかの区別なく"これを拒んではならない"とする本肢の記述は誤りである。

d．**正しい**。旅行業協会は、**旅行者**および**旅行サービスを提供する者**からの苦情の解決の申出について、その相談に応じなければならない。この場合、社員だけでなく、**社員以外**の旅行業者等または旅行サービス手配業者が取り扱った旅行業務または旅行サービス手配業務に関する苦情も相談の対象となる。

苦情の解決（社員と非社員による違い）

- 旅行業協会からの文書もしくは口頭による説明、資料の提出の要求
  - 社　員　正当な理由なく拒否できない（正当な理由があれば拒否可能）。
  - 非社員　理由にかかわらず、拒否できる。
- 苦情の申出、苦情に係る事情およびその解決の結果の周知は**社員のみ**を対象に行えばよい（非社員に周知させる義務はない）

22 弁済業務保証金

問題43 重要度 A 平30・令2-改

✓□□

弁済業務保証金に関する次の記述のうち、誤っているものをすべて選びなさい。

a．旅行業協会から還付充当金を納付するよう通知を受けた保証社員は、その通知を受けた日から7日以内に、その通知された額の還付充当金を旅行業協会に納付しないときは、旅行業協会の社員の地位を失う。

b．旅行業協会に加入しようとする旅行業者は、その加入しようとする日までに、弁済業務規約で定める額の弁済業務保証金分担金を旅行業協会の最寄りの供託所に供託しなければならない。

c．保証社員と旅行業務に関し取引をした旅行者が、旅行業協会が供託している弁済業務保証金から還付を受けた場合には、旅行業協会はその日から21日以内に、当該還付額に相当する額の弁済業務保証金を供託しなければならない。

問題44 重要度 A 令3

弁済業務保証金に関する次の記述のうち、正しいものはどれか。

a．保証社員は、毎事業年度終了後においてその弁済業務保証金分担金の額が増加することとなるときはその終了の日の翌日から100日以内に、その増加することとなる額の弁済業務保証金分担金を旅行業協会に納付しなければならない。

b．旅行業協会は、旅行業者から納付された弁済業務保証金分担金を、その旅行業者の主たる営業所の最寄りの供託所に供託しなければならない。

c．旅行業協会が供託している弁済業務保証金から弁済を受ける権利を実行しようとする旅行者は、その債権について登録行政庁の認証を受けなければならない。

d．保証社員または当該保証社員を所属旅行業者とする旅行業者代理業者と取引をした旅行者が、その取引によって生じた債権に関し弁済を受けることができるのは、当該保証社員が旅行業協会に納付している弁済業務保証金分担金の額の範囲内までである。

問題43 解説 解答 b

a．**正しい**。記述のとおり。旅行者に対して弁済業務保証金から還付が実行されると、供託していた弁済業務保証金の額が減少するため、その還付に係る保証社員は、減少分（**還付充当金**）を納付しなければならない。旅行業協会から還付充当金を納付するよう通知を受けた保証社員は、その**通知を受けた日から７日以内**に還付充当金を納付しない場合、旅行業協会の**社員としての地位を失う**。

b．**誤り**。旅行業者が納付した弁済業務保証金分担金を**「弁済業務保証金」**として供託所に供託するのは**旅行業協会**なので（旅行業協会の住所の最寄りの供託所に供託する）、“旅行業者は…弁済業務保証金分担金を旅行業協会の最寄りの供託所に供託しなければならない”とする本肢の記述は誤りである。

c．**正しい**。記述のとおり。弁済業務保証金から**弁済が行われた場合、旅行業協会**は、還付額に相当する額の弁済業務保証金をその日から**21日以内**に、供託所に供託しなければならない。

以上により、bが正解である。

問題44 解説 解答 a

a．**正しい**。記述のとおり。

b．**誤り**。旅行業者から弁済業務保証金分担金の納付を受けたときは、**旅行業協会**は、その納付額に相当する額の**「弁済業務保証金」を旅行業協会の住所の最寄りの供託所に供託しなければならない**。したがって、“弁済業務保証金分担金を、その旅行業者の主たる営業所の最寄りの供託所に…”とする本肢の記述は誤りである。

c．**誤り**。弁済業務保証金から弁済を受ける権利を実行しようとする旅行者は、その債権について**旅行業協会の認証**を受けなければならない。したがって、“登録行政庁の認証”を受けなければならないとする本肢の記述は誤りである。

d．**誤り**。弁済業務保証金からの**弁済限度額**は、保証社員である旅行業者が保証社員でなかった場合に**営業保証金として供託すべき額を下ることができない**。つまり、納付する弁済業務保証金分担金の額は**営業保証金の1/5相当額**でも、旅行者は、少なくとも**営業保証金額と同額までは弁済を受けられる**ということである。したがって、“納付している弁済業務保証金分担金の額の範囲内まで”とする本肢の記述は誤りである。

23 旅行サービス手配業

問題 45　重要度 A　令4 ✓□□

旅行サービス手配業に関する次の記述のうち、誤っているものをすべて選びなさい。

a．旅行業者は、旅行サービス手配業の登録を受けなくても、旅行サービス手配業務を行うことができる。

b．旅行サービス手配業者が、旅行サービス手配業務に関し取引をする者と旅行サービス手配業務に関し契約を締結したときに交付する書面には、契約の変更および解除に関する事項を記載しなければならない。

c．旅行サービス手配業の新規登録または更新登録をしようとする者は、主たる営業所の所在地を管轄する都道府県知事に新規登録（更新登録）申請書を提出しなければならない。

d．旅行サービス手配業者は、営業所ごとに、1人以上の旅行サービス手配業務取扱管理者を選任しなければならない。

問題 46　重要度 A　令5 ✓□□

旅行サービス手配業に関する次の記述のうち、誤っているものはどれか。

a．旅行サービス手配業者は、その営業所において選任している旅行サービス手配業務取扱管理者について、5年ごとに、登録研修機関が実施する研修を受けさせなければならない。

b．旅行サービス手配業を営もうとする者は、主たる営業所の所在地を管轄する都道府県知事に、新規登録申請書を提出しなければならない。

c．旅行サービス手配業者は、旅行サービス手配業務を他人に委託する場合においては、他の旅行サービス手配業者または旅行業者に委託しなければならない。

d．旅行サービス手配業者は、旅行サービス手配業務に関し取引をする者と旅行サービス手配業務に関し契約を締結したときは、いかなる場合も、遅滞なく、当該取引をする者に対し、国土交通省令で定める事項を記載した書面を交付しなければならない。

問題 45　解説　解答 b，c

a．**正しい。旅行業者は、旅行サービス手配業の登録を受けなくても**旅行サービス手配業に相当する行為を行うことができる（**登録業務範囲に関わらず同じ**）。

b．**誤り。**“契約の変更および解除に関する事項”は、旅行サービス手配業者が、旅行サービス手配業務に関し取引をする者と契約を締結したときに交付する書面の記載事項ではない。

c．**誤り。旅行サービス手配業の登録には有効期間の定めがない**ため、**更新登録を行う必要はない。**なお、新規登録の申請は、主たる営業所の所在地を管轄する都道府県知事に対して、新規登録申請書を提出することにより行う。したがって、“旅行サービス手配業の新規登録または**更新登録**をしようとする者は…”とする本肢の記述は誤りである。

d．**正しい。**記述のとおり。旅行サービス手配業務を行う者が１人しかいない営業所では、**その者が有資格者**でなければならない。

以上により、b、cを選ぶのが正解である。

問題 46　解説　解答 d

a．**正しい。**旅行サービス手配業者は、選任している旅行サービス手配業務取扱管理者について、旅行サービス手配業務に関する法令、旅程管理その他の旅行サービス手配業務取扱管理者の職務に関し必要な知識および能力の向上を図るため、**５年ごとに、登録研修機関**が実施する研修を受けさせることが義務づけられている。

b．**正しい。**旅行サービス手配業の新規登録の申請先（登録行政庁）は、主たる営業所の所在地を管轄する都道府県知事である。

c．**正しい。**旅行サービス手配業者がその業務を他人に委託する場合、委託する相手先は、**他の旅行サービス手配業者**または**旅行業者**でなければならない。

d．**誤り。**旅行サービス手配業者は、**旅行サービス手配業務に関し取引をする者**と契約を締結したときは、遅滞なく、当該取引をする者に対し、国土交通省令で定める事項を記載した**書面を交付**しなければならない。ただし、**あらかじめ旅行サービス手配業務に関し取引をする者の承諾を得ること**を条件に、当該書面に記載すべき事項を**情報通信の技術を利用する方法**により、取引の相手方に通知することができる。この場合、旅行サービス手配業者は書面を交付したものとみなされるため、“いかなる場合も、…書面を交付しなければならない”とする本肢の記述は誤りである。

24 観光庁長官の権限に属する事務

問題 47　重要度 B　令 4

旅行業法に規定する観光庁長官の権限に属する事務に関する次の記述のうち、第１種旅行業者を除く旅行業者または旅行業者代理業者（観光圏内限定旅行業者代理業を除く。）の主たる営業所の所在地を管轄する都道府県知事が行うこととされているものをすべて選びなさい。

a．登録事項の変更の届出
b．旅行業約款の認可
c．旅行業者等の営業所への立入検査
d．標準旅行業約款の制定

問題 48　重要度 B　平 28・令 1- 改

旅行業法に規定する観光庁長官の権限に属する事務に関する次の記述のうち、第１種旅行業者を除く旅行業者または旅行業者代理業者（観光圏内限定旅行業者代理業を除く。）の主たる営業所の所在地を管轄する都道府県知事が行うこととされているものをすべて選びなさい。

a．登録の拒否
b．登録の取消し
c．標準旅行業約款の制定
d．業務改善命令

問題 47 解説 解答 a，b，c

第１種旅行業に関する事務手続きは観光庁長官が行い、**第１種旅行業以外の旅行業等（または旅行サービス手配業）**に関する事務手続き全般は、観光庁長官に代わり、主たる営業所の所在地を管轄する**都道府県知事が行う**。

ａ、ｂ、ｃに係る観光庁長官の権限に属する事務は、第１種旅行業者に関するものを除き、旅行業者または旅行業者代理業者の主たる営業所の所在地を管轄する都道府県知事が行うが、ｄの“標準旅行業約款の制定”およびその公示は、**観光庁長官と消費者庁長官が共同で行う（都道府県知事が代わりに行うことはできない）**。

以上により、ａ、ｂ、ｃを選ぶのが正解である。

問題 48 解説 解答 a，b，d

ａ、ｂ、ｄに係る観光庁長官の権限に属する事務は、第１種旅行業者に関するものを除き、旅行業者または旅行業者代理業者の主たる営業所の所在地を管轄する都道府県知事が行うが、ｃの“標準旅行業約款の制定”および公示については、**観光庁長官および消費者庁長官が共同で行う**。

以上により、ａ、ｂ、ｄを選ぶのが正解である。

観光庁長官の権限に属する事務

旅行業法に規定されている**「登録行政庁」**が行う事務のうち、**第２種・第３種・地域限定旅行業、旅行業者代理業、旅行サービス手配業に関わる事務は**、一部の例外を除き、**観光庁長官ではなく**、その旅行業者等、旅行サービス手配業者の主たる営業所の所在地を管轄する**都道府県知事が代行する**ことになっています（これを**「観光庁長官の権限に属する事務（都道府県が処理する事務）」**といいます）。

旅行業者等または旅行サービス手配業者に関わる事務には主に次のようなものがあります。

- **登録**（新規登録、登録の拒否、更新登録、変更登録、登録事項の変更の届出など）に関する事務
- **旅行業約款の認可**
- 営業保証金に関する事務
- 取引額の報告の受付
- **業務改善命令**
- 業務停止命令
- **登録の取消し**
- **営業所への立入検査**（旅行業法第１条の目的を達成するため必要な限度で）

これらの事務のうち、**第１種旅行業に関わるもの**は、**観光庁長官**が行いますが、**第２種・第３種・地域限定旅行業、旅行業者代理業、旅行サービス手配業に関わるもの**は、**都道府県知事が代行する**ことになっています。また、**標準旅行業約款の制定および公示**については、**観光庁長官および消費者庁長官**が共同で行うという点もあわせて覚えておきましょう。

旅行業約款
運送・宿泊約款

1 募集型企画旅行契約（1）

問題 1　重要度 A　令5　✓□□

募集型企画旅行契約に関する次の記述のうち、正しいものはどれか。

a．旅行業者が法令に反しない範囲で書面により特約を結んだときは、いかなる場合においても、その特約が約款の定めに優先する。

b．募集型企画旅行とは、旅行業者が、旅行者の募集のためにあらかじめ、旅行の目的地および日程、旅行者が提供を受けることができる運送または宿泊のサービスの内容ならびに旅行者が旅行業者に支払うべき旅行代金の額を定めた旅行に関する計画を作成し、これにより実施する旅行をいう。

c．成田空港を旅行開始地としてハワイを目的地とする募集型企画旅行において、北海道在住の旅行者が、自身で航空会社のウェブサイトにおいて新千歳空港から成田空港までの航空券を購入して参加する場合、新千歳空港から成田空港までの行程も当該募集型企画旅行に含まれる。

d．旅行業者は、契約において、旅行者が旅行業者の定める旅行日程に従って旅行サービスの提供を受けることができるように、手配することのみを引き受ける。

問題1 解説 解答 b

a．**誤り**。特約は、①**法令に反しないこと**、②**旅行者の不利にならない範囲であること**、③**書面により**特約を結んでいること、とする①～③**の条件をすべて満たしたときに限り**、約款に優先して適用される。本肢は②の条件を満たしていないので特約として無効であり、約款に優先して適用されることはない。

b．**正しい**。記述のとおり。なお、本肢の“旅行者の募集のためにあらかじめ”を「旅行者からの依頼により」に置き換えると、受注型企画旅行の定義になる。

c．**誤り**。成田空港を旅行開始地とする募集型企画旅行に参加する旅行者が、集合場所となる成田空港までの航空券を**旅行者自身で**航空会社のウェブサイトから**購入した**場合、その区間（本肢の場合、新千歳空港～成田空港）の行程は当該募集型企画旅行に**含まれない**。

d．**誤り**。募集型企画旅行契約において、旅行業者は、旅行者が旅行業者の定める旅行日程に従って、旅行サービスの提供を受けることができるように**手配し、旅程を管理することを引き受ける**。したがって、“手配することのみを引き受ける”とする本肢の記述は誤りである。

特約の条件

① 法令に反しないこと ② 旅行者の不利にならない範囲であること ③ 書面により特約を結んでいること	①～③を満たすと特約が優先 （1つでも欠けると特約は無効）

1 募集型企画旅行契約（2）

問題 2　重要度 A　令1・令4-改　✔□□

募集型企画旅行契約に関する次の記述のうち、正しいものはどれか。

a．旅行業者が、旅程保証に基づき旅行者１名に対して１旅行につき支払うべき変更補償金の額が1,000円未満であっても、変更補償金を支払う旨を契約書面に記載し特約を結んだときは、その特約が約款に優先して適用される。

b．旅行者が、電話により予約を行い、その後旅行業者の店舗に行き、旅行業者が提携するカード会社のクレジットカードにより旅行代金を支払った場合は、通信契約となる。

c．旅行開始地である横浜港からクルーズ船に乗り、神戸港に寄港して神戸市内を観光後、目的地であるケアンズに向かい、旅行終了地である横浜港で下船する旅行については、横浜港出港から神戸港出港までの区間は国内旅行として取り扱う。

d．旅行業者は、海外旅行の契約の履行においてのみ、手配の全部または一部を本邦内または本邦外の他の旅行業者、手配を業として行う者その他の補助者に代行させることがある。

問題2 解説　解答 a

a．**正しい。**約款には「旅行者1名に対して1企画旅行について支払うべき変更補償金の額が1,000円未満であるときは、旅行業者は変更補償金を支払わない」という規定があるが、変更補償金の額が1,000円未満であっても旅行者に変更補償金を支払うことは、**法令に反しておらず**、また、**旅行者にとって不利にはならない**。その旨の特約を**書面で結んだ**場合、この特約は約款に優先して適用される。

b．**誤り。**通信契約とは、下記「ポイント整理」の①〜③**のすべてを満たすもの**をいう。本肢のように、旅行業者の店舗に行き、クレジットカードで旅行代金を支払った場合は、通信契約に該当しない。

c．**誤り。**約款の定義上、「国内旅行」とは**本邦内のみの旅行**をいい、「海外旅行」とは**国内旅行以外の旅行**をいう。つまり、「国内旅行」とは、行程が**日本国内のみの旅行**であり、これ以外の旅行はすべて「海外旅行」に該当するので、**海外のみの旅行**のほか、目的地に**国内と海外の両方が含まれている旅行**もその**行程全体を「海外旅行」**として取り扱う。したがって、本肢の場合、横浜港出港から神戸港出港までの国内区間も含めて、**海外旅行**として取り扱われる。

d．**誤り。**旅行業者は、募集型企画旅行契約の履行に当たって、手配の**全部**または**一部**を**本邦内**または**本邦外**の**他の旅行業者、手配を業として行う者その他の補助者**に代行させることができる（**国内旅行、海外旅行いずれの場合も同じ**）。したがって、“海外旅行の契約の履行においてのみ…代行させることがある”とする本肢の記述は誤りである。

ポイント整理　通信契約

募集型企画旅行契約における「通信契約」とは、**「旅行業者」**と**「旅行業者**（または当該旅行業者の募集型企画旅行を代理して販売する旅行業者）**が提携するクレジットカード会社**（提携会社）**のカード会員」**との間で締結される契約で、申込みと決済の方法が、次の①〜③**のすべてを満たすもの**をいう。

① 電話、郵便、ファクシミリ、インターネットその他の**通信手段による申込み**であること。
② 提携会社のカード会員規約に従って決済することをあらかじめ**旅行者が承諾している**こと。
③ カード利用時の**伝票への旅行者の署名なし**で旅行代金等を決済すること。

約款

1 募集型企画旅行契約（3）

問題 3　**重要度 A**　平 30- 改　✓□□

募集型企画旅行契約に関する次の記述のうち、誤っているものはどれか。

a．旅行業者は、旅行者が他の旅行者に迷惑を及ぼし、または団体行動の円滑な実施を妨げるおそれがあるときは、当該旅行者との契約の締結に応じないことがある。

b．旅行業者が契約の予約を受け付けた場合において、旅行業者が定める期間内に旅行者から申込書と申込金の提出があったときの契約の締結の順位は、旅行業者が申込金を受理した順位によることとなる。

c．申込金は、旅行代金または取消料もしくは違約料の一部として取り扱われる。

d．旅行業者は、契約において、旅行者が旅行業者の定める旅行日程に従って、運送・宿泊機関等の提供する運送、宿泊その他の旅行に関するサービスの提供を受けることができるように、手配し、旅程を管理することを引き受ける。

問題3 解説 解答 b

a．**正しい。**下記「ポイント整理」参照。本肢は、拒否事由の③に該当するので、正しい記述である。なお、下記①～⑧のうち、③～⑧については**受注型企画旅行契約**の締結の拒否事由と**共通**である（①と②は受注型企画旅行契約の場合、締結の拒否事由には該当しない）。

b．**誤り。**旅行業者が契約の予約を受け付け、旅行業者が定める期間内に旅行者から申込書と申込金の提出（通信契約の場合は、**会員番号等の通知**）があったときの契約の締結順位は、**予約の受付の順位による**こととなる。したがって、“**申込金**を受理した順位”とする本肢の記述は誤りである。

c．**正しい。**記述のとおり。申込金は、旅行代金または取消料もしくは違約料の一部として取り扱われる。

d．**正しい。**記述のとおり。募集型企画旅行契約において旅行業者が引き受けるのは、旅行者が旅行サービスの提供を受けることができるように**手配し、旅程を管理する**業務である。

ポイント整理　募集型企画旅行契約の締結の拒否事由

① 旅行者が、旅行業者があらかじめ明示した性別、年齢、資格、技能その他の参**加旅行者の条件を満たしていない**とき
② **応募旅行者数が募集予定数に達した**とき
③ 旅行者が**他の旅行者に迷惑**を及ぼし、または**団体行動の円滑な実施を妨げるおそれがある**とき
④ **通信契約**を締結しようとする場合であって、旅行者の有するクレジットカードが無効である等、旅行者が**旅行代金等に係る債務の一部または全部を提携会社のカード会員規約に従って決済できない**とき
⑤ 旅行者が、暴力団員などの**反社会的勢力であると認められる**とき
⑥ 旅行者が、旅行業者に対して暴力的な要求行為、不当な要求行為、取引に関して脅迫的な言動もしくは暴力を用いる行為またはこれらに準ずる行為を行ったとき
⑦ 旅行者が、風説（ふうせつ）を流布（るふ）し、偽計（ぎけい）を用いもしくは威力を用いて旅行業者の信用を毀損しもしくは旅行業者の業務を妨害する行為またはこれらに準ずる行為を行ったとき
⑧ その他旅行業者の**業務上の都合がある**とき

1 募集型企画旅行契約（4）

問題4　重要度 A　令2-改　✓□□

募集型企画旅行契約に関する次の記述のうち、誤っているものはどれか。

a．旅行業者に契約の申込みをしようとする旅行者は、通信契約を締結する場合を除き、旅行業者所定の申込書に所定の事項を記入のうえ、旅行業者が別に定める金額の申込金とともに、旅行業者に提出しなければならない。

b．旅行の参加に際し、旅行者が特別な配慮を必要とする旨を契約の申込時に申し出た場合、旅行業者は、可能な範囲内でこれに応じ、旅行者のために講じた特別な措置に要する費用を負担しなければならない。

c．旅行業者は、応募旅行者数が募集予定数に達したときは、契約の締結を拒否することができる。

d．旅行業者は、契約の予約を受け付けた場合において、旅行者が旅行業者の定めた期間内に申込金を提出しない場合または会員番号等を通知しない場合には、予約がなかったものとして取り扱う。

問題5　重要度 A　令5　

募集型企画旅行契約に関する次の記述のうち、正しいものをすべて選びなさい。

a．旅行の参加に際し、特別な配慮を必要とする旅行者は、契約の申込時にその旨を申し出なければならない。

b．通信契約は、旅行業者が契約の締結を承諾する旨の通知を旅行者に発した時に成立する。

c．契約の申込みをしようとする旅行者は、通信契約を締結する場合を除き、旅行業者所定の申込書に所定の事項を記入のうえ、旅行業者が別に定める金額の申込金とともに、旅行業者に提出しなければならない。

d．旅行業者が契約の予約を受け付けた場合において、旅行業者が定める期間内に旅行者から申込書と申込金の提出があったときの契約の締結の順位は、当該予約の受付の順位による。

問題 4　解説　解答　b

a．**正しい。**募集型企画旅行契約の申込みは、次のように定められている。

①原則（通信契約でない場合）

→旅行業者所定の**申込書**に所定の事項を記入のうえ、旅行業者が別に定める金額の**申込金**とともに、旅行業者に**提出する**。

②通信契約の場合

→申込みをしようとする**募集型企画旅行の名称、旅行開始日、会員番号その他の事項**を旅行業者に**通知する**。

本肢は上記①に該当するため、正しい記述である。

b．**誤り。**旅行の参加に際し、**特別な配慮を必要とする旅行者**が、**契約の申込時**にその旨を**申し出たとき**は、旅行業者は可能な範囲内でこれに応じるが、この申出に基づき、旅行業者が旅行者のために講じた特別な措置に要する費用は、**旅行者の負担**となる。

c．**正しい。**本肢の事由は、P85の「ポイント整理」②に該当する。

d．**正しい。**旅行業者が契約の予約を受け付けたにもかかわらず、旅行者が旅行業者の定めた期間内に申込金を提出（通信契約の場合は、会員番号等を通知）しない場合は、**予約がなかったものとして取り扱う**（契約は成立しない）。

問題 5　解説　解答　a，c，d

a．**正しい。**記述のとおり。問題4のbの解説参照。

b．**誤り。**募集型企画旅行契約の成立時期は、契約の方法によって、下記「ポイント整理」のとおりに定められている。

本肢は**通信契約**の場合なので、“旅行業者が…通知を旅行者に発した時”とする記述は誤りである。

c．**正しい。**記述のとおり。問題4のaの解説参照。

d．**正しい。**記述のとおり。

以上により、a、c、dを選ぶのが正解である。

ポイント整理　募集型企画旅行契約における契約成立時期

- 原則（通信契約でない場合）
  旅行業者が**契約の締結を承諾**し、**申込金を受理した時**
- 通信契約の場合
  旅行業者が**契約の締結を承諾する旨の通知**が**旅行者に到達した時**

約款

2 募集型企画旅行の契約書面・確定書面(1)

問題 6　**重要度 A**　令 3　✓□□

募集型企画旅行契約における契約書面および確定書面に関する次の記述のうち、正しいものはどれか。

a．旅行業者は、契約の締結前に、旅行者に、旅行日程、旅行サービスの内容、旅行代金その他の旅行条件および旅行業者の責任に関する事項を記載した契約書面を交付しなければならない。

b．旅行業者は、契約書面において、確定された旅行日程、運送もしくは宿泊機関の名称を記載できない場合には、当該契約書面において利用予定の宿泊機関および表示上重要な運送機関の名称を限定して列挙することができる。

c．旅行業者は、確定書面を交付するときは、必ず旅行開始日の前日までの契約書面に定める日までに交付しなければならない。

d．旅行業者が、契約書面または確定書面の交付に代えて情報通信の技術を利用する方法により当該書面に記載すべき事項を提供するときは、旅行者の承諾を要しない。

問題6 解説 解答 b

a．**誤り。契約書面**は、**契約の成立後速やかに**、旅行者に交付すべきものである。したがって、“契約の締結前に…交付しなければならない”とする本肢の記述は誤りである。

b．**正しい**。記述のとおり。契約書面を交付する段階で、確定された旅行日程、運送・宿泊機関の名称を記載できないときは、**契約書面上**に利用予定の宿泊機関および表示上重要な運送機関の名称を**限定して列挙する**ことができる。この場合、旅行業者は、後日（所定の期限までに）、別途、確定状況を記載した**確定書面を旅行者に交付しなければならない**。

c．**誤り。確定書面の交付期限**は、**契約の申込みの時期によって異なる**（P91問題7のaの解説参照）。したがって、確定書面の交付期限を“必ず旅行開始日の前日までの契約書面に定める日まで”とする本肢の記述は誤りである。

d．**誤り**。旅行業者は、募集型企画旅行契約において、**あらかじめ旅行者の承諾を得て、取引条件の説明書面、契約書面、確定書面**（受注型企画旅行契約では、**企画書面**も同様）の交付に代えて、各書面に記載すべき事項を**情報通信の技術を利用する方法**により旅行者に提供することができる。したがって、“旅行者の承諾を要しない”とする本肢の記述は誤りである。

なお、各書面に記載すべき事項を情報通信の技術を利用する方法で旅行者に提供する場合、**旅行業者**は次のことを**確認**しなければならない。

① 旅行者の使用する通信機器に記載事項を記録するためのファイルが**備えられているとき**

→**旅行者**の使用する通信機器に備えられたファイルに**記載事項が記録**されたことを確認する。

② 旅行者の使用する通信機器に記載事項を記録するためのファイルが**備えられていないとき**

→**旅行業者**の使用する通信機器に備えられたファイルに**記載事項を記録**し、**旅行者**が記載事項を**閲覧**したことを確認する。

2 募集型企画旅行の契約書面・確定書面(2)

問題7　重要度 A　令2・令4-改　✓□□

募集型企画旅行契約における契約書面および確定書面に関する次の記述のうち、誤っているものをすべて選びなさい。

a．確定書面は、旅行開始日の前日から起算してさかのぼって7日目に当たる日以降に契約の申込みがなされた場合、旅行開始日の前日までの旅行業者が契約書面に定める日までに交付しなければならない。

b．旅行業者は、契約書面において、確定された旅行日程、運送もしくは宿泊機関の名称を記載している場合には、確定書面の交付を要しない。

c．確定書面を交付した場合であっても、旅行業者が契約により手配し旅程を管理する義務を負う旅行サービスの範囲は、契約書面に記載するところによる。

d．手配状況の確認を希望する旅行者から問い合わせがあったときは、確定書面の交付前であっても、旅行業者は迅速かつ適切にこれに回答する。

問題7 **解説** **解答** a，c

a．**誤り。**確定書面の交付期限は、**契約申込みの時期**によって次のように定められている。

契約の申込日	確定書面の交付期限
① 旅行開始日の前日から起算してさかのぼって7日目に当たる日**より前**の申込み	旅行開始日の**前日**までの契約書面に定める日まで
② 旅行開始日の前日から起算してさかのぼって7日目に当たる日**以降**の申込み	旅行開始日**当日**までの契約書面に定める日まで

本肢は上記②に該当するので、**旅行開始日当日まで**の契約書面に定める日までが確定書面の交付期限となる。したがって、“旅行開始日の**前日**までの…”とする本肢の記述は誤りである。

b．**正しい。**確定書面は、契約書面において確定された旅行日程、運送・宿泊機関の名称を記載できないときに、これらが確定した段階で旅行者に交付すべき書面である。したがって、契約書面で確定された旅行日程、運送・宿泊機関の名称をすべて記載しているときは、あらためて確定書面を交付する必要はない。なお、契約書面を交付する段階で、旅行日程、運送・宿泊機関の確定状況を記載できない場合には、**契約書面上**に利用予定の宿泊機関および表示上重要な運送機関の名称を**限定して列挙**したうえで、後日（所定の期限までに）、旅行者に確定状況を記載した**確定書面を交付**しなければならない。

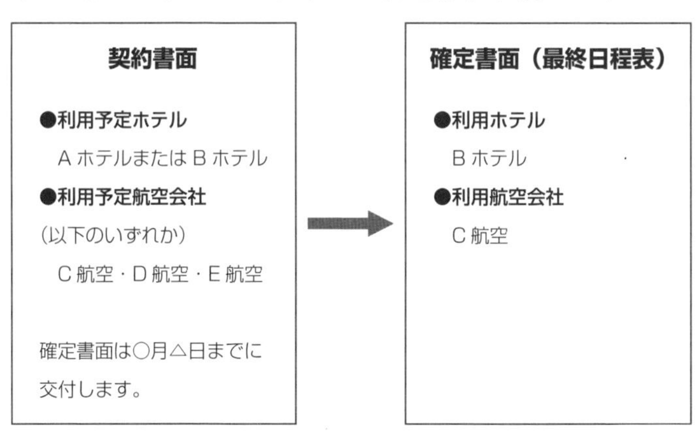

c．**誤り。確定書面**を交付した場合、旅行業者が手配し旅程を管理する義務を負う旅行サービスの範囲は、**確定書面**に記載するところに**特定される。**

d．**正しい。**記述のとおり。

以上により、a、cを選ぶのが正解である。

3 募集型企画旅行契約の変更（1）

問題 8　重要度 A　平 28・令 3- 改　✓□□

募集型企画旅行契約における契約の変更に関する次の記述のうち、正しいものはどれか。

a．旅行開始前に、利用予定の運送サービスの提供が中止となったことにより旅行日程を変更したため、旅行の実施に要する費用が増加し旅行代金を増額するときは、旅行業者は、旅行開始日の前日から起算してさかのぼって 15 日目に当たる日より前に旅行者にその旨を通知しなければならない。

b．旅行業者は、運送・宿泊機関等の利用人員により旅行代金が異なる旨を契約書面に記載した場合において、契約の成立後に旅行業者の責に帰すべき事由によらず当該利用人員が変更になったときは、旅行代金の額を変更することがある。

c．旅行業者は、旅行業者の関与し得ない事由が生じた場合で、旅行の安全かつ円滑な実施を図るためやむを得ないときは、契約内容を変更できるが、必ず旅行者にあらかじめ速やかに当該事由が旅行業者の関与し得ないものである理由および当該事由との因果関係を説明しなければならない。

d．確定書面に利用航空会社として記載したＡ航空の過剰予約受付により、座席の不足が発生したため契約内容を変更してＢ航空を利用した結果、旅行の実施に要する費用が増加した場合、旅行業者は当該契約内容の変更の際に増加した範囲内で旅行代金を増額することができる。

問題8 解説 解答 b

a．**誤り**。旅行代金の額を変更するに当たり、**旅行者への通知期限が定められているの**は、「運送機関の適用運賃・料金が、著しい経済情勢の変化等により、通常想定される程度を大幅に超えて増額される場合」のみである。本肢の事由により旅行代金を増額する場合、通知期限は定められていない。

b．**正しい**。記述のとおり。契約成立後に**旅行業者の責に帰すべき事由によらず**、利用人員が変更となった場合、契約書面に「利用人員により旅行代金が異なる」ことを記載していれば、旅行業者は、**旅行代金の額を変更することができる**。例えば、宿泊機関の利用人員により旅行代金が異なる旨を契約書面に記載した場合において、4名1室利用で契約をしていた旅行者のうち1名が、取消料の適用期間内に契約を解除したときは、旅行業者は、解除した1名から取消料を収受することができる。また、他の3名については「3名1室利用」の場合の旅行代金を適用して、**旅行代金を増額することができる**。

c．**誤り**。旅行業者の関与し得ない事由により契約内容を変更するときは、旅行業者は、旅行者に**あらかじめ速やかに**その事由が旅行業者の関与し得ないものである理由およびその事由との因果関係を説明しなければならない。ただし、**緊急の場合でやむを得ないときは、変更後の説明でもよい（説明そのものを省略することはできない）**。したがって、“必ず旅行者にあらかじめ速やかに…説明しなければならない”とする本肢の記述は誤りである。

d．**誤り**。旅行サービス提供機関の**過剰予約受付**（サービスの提供を行っているにもかかわらず、座席、部屋などの**諸設備が不足**した状態）が生じた場合、旅行業者は、**契約内容を変更することはできるが**、これを原因として**旅行代金の額を変更（旅行代金を増額）することはできない**。したがって、“増加した範囲内で旅行代金を増額することができる”とする本肢の記述は誤りである。

運送機関の適用運賃・料金が大幅に増額・減額される場合

増額↑

- **旅行開始日の前日から起算してさかのぼって15日目に当たる日より前**に旅行者に増額の旨を**通知**しなければならない。
- **増額された範囲内**で旅行代金の額を**増額**できる。

減額↓

- **いつでも減額できる（通知の期限はない）**。
- **減少された額だけ**旅行代金の額を**減額しなければならない**。

約款

3 募集型企画旅行契約の変更（2）

問題9　重要度 A　令1

募集型企画旅行契約における契約の変更に関する次の記述のうち、正しいものはどれか。

a．利用する運送機関について適用を受ける運賃・料金の減額がなされたときは、旅行者の不利にならないよう、旅行業者はいかなる場合でも、その減少額だけ旅行代金を減額しなければならない。

b．旅行業者の関与し得ない事由が生じた場合で、旅行の安全かつ円滑な実施を図るためやむを得ないときは、旅行業者は、旅行者にあらかじめ速やかに当該事由が旅行業者の関与し得ないものである理由および当該事由との因果関係を説明し、旅行者の承諾を得たうえでなければ契約内容を変更することができない。

c．旅行者が、旅行業者の承諾を得て、契約上の地位を第三者に譲り渡した場合、契約上の地位を譲り受けた第三者が残りの旅行代金を支払う義務を負う。

d．運送機関の過剰予約受付により座席の不足が発生したため、旅行の安全かつ円滑な実施のためやむを得ず契約内容を変更したことで、旅行の実施に要する費用が増加した場合、旅行業者は、その増額される金額の範囲内で旅行代金の額を増加することができる。

問題 9 解説 　解答 c

a．**誤り**。利用する**運送機関の適用運賃・料金**の減額にともない、その減少額だけ旅行代金を減額しなければならないのは、**著しい経済情勢の変化等**により、**通常想定される程度を大幅に超えて減額された**場合である。つまり、通常の運賃・料金の改定（小幅な値下げ）のように前述の減額に該当しない場合、旅行業者は、**旅行代金の額を減額する必要はない**。したがって、"いかなる場合でも…減額しなければならない"とする本肢の記述は誤りである。

b．**誤り**。旅行業者の関与し得ない事由が生じた場合で、旅行の安全かつ円滑な実施を図るためやむを得ず契約内容を変更するときは、旅行業者は、**あらかじめ速やかに（緊急の場合でやむを得ないときは変更後に）**旅行者にその事由が旅行業者の関与し得ないものである理由およびその事由との因果関係を説明しなければならないが、この場合、**旅行者の承諾を得る必要はない**。

c．**正しい**。契約上の地位を譲り受けた第三者は、**契約に関する一切の権利および義務を承継する**。したがって、地位を譲り受けた第三者は、旅行サービスを受ける権利に加え、未払い分の旅行代金がある場合は、その残りの旅行代金を支払う義務を負う。なお、**国内旅行、海外旅行のいずれであっても**、旅行者が契約上の地位を第三者に譲り渡すときは、所定の用紙に所定の事項を記入のうえ、所定の金額の手数料とともに旅行業者に提出しなければならない。その後、**旅行業者の承諾を得て**、契約上の地位を第三者に譲り渡すことができる（契約上の地位の譲渡は、**旅行業者の承諾があった時に効力を生ずる**）。なお、旅行者の交替を認めるかどうかは、旅行業者の判断に委ねられており、旅行業者は、必ずしも旅行者からの申出に応じる義務はない。

d．**誤り**。旅行サービス提供機関の**過剰予約受付**により座席の不足が発生した場合、旅行業者は**契約内容を変更することはできるが**、**旅行代金の額を増額することはできない**。

ポイント整理　旅行者の交替（契約上の地位の譲渡）

① **旅行業者の承諾を求めようとするとき**は、旅行業者**所定の用紙に所定の事項を記入**のうえ、所定の金額の**手数料**とともに旅行業者に提出しなければならない。
② 契約上の地位の譲渡は、**旅行業者の承諾があった時**に効力を生ずる。
③ 契約上の地位を譲り受けた第三者は、**企画旅行契約に関する一切の権利および義務を承継**する。

約款

4 募集型企画旅行契約の解除（旅行者の解除権）

問題 10　重要度 A　令 5- 改

次の記述のうち、旅行者が旅行開始前に募集型企画旅行契約を解除するに当たって、取消料の支払いを要するものをすべて選びなさい。（いずれも取消料の支払いを要する期間内の解除とする。）

a．旅行業者の責に帰すべき事由より、契約書面に記載した旅行日程に従った旅行の実施が不可能となったとき。

b．旅行者が旅行の開始地である空港に行くために利用した交通機関が旅行者の責に帰すべき事由によらず大幅に遅延したことにより、搭乗予定便の出発時刻に間に合わないことが判明したとき。

c．同居している家族が新型コロナウイルスに罹患し、自らの感染も疑われるため、他の旅行者への感染を防ぐためやむを得ず旅行者が契約の解除を申し出たとき。

d．旅行者の１親等にあたる親族が死亡したため、旅行者が契約の解除を申し出たとき。

問題 11　重要度 A　令 4- 改

次の記述のうち、旅行者が旅行開始前に募集型企画旅行契約を解除するに当たって、取消料の支払いを要するものをすべて選びなさい。（いずれも取消料の支払いを要する期間内の解除とする。）

a．旅行者の同行家族がインフルエンザになり、他の旅行者への感染を防ぐためやむを得ず旅行者および同行家族が契約の解除を申し出たとき。

b．旅行の開始地である本邦内の空港で、利用する航空便が機材故障のため欠航となり、翌日の航空便に変更となったとき。

c．利用する運送機関の適用運賃・料金が、著しい経済情勢の変化等により、旅行の募集の際に明示した時点において有効なものとして公示されている適用運賃・料金に比べて、通常想定される程度を大幅に超えて増額されたため、旅行業者により旅行代金が増額されたとき。

d．契約書面に記載された本邦内のＡ空港とＢ空港との間における航空機が旅行業者により直行便から経由便に変更されたとき。

問題 10 解説 解答 b，c，d

次に掲げる5つの事由のいずれか該当する場合に限り、**旅行者**は取消料の支払いを要する期間内の解除であっても、**旅行開始前**に**取消料を支払わずに**募集型企画旅行契約を解除できる。

① 旅行業者によって**契約内容が変更**されたとき（旅程保証の対象になるような**重要な変更**に限る）。

② **運送機関**の適用運賃・料金が、**著しい経済情勢の変化等**により、通常想定される程度を**大幅に超えて増額**となったために、**旅行代金が増額**されたとき。

③ **天災地変、戦乱、暴動、運送・宿泊機関等の旅行サービスの中止、官公署の命令**その他の事由が生じた場合で、**旅行の安全かつ円滑な実施が不可能**となり、または**不可能となるおそれが極めて大きい**とき。

④ 旅行業者が旅行者に対し、**所定の期日までに確定書面を交付しなかった**とき。

⑤ **旅行業者の責に帰すべき事由**により、**契約書面に記載した旅行日程に従った旅行の実施が不可能になった**とき。

aは上記⑤に該当するので、契約解除に当たり取消料は不要である。b、c、dは上記①～⑤に該当しないので、取消料の支払いが必要となる。

以上により、b、c、dを選ぶのが正解である。

問題 11 解説 解答 a，d

bは上記①（「旅行開始日の変更」は重要な変更）に該当し、cは上記②に該当するので、契約解除に当たり取消料の支払いは不要である。a、dは上記①～⑤に該当しないので、取消料の支払いが必要となる（dの「直行便から経由便への変更」は、その航空機が本邦内と本邦外との間の路線、つまり**日本発着の国際線区間のとき**は契約内容の重要な変更に当たるが、**国内線区間の場合は該当しない**）。

以上により、a、dを選ぶのが正解である。

取消料の支払いが必要となる事由の例

- 配偶者など親族の入院、死亡
- 旅行者自身の疾病、事故等による傷害・入院
- 旅行開始日当日の交通渋滞・遅延、交通事故などによる集合時間の遅刻

5 募集型企画旅行契約の解除（旅行業者の解除権）(1)

問題 12　重要度 A　令 2- 改　✓☐☐

募集型企画旅行契約における旅行開始前の旅行業者による契約の解除等に関する次の記述のうち、正しいものはどれか。（いずれも取消料の支払いを要する期間内の解除とし、旅行者に理由を説明しているものとする。）

a．旅行者が契約書面に記載した期日までに旅行代金を支払わないときは、当該期日の翌日において旅行者が契約を解除したものとし、この場合、旅行者は、旅行業者に対し、取消料に相当する額の違約料を支払わなければならない。

b．旅行業者は、旅行者があらかじめ旅行業者の明示した参加旅行者の条件を満たしていないことが判明したときは契約を解除することがあり、この場合、旅行者は、旅行業者に対し、取消料に相当する額の違約料を支払わなければならない。

c．旅行業者は、旅行者が団体旅行の円滑な実施を妨げるおそれがあると認められるときは、契約を解除することがあり、この場合、旅行者は旅行業者に対し、取消料に相当する額の違約料を支払わなければならない。

d．旅行業者は、旅行者が、暴力団員、暴力団準構成員、暴力団関係者、暴力団関係企業または総会屋等その他の反社会的勢力であると認められるときは契約を解除することがあり、この場合、旅行者は旅行業者に対し、取消料に相当する額の違約料を支払わなければならない。

問題 12 解説　解答 a

下記「ポイント整理」の①〜⑨のいずれかに該当するときは、旅行業者は、旅行者に**理由を説明して、旅行開始前**に募集型企画旅行契約を解除することができる（**理由の説明は必要だが、旅行者の承諾を得る必要はない**）。

a．**正しい**。旅行者が契約書面に記載した期日までに旅行代金を支払わないときは、旅行業者は**当該期日の翌日**において**旅行者が契約を解除したもの**として取り扱う（**旅行者が契約を解除したもの**として取り扱われるため、旅行業者は旅行者に対して取消料に相当する額の**違約料を請求することができる**）。解除事由が「ポイント整理」の①〜⑨に該当する場合は、取消料やこれに相当する額の違約料を旅行者に請求することはできないが、本肢の事由による契約解除は**旅行者からの契約解除として取り扱う**ため、旅行者に対して、取消料に相当する額の**違約料を請求することができる**。

b．c．d．**いずれも誤り**。いずれも**旅行業者から**の契約の解除事由（bは下記「ポイント整理」の①、cは③、dは⑨）に該当する。この場合、旅行者は取消料に相当する額の違約料を支払う必要はない。

ポイント整理　旅行業者による旅行開始前の解除事由（募集型）

① 旅行者が、旅行業者があらかじめ明示した性別、年齢、資格、技能その他の**参加旅行者の条件を満たしていないことが判明**したとき
② 旅行者が**病気、必要な介助者の不在**その他の事由により、**当該旅行に耐えられない**と認められるとき
③ 旅行者が**他の旅行者に迷惑を及ぼし、または団体旅行の円滑な実施を妨げるおそれがある**と認められるとき
④ 旅行者が、契約内容に関し**合理的な範囲を超える負担を求めた**とき
⑤ 旅行者の数が契約書面に記載した**最少催行人員に達しなかった**とき
⑥ 契約締結の際に明示した**旅行実施条件が成就しないおそれが極めて大きい**とき（スキーを目的とする旅行における必要な降雪量、花見・紅葉を目的とする旅行における開花・紅葉状況など）
⑦ **旅行業者の関与し得ない事由**（天災地変など）が生じた場合において、**契約書面に記載した旅行日程に従った旅行の安全かつ円滑な実施が不可能となり、または不可能となるおそれが極めて大きい**とき
⑧ **通信契約**を締結した場合であって、旅行者の有するクレジットカードが無効になる等、旅行者が旅行代金等に係る債務の一部または全部を**提携会社のカード会員規約に従って決済できなくなった**とき
⑨ 旅行者が次のいずれかに該当することが判明したとき
- 旅行者が、**暴力団員などの反社会的勢力**であると認められるとき
- 旅行者が、旅行業者に対して暴力的な要求行為、不当な要求行為、取引に関して脅迫的な言動もしくは暴力を用いる行為またはこれらに準ずる行為を行ったとき
- 旅行者が、風説を流布し、**偽計を用い**もしくは**威力を用いて旅行業者の信用を毀損し**もしくは**旅行業者の業務を妨害する**行為またはこれらに準ずる行為を行ったとき

5 募集型企画旅行契約の解除（旅行業者の解除権）（2）

問題13　重要度 A　令4　✓□□

募集型企画旅行契約における旅行開始前の旅行業者による契約の解除等に関する次の記述のうち、正しいものはどれか。（いずれも取消料の支払いを要する期間内の解除とし、旅行者に理由を説明しているものとする。）

a．旅行開始日がピーク時の海外旅行において、旅行者の数が契約書面に記載した最少催行人員に達しないため旅行業者が契約を解除するときは、旅行開始日の前日から起算してさかのぼって33日目に当たる日より前に、旅行を中止する旨を旅行者に通知しなければならない。

b．通信契約を締結した旅行者の有するクレジットカードが無効になり、旅行代金の決済ができなくなったため旅行業者が契約を解除したときは、旅行者は、旅行業者に対し、取消料に相当する額の違約料を支払わなければならない。

c．旅行者が、威力を用いて旅行業者の信用を毀損する行為を行ったため旅行業者が契約を解除したときは、旅行者は、旅行業者に対し、取消料に相当する額の違約料を支払わなければならない。

d．花見を目的とした国内日帰り旅行において、開花が遅れているという理由で旅行業者が契約を解除するときは、旅行開始日の前日から起算してさかのぼって3日目に当たる日より前に、旅行を中止する旨を旅行者に通知しなければならない。

問題 13 解説 解答 a

P99の「ポイント整理」を参照。

a．**正しい**。旅行者の数が契約書面に記載した**最少催行人員に達しなかったとき**は、**所定の期限**までに**旅行を中止する旨**を旅行者に**通知**することを条件に、旅行業者は、旅行開始前に契約を解除することができる。本肢は“**旅行開始日がピーク時の海外旅行**”なので、旅行業者は、**旅行開始日の前日から起算してさかのぼって33日目に当たる日より前まで**に旅行を中止する旨を旅行者に通知しなければならず、この期限までに通知しなかったときは、当該旅行を中止することはできない。

b．**誤り**。旅行業者は、本肢の事由により、旅行開始前に契約を解除することができるが、**旅行業者からの契約解除**の場合は、旅行者に対して**取消料に相当する額の違約料を請求することはできない**。

c．**誤り**。旅行業者は、本肢の事由により、旅行開始前に契約を解除することができるが、bと同様に、**旅行業者からの契約解除**となるので、旅行者に対して**取消料に相当する額の違約料を請求することはできない**。

d．**誤り**。契約締結の際に明示した**旅行実施条件**（**スキー**を目的とする旅行における**降雪量**、**花見・紅葉**を目的とする旅行における**開花・紅葉状況**など）が成就しないおそれが極めて大きいときは、旅行業者は旅行開始前に契約を解除できるが、契約の解除に当たり、旅行者への**通知期限は定められていない**（**通知期限が定められている**のは、aの解説で述べた**「最少催行人員に達しなかったとき」（催行中止の場合）のみ**）。したがって“旅行開始日の前日から起算してさかのぼって3日目に当たる日より前に…旅行者に通知しなければならない”とする本肢の記述は誤りである。

ポイント整理　最少催行人員に達しなかったときの通知期限

募集型企画旅行		通知期限（旅行開始日の前日から起算してさかのぼって）
国内旅行	日帰り旅行	3日目に当たる日より前まで
	宿泊をともなう旅行	13日目に当たる日より前まで
海外旅行	旅行開始日がピーク時以外	23日目に当たる日より前まで
	旅行開始日がピーク時	33日目に当たる日より前まで

5 募集型企画旅行契約の解除（旅行業者の解除権）(3)

問題 14　**重要度 A**　令 5　✓☐☐

募集型企画旅行契約における旅行開始後の旅行業者による契約の解除等に関する次の記述のうち、誤っているものはどれか。（いずれも旅行者に解除の理由を説明しているものとする。）

a．旅行者が旅行を安全かつ円滑に実施するための添乗員による指示に違背したため、旅行業者が契約の一部を解除したときは、旅行業者は、当該旅行者から帰路の手配を求められた場合であっても、その手配を引き受けることを要しない。

b．運送サービスの提供の中止により旅行の継続が不可能となり、旅行業者が契約の一部を解除したときは、旅行業者と旅行者との間の契約関係は、将来に向かってのみ消滅する。

c．旅行者が病気により旅行の継続に耐えられないため、旅行業者が契約の一部を解除したときは、旅行者がいまだその提供を受けていない旅行サービスに対する取消料やこれから支払わなければならない費用は、旅行業者の負担となる。

d．旅行の目的地が台風による被害を受け、旅行の継続が不可能となり旅行業者が契約の一部を解除したときは、旅行者が既に提供を受けた旅行サービスに関する旅行業者の債務については、有効な弁済がなされたものとする。

問題14　解説　解答 c

P105「ポイント整理」の①～④のいずれかに該当するときは、**旅行業者**は、旅行者に**理由を説明して**、**旅行開始後**に募集型企画旅行契約の**一部**を解除することができる（理由の説明は必要だが、旅行者の承諾を得る必要はない）。

a．**正しい**。旅行業者が旅行開始後に契約の一部を解除したときは、旅行者の求めに応じて、**帰路手配**（旅行者がその旅行の出発地に戻るために必要な旅行サービスの手配）を引き受けるが、解除事由が、P105「ポイント整理」の②**または**③**に該当する**場合は、旅行者からの求めがあったとしても、旅行業者は**帰路手配を引き受ける必要はない**。本肢は、「ポイント整理」の②に該当するので、帰路手配を引き受ける必要はない。なお、旅行業者が、旅行者の求めに応じて帰路手配を引き受けたときは、これに要する費用は、**旅行者の負担**となることもあわせて覚えておこう。

b．**正しい**。記述のとおり。本肢の“契約関係は、将来に向かってのみ消滅する”とは、**契約を解除したときから先の契約関係は無効になる**という意味である。この場合、旅行者がすでに提供を受けた旅行サービスに関する旅行業者の債務については、**有効な弁済がなされたものとみなされる**。

c．**誤り**。旅行業者が旅行開始後に契約の一部を解除したときは、旅行代金のうち、旅行者がいまだその提供を受けていない（未提供の）旅行サービスに係る部分の金額から、**その旅行サービスに対する取消料、違約料などのすでに支払い、またはこれから支払わなければならない費用**に係る金額を**差し引いた額を旅行者に払い戻す**。つまり、旅行サービス提供機関から取消料や違約料などが請求された場合、これらの費用は**旅行者の負担**となる。

① いまだ提供を受けていない（未提供の）旅行サービスに係る金額	－	② 未提供の旅行サービスに対する**取消料・違約料など** **（旅行者の負担）**	＝	旅行者への払戻額

※旅行業者は①を旅行者に払い戻さなければならない。ただし、②が発生する場合、その費用は**旅行者の負担**となるため、①から②を差し引いた残額を旅行者に払い戻す。

d．**正しい**。旅行業者が旅行開始後に契約の一部を解除したときは、旅行者がすでに提供を受けた旅行サービスに関する旅行業者の債務については、**有効な弁済がなされたものとする**（解除より前の契約について、旅行業者はその責任を果たしたことになる）。

5 募集型企画旅行契約の解除（旅行業者の解除権）(4)

問題 15　重要度 A　令 4　✓□□

募集型企画旅行契約における旅行開始後の旅行業者による契約の解除に関する次の記述のうち、正しいものはどれか。（いずれも旅行者に理由を説明しているものとする。）

a．旅行者に同行していた添乗員が病気になり、添乗業務の遂行が不可能になったときは、旅行業者は契約の一部を解除することができる。
b．旅行者が暴力団員であることが判明し、旅行業者が契約の一部を解除したときは、旅行業者は、旅行代金のうち旅行者がいまだその提供を受けていない旅行サービスに係る部分に係る金額を旅行者に払い戻すことを要しない。
c．旅行者が病気になり、旅行の継続に耐えられないため、旅行業者が契約の一部を解除したときは、旅行業者は、旅行者に対し所定の取消料を請求することができる。
d．旅行の目的地で暴動が発生したことにより旅行の継続が不可能となり、旅行業者が契約の一部を解除したときは、旅行業者と旅行者との間の契約関係は、将来に向かってのみ消滅する。

問題15 解説　　解答 d

a．**誤り**。本肢の事由は、下記「ポイント整理」のいずれにも該当しない（下記①は**旅行者**が病気などにより**旅行の継続に耐えられない**ときである）。したがって、添乗員が病気になり、添乗業務の遂行が不可能になったとしても、旅行業者はこれを理由に契約の一部を**解除することはできない**。

b．**誤り**。旅行業者が旅行開始後に契約の一部を解除したときは、その**解除事由にかかわらず**、旅行者がいまだその提供を受けていない旅行サービスに係る部分の金額を**払い戻さなければならない**（ただし、**旅行サービス提供機関に対する取消料、違約料等**は**旅行者の負担**となるため、旅行業者はこれらの費用を差し引いた残額を旅行者に払い戻す）。

c．**誤り**。旅行者が病気、必要な介助者の不在等により旅行の継続に耐えられないときは、旅行開始後であっても旅行業者は旅行者に理由を説明して契約の一部を解除することができる。ただし、これは**旅行業者から**の契約解除となるので、旅行者に対して**取消料を請求することはできない**。

d．**正しい**。この場合、旅行者がすでに提供を受けた旅行サービスに関する旅行業者の債務については、**有効な弁済がなされたものとみなされる**。

ポイント整理　旅行業者による旅行開始後の解除事由

① **旅行者が病気、必要な介助者の不在**その他の事由により、**旅行の継続に耐えられないとき**

② 旅行者が、旅行を安全かつ円滑に実施するための**添乗員その他の者による旅行業者の指示への違背**（いはい）、これらの者または**同行する他の旅行者に対する暴行**または**脅迫**等により**団体行動の規律を乱し、旅行の安全かつ円滑な実施を妨げる**とき

③ 旅行者が次のいずれかに該当することが判明したとき
- 旅行者が、**暴力団員などの反社会的勢力**であると認められるとき
- 旅行者が、旅行業者に対して暴力的な要求行為、不当な要求行為、取引に関して脅迫的な言動もしくは暴力を用いる行為またはこれらに準ずる行為を行ったとき
- 旅行者が、風説を流布し、偽計を用いもしくは威力を用いて**旅行業者の信用を毀損し**もしくは**旅行業者の業務を妨害する**行為またはこれらに準ずる行為を行ったとき

④ **旅行業者の関与し得ない事由**（天災地変、戦乱、暴動、官公署の命令、運送・宿泊機関等のサービス提供の中止など）が生じた場合であって、**旅行の継続が不可能になった**とき

6 募集型企画旅行契約の旅行代金の払戻し

問題 16　重要度 A　令 3　✓□□

募集型企画旅行契約における旅行代金の払戻しに関する次の記述のうち、誤っているものをすべて選びなさい。（いずれも通信契約でない場合とし、旅行代金は全額収受済とする。）

a．旅行業者の責に帰すべき事由により、契約書面に記載した旅行日程に従った旅行の実施が不可能となったため旅行開始前に旅行者が契約を解除した場合で、旅行業者が所定の期日までに旅行者に対し旅行代金全額を払い戻したときは、旅行業者は損害賠償の責に任じない。

b．海外旅行において、旅行地で暴動が発生して旅行の継続が不可能となったため、旅行業者が契約の一部を解除したことにより、契約書面に記載された日程より帰国日が早まった場合で、旅行者に対し払い戻すべき金額が生じたときは、旅行業者は、旅行者の帰国した日の翌日から起算して 30 日以内に旅行者に対し当該金額を払い戻さなければならない。

c．参加旅行者の数が契約書面に記載した最少催行人員に達しなかったため、旅行業者が契約を解除した場合、旅行業者は、解除の翌日から起算して 7 日以内に旅行者に対し旅行代金を払い戻さなければならない。

d．旅行開始日の前日から起算してさかのぼって 7 日目にあたる日より前に旅行者から契約解除の申し出があった場合、旅行業者は、契約書面に記載した旅行開始日までに旅行者に対し旅行代金を払い戻さなければならない。

問題 16　**解説**　**解答**　a，b，d

a．**誤り**。旅行業者の責に帰すべき事由により、契約書面に記載した旅行日程に従った旅行の実施が不可能となったときは、旅行者は**旅行開始前**に取消料を支払わずに**契約を解除**することができる。この場合、旅行業者が所定の期日まで（解除の翌日から起算して7日以内）に旅行者に対して**旅行代金の全額を払い戻したとしても**、解除の原因が、旅行業者の責に帰すべき事由なので、旅行業者は**損害賠償責任を免れることはできない（旅行者は損害賠償請求権を行使することができる）**。したがって、“旅行業者は損害賠償の責に任じない”とする本肢の記述は誤りである。

b．**誤り**。旅行代金の払戻期限は、払戻しの事由によって次のとおり定められている（①②については、旅行者、旅行業者のどちらが解除した場合であっても、期限に違いはない）。

払戻事由	払戻期限
① 旅行開始前の解除	**解除の翌日**から起算して**7日以内**
② 旅行開始後の解除	**契約書面に記載した旅行終了日の翌日**から起算して**30日以内**
③ 旅行代金の減額	

本肢は上表②**「旅行開始後の解除」**に該当するので、旅行業者は、**契約書面に記載した旅行終了日の翌日**から起算して30日以内に、旅行者に対して旅行代金を払い戻さなければならない。したがって、“旅行者の帰国した日の翌日から起算して”とする本肢の記述は誤りである。

c．**正しい**。本肢は**旅行開始前の契約解除**（最少催行人員に達しなかったことによる解除なので、旅行開始前の事例とわかる）であり、上表①より、正しい記述である。

d．**誤り**。本肢は上表①**「旅行開始前の解除」**に該当するので、旅行業者は、**解除の翌日から起算して7日以内**に、旅行者に対して旅行代金を払い戻さなければならない。したがって、“契約書面に記載した旅行開始日までに”とする本肢の記述は誤りである。

以上により、a、b、dを選ぶのが正解である。

7 旅程管理

問題 17　重要度 A　令5　✓□□

募集型企画旅行契約における旅程管理に関する次の記述のうち、正しいものはどれか。

a．旅行業者は、すべての海外旅行に添乗員その他の者を同行させて旅程管理業務その他当該旅行に付随して旅行業者が必要と認める業務の全部または一部を行わせなければならない。

b．旅行業者は、旅行中の旅行者が、疾病、傷害等により保護を要する状態にあると認めたときは、必要な措置を講ずることがあるが、この場合、当該措置に要した費用は、これが旅行業者の責に帰すべき事由によるものか否かにかかわらず、旅行業者が負担する。

c．旅行者は、旅行開始後旅行終了までの間において、団体で行動するときは、旅行を安全かつ円滑に実施するための旅行業者の指示に従わなければならない。

d．旅行業者は、旅程管理の措置を講じたにもかかわらず、契約内容を変更せざるを得ない場合であって、代替サービスの手配を行うときは、変更後の旅行サービスの内容が当初の旅行サービスの内容を上回るものになるよう努めなければならない。

問題 17 解説　解答 c

a．**誤り。**募集型企画旅行契約において、添乗員等を同行させて旅程管理業務を行わせるかどうかは、**旅行の内容により旅行業者が判断する。**海外旅行・国内旅行にかかわらず、旅行業者は**必ずしもすべての旅行に添乗員等を同行させる必要はない。**なお、添乗員等が旅行に同行して業務に従事する場合、業務を行う時間帯は、原則として**8時から20時まで**である。

b．**誤り。**旅行業者が保護措置を講じた場合で、**その原因が旅行業者の責に帰すべき事由によるものでないときは**、この措置に要した費用は**旅行者の負担**になる。したがって、“旅行業者の責に帰すべき事由によるものか否かにかかわらず、旅行業者が負担”とする本肢の記述は誤りである。

c．**正しい。**記述のとおり。旅行者が旅行開始後、旅行終了までの間において団体で行動するときは、旅行を安全かつ円滑に実施するための旅行業者の指示に従わなければならない。

d．**誤り。**旅行業者が旅程管理の措置を講じたにもかかわらず、契約内容を変更せざるを得ない場合であって、代替サービスの手配を行うときは、変更後の旅行サービスが**当初の旅行サービスと同様のものとなるよう**努めなければならない。したがって、“当初の旅行サービスの内容を上回るものになるよう努めなければならない”とする本肢の記述は誤りである。

ポイント整理　旅程管理

① 旅行者が旅行中、旅行サービスを受けることができないおそれがあると認められるときは、企画旅行契約に従った旅行サービスの提供を確実に受けられるために必要な措置を講ずること。

② 上記①の措置を講じたにもかかわらず、**契約内容を変更せざるを得ないとき**は、**代替サービスの手配**を行うこと。

③ 上記②の手配を行うときには、次により**契約内容の変更を最小限にとどめるよう努力**すること。

- 旅行日程を変更するときは、変更後の旅行日程が当初の旅行日程の趣旨にかなうものとなるよう努めること。
- 旅行サービスの内容を変更するときは、変更後の旅行サービスが当初の旅行サービスと同様のものとなるよう努めること。

8 責任

問題 18　重要度 A　令 4- 改　✓

募集型企画旅行契約における責任に関する次の記述のうち、誤っているものをすべて選びなさい。

a．旅行者は、契約を締結するに際しては、旅行業者から提供された情報を活用し、旅行者の権利義務その他の契約の内容について理解するよう努めなければならない。
b．手配代行者の過失（重大な過失がある場合を除く。）により旅行者 1 名がその手荷物 2 個に損害を被った場合、旅行業者は、手荷物 1 個につき 15 万円、合計 30 万円を限度として賠償しなければならない。
c．旅行業者は、旅行参加中の旅行者が自由行動中に被った損害については、いかなる場合もその損害を賠償する責に任じない。

問題 19　重要度 A　平 30・令 1- 改　

募集型企画旅行契約における責任に関する次の記述のうち、誤っているものをすべて選びなさい。

a．旅行者が旅行参加中に、旅行業者の過失により身体に損害を被ったときは、旅行終了日の翌日から起算して 2 年以内に旅行業者に対して通知があったときに限り、旅行業者はその損害を賠償する責に任じる。
b．旅行業者の過失により、旅行者の手荷物について生じた損害については、損害発生の翌日から起算して、国内旅行にあっては、14 日以内に旅行業者に対して通知があったときに限り、旅行業者はその損害を賠償する責に任じる。
c．旅行者は、旅行開始後において、契約書面に記載された旅行サービスを円滑に受領するため、万が一契約書面と異なる旅行サービスが提供されたと認識したときは、旅行終了後に速やかにその旨を旅行業者、当該旅行業者の手配代行者または当該旅行サービス提供者に申し出なければならない。

問題 18 解説 解答 b，c

a．**正しい。**記述のとおり。

b．**誤り。**旅行業者または手配代行者の**過失（重大な過失ではない過失）**により、旅行者の手荷物に損害が生じた場合、旅行業者は、**旅行者１名につき15万円を限度**としてその損害を賠償する責任を負う。したがって、本肢のように“手荷物２個”に損害が生じた場合であっても、**旅行者１名につき15万円が限度**となる。なお、損害発生の原因が、旅行業者または手配代行者の**故意**または**重大な過失によるもの**であるときは、この**賠償限度額は適用されない**（**15万円の上限がなくなる**）。

c．**誤り。**旅行業者または手配代行者の故意または過失により、旅行参加中の旅行者が損害を被った場合、**自由行動中であるかどうかにかかわらず、旅行業者はその損害を賠償する責任を負う。**

以上により、b、cを選ぶのが正解である。

問題 19 解説 解答 a，c

a．**誤り。損害発生の翌日**から起算して**２年以内**が正しい。

b．**正しい。**記述のとおり。

c．**誤り。**旅行者は、旅行開始後に契約書面の記載と異なる旅行サービスが提供されたと認識したときは、**旅行地において速やかに**その旨を、**旅行業者、手配代行者**または当該**旅行サービス提供者**に申し出なければならない。したがって、“旅行終了後に速やかに…”とする本肢の記述は誤りである。

以上により、a、cを選ぶのが正解である。

ポイント整理　旅行業者への通知期限と賠償限度額

対象	通知期限	限度額（上限）
手荷物以外	損害発生の翌日から起算して２年以内	定めなし
手荷物	損害発生の翌日から起算して 国内旅行：14日以内 海外旅行：21日以内	旅行者１名につき 15万円（※）

※**旅行業者または手配代行者の故意または重大な過失が原因**であるときは、15万円の**上限額を適用しない**（限度額の制限がなくなる）。

9 旅程保証（1）

問題 20　重要度 A　令4　✓□□

旅程保証に関する次の記述のうち、正しいものはどれか。

a．変更補償金の支払いの対象となる契約内容の重要な変更は、契約書面の記載内容と確定書面の記載内容との間に生じた変更であり、確定書面の記載内容と実際に提供された旅行サービスの内容との間に生じた変更は支払いの対象とならない。

b．旅行業者は、変更補償金を支払うべき契約内容の重要な変更が生じた場合は、当該変更について旅行業者の損害賠償責任が生ずるか否かを問わず、旅行終了日の翌日から起算して30日以内に変更補償金を支払う。

c．旅行業者は、変更補償金の額について、旅行者1名に対して1企画旅行につき、旅行代金に15%未満の旅行業者が定める率を乗じた額をもって限度とする。

d．変更補償金の算出に当たっては、変更補償金の支払いが必要となる変更について、旅行業者が旅行開始日の前日までに旅行者に通知した場合を「旅行開始前」、旅行開始日当日以降に旅行者に通知した場合を「旅行開始後」として、一件あたりの率を適用する。

問題 21　重要度 A　令3-改　✓□□

旅程保証に関する次の記述のうち、正しいものをすべて選びなさい。

a．確定書面に記載したレストランの過剰予約受付により、旅行開始前に旅行業者が他のレストランに変更したため、旅行者が契約を解除した場合、旅行業者は当該旅行者に対して変更補償金を支払わない。

b．変更補償金を支払うべき契約内容の変更が生じ、旅行の実施に要する費用が減少した場合で、旅行業者が旅行者に対しその減少額の払戻しをしたときは、旅行業者は当該旅行者に対して変更補償金を支払わない。

c．旅行業者が旅行者に対し変更補償金を支払った後に、当該契約内容の重要な変更について旅行業者の過失が明らかになった場合には、旅行者は当該変更に係る変更補償金を旅行業者に返還する義務を負う。

問題 20 解説　解答 d

a．**誤り。**旅程保証の対象となる契約内容の重要な変更は、契約書面に記載されたものだけでなく、**確定書面に記載されたものも該当する。**したがって、「確定書面の記載内容」と「実際に提供された旅行サービスの内容」との間に変更が生じた場合も変更補償金の支払い対象となる。

b．**誤り。**契約内容の変更について、**旅行業者に責任があるとき**（変更の原因が旅行業者または手配代行者の故意または過失によるものであるとき）は、旅行業者は、旅程保証ではなく**損害賠償責任を負う**ことになるので、**変更補償金は支払われない。**

c．**誤り。**旅行業者が支払うべき変更補償金の額は、旅行者１名に対して１企画旅行につき旅行代金に **15%以上**の旅行業者が定める率を乗じた額をもって限度とする。したがって、"15％未満の…"とする本肢の記述は誤りである。

d．**正しい。**記述のとおり。変更補償金の額（変更１件当たりの率）は、契約内容の変更が生じたことを旅行業者が旅行者に通知した時期によって次のように適用する。

① 旅行開始日の**前日までに**通知した場合　→　旅行開始**前**の率を適用
② 旅行開始日**当日以降**に通知した場合　→　旅行開始**後**の率を適用

問題 21 解説　解答 a，c

a．**正しい。**旅行者が変更を受け入れず、**契約を解除**した場合、**変更補償金は支払われない。**

b．**誤り。**変更補償金を支払うべき契約内容の重要な変更により、旅行の実施に要する費用が減少したときは、旅行業者は、その減少額を旅行者に払い戻したうえで、**別途、旅程保証に基づく変更補償金を支払わなければならない。**

c．**正しい。**変更の原因が旅行業者（または手配代行者）の故意または過失によるものであるときは、**旅行業者に損害賠償責任が生じる。**本肢のように、旅行業者が変更補償金を支払った後に、旅行業者の過失が明らかになったときは、**旅行者はすでに受け取った変更補償金を旅行業者に返還しなければならない**（**変更補償金と損害賠償金の両方が支払われるのではない**）。ただし、一般的には損害賠償金の額のほうが高くなることから、旅行業者は、支払うべき「損害賠償金の額」と旅行者が返還すべき「変更補償金の額」とを**相殺した残額**を旅行者に支払うことになる。

以上により、ａ、ｃを選ぶのが正解である。

9 旅程保証（2）

問題 22　**重要度 A**　平 24・29- 改　✓□□

次の記述のうち、変更補償金の支払いが必要となるものをすべて選びなさい。

a．契約書面には、A旅館の和室を利用する旨の記載があったが、旅行業者の誤手配でA旅館の洋室に変更となったとき。

b．確定書面に利用ホテルとして記載したAホテルが大雨の影響によって建物が浸水し、そのために客室の一部が使用できなくなり、営業しているにもかかわらず、客室に不足が生じたことにより、契約書面に利用予定ホテルとして記載したBホテルに変更になったとき。

c．契約書面には、ツアータイトル中に「東京タワー展望台から見る初日の出」と記載されていたが、悪天候で初日の出を見ることができなかったとき。

d．契約書面にはD旅館またはE旅館と記載され、確定書面でD旅館と記載されていたが、D旅館の過剰予約受付により、実際にはE旅館に変更となったとき。

問題22 解説 解答 b，d

a．**不要**。変更の内容は「宿泊機関の客室の種類の変更」に該当するが、変更の原因が**旅行業者の過失（誤手配）**であるため、**旅程保証ではなく損害賠償責任が発生する**（この場合、旅行業者は変更補償金ではなく、損害賠償金を旅行者に支払うことになる）。

b．**必要**。変更の内容は「**宿泊機関の名称の変更**」であり、変更の原因は「**諸設備の不足（客室の不足）**」なので、変更補償金の支払いが必要である。なお、確定書面が交付された場合は、「**契約書面の記載内容と確定書面の記載内容**との間」または「**確定書面の記載内容と実際に提供された旅行サービスの内容**との間」に変更が生じたときは、**それぞれの変更につき1件の変更として取り扱われる**。したがって、変更後のホテルが契約書面に記載されていたものであっても、確定書面の記載内容との間で変更が生じている場合は、変更補償金の支払いが必要である。

c．**不要**。本肢の“初日の出”のように、旅行の目的の達成が**自然現象に左右されるもの**については、**契約内容の重要な変更に該当しない**。したがって、変更補償金の支払いは不要である。

d．**必要**。変更の内容は「**宿泊機関の名称の変更**」であり、変更の原因は**過剰予約受付**による「**諸設備の不足（客室の不足）**」なので、変更補償金の支払いが必要である（**変更後のホテルが契約書面に記載されていたものであっても支払いの対象となる**）。

以上により、b、dを選ぶのが正解である。

ポイント整理 免責事由（変更補償金を支払わない事由）

変更の原因が、次の①～⑦に該当する場合、**変更補償金は支払われない**。

① **天災地変**　② 戦乱　③ 暴動　④ **官公署の命令**

⑤ 運送・宿泊機関等の**旅行サービス提供の中止**
運休・欠航・休業など全面的な中止（一部でも営業している場合は免責事由に当たらない）。

⑥ **当初の運行計画によらない運送サービス**の提供
遅延による出発・到着時刻、到着地の変更など。

⑦ **旅行参加者の生命**または**身体の安全確保**のために必要な措置

9 旅程保証（3）

問題23　重要度 A　令1-改　✓□□

次の記述のうち、変更補償金の支払いが必要となるものはどれか。

a．確定書面に「Aレストランで和食」と記載されていたが、Aレストランの過剰予約受付のため、当日「Bレストランで和食」に変更になったとき。

b．確定書面に新千歳空港～福岡空港直行便利用と記載されていたが、航空会社の過剰予約受付により、同じ航空会社の羽田空港乗継便に変更になったとき。

c．ツアータイトル中に「4つの世界遺産を巡る」と記載されていたが、旅行参加者の生命または身体の安全確保のため、4つのうち1つの世界遺産を訪問できなかったとき。

d．利用した航空便が天候不良により遅延し目的地到着が遅れ夕食が機内で提供されたため、確定書面に記載した三つ星レストランでの夕食が提供されなかったとき。

問題24　重要度 A　令4　✓□□

次の記述のうち、変更補償金の支払いが必要となるものはどれか。

a．確定書面には、Aレストランの『四川料理』と記載したが、当日Aレストランの『広東料理』に変更となったとき。

b．確定書面には、『B航空のエコノミークラス利用』と記載したが、B航空の過剰予約受付により、『C航空のビジネスクラス利用』に変更となったとき。

c．確定書面には、『Dホテルのスタンダードルーム』宿泊と記載したが、Dホテルの過剰予約受付により、旅行業者の定めた上位クラスの『Eホテルのスイートルーム』に変更となったとき。

d．確定書面には、利用列車の等級を『グリーン車指定席』と記載したが、当該列車が運休となり、また、後続列車のグリーン車が満席であったため、後続列車の『普通車指定席』に変更となったとき。

問題23 解説　解答 a

a．**必要。**変更の内容は**「観光施設（レストランを含む）の変更」**であり、変更の原因はレストランの**過剰予約受付**なので、変更補償金の支払いが必要である。なお、レストランそのものの変更は、**重要な変更に該当するが、同じレストラン内でのメニューの変更**は、**重要な変更に該当しない。**

b．**不要。**「直行便」から「乗継便または経由便」への変更は、**日本発着の国際線区間**（本邦内と本邦外との間）の場合に契約内容の重要な変更に該当する。本肢のように、国内線区間（新千歳空港～福岡空港）の場合はこれに当たらないので、変更補償金の支払いは不要である。

c．**不要。**ツアー・タイトル中に記載されていた旅行の目的地に変更が生じた場合でも、変更の原因が**免責事由「旅行参加者の生命または身体の安全確保のために必要な措置」**に該当するときは、変更補償金の支払いは不要である。

d．**不要。**天候不良による航空便の**遅延**は**免責事由**「当初の運行計画によらない運送サービスの提供」に該当するので、契約内容の重要な変更が生じた場合であっても変更補償金の支払いは不要である。

問題24 解説　解答 c

a．**不要。**同じレストランでの**食事メニューの変更**（四川料理から広東料理への変更）は、契約内容の重要な変更に該当しないので、変更補償金の支払いは不要である。

b．**不要。**航空会社の**過剰予約受付**により「運送機関の会社名の変更」が生じているが、エコノミークラスからビジネスクラスへの変更のように、**運送機関における等級または設備がより高いものへの変更**については、変更補償金の支払いは不要である。

c．**必要。過剰予約受付**（による客室の不足）により「宿泊機関の名称の変更」が生じているので、変更補償金の支払いが必要である。なお、**宿泊機関の名称に変更が生じた場合は、上位ランクのホテルへの変更や好条件の客室への変更であっても旅程保証の対象となる。**

d．**不要。**「運送機関の等級のより低い料金のものへの変更」（グリーン車指定席から普通車指定席への変更）が生じているが、変更の原因である列車の**“運休”**は、**免責事由「運送機関の旅行サービスの提供の中止」**に該当するので、変更補償金の支払いは不要である。

10 特別補償規程（1）

問題 25　重要度 A　平 28・29- 改

特別補償規程に関する次の記述のうち、誤っているものをすべて選びなさい。

a．旅行業者は、旅行業者が損害賠償の責任を負う場合に限り、旅行者が企画旅行参加中にその生命、身体または手荷物の上に被った一定の損害について、あらかじめ定める額の補償金および見舞金を支払う。

b．旅行者があらかじめ定められた企画旅行の行程から離脱する場合において、離脱および復帰の予定日時をあらかじめ旅行業者に届け出ていたときは、旅行業者は、当該旅行者がその離脱中に事故により負傷して入院したときに要した治療費および入院諸費用を支払う。

c．旅行業者の補償金支払義務は、補償金を支払うべき損害に対し、旅行業者が損害賠償金を支払う場合でも、その損害賠償金に相当する額だけ縮減することはない。

問題 26　重要度 A　令 5

国内企画旅行参加中の旅行者が、事故により身体に傷害を被り、その直接の結果として、5日間の入院の後、2日間通院した場合、特別補償規程により旅行業者が旅行者に支払うべき次の見舞金の額のうち、正しいものはどれか。

〈見舞金の額〉

入院日数・通院日数	入院見舞金	通院見舞金
7日未満（但し、通院は3日以上）	2万円	1万円
7日以上　90日未満	5万円	2万5千円

a．2万円　　b．2万5千円　　c．3万円　　d．5万円

問題25 解説 解答 a，b，c

a．**誤り**。特別補償とは、企画旅行参加中の旅行者が、生命、身体または手荷物の上に被った一定の損害について、**旅行業者の損害賠償責任が生ずるか否かを問わず（旅行業者の責任の有無にかかわらず）**、所定の補償金および見舞金を支払う制度である。したがって、“旅行業者が損害賠償の責任を負う場合に限り”とする本肢の記述は誤りである。

b．**誤り**。旅行者が離脱および復帰の予定日時を**あらかじめ旅行業者に届け出ていた場合**は、**離脱中も企画旅行参加中**となる（**届け出ていない場合**は、離脱中は**企画旅行参加中とはならない**）ので、本肢は企画旅行参加中に被った傷害ではあるが、特別補償規程に基づき旅行者の入院に対して支払われるのは**入院見舞金**であり、**治療費や入院諸費用といった実費は支払われない**。

c．**誤り**。旅行業者が特別補償による補償金と、損害賠償金を支払うべきときは、次の①と②により**支払い額の調整**（相殺処理）がなされる。

① 損害賠償金の額の限度において、**補償金を損害賠償金とみなす**。

② 補償金の支払義務は、**損害賠償金に相当する額だけ縮減する**。

上記②のとおり、旅行業者の補償金の支払義務は、旅行業者が支払うべき損害賠償金に相当する額だけ縮減する。したがって、“縮減することはない”とする本肢の記述は誤りである。

以上により、a、b、cを選ぶのが正解である。

問題26 解説 解答 b

旅行者1名について、**入院日数**および**通院日数**が**それぞれ1日以上**となった場合は、旅行業者は次の①または②のうち、**いずれか金額の大きいもの**（同額の場合は①）のみを支払う。本問の場合、入院日数が5日間、通院日数が2日間なので、設問の〈見舞金の額〉の表に当てはめると、①と②は次の金額となる。

① **入院日数に対する入院見舞金**

…入院日数5日→「7日未満」の**入院見舞金**→**2万円**

② **通院日数に入院日数を加えた日数を通院日数とみなしたうえで、その通院日数に対する通院見舞金**

…通院日数2日＋入院日数5日＝7日（通院日数とみなす）

→「7日以上90日未満」の**通院見舞金**→**2万5千円**

したがって、金額が大きい②の**2万5千円**が、見舞金として旅行者に支払われる。

10 特別補償規程（2）

問題 27　重要度 A　令５　✓□□

特別補償および特別補償規程に関する次の記述のうち、正しいものはどれか。

a．旅行業者は、旅行者１名について入院見舞金を支払った後に、後遺障害補償金を支払うこととなったときは、支払うべき後遺障害補償金の金額から既に支払った入院見舞金の金額を控除した残額を支払う。

b．旅行業者の募集型企画旅行参加中の旅行者を対象として、別途の旅行代金を収受して当該旅行業者が実施する募集型企画旅行については、個別の旅行契約が成立しているため、それぞれの契約について特別補償の義務が生じる。

c．旅行者が企画旅行参加中に事故によって身体に傷害を被り、旅行業者が当該旅行者またはその法定相続人に補償金等を支払った場合、旅行者またはその法定相続人が、旅行者の被った傷害について第三者に対して有する損害賠償請求権は、旅行業者が支払った補償金等の額の限度内で旅行業者に移転する。

d．旅行業者は、いかなる場合においても、事故の日から180日を経過した後の通院に対しては、通院見舞金を支払わない。

問題 27　解説　　解答　d

a．**誤り。**旅行者 1 名について、**「入院見舞金」（または通院見舞金）**と**「後遺障害補償金」（または死亡補償金）**とを**重ねて支払う**こととなった場合、旅行業者はその**合計額を支払う。**本肢の場合は、**入院見舞金と後遺障害補償金の合計額が支払われる**ので、“後遺障害補償金の金額から既に支払った入院見舞金の金額を控除した残額を支払う”とする記述は誤りである。

b．**誤り。**“旅行業者の募集型企画旅行参加中の旅行者を対象として、別途の旅行代金を収受して当該旅行業者が実施する募集型企画旅行”とは、現地発着型のいわゆる**オプショナルツアー**のことである。「主たる企画旅行」と「オプショナルツアー」は別々の旅行契約であるが、これらを実施する旅行業者が同一の場合には、「オプショナルツアー」は**「主たる企画旅行」の契約内容の一部として取り扱う**（**それぞれの旅行契約に対して二重の補償はされない**）。したがって、“それぞれの契約について特別補償の義務が生じる”とする本肢の記述は誤りである。

c．**誤り。**旅行者の被った傷害（**身体・生命に生じた損害**）については、**旅行業者が補償金等を支払った場合**でも、旅行者またはその法定相続人が、第三者（その損害を発生させた当事者など）に対して有する**損害賠償請求権は旅行業者に移転しない**（旅行者またはその法定相続人は、旅行業者からの補償金等とは別に、その損害を発生させた第三者に対して損害賠償請求をすることができる）。

d．**正しい。**記述のとおり。**事故の日から 180 日を経過した後**の通院に対しては、いかなる場合においても通院見舞金は支払われない。

約款

10 特別補償規程（3）

問題 28　重要度 A　令3　✓

特別補償規程における最初の運送・宿泊機関等の「サービスの提供を受けることを開始した時」に関する次の記述のうち、誤っているものはどれか。（添乗員、旅行業者の使用人または代理人によって受付が行われない場合とする。）

a．運送・宿泊機関等が鉄道であるときは、改札の終了時または改札のないときは当該列車の出発時
b．運送・宿泊機関等が船舶であるときは、乗船手続の完了時
c．運送・宿泊機関等が宿泊機関であるときは、当該施設への入場時
d．運送・宿泊機関等が航空機であるときは、乗客のみが入場できる飛行場構内における手荷物の検査等の完了時

問題 29　重要度 A　令5　

特別補償規程における企画旅行日程に定める「最後の運送・宿泊機関等のサービスの提供を受けることを完了した時」に関する次の記述のうち、正しいものをすべて選びなさい。（添乗員、旅行業者の使用人または代理人によって解散の告知が行われない場合とする。）

a．運送・宿泊機関等が鉄道であるときは、改札の終了時または改札のないときは当該列車の目的地到着時
b．運送・宿泊機関等が宿泊機関であるときは、当該施設の精算手続き完了時
c．運送・宿泊機関等が航空機であるときは、乗客のみが入場できる飛行場構内からの退場時
d．運送・宿泊機関が船舶であるときは、当該船舶下船時

問題28 解説 解答 a

添乗員などによる**受付や解散の告知が行われない場合**におけるサービスの提供を受けることを「開始した時」と「完了した時」は、最初または最後に利用する旅行サービス提供機関の種類によって下表に従い判断する。

サービス提供機関	開始した時	完了した時
① 航空機	乗客のみが入場できる飛行場構内における手荷物の検査等の完了時	乗客のみが入場できる飛行場構内からの退場時
② 船舶	乗船手続の完了時	下船時
③ 鉄道	改札の終了時 （改札のないときは列車乗車時）	改札の終了時 （改札のないときは列車降車時）
④ 車両（バスなど）	乗車時	降車時
⑤ 宿泊機関	施設への入場時	施設からの退場時
⑥ ⑤以外の施設（遊園地など）	施設の利用手続終了時	施設からの退場時

上表の**開始した時**の欄を参照。b（船舶）は上表②、c（宿泊機関）は上表⑤、d（航空機）は上表①にあるとおり、いずれもサービスの提供を開始した時に該当する。

a（鉄道）は上表③にあるとおり、改札の終了時または改札がないときは列**車乗車時**が正しい。

問題29 解説 解答 c，d

上表の**完了した時**の欄を参照。c（航空機）は上表①、d（船舶）は上表②にあるとおり、いずれもサービスの提供を受けることを完了した時に該当する。

a（鉄道）は上表③より、改札の終了時または改札のないときは列車**降車時**、b（宿泊機関）は上表⑤より、**施設からの退場時**が正しい。

以上により、c、dを選ぶのが正解である。

約款

11 受注型企画旅行契約（1）

問題 30　**重要度 A**　令4　✓□□

受注型企画旅行契約に関する次の記述のうち、正しいものはどれか。

a．企画書面に記載された企画の内容に関し、旅行業者に通信契約の申込みをしようとする旅行者は、会員番号その他の事項を旅行業者に通知しなければならない。

b．旅行者は、旅行業者に対し、旅行日程、旅行サービスの内容その他の契約内容を変更するよう求めることができるが、この場合、旅行者は旅行業者に所定の変更手続料金を支払わなければならない。

c．旅行業者は、契約責任者の求めによって添乗サービスを提供するときは、旅行代金とは別に所定の添乗サービス料を請求することができる。

d．海外旅行で利用予定のホテルの宿泊料金が、契約を締結した時点の料金に比べて、通常想定される程度を大幅に超えて増額されたときは、旅行業者は所定の期日までにその旨を旅行者に通知して旅行代金の額を増加することができる。

問題30 解説 解答 a

a．**正しい**。記述のとおり。募集型企画旅行契約では、「①申込みをしようとする募集型企画旅行の名称」、「②旅行開始日」、「③会員番号その他の事項」を通知しなければならないが、受注型企画旅行契約では、③のみを通知する。

b．**誤り**。**受注型企画旅行**は、**旅行者の依頼に基づき**旅行業者が旅行計画を作成して実施する旅行であることから、**旅行者は旅行業者に対して契約内容の変更を申し出ることができる**。この場合、旅行の実施に要する費用が増加したときは、その**増加分を当該旅行者の負担とする**ことができるが、旅行者は旅行業者に変更手続料金を支払う必要はないので、本肢の記述は誤りである。なお、**旅行業者が旅行者の募集のために**旅行計画を作成して実施する**募集型企画旅行**の場合は、**旅行者側から契約内容の変更を求めることはできない**ので、受注型企画旅行との違いとしてあわせて押さえておこう。

c．**誤り**。**受注型企画旅行契約**（または**募集型企画旅行契約**）で添乗員を同行させる場合、その費用は**旅行代金の一部として組み込まれている**ため、**別途請求することはできない**。本肢の"旅行代金とは別に所定の添乗サービス料"を請求して添乗サービスを提供するのは、**手配旅行契約**の場合である。

d．**誤り**。受注型企画旅行契約の場合、旅行業者は、ホテルなどの**宿泊機関**に支払う費用が増額された（契約内容の変更や利用人員の変更に伴う増額以外の単なる増額）ことを理由に、**旅行代金の額を増加することはできない**。なお、**運送機関**の適用運賃・料金が、**著しい経済情勢の変化等により、通常想定される程度を大幅に超えて増額**される場合は、旅行業者は、所定の期日までに旅行者に通知することによって旅行代金の額を増加することができる。

ポイント整理 旅行業者による旅行開始前の解除事由（受注型）

募集型企画旅行契約における旅行開始前の旅行業者からの解除事由は、P99「ポイント整理」にあるとおり全9項目が定められている。このうちの**7項目**は、**受注型**企画旅行契約における旅行開始前の旅行業者から解除事由と**共通**しているが、次の**2項目（P99の①と⑤）については、受注型企画旅行契約には適用されない**（受注型企画旅行契約は、旅行者からの依頼に沿って旅行業者が旅行計画を作成し実施する旅行形態なので、次の2項目を旅行業者が定めることはない）。

- 旅行者が、旅行業者があらかじめ明示した性別、年齢、資格、技能その他の**参加旅行者の条件を満たしていない**ことが判明したとき
- 旅行者の数が契約書面に記載した**最少催行人員に達しなかった**とき

約款

11 受注型企画旅行契約（2）

問題 31　**重要度 A**　令 5- 改　✓□□

受注型企画旅行契約に関する次の記述のうち、誤っているものをすべて選びなさい。

a．受注型企画旅行とは、旅行業者が、旅行者からの依頼により、旅行の目的地および日程、旅行者が提供を受けることができる運送または宿泊のサービスの内容ならびに旅行者が旅行業者に支払うべき旅行代金の額を定めた旅行に関する計画を作成し、これにより実施する旅行をいう。

b．旅行業者は、著しい経済情勢の変化等により、利用する宿泊機関の料金が、契約を締結した時点のものに比べて通常想定される程度を大幅に超えて増額されるときは、旅行開始前にその旨を旅行者に通知すれば旅行代金の額を変更することができる。

c．旅行業者は、あらかじめ明示した参加旅行者の条件を旅行者が満たしていないことが判明したときは、旅行者に理由を説明して、旅行開始前に契約を解除することがある。

問題 32　**重要度 A**　令 1　✓□□

受注型企画旅行契約に関する次の記述のうち、正しいものはどれか。

a．旅行者は、旅行業者に対し、契約の内容を変更するよう求めることができるが、その結果、旅行の実施に要する費用が増加したときは、その増加分を旅行者が負担しなければならない。

b．旅行業者は、旅行代金の内訳として企画料金の金額を明示した企画書面を旅行者に交付していれば、結果として旅行者から契約の申込みがなかった場合でも、旅行者から当該企画料金を収受することができる。

c．旅行者は、通信契約の場合を除き、旅行開始日までの企画書面に記載する期日までに、旅行業者に対し、企画書面に記載する金額の旅行代金を支払わなければならない。

d．契約の成立後に、旅行者の都合により運送機関の利用人員が変更になったときは、旅行業者は、運送機関の利用人員により旅行代金の異なる旨の契約書面の記載の有無にかかわらず、旅行者に説明して、旅行代金の額を変更することができる。

問題 31　解説　　解答　b，c

a．**正しい**。記述のとおり。

b．**誤り**。本肢の事由により増額の対象になるのは**運送機関**の適用運賃・料金であり、**宿泊機関の料金（宿泊料金）は対象ではない**。

c．**誤り**。旅行者の依頼に基づき企画・実施する受注型企画旅行契約では、旅行業者が参加旅行者の条件を設定するという概念がないため、“あらかじめ明示した参加旅行者の条件を旅行者が満たしていないことが判明した”という理由で旅行業者が旅行開始前に契約を解除することはない（参加する旅行者を募って実施する募集型企画旅行契約では、旅行業者からの旅行開始前の解除事由として定められている）。

以上により、b、cを選ぶのが正解である。

約款

問題 32　解説　　解答　a

a．**正しい**。**旅行者の依頼**に基づいて企画・実施する**受注型企画旅行契約**では、**旅行者は旅行業者に対して契約内容の変更を求めることができ、旅行業者は可能な限りその求めに応じる**。その結果、旅行の実施に要する費用が増加したときは、その増加分を**旅行者の負担**とすることができる。

b．**誤り**。旅行業者が企画書面を交付した後、旅行者から契約の申込みがない場合、その**契約は成立していない**。旅行業者が企画書面に企画料金の金額を明示した場合であっても、契約が成立していない以上、旅行業者は、旅行者から**企画料金を収受することはできない**。したがって、“企画料金を収受することができる”とする本肢の記述は誤りである。

c．**誤り**。通信契約の場合を除き、旅行者は、旅行開始日までの**契約書面**に記載する期日までに、旅行業者に対し、**契約書面**に記載する金額の旅行代金を支払わなければならない。したがって、“旅行開始日までの**企画書面**に記載する期日までに…**企画書面**に記載する金額の旅行代金を支払わなければならない”とする本肢の記述は誤りである。

d．**誤り**。運送・宿泊機関等の利用人員により旅行代金が異なる旨を**契約書面に記載した場合**であって、契約の成立後に**旅行業者の責に帰すべき事由によらず（旅行者の都合により）**利用人員が変更になったときは、旅行業者は、契約書面に記載したところにより旅行代金の額を変更することができる。したがって、“契約書面の記載の有無にかかわらず、…変更することができる”とする本肢の記述は誤りである。

12 募集型・受注型企画旅行契約の相違点

問題 33　重要度 A　令 2- 改

募集型企画旅行契約と受注型企画旅行契約の相違点に関する次の記述のうち、正しいものをすべて選びなさい。

a．受注型企画旅行契約においては、旅行者が契約内容を変更するよう求めることができるが、募集型企画旅行契約においては、旅行者が契約内容の変更を求めることができる規定はない。

b．旅行業者は、募集型企画旅行契約において旅行内容により添乗員を同行させ当該旅行業者が必要と認める業務を行わせることがあるが、受注型企画旅行契約においては、契約責任者の求めにより添乗員を同行させるため、旅行代金とは別に添乗サービスに係る所定の旅行業務取扱料金を収受することができる。

c．募集型企画旅行契約には「電話等による予約」の規定があるが、受注型企画旅行契約には同様の規定はない。

問題 34　重要度 A　令 3- 改

募集型企画旅行契約と受注型企画旅行契約の相違点に関する次の記述のうち、正しいものをすべて選びなさい。

a．募集型企画旅行契約においては、契約書面のツアー・タイトル中に記載があった重要な契約内容の変更は旅程保証の対象となるが、受注型企画旅行契約においては、同様の規定はない。

b．旅行者が旅行開始後、疾病、傷害等により保護を要する状態にあると認められたとき、募集型企画旅行契約においては、旅行業者の判断により必要な措置を講ずることがあるが、受注型企画旅行契約においては、旅行業者は契約責任者の承諾を得た上でなければ必要な措置を講ずることはできない。

c．募集型企画旅行契約においては、旅行開始前に、旅行者が旅行業者があらかじめ明示した参加旅行者の条件を満たしていないと判明したときは、旅行業者は契約を解除することがあるが、受注型企画旅行契約においては、同様の規定はない。

約款

問題33 解説 解答 a，c

a．**正しい。**旅行者の依頼に基づいて企画・実施する**受注型企画旅行**では、旅行者は旅行業者に対して**契約内容の変更を求めることができる**が、旅行業者が旅行者の募集のためにあらかじめ企画し実施する**募集型企画旅行**の場合は、**旅行者から契約内容の変更を求めることはできない。**

b．**誤り。**企画旅行契約では、**募集型・受注型にかかわらず**、旅行業者は、旅行の内容により添乗員等を同行させて旅程管理業務を行わせることがあるが、添乗員等の業務に係る費用は、**企画旅行の旅行代金に含まれる**ので、その費用を**旅行代金とは別に支払う必要はない。**なお、契約責任者からの求めにより添乗員を同行させた場合に、所定の添乗サービス料が必要となるのは**手配旅行契約**の場合である。

c．**正しい。**旅行者の参加を募って実施する**募集型企画旅行契約**では、企画旅行ごとに定員（募集予定人員）が設定されるのが一般的なので**「電話等による予約」の規定がある**が、旅行者からの依頼により実施する**受注型企画旅行契約**では、**定員という概念がないため、同様の規定はない。**

以上により、a、cを選ぶのが正解である。

問題34 解説 解答 a，c

a．**正しい。**参加する旅行者を募って実施する募集型企画旅行と異なり、**受注型企画旅行では、旅行業者がツアー・タイトルを定めることはない。**

b．**誤り。**旅行業者は、旅行者が旅行開始後、疾病、傷害等により保護を要する状態にあると認められたときは、**募集型・受注型いずれの企画旅行契約においても、旅行業者の判断により**、必要な措置を講ずることがある。したがって、"受注型企画旅行契約においては…契約責任者の承諾を得た上でなければ必要な措置を講ずることはできない"とする本肢の記述は誤りである。

c．**正しい。**募集型企画旅行契約では、旅行開始前に「旅行業者があらかじめ明示した参加旅行者の条件を満たしていないことが判明した」という理由で旅行業者が契約を解除することはあるが、**受注型企画旅行契約では、旅行業者が参加旅行者の条件を設定することはない**ので、これを理由に**契約を解除することはない**（受注型企画旅行契約では、参加旅行者の条件を満たしていないことを理由とする旅行業者の解除権は規定されていない）。

以上により、a、cを選ぶのが正解である。

13 手配旅行契約（1）

問題 35　重要度 A　令 1- 改　✓□□

手配旅行契約に関する次の記述のうち、正しいものをすべて選びなさい。

a．旅行業者は、手配するすべての旅行サービスについて乗車券類、宿泊券その他の旅行サービスの提供を受ける権利を表示した書面を交付するときであっても、契約書面は交付しなければならない。

b．旅行業者は、契約責任者からの求めにより、団体・グループに添乗員を同行させることがあるが、添乗員が行う添乗サービスの内容は、原則として、あらかじめ定められた旅行日程上、団体・グループ行動を行うために必要な業務である。

c．旅行業者は、旅行開始前において、運送・宿泊機関等の運賃・料金の改訂、為替相場の変動その他の事由により旅行代金の変動を生じた場合は、当該旅行代金を変更することがあるが、この場合、旅行代金の増加または減少は旅行者に帰属する。

問題 36　重要度 A　令 3- 改　✓□□

手配旅行契約に関する次の記述のうち、正しいものをすべて選びなさい。

a．旅行業者は、書面による特約をもって、申込金の支払いを受けることなく、契約の締結の承諾のみにより契約を成立させることがあるが、この場合、契約の成立時期は、当該書面において明らかにする。

b．旅行代金とは、旅行業者が旅行サービスを手配するために、運賃、宿泊料その他の運送・宿泊機関等に対して支払う費用および企画料金をいう。

c．旅行業者は、宿泊サービスの手配のみを目的とする契約であって旅行代金と引換えに当該旅行サービスの提供を受ける権利を表示した書面を交付するものについては、旅行者からの口頭による申込みを受け付けることがある。

問題 35 解説 解答 b，c

a．**誤り**。手配旅行契約において、旅行業者が手配するすべての旅行サービスについて、旅行サービスの提供を受ける権利を表示した書面（乗車券類、宿泊券等）を交付するときは、旅行業者は**契約書面を交付しないことがある**。

b．**正しい**。記述のとおり。**手配旅行契約**は、旅行者が自ら旅行計画を立て、その手配を旅行業者が引き受けるものなので、**旅行業者に旅程管理責任はない**。したがって、契約責任者からの求めにより、団体・グループに添乗員を同行させる場合の業務は「添乗サービス」とし、その内容を**団体・グループ行動を行うために必要な業務**に限定している。

c．**正しい**。記述のとおり。手配旅行契約において、運送・宿泊機関等の運賃・料金の改訂、為替相場の変動などにより旅行開始前に旅行代金の変動が生じた場合、旅行業者は旅行代金を変更することができる。この場合、**旅行代金の増加または減少は旅行者に帰属する**（増額の場合は旅行者の負担となり、減額の場合は旅行者に返金される）。

以上により、b、cを選ぶのが正解である。

問題 36 解説 解答 a，c

a．**正しい**。記述のとおり。手配旅行契約では、旅行業者は書面による特約をもって、**申込金の支払いを受けることなく**、契約の締結の承諾のみにより契約を成立させることがある。この場合、**契約の成立時期については、その書面（特約について記載した書面）において明らかにする**。

b．**誤り**。手配旅行契約における**旅行代金**とは、旅行業者が旅行サービスを手配するために、**運賃、宿泊料その他の運送・宿泊機関等に対して支払う費用**および旅行業者所定の**旅行業務取扱料金**（変更手続料金および取消手続料金を除く）をいう。“企画料金”は、手配旅行契約における旅行代金に含まれないので、本肢の記述は誤りである。

c．**正しい**。記述のとおり。**運送サービスまたは宿泊サービスの手配のみ**を目的とする手配旅行契約であって、**旅行代金と引換えに旅行サービスの提供を受ける権利を表示した書面（乗車券、航空券、宿泊券など）を交付する**ときは、**口頭による申込み**を受け付けることがある（この場合、**旅行業者が契約の締結を承諾した時**に、契約は成立する）。

以上により、a、cを選ぶのが正解である。

13 手配旅行契約（2）

問題 37　**重要度 A**　令2・令4-改　✓□□

手配旅行契約に関する次の記述のうち、正しいものはどれか。

a．手配旅行契約とは、旅行業者が旅行者の委託により、旅行者のために代理、媒介または取次をすること等により旅行者が旅行サービスの提供を受けることができるように、手配し、旅程を管理することを引き受ける契約をいう。

b．旅行業者が善良な管理者の注意をもって旅行サービスの手配をしたときは、満員のため運送・宿泊機関等との間で旅行サービスの提供をする契約を締結できなかった場合であっても、旅行者は旅行業者に対し、所定の旅行業務取扱料金を支払わなければならない。

c．旅行業者は、精算旅行代金が旅行代金として既に収受した金額に満たないときは、旅行者にその差額を払い戻すが、旅行者は、精算旅行代金が旅行代金として既に支払った金額を超えるときでも、旅行業者に対し既に支払った旅行代金との差額を支払うことを要しない。

d．旅行業者は、国内旅行契約の履行に当たって、手配の全部または一部を他の旅行業者、手配を業として行う者その他の補助者に代行させることはできない。

問題37 解説 解答 b

a．**誤り。手配旅行契約**とは、旅行業者が旅行者の委託により、旅行者のために代理、媒介または取次をすること等により旅行者が旅行サービスの提供を受けることができるように**手配することを引き受ける契約**をいう。企画旅行契約と異なり、手配旅行契約では、旅行業者に**旅程管理の義務はない。**

b．**正しい。**旅行業者が、**善良な管理者の注意をもって**旅行サービスの手配をしたときは、手配旅行契約に基づく**旅行業者の債務の履行は終了する**（旅行業者はその義務を果たしたことになる）。したがって、満員、休業、条件不適当等の事由により、運送・宿泊機関等との間で旅行サービスの提供をする契約を締結できなかった場合でも、旅行者は旅行業者に対し、所定の旅行業務取扱料金を支払わなければならない。

c．**誤り。**「旅行業者が旅行サービスを手配するために、運送・宿泊機関等に対して支払った費用で旅行者の負担に帰すべきもの」および「旅行業務取扱料金」の合計額を**精算旅行代金**という。この精算旅行代金と、旅行代金として既に収受した金額が合致しない場合、旅行業者は**旅行終了後速やかに**、次のとおり旅行代金の精算をする。

① 精算旅行代金が、旅行代金として既に収受した金額を**超えるとき**
→旅行者は、旅行業者にその**差額を支払う**。

② 精算旅行代金が旅行代金として既に収受した金額に**満たないとき**
→旅行業者は、旅行者にその**差額を払い戻す**。

①の場合、旅行者は、旅行業者に旅行代金との差額を支払わなければならないので、本肢の記述は誤りである。

d．**誤り。**手配旅行契約の履行に当たり、旅行業者は、**手配の全部または一部を本邦内（国内）または本邦外（海外）**の他の旅行業者、手配を業として行う者その他の補助者（手配代行者）に**代行させることができる**（募集型・受注型企画旅行契約と同じ）。この規定は**国内旅行、海外旅行のいずれにも適用される**ので、“国内旅行契約の履行に当たって…代行させることはできない”とする本肢の記述は誤りである。

13 手配旅行契約（3）

問題 38　**重要度 A**　平 22・26- 改　✓□□

手配旅行契約に関する次の記述のうち、正しいものはどれか。

a．旅行者の都合により旅行開始前に契約が解除された場合、旅行者はいまだ提供を受けていない旅行サービスに係る取消料、違約料等を負担し、取消手続料金を旅行業者に支払わなければならないが、所定の旅行業務取扱料金については支払いを要しない。

b．旅行開始後において、旅行業者の責に帰すべき事由により、旅行者が契約を解除した場合、旅行者は、いまだ提供を受けていない旅行サービスに係る取消料、違約料等の負担を要しないが、所定の取消手続料金は旅行業者に支払わなければならない。

c．旅行開始後において、旅行業者の責に帰すべき事由によらず、旅行者が契約を解除した場合、旅行者は、いまだ提供を受けていない旅行サービスに係る取消料、違約料等の負担をしなければならないが、所定の旅行業務取扱料金を旅行業者に支払う必要はない。

d．旅行者の求めにより契約内容を変更する場合、旅行者は、既に完了した手配を取り消す際に運送・宿泊機関等に支払うべき取消料、違約料その他の手配の変更に要する負担するほか、旅行業者に対し、所定の変更手続料金を支払わなければならない。

問題38 解説 解答 d

a．**誤り。**契約解除に伴い「旅行者が負担すべき費用」は、次表の（1）～（3）の解除事由および解除の時期（開始前・開始後）によって異なる。

【表の見方】○＝負担あり（旅行者が負担する）×＝負担なし

解除事由／発生する費用	(1) 旅行者の任意（旅行者の都合）(2) 旅行者の責に帰すべき事由		(3) 旅行業者の責に帰すべき事由	
	開始前	開始後	開始前	開始後
A. 旅行業務取扱料金	○	○	×	×
B. 取消手続料金	○	○	×	×
C. 既に提供を受けた旅行サービスの対価	発生しない（※）	○	発生しない（※）	○
D. いまだ提供を受けていない旅行サービスに係る取消料、違約料等	○	○	×	×

※Cは旅行開始前には通常発生しない。

本肢は上表（1）の事由による**旅行開始前**の解除なので、旅行者は「A. 旅行業務取扱料金」、「B. 取消手続料金」、「D. いまだ提供を受けていない旅行サービスに係る取消料、違約料等」を支払わなければならない。したがって、"旅行業務取扱料金については支払いを要しない"とする本肢の記述は誤りである。

b．**誤り。**本肢は上表(3)の事由による**旅行開始後**の解除なので、旅行者は**「C. 既に提供を受けた旅行サービスの対価」のみ**を負担すればよい（**A、B、Dの支払いは不要**）。したがって、"取消手続料金は旅行業者に支払わなければならない"とする本肢の記述は誤りである。

c．**誤り。**"旅行業者の責に帰すべき事由に**よらず**"とあるので、本肢は、上表の**（1）または（2）**の事由による**旅行開始後**の解除である。この場合、旅行者は上表の**A～Dのすべて**を負担しなければならない。したがって、"旅行業務取扱料金を旅行業者に支払う必要はない"とする本肢の記述は誤りである。

d．**正しい。**記述のとおり。

13 手配旅行契約（4）

問題 39　**重要度 A**　令4　✓□□

次の手配旅行契約において、旅行者が（1）および（2）のそれぞれの状況で契約を解除した場合に、旅行業者が当該旅行者に払い戻すべき金額の組み合わせのうち、正しいものはどれか。（旅行代金はいずれも全額収受済とする。）

・旅行サービスに係る運送・宿泊機関等に支払う費用	140,000円
・旅行業務取扱料金（変更手続料金および取消手続料金を除く。）	10,000円
・取消手続料金	10,000円
・旅行者がすでに提供を受けた旅行サービスの対価	60,000円
・旅行者がいまだ提供を受けていない旅行サービスに係る運送・宿泊機関等に支払う取消料・違約料	30,000円

（1）旅行業者の責に帰すべき事由により、旅行者が旅行開始後に契約を解除した場合（旅行業者に対する損害賠償の請求は考慮しないものとする。）

（2）旅行者の都合で、旅行者が旅行開始後に契約を解除した場合

	（1）の場合の払戻し額	（2）の場合の払戻し額
a.	90,000円	50,000円
b.	90,000円	40,000円
c.	80,000円	50,000円
d.	80,000円	40,000円

問題 39 解説　解答 b

本問の計算に関し提示されている費用等を、それぞれ①〜⑤として以下のとおり解説する。

① 旅行サービスに係る運送・宿泊機関等に支払う費用	140,000 円
② 旅行業務取扱料金（変更手続料金および取消手続料金を除く。）	10,000 円
③ 取消手続料金	10,000 円
④ 旅行者が既に提供を受けた旅行サービスの対価	60,000 円
⑤ 旅行者がいまだ提供を受けていない旅行サービスに係る運送・宿泊機関等に支払う取消料・違約料	30,000 円

手配旅行契約における「旅行代金」とは、「**運送・宿泊機関等に支払う費用（①）**」と「**旅行業務取扱料金（②）**」を指す。設問文に“旅行代金はいずれも全額収受済”とあるので、旅行業者は旅行者から①と②の合計額として **150,000 円**を収受しているものとして次のとおり払い戻すべき金額を計算する。

（1）**旅行業者の責に帰すべき事由**による旅行者の**旅行開始後**の解除

旅行業者の責に帰すべき事由により、旅行者が**旅行開始後**に契約を解除する場合、旅行者が負担すべき費用は④**のみ**（P135 問題 38 の a の解説にある表中「C」の費用）である。したがって、旅行業者が収受している旅行代金の総額 150,000 円（①+②）から、**④の費用のみを差し引いた残額**を旅行者に払い戻す。

150,000 − 60,000 = **90,000 円**

（2）**旅行者の都合**による**旅行開始後**の解除（旅行開始後の旅行者の任意解除）

旅行者の都合により、旅行者が**旅行開始後**に契約を解除する場合、旅行者が負担すべき費用は、②〜⑤（P135 問題 38 の a の解説にある表中「A 〜 D」の費用）である。したがって、旅行業者が収受している旅行代金の総額 150,000 円から、**②③④⑤の各費用を差し引いた残額**を旅行者に払い戻す。

150,000 − （10,000 + 10,000 + 60,000 + 30,000） = **40,000 円**

以上により、(1) を **90,000 円**、(2) を **40,000 円**とする b が正解である。

14 団体・グループ契約（手配）

問題 40　重要度 A　令 5

募集型企画旅行契約における契約責任者に関する次の記述のうち、誤っているものはどれか。

a．旅行業者は、契約責任者が団体・グループに同行しない場合、旅行開始後においては、あらかじめ契約責任者が選任した構成者を契約責任者とみなす。
b．旅行業者は、旅行者と特約を結んだ場合を除き、団体・グループに係る旅行業務に関する取引は、契約責任者との間で行う。
c．契約責任者は、旅行出発日の前日までに、旅行業者に対して、その団体・グループを構成する旅行者の名簿を提出しなければならない。
d．旅行業者は、契約責任者がその団体・グループを構成する旅行者に対して現に負い、または将来負うことが予測される債務または義務については、何らの責任を負わない。

問題 41　重要度 A　令 1- 改

受注型企画旅行契約の団体・グループ契約に関する次の記述のうち、誤っているものをすべて選びなさい。

a．旅行業者は、契約責任者と申込金の支払いを受けることなく契約を締結する場合には、契約責任者にその旨を記載した書面を交付するものとし、当該契約は、旅行業者が当該書面を交付した時に成立する。
b．団体・グループの構成者は、契約責任者の承諾を得て、契約上の地位を第三者に譲り渡すことができる。
c．旅行業者は、参加する構成者の数が、契約書面に記載した予定人員に達しなかったときは、契約書面に記載した日までに旅行を中止する旨を契約責任者に通知して、旅行開始前に旅行契約を解除することができる。

問題40 解説 解答 c

a．**正しい。**記述のとおり。

b．**正しい。**旅行業者は、特約を結んだ場合を除き、**契約責任者**はその団体・グループを構成する旅行者（**構成者**）の契約の締結に関する一切の代理権を有しているものとみなし、当該団体・グループに係る旅行業務に関する取引は、**契約責任者との間で行う**。

c．**誤り。募集型企画旅行契約**では、契約責任者は**旅行業者が定める日までに構成者の名簿を旅行業者に提出**しなければならない（**受注型企画旅行契約も同じ**）。したがって、“旅行出発日の前日までに、…名簿を提出しなければならない”とする本肢の記述は誤りである。

d．**正しい。**記述のとおり。契約責任者が構成者に対して現に負い、または将来負うことが予測される債務または義務について、旅行業者は一切責任を負わない。

問題41 解説 解答 b，c

a．**正しい。受注型企画旅行契約**の団体・グループ契約には、**申込金の支払いを受けることなく**契約を成立させることができるという**特則**がある（**手配旅行契約も同じ**）。この場合、旅行業者が書面を交付したときに契約が成立する。なお、通信契約の場合を除き、**募集型企画旅行契約**には申込金を不要とする例外はなく、契約を成立させるには、必ず**申込金の支払いが必要**である。

b．**誤り。**企画旅行契約において、契約上の地位を第三者に譲り渡すとき（旅行者の交替）は、**旅行業者の承諾**を得なければならない（契約上の地位の譲渡は、旅行業者の承諾があった時に効力を生ずる）。したがって、“契約責任者の承諾を得て”とする本肢の記述は誤りである。

c．**誤り。**参加する旅行者を募って実施する募集型企画旅行契約では、「旅行者の数が契約書面に記載した最少催行人員に達しなかった」という理由で、旅行業者から契約を解除することができるが、**受注型企画旅行契約**では、**旅行業者が最少催行人員を設定することはない。**したがって、旅行業者は本肢の事由で受注型企画旅行契約を解除することはない。

以上により、b、cを選ぶのが正解である。

15 旅行相談契約・渡航手続代行契約

問題42 重要度 A 令5-改

渡航手続代行契約および旅行相談契約に関する次の記述のうち、正しいものをすべて選びなさい。

a. 旅行業者は、情報通信の技術を利用する場合を除き、渡航手続代行契約の成立後速やかに、旅行者に、当該契約により引き受けた代行業務の内容、渡航手続代行料金の額、その収受の方法、旅行業者の責任その他必要な事項を記載した書面を交付する。

b. 旅行者が、所定の期日までに渡航手続書類等を提出しないときまたは旅行者から提出された渡航手続書類等に不備があると認めたときは、旅行業者は渡航手続代行契約を解除することがある。

c. 旅行相談契約は、電話、郵便、ファクシミリ、インターネットその他の通信手段により契約の申込みを受け付ける場合を除き、旅行業者が契約の締結を承諾し、所定の申込金を受理した時に成立する。

問題43 重要度 A 令3-改

渡航手続代行契約および旅行相談契約に関する次の記述のうち、誤っているものをすべて選びなさい。

a. 旅行業者は、渡航手続代行契約により、実際に旅行者が旅券等を取得できることおよび関係国への出入国が許可されることを保証するものではない。

b. 旅行相談契約の履行に当たって、旅行業者が故意または過失により旅行者に損害を与えたときは、損害発生の日から起算して6月以内に旅行業者に対して通知があったときに限り、旅行業者はその損害を賠償する責に任じる。

c. 旅行者の相談内容が旅行地において施行されている法令に違反するおそれがあるものであっても、旅行業者は、旅行相談契約の締結に応じなければならない。

問題42 解説 解答 a，b

a．**正しい**。本肢の“必要な事項を記載した書面”とは、**契約書面**のことである。旅行業者は、情報通信の技術を利用する場合を**除き**、**渡航手続代行契約の成立後速やかに**、旅行者に契約書面を交付しなければならない。なお、**渡航手続代行契約では契約書面の交付が必要**であるが、**旅行相談契約では契約書面の交付は不要**という違いがある。

b．**正しい**。記述のとおり。本肢は旅行業者による契約の解除事由に該当する。

c．**誤り**。旅行相談契約の成立時期は、次の2通りである（**渡航手続代行契約の場合も同じ**）。

① **原則（通信手段によらない場合）**
旅行業者が**契約の締結を承諾し**、**申込書を受理**した時

② **通信手段（電話、郵便、ファクシミリ、インターネットなど）による申込みの場合**
旅行業者が**契約の締結を承諾**した時

本肢の場合は、上記①のとおり、旅行業者が契約の締結を承諾し、**申込書**を受理した時に成立する（申込金を受理した時ではない）。

以上により、a、bを選ぶのが正解である。

問題43 解説 解答 b，c

a．**正しい**。記述のとおり。実際に旅行者が旅券等を取得できることおよび関係国への出入国が許可されることを**保証するものではない**ので、旅行業者の責に帰すべき事由によらず、旅行者が旅券等の取得ができず、または関係国への出入国が許可されなかったとしても、**旅行業者はその責任を負わない**。

b．**誤り**。旅行相談契約における旅行業者への損害発生の通知期限は、**損害発生の翌日から起算して6か月以内**である（**渡航手続代行契約の場合も同じ**）。したがって、“損害発生の日から起算して”とする本肢の記述は誤りである。

c．**誤り**。「旅行者の相談内容が旅行地において施行されている法令に違反するおそれがあるものであるとき」は、旅行業者は、**旅行相談契約の締結を拒否することができる**。

以上により、b、cを選ぶのが正解である。

16 国際運送約款（1）

問題 44　重要度 A　✓□□

日本航空の国際運送約款に関する問 1. ～問 7. について、その内容が正しいものには a. を、誤っているものには b. を選びなさい。

問 1. 旅客または手荷物の運送は、航空券の発行日に有効な約款および航空会社の規則が適用される。 令 2

問 2. 適用運賃とは、会社またはその指定代理店により公示された運賃または会社規則に従い算出された運賃で、適用法令等に別段の定めのある場合を除き、航空券の最初の搭乗用片により行われる運送開始日に適用される、航空券の発行日に有効な運賃をいう。 令 5

問 3. 航空券の有効期間は、適用される運賃規則に別段の定めのある場合を除き、運送が開始された場合には運送終了予定日から 1 年間である。 令 4

問 4. 最初の国際線の運送区間の搭乗用片が使用されておらず、旅客がその旅行をいずれかの予定寄航地から開始する場合であっても、航空会社は、その航空券の使用を認める。 令 3

問 5. 航空券は、航空券の有効期間満了日の 24 時に失効するため、各搭乗用片による旅行は、航空会社規則に別段の定めのない限り、満了日の 24 時までに最終目的地に到達しなければならない。 令 3

問 6. 小児とは、予約時点で 2 才の誕生日を迎えているが未だ 12 才の誕生日を迎えていない人をいう。 令 2

問 7. 旅客が旅行中に死亡した場合、会社は、正当な死亡証明書の提出を条件として、その旅客に同行している人の航空券について、死亡の日から 45 日を限度として、有効期間を延長することがある。 令 4

問題44　解説　解答　1. b /2. a /3. b /4. b /5. b /6. b /7. a

問1. b（誤り）。旅客または手荷物の運送に適用されるのは「**航空券の最初の搭乗用片により行われる運送の開始日**」に有効な約款および航空会社の規則なので、“航空券の発行日に有効な”とする本問の記述は誤りである。

問2. a（正しい）。記述のとおり。

問3. b（誤り）。航空券の有効期間は、適用される運賃規則に別段の定めのある場合を除き、次のように定められている。

① 運送が開始された場合・・・・・・・・・・・・・・**運送の開始日から1年**

② 航空券がまったく未使用の場合・・・・・・航空券の発行日から1年

本問は①に該当するので、“運送終了予定日から1年間”とする記述は誤りである。

問4. b（誤り）。航空会社は、**航空券に記載された出発地からの旅程の順序に従ってのみ、搭乗用片の使用を認める**。したがって、最初の国際線の運送区間の搭乗用片が使用されておらず、旅客がその旅行をいずれかの予定寄航地から開始する場合、その航空券は**無効**であり、航空会社はその航空券の使用を認めない。

問5. b（誤り）。航空券は、航空券の有効期間満了日の24時に失効するが、各搭乗用片による旅行は、**有効期間満了日の24時までに開始**すれば、航空会社の規則に別段の定めのない限り、**満了日を過ぎても継続することができる**。したがって、“満了日の24時までに最終目的地に到達しなければならない”とする本問の記述は誤りである。

問6. b（誤り）。小児とは、**運送開始日時点**で2歳の誕生日を迎えているが、いまだ12歳の誕生日を迎えていない人をいう。したがって、“予約時点で…”とする本問の記述は誤りである。

問7. a（正しい）。記述のとおり。この場合の延長は、**死亡の日から45日を超えることはない**。

16 国際運送約款（2）

問題 45　**重要度 A**　✓☐☐

日本航空の国際運送約款に関する問 1. ～問 6. について、その内容が正しいものにはａ．を、誤っているものにはｂ．を選びなさい。

問 1. 同伴者のいない小児もしくは幼児、心身障害のある人、妊婦または病人の運送引受けは、航空会社規則に従うことを条件とし、かつ、航空会社との事前の取り決めが必要となる場合がある。 平 27

問 2. 時刻表その他に表示されている航空機の時刻は、予定であって保証されたものではなく、また運送契約の一部を構成するものではない。 令 4

問 3. 航空会社は、一旅客に対して二つ以上の予約がされており、かつ、搭乗区間が同一で、搭乗日が近接している場合、航空会社の判断により、当該旅客の予約の一部を取り消すことができるが、全部を取り消すことはできない。
平 26

問 4. 航空会社は、受託手荷物を、可能な限りその手荷物を委託した旅客が搭乗する航空機で旅客と同時に運送するが、当該航空会社が困難と判断した場合には、許容搭載量に余裕のある他の航空便で運送するかまたは他の輸送機関で輸送することがある。 平 27

問 5. 同一の航空便で旅行する 2 人以上の旅客が同一地点まで同時に航空会社に手荷物の運送を委託する場合には、航空会社は、申出があったとしても個数について各人の無料手荷物許容量を合算し、当該同行旅客全員を一体としてその許容量とすることはない。 平 28

問 6. 航空会社が、他の運送人とコードシェア契約を締結し、当該航空会社以外の運送人が運航する便に当該航空会社の便名を付与し、旅客と契約する運航を行う際には、無料手荷物許容量は、運航を行う他の運送人の規則が適用となることがある。 令 1

問題45 解説　解答 1. a /2. a /3. b /4. a /5. b /6. a

問1. a（正しい）。記述のとおり。

問2. a（正しい）。記述のとおり。時刻表などに表示されている時刻は、あくまでも予定であって**保証されたものではない**。また、運航予定は予告なしに変更されることがあり、この結果、旅客またはその手荷物の他の便への接続に支障が生じたとしても、航空会社は、一切責任を負わない。

問3. b（誤り）。航空会社は、**一旅客に対して二つ以上の予約**がされ、かつ次のいずれかに該当する場合（**多重予約**）、航空会社の判断により、予約の**全部**または**一部**を取り消すことがある。

① 搭乗区間および搭乗日が同一の場合
② 搭乗区間が同一で、搭乗日が近接している場合
③ 搭乗日が同一で、搭乗区間が異なる場合
④ 旅客が予約のすべてに搭乗すると合理的に考えられないと航空会社が判断した場合

本問は、上記②に該当する。したがって、“全部を取り消すことはできない”とする記述は誤りである。

問4. a（正しい）。記述のとおり。

問5. b（誤り）。無料手荷物許容量の**個数**については、旅客からの申出により**各人の無料手荷物許容量を合算**して、**同行旅客全員を一体として無料手荷物許容量を適用することができる**。

問6. a（正しい）。航空会社（自社）は、他の運送人（他社）とコードシェア契約を締結し、他社が運航する便に自社の便名を付けて旅客と契約する運送を行うことがある（航空会社は、予約の際に、旅行者に対して、**実際に運航する航空会社（他の運送人）を通知**しなければならない）。コードシェア契約に基づき、他の運送人が運航する便によって旅客と契約する運送を行うときは、**実際に運航する運送人が定める**無料手荷物許容量が適用されることがある（運送の拒否および制限の規則なども同様）。

16 国際運送約款（3）

問題 46　重要度 A

日本航空の国際運送約款に関する問 1. ～問 6. について、その内容が正しいものには a. を、誤っているものには b. を選びなさい。

問 1. 通過国または到達国への旅客の入国不許可により、航空会社が適用法令等によりその旅客を出発地またはその他の地点へ送還する場合には、旅客は、適用運賃、料金および費用を支払わなければならない。 令 3

問 2. 旅客が航空会社に事前に通知することなく予約した航空便に搭乗しなかった場合には、航空会社は旅客の承諾を得たうえで、前途予約を取り消し、または他の運送人に対し前途予約に含まれる他の運送便の予約の取消を依頼することができる。 令 1

問 3. 旅客が、航空会社の許可なく、機内で、携帯電話機、携帯ラジオ、電子ゲーム等電子機器を使用する場合、航空会社は航空会社の相当なる判断の下に、当該旅客の運送を拒否し、または、当該旅客を降機させることができる。 令 3

問 4. 会社は、旅客が機内で喫煙した場合、電子たばこによる場合を除き、会社の相当なる判断の下に、旅客を降機させることができる。 令 4

問 5. 航空会社は、旅客が、他の旅客に不快感を与えまたは迷惑を及ぼすおそれがある場合、当該行為の継続を防止するために、当該行為者を拘束する措置をとることができる。 平 28

問 6. 紛失航空券の場合を除き、会社は、旅客用片または旅客控およびすべての未使用搭乗用片が会社に提出された場合に限り会社規則に従って払戻を行うが、当該航空券の有効期間満了日から 30 日を経過した後になされた払戻請求については、会社は、これを拒否する。 令 5

問題 46　解説　解答　1. a /2. b /3. a /4. b /5. b /6. a

問 1.　a（正しい）。記述のとおり。

問 2.　b（誤り）。旅客が航空会社に事前に通知することなく予約した航空便に搭乗しなかった場合には、当該航空会社は、**旅客の承諾を得ることなく**、前途（それ以降の）予約を取り消すことができる。また、**他の運送人に対し前途予約に含まれる他の運送便の予約の取消しを依頼することができる**。したがって、"旅客の承諾を得たうえで" とする本問の記述は誤りである。

なお、旅客が他社の航空便について、事前に通知することなく、予約した便に搭乗しなかった場合には、**他社からの依頼に基づき、前途予約に含まれる自社の航空便の予約を取り消すこともできる**。

問 3.　a（正しい）。記述のとおり。

問 4.　b（誤り）。航空会社は、旅客が機内で喫煙する場合には、当該旅客の**運送を拒否し**、または旅客を**降機させる**ことができる（旅客の手荷物についても同様の取扱いとする）。この喫煙には、**紙巻きたばこ、電子たばこ、加熱式たばこその他の喫煙器具を使用する場合も含まれる**ので、"電子たばこによる場合を除き" とする本問の記述は誤りである。

問 5.　b（誤り）。旅客が、**他の旅客に不快感を与えまたは迷惑を及ぼすおそれがある場合**には、その旅客の運送を拒否し、または旅客を降機させることができるが、この場合、**行為者を拘束することはできない**。行為者の**拘束**などの、その**行為の継続を防止するために必要と認める措置**をとることができるのは次の①と②の場合のみ。

① 旅客が、**当該旅客自身**もしくは**他の人**または**航空機**もしくは**物品**に**危害を及ぼすおそれのある行為**を行う場合

② 旅客が**乗務員の業務の遂行を妨げ**、または、その**指示に従わない**場合

問 6.　a（正しい）。記述のとおり。航空券の払戻しは、原則として、その航空券の**有効期間満了日から 30 日以内**に限り可能である。

約款

16 国際運送約款（4）

問題 47　重要度 A　✓□□

日本航空の国際運送約款に関する問 1. ～問 5. について、その内容が正しいものには a. を、誤っているものには b. を選びなさい。

問 1. 航空会社は、手荷物の引渡にあたり、手荷物切符および手荷物合符の所持人がその手荷物の引渡を受ける正当な権利者であるかどうかを確認する義務を負い、確認しなかったことに起因する損害については賠償する責を負う。
令 1

問 2. 航空会社は、身体に障害のある旅客を補助するために、当該旅客が同伴する補助を目的とする犬を、航空会社規則に従い、その容器および餌とともに、通常の無料手荷物許容量に追加して無料で運送する。 平 27

問 3. ペット等の動物については、会社は、旅客が所定の書類を取得し、かつ、その動物を適切な容器に入れ、携帯し保管する場合には、その運送を無料で引受ける。 令 5

問 4. 運送が条約の適用を受ける場合で、手荷物の紛失があったときは、手荷物を受け取ることができたであろう日から 21 日以内に書面を発送することにより、当該手荷物の引渡を受ける権利を有する人が航空会社の事務所に対して、異議を述べなければ、いかなる損害賠償も認められない。 平 25

問 5. 航空会社に対する責任に関する訴は、到達地への到達の日、航空機が到達すべきであった日または運送の中止の日から起算して 6 月以内に提起しなければならない。 令 3

問題 47　解説　解答　1. b /2. a /3. b /4. a /5. b

問 1.　b（誤り）。手荷物の引渡しに当たり、航空会社は手荷物切符および手荷物合符の所持人がその手荷物の引渡しを受ける正当な権利者であるかどうかを**確認する義務を負わない**。正当な権利者かどうかを確認しなかったことに起因する損害については、**航空会社は一切責任を負わない**。

問 2.　a（正しい）。旅客が同伴する**補助を目的とする犬（盲導犬、聴導犬、介助犬など）**は、その**容器および餌とともに、通常の無料手荷物許容量に追加して無料**で運送される。

問 3.　b（誤り）。航空会社は、**ペット等の動物**について、到達国または通過国で必要な書類（健康証明書など）を取得し、その動物を適切な容器に入れ、事前に航空会社の承認を受けた場合に運送を引き受ける。ただし、これらの動物の運送は**無料手荷物許容量の適用を受けず**、容器、餌を含め、**超過手荷物として扱われる**（旅客は会社規則に定める料金を支払わなければならない）。

問 4.　a（正しい）。記述のとおり。運送が条約（モントリオール条約など）の適用を受ける場合であって、旅客の手荷物に損害が生じたときは、当該手荷物の引渡を受ける権利を有する人が、所定の期限（下記「ポイント整理」参照）までに、**書面を発送すること**によって異議を述べなければ、**いかなる損害賠償も認められない**。本問は、手荷物の“紛失”であり、「ポイント整理」の表中③に該当するので、正しい記述である。

問 5.　b（誤り）。“6 月以内”ではなく、**2 年以内**が正しい。

ポイント整理　**手荷物に関する損害賠償請求の期限**

損害の状態	損害賠償の請求期限
① 毀損（きそん）の場合	毀損の発見後直ちに（遅くとも手荷物の受取りの日から 7 日以内）
② 延着の場合	手荷物を受け取った日から 21 日以内
③ 紛失または滅失の場合	手荷物を受け取ることができたであろう日から 21 日以内

約款

17 国内旅客運送約款（1）

問題 48　重要度 A　✓□□

日本航空の国内旅客運送約款に関する問1．～問7．について、その内容が正しいものにはa．を、誤っているものにはb．を選びなさい。

問1. 会社は、旅客が8歳未満の小児で付添人のない場合、当該旅客の搭乗を拒絶することができる。 令4

問2. 航空会社は、旅客が感染症または感染症の疑いがある場合、当該旅客の搭乗を拒絶し、または降機させることができる。 令2

問3. 旅客が病気その他の事由で旅行不能となった場合には、航空券の有効期間を延長することができるが、当初の航空券の有効期間満了日より30日を超えて延長することはできない。 平28-改

問4. 旅客が病気その他の事由で旅行不能となった場合は、航空券の有効期間を延長することができ、この場合は、当該旅客の同伴者が所持する航空券についても同様に期間の延長をすることができる。 令2

問5. 航空会社は、一旅客に対して二つ以上の予約がされており、かつ旅客が予約のすべてに搭乗すると合理的に考えられないと判断した場合は、旅客の予約の全部または一部を取り消すことができる。 令3

問6. 受託手荷物は、搭載量の関係その他やむを得ない事由があるときは、その旅客の搭乗する航空機ではなく、当該手荷物の搭載可能な航空機によって運送されることがある。 平30

問7. 二以上の運送人が相次いで行う旅客の運送における損害については、旅客はその損害を生ぜしめた運送を行った運送人に対してのみ賠償請求することができる。 平28

問題 48　解説　解答　1. a /2. a /3. a /4. a /5. a /6. a /7. a

問 1.　a（正しい）。記述のとおり。旅客が8歳未満の小児で付添人のない場合、航空会社は、その旅客の搭乗を**拒絶する（または降機させる）**ことができる。

問 2.　a（正しい）。記述のとおり。

問 3.　a（正しい）。旅客が**病気その他の事由**で**旅行不能**の場合は、航空券の有効期間を延長することができるが、**当初の航空券の有効期間満了日**より**30日を超えて延長することはできない**（つまり**30日が限度**）。

問 4.　a（正しい）。**旅客の同伴者**が所持する航空券も、当初の航空券の有効期間満了日から**30日を限度**として、その有効期間を延長できる（当初の航空券の有効期間満了日より30日を超えて延長することはできない）。

問 5.　a（正しい）。航空会社は、**一旅客に対して二つ以上の予約がされており**、かつ、次のいずれかに該当する場合には、**航空会社の判断**により、旅客の予約の**全部**または**一部**を取り消すことができる。

① 搭乗区間が同一で、搭乗便出発予定時刻が同一または近接している場合

② 旅客が予約のすべてに搭乗すると合理的に考えられないと航空会社が判断した場合

本問は上記②に該当するので、正しい記述である。

問 6.　a（正しい）。記述のとおり。

問 7.　a（正しい）。二つ以上の運送人が相次いで行う運送（旅客が自社路線と他社路線を相次いで乗り継ぐこと）を「相次運送」という。相次運送における損害は、本問の記述のとおり、**その損害を生じさせた（生ぜしめた）運送を行った運送人**に対してのみ賠償請求することができる。つまり、航空会社は、自社が行う運送以外で生じた旅客の損害については、その責任は負わない。

約款

17 国内旅客運送約款（2）

問題 49　重要度 A　✓□□

日本航空の国内旅客運送約款に関する問 1. ～問 5. について、その内容が正しいものには a. を、誤っているものには b. を選びなさい。

問 1. 航空会社は、非常脱出時における援助者の確保のため、満 15 歳未満の者の非常口座席への着席を拒絶し、他の座席へ変更することができる。平 28

問 2. 会社は、旅客が他の旅客に不快感を与えまたは迷惑を及ぼすおそれがあると認めた場合には、当該旅客の搭乗を拒絶し、または降機させることができ、加えて当該行為の継続を防止するための措置として、当該行為者を拘束することができる。令 5

問 3. 航空会社は、旅客が不正の申告により適用運賃の特別扱いを受けて搭乗したときは、不正搭乗として、その搭乗区間を判定できない場合を除き、当該旅客に適用される不正搭乗区間の運賃および料金と、搭乗時の当該区間に設定された最も高額な旅客運賃および料金の 2 倍相当額を合わせて当該旅客から収受する。平 25

問 4. 受託手荷物その他の航空会社が保管を受託した旅客の物の損害に関する通知は、旅客が受け取った手荷物または物については、その受取りの日から 7 日以内に航空会社に文書によりしなかったときは、航空会社は、賠償の責に任じない。令 1

問 5. 航空会社は、共同して国内航空運送を引き受け、航空会社の指定する会社のいずれかがその運送を行うが、そのいずれかが行った運送につき、賠償責任を負う場合、実際に運送を行った会社のみが責任を負う。平 26

問題 49　解説　解答　1. a /2. b /3. a /4. a /5. b

問 1.　a（正しい）。航空会社は、**非常脱出時における援助者の確保**のため、次の①〜④のいずれかに該当すると認めた場合には、その旅客の**非常口座席への着席を拒絶し、他の座席へ変更することができる**。

① 満 15 歳未満の者

② 身体上、健康上またはその他の理由によって、非常脱出時における援助に支障がある者または援助することにより、旅客自身の健康に支障をきたす者

③ 航空会社の示す脱出手順または航空会社係員の指示を理解できない者

④ 脱出援助を実施することに同意しない者

本問は上記①に該当するので、正しい記述である。

問 2.　b（誤り）。旅客が他の旅客に不快感を与え、または迷惑を及ぼすおそれがある場合には、航空会社はその旅客の搭乗を拒絶し、または旅客を降機させることができるが、**行為者を拘束することはできない**。

問 3.　a（正しい）。**不正搭乗**とは主に次に該当する場合をいう。

① 航空会社係員の求めにもかかわらず、**認証コードまたは航空券の呈示等がなされない**とき（または航空会社係員の承諾なく、航空券の予約事項である区間以遠に乗り越したとき）

② **故意に無効航空券**で搭乗したとき

③ **不正の申告**により**適用運賃の特別取扱いを受けて**搭乗したとき

本問は上記③に該当するので、正しい記述である。

問 4.　a（正しい）。旅客が手荷物等を受け取った場合は、その**受取りの日から 7 日以内**に、紛失や延着などにより手荷物等が引き渡されなかった場合は、**手荷物等を受け取るはずであった日から 21 日以内**に、航空会社に文書により通知されなければ、航空会社はその損害を賠償する責任を負わない。

問 5.　b（誤り）。航空会社は、共同して国内航空運送を引き受け、航空会社の指定する航空会社のいずれかが運送を行う。この場合で、航空会社が賠償責任を負う場合、**連帯して賠償の責任を負う**。“実際に運送を行った会社のみが責任を負う”とする本問の記述は誤りである。

17 国内旅客運送約款（3）

問題 50 重要度 A ✓□□

日本航空の国内旅客運送約款に関する問1．～問6．について、その内容が正しいものにはa．を、誤っているものにはb．を選びなさい。

問1． 受託手荷物の引渡しを行う場合には、航空会社は、手荷物合符の持参人が、当該手荷物の正当な受取人であるか否かを確かめなかったことにより生ずる損害に対し、賠償の責に任じる。 令3

問2． 航空会社は、旅客の死亡または負傷その他の身体の障害の場合に発生する損害については、その損害の原因となった事故または事件が航空機内で生じまたは乗降のための作業中に生じたものであるときは賠償の責に任じるが、航空会社およびその使用人がその損害を防止するため必要な措置をとったことまたはその措置をとることができなかったことを証明したときは、この限りではない。 令2

問3． 会社が、旅客に同伴される愛玩動物について、受託手荷物として運送を引き受けた場合、当該愛玩動物は無料手荷物許容量に含まれる。 令4

問4． 手荷物および旅客が装着する物品の価額の合計が15万円を超える場合において、旅客がその価額を申告するときには、会社は、申告価額の合計額について従価料金として、1万円につき10円（消費税込み）を申し受ける。 令5

問5． 航空会社は、身体障がい者が自身のために同伴する盲導犬、介助犬および聴導犬の機内への持込みを認めている。 令3

問6． 旅客は、機内の特定の座席を予め指定できる場合があるが、会社は、機材変更その他運航上やむを得ない理由で、事前の通告なしに座席の指定を変更することがある。 令4

問題 50 解説

解答 1. b /2. a /3. b /4. b /5. a /6. a

問 1. b（誤り）。航空会社は、手荷物合符の所持人に対してのみ受託手荷物の引渡しを行うが、手荷物合符の持参人が、その手荷物の正当な受取人であるか否かを確かめなかったことにより生ずる損害に対し、**航空会社は賠償責任を負わない**。

問 2. a（正しい）。記述のとおり。

問 3. b（誤り）。旅客に同伴される**愛玩動物**については**無料手荷物許容量の適用を受けず、受託手荷物として運送される**。この場合、旅客は、航空会社が別に定める **1 檻当たりの料金を支払わなければならない**。

問 4. b（誤り）。従価料金は、申告価額の **15 万円を超える部分について 1 万円ごとに 10 円**（消費税込み）である。"申告価額の合計額について…"とする本問の記述は誤りである。

問 5. a（正しい）。記述のとおり。身体障がい者が自身のために同伴する盲導犬、介助犬、聴導犬は、機内への持込みが認められている。

問 6. a（正しい）。記述のとおり。

ポイント整理　航空会社の責任の範囲

損害の種類	賠償責任の範囲
① 旅客の死亡、負傷、身体の障害など	原因となった事故・事件が**航空機内で生じた**場合、または**航空機の乗降のための作業中**に生じたものであるとき
② **受託手荷物その他の物**の損害（航空会社が保管を受託した物）	原因となった事故・事件が、**その手荷物または物**が**航空会社の管理下にあった期間**に生じたものであるとき
③ **持込手荷物その他の旅客が携行・装着する物**の損害（旅客自身が保管している物）	その損害について、航空会社（またはその使用人）に**過失があったことが証明された場合**に限る

18 貸切バス約款

問題 51　重要度 A　✓□□

一般貸切旅客自動車運送事業標準運送約款に関する問1．～問6．について、その内容が正しい場合にはa．を、誤っている場合にはb．を選びなさい。

問1. バス会社は、旅行業者がバス会社に対し、企画旅行実施のため旅客の運送を申し込む場合は、当該旅行業者を契約責任者として運送契約を結び、手配旅行実施のため旅客の運送を申し込む場合には、当該旅行業者に手配旅行の実施を依頼した者と運送契約を結ぶ。 平30

問2. バス会社は、天災その他当該バス会社の責に帰することができない事由により輸送の安全の確保のため一時的に運行中止その他の措置をしたときは、これによって旅客が受けた損害を賠償する責に任じない。 令4

問3. バス会社は、乗車券の券面に記載した配車日時に所定の配車をした場合において、配車時刻から30分を経過しても旅客が乗車についての意思表示をしないときには、天災その他やむを得ない事由による場合を除き、当該車両について当該運送契約に係る運送の全部が終了したものとみなす。 予想

問4. バス会社は、約款に定める場合を除き、契約責任者に対して、契約責任者が運送申込書を提出するときに所定の運賃および料金の20％以上を、配車の日の前日までに所定の運賃および料金の残額をそれぞれ支払うよう求める。
令5

問5. バス会社が収受する運賃および料金は、乗車時において地方運輸局長に届け出て実施しているものによる。 令3

問6. バス会社は、自社の自動車の運行によって、旅客の生命または身体を害したときは、その損害を賠償するが、この場合において、バス会社の旅客に対する責任は、その損害が車内において生じた場合に限られる。 令1

問題 51　解説　解答　1. a /2. a /3. b /4. a /5. a /6. b

問 1.　a（正しい）。記述のとおり。旅行業者がバス会社に旅客の運送を申し込む場合、その目的が**企画旅行の実施のため**であるか、**手配旅行の実施のため**であるかによって、本問に記載のとおり、契約の当事者が異なる。

問 2.　a（正しい）。記述のとおり。バス会社は、**天災などバス会社の責に帰することができない事由**により、輸送の安全の確保のため、一時的に運行中止その他の措置をしたときは、これによって旅客が受けた**損害を賠償する責任を負わない**。

問 3.　b（誤り）。旅客が**出発時刻から 30 分を経過**しても乗車についての意思表示をしないときは、**天災その他やむを得ない事由による場合を除き**、当該車両について当該運送契約に係る運送の全部が終了したものとみなされる。したがって、"**配車**時刻から 30 分…"とする本問の記述は誤りである。

問 4.　a（正しい）。記述のとおり。

問 5.　a（正しい）。記述のとおり。

問 6.　b（誤り）。自動車の運行によって、旅客の生命または身体を害したときは、その損害が**車内において**、または**旅客の乗降中**に生じた場合に限り、バス会社は、その損害を賠償する責任を負う。したがって、"損害が車内において生じた場合に限られる"とする本問の記述は誤りである。

ポイント整理　旅行業者との関係

旅行業者から旅客の運送の申込みがあった場合、バス会社は、その旅行が「企画旅行」か「手配旅行」によって、次のとおり運送契約を結ぶ。

- 企画旅行の実施の場合…**旅行業者を契約責任者として**運送契約を結ぶ。
- 手配旅行の実施の場合…**手配旅行の実施を依頼した者（旅行者）**と運送契約を結ぶ。

19 モデル宿泊約款（1）

問題 52　重要度 A　✓□□

モデル宿泊約款に関する問 1. ～問 5. について、その内容が正しいものには a. を、誤っているものには b. を選びなさい。

問 1. ホテル（旅館）は、あらかじめ宿泊客から到着予定時刻が明示されていない場合において、宿泊客が連絡をしないで宿泊日当日のホテル（旅館）が定める時刻になっても到着しないときは、その宿泊契約は宿泊客により解除されたものとみなし処理することがある。 平 28

問 2. ホテル（旅館）にチェックインをする前に、宿泊しようとする者が暴力団員であることが判明したために、ホテル（旅館）が宿泊契約を解除した場合には、宿泊しようとした者は、所定の違約金をホテル（旅館）に支払わなければならない。 令 5

問 3. 宿泊客が、宿泊中に宿泊契約の申込み時に申し出た宿泊日を超えて宿泊の継続を申し入れた場合、ホテル（旅館）は、その申し出がなされた時点で当初の宿泊契約が継続されたものとして処理する。 令 3

問 4. ホテル（旅館）が宿泊客に契約した客室を提供できず、宿泊客の了解を得たにもかかわらず、できる限り同一の条件による他の宿泊施設のあっ旋ができない場合で、違約金相当額の補償料を宿泊客に支払うときは、その補償料は損害賠償額に充当される。 平 19

問 5. ホテル（旅館）は、宿泊客に契約した客室を提供できないときは、宿泊客の了解を得て、できる限り同一の条件による他の宿泊施設をあっ旋するが、それができないときは、客室を提供できないことについてホテル（旅館）の責めに帰すべき事由の有無にかかわらず、違約金相当額の補償料を宿泊客に支払う。
令 1

問題52 解説　解答 1. a /2. b /3. b /4. a /5. b

問1. a（正しい）。記述のとおり。

問2. b（誤り）。宿泊業者は、宿泊しようとする者が暴力団員など反社会的勢力に該当すると認められるときは、宿泊契約を解除することができるが、この場合、宿泊業者からの契約解除に当たるため、宿泊しようとした者から**違約金を収受することはできない**。

問3. b（誤り）。宿泊客が、宿泊中に宿泊契約の申込み時に申し出た宿泊日を超えて宿泊の継続を申し入れた場合、宿泊業者は、その申し出がなされた時点で**新たな宿泊契約の申込みがあったものとして**処理する。したがって“当初の宿泊契約が継続されたものとして処理”とする本問の記述は誤りである。

問4. a（正しい）。記述のとおり。

問5. b（誤り）。宿泊業者が、宿泊客に契約した客室を提供できず、なおかつ他の宿泊施設を**あっ旋できないときは**、客室が提供できないことについて、**宿泊業者の責めに帰すべき事由がある場合に限り**、宿泊業者は違約金相当額の**補償料を支払わなければならない**。つまり、客室が提供できないことについて宿泊業者の責に帰すべき事由がないときは補償料を支払う必要はない。したがって、“ホテル（旅館）の責めに帰すべき事由の有無にかかわらず…支払う”とする本肢の記述は誤りである。

ポイント整理　契約した客室の提供ができないとき

① **宿泊客の了解**を得て、**できる限り同一の条件**による**他の宿泊施設をあっ旋**する。
② 上記①の**あっ旋ができず**、客室を提供できないことについて宿泊業者の**責めに帰すべき事由がある**ときは、宿泊客に**違約金相当額の補償料を支払う**（補償料は損害賠償額に充当する）。
③ 上記①の**あっ旋ができず**、客室を提供できないことについて宿泊業者の**責めに帰すべき事由がない**ときは、**補償料は支払わない**。

19 モデル宿泊約款（2）

問題 53　重要度 A　✓☐☐

モデル宿泊約款に関する問1．～問5．について、その内容が正しいものにはa．を、誤っているものにはb．を選びなさい。

問1. ホテル（旅館）が宿泊客に客室を提供し、使用が可能となったのち、宿泊客が任意に宿泊しなかった場合においても、ホテル（旅館）は宿泊料金を請求することができる。 平19

問2. 宿泊客がフロントに預けた物品または現金ならびに貴重品について、滅失、毀損等の損害が生じたときは、それが不可抗力によるものであっても、ホテル（旅館）は、その損害を賠償しなければならない。 平30

問3. 宿泊客が、ホテル（旅館）に持ち込んだ現金ならびに貴重品であってフロントに預けなかったものについて、当該ホテル（旅館）の故意または過失により滅失、毀損等の損害が生じたときは、当該ホテル（旅館）はその損害を賠償しなければならない。 平29

問4. ホテル（旅館）は、宿泊客がチェックアウトしたのち、宿泊客の手荷物または携帯品がホテル（旅館）に置き忘れられていた場合において、所有者が判明しないときは、発見日を含め７日間保管し、その後最寄りの警察署に届け出る。

令2

問5. 宿泊客がホテル（旅館）の駐車場を利用する場合、宿泊客がホテル（旅館）に車両のキーを寄託した場合に限り、ホテル（旅館）が車両の管理責任を負う。

令4

問題 53　解説　解答　1. a /2. b /3. a /4. a /5. b

問 1.　a（正しい）。記述のとおり。

問 2.　b（誤り）。宿泊客が**フロントに預けた**物品等について、滅失、毀損等の損害が生じたときは、それが**不可抗力である場合を除き**、宿泊業者はその**損害を賠償する**（現金や**貴重品**について、ホテル（旅館）がその**種類および価額の明告を求めた**にもかかわらず、**宿泊客がそれに応じなかった**場合は、**あらかじめ定める金額を限度**として賠償する）。したがって、“不可抗力によるものであっても…損害を賠償しなければならない”とする記述は誤りである。

問 3.　a（正しい）。記述のとおり。フロントに**預けなかったもの**に損害が発生したときは、その原因が**宿泊業者の故意または過失による場合**には、宿泊業者は、その**損害を賠償しなければならない**（故意または過失によらない場合は、損害賠償責任を負わない）。

問 4.　a（正しい）。所有者が**判明しないとき**は、本問の記述のとおり、**発見日を含め 7 日間保管し、その後、最寄りの警察署に届け出る**。なお、所有者が**判明したとき**は、所有者に連絡し指示を求めるが、この指示がない場合は、本問と同様に、発見日を含め 7 日間保管し、その後、最寄りの警察署に届け出なければならない。

問 5.　b（誤り）。宿泊客がホテル（旅館）の駐車場を利用する場合、宿泊業者は場所を貸すだけで、車両の管理責任まで負うものではない。**車両のキーの寄託の如何にかかわらず**、車両の**管理責任を負わない**。ただし、駐車場の管理に当たり、**宿泊業者の故意または過失**によって損害を与えたときは、その損害を賠償する責任を負う。

寄託物等の取扱い

フロントに預けた場合

不可抗力である場合を除き、損害を賠償する（不可抗力による損害は賠償しない）。

フロントに預けなかった場合

宿泊業者の**故意または過失による場合に限り**、損害を賠償する。

貸切バス約款

運送・宿泊約款は、「国際運送約款」、「国内旅客運送約款」、「貸切バス約款」、「モデル宿泊約款」が出題の中心となっています。「貸切バス約款」について以下のポイントを確認しておきましょう。

貸切バス約款　一般貸切旅客自動車運送事業標準運送約款

【運賃・料金の支払い時期】
バス会社は、特別の定め（後払いなど）をした場合を除き、契約責任者に対して、**運送申込書を提出するとき**に所定の運賃・料金の**20%以上**を、さらに、**配車の日の前日まで**に所定の運賃・料金の**残額**を、それぞれ支払うよう求める。

【運送契約の成立】
所定の運賃および料金の**20%以上の支払い**があったときには、バス会社は、会社所定の**乗車券を発行し、これを契約責任者に交付する**（運送契約は、**バス会社が乗車券を契約責任者に交付したときに成立する**）。

【契約内容の変更】
- 運送契約の成立後、契約責任者が運送申込書に記載された事項（内容）を変更しようとするときは、**緊急の場合およびバス会社が認める場合を除き、あらかじめ書面によりバス会社の承諾を求めなければならない。緊急の場合およびバス会社が認める場合は書面の提出は不要（口頭で承諾を求めることができる）。**
- ただし、変更しようとする事項が当初と著しく相違する場合など運行上の支障がある場合には、バス会社は、旅客の都合による運送契約の**変更を承諾しないことがある。**

【配車日時に乗客が乗車しない場合】
- バス会社が、乗車券の券面に記載した配車日時に所定の配車をした場合であって、**旅客が出発時刻から30分を経過しても乗車についての意思表示をしないとき（天災などやむを得ない事由がある場合は除く）**には、その車両について運送契約に係る**運送の全部が終了したものとみなされる。**

【会社の責任】
- バス会社が自社の自動車の運行によって旅客の生命または身体を害したときの損害賠償の責任は、その損害が、**車内において、または旅客の乗降中**に生じた場合に限り適用される。
- バス会社は、天災など**バス会社の責に帰することができない事由**により輸送の安全の確保のため一時的に運行中止その他の措置をしたときは、これによって旅客が受けた**損害を賠償する責任は負わない。**

【旅行業者との関係】
- **旅行業者から旅客の運送の申込みがあった場合**、バス会社は、当該旅行業者と旅客または契約責任者の関係を、「企画旅行」または「手配旅行」の区分により、明確にするよう求める。この区分により、バス会社は以下の者と運送契約を結ぶ。
  - 企画旅行の実施の場合…**旅行業者を契約責任者として**運送契約を結ぶ。
  - 手配旅行の実施の場合…**手配旅行の実施を依頼した者（旅行者）**と運送契約を結ぶ。

国内旅行実務

1 JR－運賃の計算（1）

問題1　重要度 A　平28　✓□□

以下の行程を大人１人が、途中下車しないで乗車する場合、大人片道普通旅客運賃で正しいものは次のうちどれか。

［行程］

|←仙山線（幹線）→|←東北新幹線→|←北海道新幹線→|

作並 ―― 仙台 ―― 新青森 ―― 奥津軽いまべつ

営業キロ28.7km　営業キロ361.9km　営業キロ38.5km

※作並は仙台市内に属する駅である。
※新青森はJR東日本とJR北海道の境界駅である。

【本州内JR３社の幹線用普通運賃表】（抜粋）

営業キロ（運賃計算キロ）	旅客運賃
361 ～ 380km	6,260円
381 ～ 400km	6,480円
401 ～ 420km	6,800円
421 ～ 440km	7,020円

【JR北海道内の幹線用普通運賃表】（抜粋）

営業キロ（運賃計算キロ）	旅客運賃
36 ～ 40km	740円

【JR北海道内の加算額表】（抜粋）

境界駅からの営業キロ（運賃計算キロ）	加算額
36 ～ 40km	70円

a．361.9km ＋ 38.5km ＝ 400.4km …… 6,800円 …… ①
38.5km …… 70円 …… ②
①＋②＝ 6,870円

b．361.9km …… 6,260円 …… ①
38.5km …… 740円 …… ②
①＋②＝ 7,000円

c．28.7km ＋ 361.9km ＋ 38.5km ＝ 429.1km …… 7,020円 …… ①
38.5km …… 70円 …… ②
①＋②＝ 7,090円

d．28.7km ＋ 361.9km ＝ 390.6km …… 6,480円 …… ①
38.5km …… 740円 …… ②
①＋②＝ 7,220円

問題1 解説 解答 a

JR本州（東日本）とJR北海道の区間にまたがる行程の大人片道普通旅客運賃を算出する問題である。

① 行程下の1つ目の※にあるとおり、**作並駅は仙台市内に属する駅**であり、仙台市内の**中心駅は仙台駅**である。「**仙台市内の駅**」と、その中心駅である「**仙台駅からの片道の営業キロが200キロを超える駅**」との間の運賃は、**特定都区市内発着の特例**により、中心駅である**仙台からの距離**をもとに計算しなければならない。本問は、仙台－奥津軽いまべつ間の通算の営業キロが**200キロを超えている**ので、**特定都区市内（仙台市内）発着の特例に該当する**。したがって、**作並－仙台間の距離は含めず、仙台－奥津軽いまべつ間の距離をもとに運賃を計算する**。

② 行程下の2つ目の※にあるとおり、**新青森駅**はJR本州（東日本）とJR北海道の**境界駅**である。つまり、計算の対象区間である**仙台－奥津軽いまべつ間**のうち、仙台－新青森間はJR本州の区間で、新青森－奥津軽いまべつ間はJR北海道の区間である。**JR本州とJR北海道にまたがる行程**なので、仙台－奥津軽いまべつ間の距離に基づく**「基準額」**のほかに、JR北海道区間（新青森－奥津軽いまべつ間）の距離に基づく**「加算額」**が必要となる。

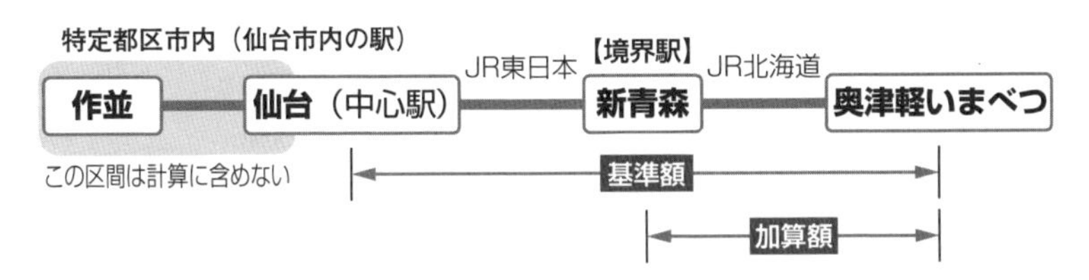

①、②より、本問の行程の大人片道普通旅客運賃の算出方法は次のとおり。

基準額

仙台－奥津軽いまべつ間の営業キロ　361.9km ＋ 38.5km ＝ 400.4km → 401km

本州内JR3社の幹線用普通運賃表より　**6,800円**

加算額

新青森－奥津軽いまべつ間の営業キロ　38.5km → 39km

JR北海道内の加算額表より　**70円**

適用運賃

6,800円＋70円＝**6,870円**

以上により、aが正解である。

1 JR－運賃の計算（2）

問題 2　重要度 A　令2　✓□□

以下の行程を大人1人が、途中下車しないで乗車する場合、大人片道普通旅客運賃で正しいものは次のうちどれか。

［行程］

|←鹿児島本線→|←山陽新幹線→|←宇野線・本四備讃線・予讃線→

南福岡――博多――岡山――（児島）――観音寺

- 南福岡～博多：営業キロ 6.7km
- 博多～岡山：営業キロ 442.0km（運賃計算キロ 446.4km）
- 岡山～（児島）：営業キロ 27.8km
- （児島）～観音寺：営業キロ 48.7km

※南福岡は福岡市内に属する駅である。

【本州内 JR3 社の幹線用普通運賃表】（抜粋）

営業キロ（運賃計算キロ）	片道運賃
461 ～ 480km	7,700 円
481 ～ 500km	（略）
501 ～ 520km	8,360 円
521 ～ 540km	8,580 円

【JR 九州内の普通運賃表】（抜粋）

営業キロ（運賃計算キロ又は擬制キロ）	片道運賃
7 ～ 10km	230 円

【JR 四国内の普通運賃表】（抜粋）

営業キロ（運賃計算キロ又は擬制キロ）	片道運賃
46 ～ 50km	970 円

【JR 九州内の加算額表】（抜粋）

営業キロ（運賃計算キロ）	加算額
7 ～ 10km	30 円

【JR 四国内の加算額表】（抜粋）

営業キロ（運賃計算キロ）	加算額
46 ～ 50km	220 円
51 ～ 60km	（略）
61 ～ 80km	240 円

※ JR 四国の加算額には児島～宇多津間の加算運賃 110 円が含まれている。

a．442.0km ＋ 27.8km ＋ 48.7km ＝ 518.5km ………… 8,360円 ……①

27.8km ＋ 48.7km ＝ 76.5km ………… 240円 ……②

①＋②＝**8,600円**

b．446.4km ＋ 27.8km ＋ 48.7km ＝ 522.9km ………… 8,580円 ……①

48.7km ………… 220円 ……②

①＋②＝**8,800円**

c．6.7km ＋ 446.4km ＋ 27.8km ＋ 48.7km ＝ 529.6km ………… 8,580円 ……①

6.7km ………… 30円 ……②

27.8km ＋ 48.7km ＝ 76.5km ………… 240円 ……③

①＋②＋③＝**8,850円**

d．6.7km ………… 230円 ……①

446.4km ＋ 27.8km ＝ 474.2km ………… 7,700円 ……②

48.7km ………… 970円 ……③

①＋②＋③＝**8,900円**

問題2　解説　　解答　b

JR本州とJR四国の区間にまたがる旅程の大人片道普通旅客運賃を算出する問題である。

① ［行程］下の※に“**南福岡は福岡市内に属する駅**”とあり、本行程は**福岡市内の中心駅である博多から、観音寺までの営業キロが200kmを超えている**ので、**特定都区市内（福岡市内）発着の特例が適用される**。したがって、**博多－観音寺間**の距離をもとに運賃を計算する（**南福岡－博多間の距離は運賃計算に含めない**）。

② 行程中の**児島**はJR西日本とJR四国の**境界駅**なので、本行程は**JR西日本とJR四国にまたがっている**ことがわかる（南福岡－博多間は運賃計算に含めず、山陽新幹線は**JR西日本**の管轄なので、JR九州にはまたがらない）。したがって、運賃計算の対象となる全乗車区間（博多－観音寺）の距離に基づく**「基準額」**と、JR四国内（児島－観音寺）の距離に基づく**「加算額」**とを合算して全行程の運賃を求める。

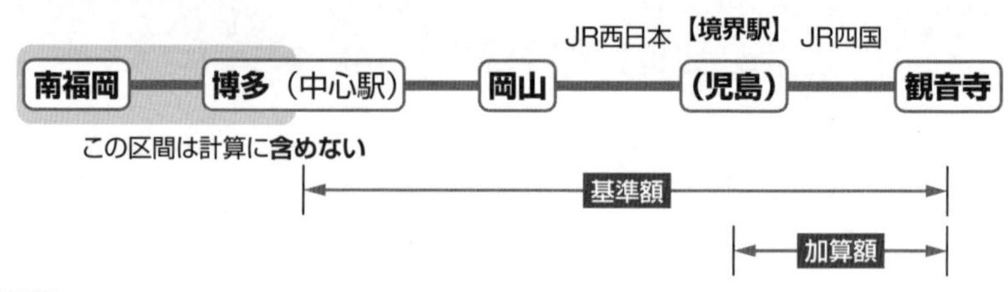

基準額

行程中の「博多－岡山」は運賃計算キロが記載されているので**幹線と地方交通線にまたがる**区間、「岡山－児島－観音寺」は**幹線**の区間である。幹線と地方交通線とを連続して乗車しているので、博多－岡山間の**運賃計算キロ**と岡山－児島－観音寺間の**営業キロ**をもとに基準額を求める。

446.4km ＋ 27.8km ＋ 48.7km ＝ 522.9km → 523km

本州内JR3社の幹線用普通運賃表より　**8,580円**

加算額

児島－観音寺間の営業キロ　48.7km → 49km

JR四国内の加算額表より　**220円**

適用運賃　8,580円＋220円＝**8,800円**

以上により、bが正解である。

ポイント整理 特定都区市内発着の特例

「特定都区市内発着の特例」とは、JR が定めた 11 か所の「特定都区市内の駅」と、その都区市内の「**中心駅からの片道の営業キロが 200 キロを超える駅**」との間の運賃は、**中心駅から（まで）の距離**を用いて計算するという特例である。

なお、試験では、設問の注意書きで“●●駅は××市内の駅である”のように示されることが一般的であるため、特例に該当するエリアを暗記する必要はない。下記の都区市内と中心駅（かっこ内が中心駅）は、参考として確認しておく程度でよい。

・東京 23 区（東京駅）	・札幌市（札幌駅）	・仙台市（仙台駅）
・横浜市（横浜駅）	・名古屋市（名古屋駅）	・京都市（京都駅）
・大阪市（大阪駅）	・神戸市（神戸駅）	・広島市（広島駅）
・北九州市（小倉駅）	・福岡市（博多駅）	

ただし、行程が次の①または②に該当する場合は、「特定都区市内発着の特例」を**適用しない**ので、あわせて確認しておこう。

【特定都区市内発着の特例を適用しない行程】

① 特定都区市内の駅（A）を出発し、その都区市内の外を経て（B→C）、再び、同じ都区市内の駅（D）を通過して、さらにその外（E）に出る場合

② 特定都区市内の外の駅（A）を出発し、都区市内の駅（B）を通過してその外（C→D）に出て、再び、同じ都区市内の駅（E）に戻る場合

①の行程

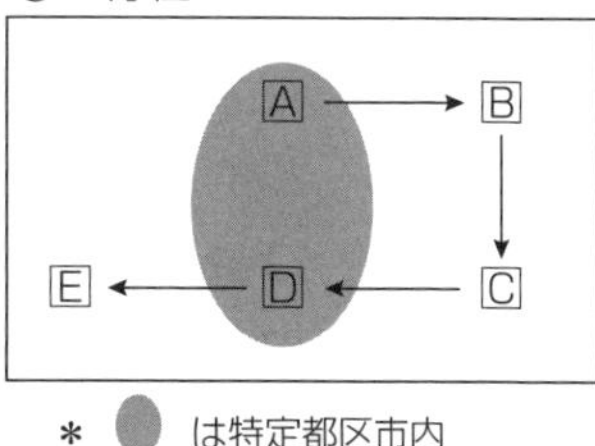

②の行程

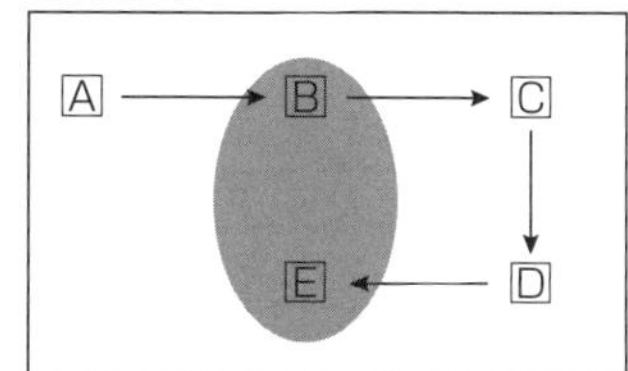

＊ ● は特定都区市内

1 JR－運賃の計算（3）

問題3　重要度 A　平30　✓□□

以下の行程を大人１人が、途中下車しないで乗車する場合、大人片道普通運賃で正しいものは次のうちどれか。

［行程］

阪和線・大阪環状線（幹線）	東海道本線・山陽本線（幹線）	智頭急行（連絡会社線）	因美線（地方交通線）	山陰本線（幹線）
杉本町 ― 大阪	大阪 ― 上郡	上郡 ++++ 智頭	智頭 ― 鳥取	鳥取 ― 泊
営業キロ17.6 km	営業キロ122.7 km	営業キロ56.1 km	営業キロ31.9 km 換算キロ35.1 km	営業キロ28.6 km

※杉本町は大阪市内に属する駅である。
※智頭急行の上郡～智頭間は、JR の各駅と通過連絡運輸の取扱いを行っている。

【本州内 JR3 社の幹線用普通運賃表】（抜粋）

営業キロ（運賃計算キロ）	片道運賃
61 ～ 70km	1,140 円
141 ～ 160km	2,590 円
181 ～ 200km	3,350 円
201 ～ 220km	3,670 円
261 ～ 280km	4,750 円

【智頭急行の普通運賃表】（抜粋）

区　間	片道運賃
上郡～智頭	1,300 円

a．122.7km ＋ 35.1km ＋ 28.6km ＝ 186.4km ……… 3,350 円 …… ①
　　智頭急行 ……… 1,300 円 …… ②
　　①＋②＝**4,650 円**

b．17.6km ＋ 122.7km ＋ 56.1km ＋ 35.1km ＋ 28.6km ＝ 260.1km …… 4,750 円
　　4,750 円

c．17.6km ＋ 122.7km ＋ 35.1km ＋ 28.6km ＝ 204.0km …… 3,670 円 …… ①
　　智頭急行 ……… 1,300 円 …… ②
　　①＋②＝**4,970 円**

d．17.6km ＋ 122.7km ＝ 140.3km ……… 2,590 円 …… ①
　　35.1km ＋ 28.6km ＝ 63.7km ……… 1,140 円 …… ②
　　智頭急行 ……… 1,300 円 …… ③
　　①＋②＋③＝**5,030 円**

問題3 解説　解答 c

JR線とJR線の間に**智頭急行（私鉄）**を挟む行程である。［行程］下の2つ目の※に“智頭急行の上郡〜智頭間は、JRの各駅と**通過連絡運輸の取扱いを行っている**”とあるので、**智頭急行の前後で乗車するJR区間の距離を通算して「JR区間の運賃」を求め**、これに「智頭急行区間の運賃」を合算して全行程の運賃を求める。

① JR区間の運賃　杉本町−大阪−上郡・智頭−鳥取−泊

- ［行程］下の1つ目の※にあるとおり**杉本町は大阪市内に属する駅**であり、**大阪市内の中心駅は大阪**である。大阪から泊までのJR区間の片道の**営業キロが200kmを超えている**場合は「特定都区市内発着の特例」に該当するが、大阪から泊までのJR区間の**営業キロ**を通算すると、122.7km＋31.9km＋28.6km＝183.2kmで200kmを超えていない。したがって、本問では特例は適用されず、原則どおり、**杉本町から泊までの距離**をもとに運賃を計算する。
- 行程中の「杉本町−大阪−上郡」と「鳥取−泊」は**幹線**、「智頭−鳥取」は**地方交通線**である。幹線と地方交通線とを連続して乗車しているので、幹線区間の営業キロと地方交通線区間の換算キロを合計した**運賃計算キロ**をもとに運賃を求める。

　17.6km＋122.7km＋35.1km＋28.6km＝204.0km
　本州内JR3社の幹線用普通運賃表より　**3,670円**

② 智頭急行区間の運賃　上郡−智頭

　智頭急行の普通運賃表より　**1,300円**

③ 全行程の運賃

上記①と②を合算した額が、全行程の大人片道普通運賃となる。

　3,670円＋1,300円＝**4,970円**

以上により、cが正解である。

営業キロ等の適用

- 営業キロのほかに、**換算キロや擬制キロ、運賃計算キロを使い分けるのは運賃計算をするときだけ。**
- 「**料金の計算**」「**割引や特例の適用条件の確認**」「**乗車券の有効期間の算出**」の場合は、**営業キロ以外の距離は一切使わない!!**

国内旅行実務

1 JR－運賃の計算（4）

問題4　重要度 A　令3　✓□□

以下の行程を大人1人が新小岩から乗車し、富士と小淵沢でそれぞれ1泊し、3日間で松戸まで乗車する場合、大人片道運賃で正しいものは次のうちどれか。

※1日目と2日目の行程中、富士、小淵沢以外では途中下車はしないで乗車し、3日目の行程では佐久平で途中下車するものとする。

※新小岩、日暮里は東京都区内に属する駅で、中心駅は東京である。

［行程］

（1日目）

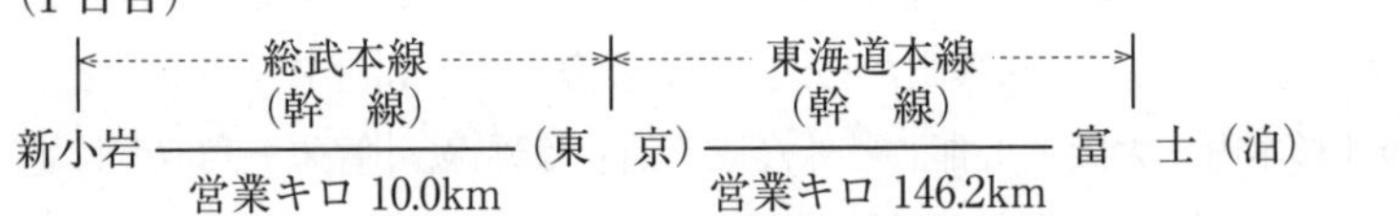

（2日目）

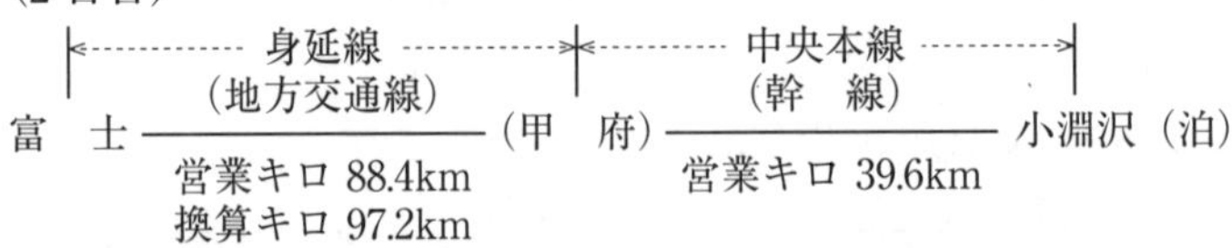

（3日目）

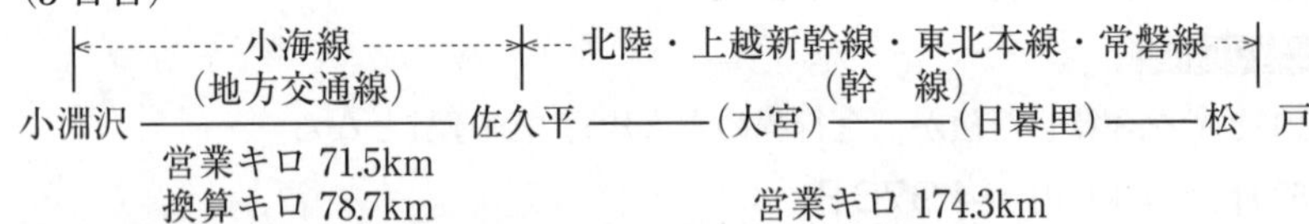

＜参考＞

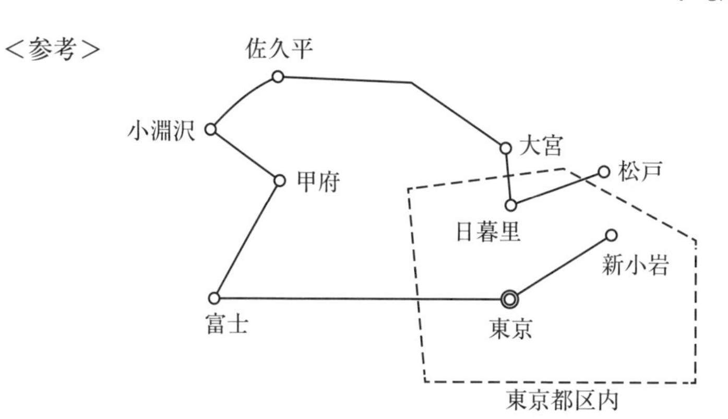

【本州内 JR3 社の幹線用普通運賃表】（抜粋）

営業キロ（運賃計算キロ）	片道運賃
121 ～ 140km	2,310 円
141 ～ 160km	2,640 円
161 ～ 180km	3,080 円
501 ～ 520km	8,360 円
521 ～ 540km	8,580 円
541 ～ 560km	8,910 円

【本州内 JR3 社の地方交通線用普通運賃表】（抜粋）

営業キロ	片道運賃
65 ～ 73km	1,340 円

a．146.2km ＋88.4km ＋39.6km ＋71.5km ＋174.3km

＝520.0km ……………… 8,360 円 **8,360 円**

b．146.2km ＋97.2km ＋39.6km ＋78.7km ＋174.3km

＝536.0km ……………… 8,580 円 **8,580 円**

c．10.0km ＋146.2km ＋97.2km ＋39.6km ＋78.7km ＋174.3km

＝546.0km ……………… 8,910 円 **8,910 円**

d．10.0km ＋146.2km ＝156.2km ……………… 2,640 円 …… ①

97.2km ＋39.6km ＝136.8km ……………… 2,310 円 …… ②

71.5km ……………… 1,340 円 …… ③

174.3km ……………… 3,080 円 …… ④

①＋②＋③＋④＝ **9,370 円**

問題 4　解説　解答　c

本問は、**東京都区内**に属する新小岩駅から乗車して、富士、小淵沢、佐久平などの各駅を経て再び東京都区内に戻り、さらに**東京都区内の外へ出て**松戸へと至る3日間の行程である。

2つの※にあるとおり、“**新小岩、日暮里は東京都区内に属する駅**で、**中心駅は東京**”である。中心駅である東京から、最終目的地である松戸までの**営業キロは200kmを超えている**ので、「特定都区市内（東京都区内）発着の特例」の条件に合致しているものの、本問のように東京都区内の駅（新小岩）を出発し、一旦、都区内の外へ出て、再び同じ都区内（日暮里）を通過して、さらに外（松戸）へ出るときは、**特例を適用しない**。したがって、本問では、**実際に乗車する新小岩から松戸までの距離**を用いて運賃を計算する。

- 新小岩－松戸間の**営業キロ**を合計すると530.0kmである。この場合の片道乗車券の有効期間は、下表のとおり、**4日間**となる。本問はこの有効期間内の行程なので、**全行程に通しの運賃を適用することができる**。

100㎞まで	200㎞まで	400㎞まで	600㎞まで
1日	2日	3日	4日

- 新小岩－松戸間のうち、富士－甲府間と小淵沢－佐久平間は**地方交通線**、その他の区間は**幹線**である。幹線と地方交通線とを連続して乗車しているので、幹線区間の営業キロと地方交通線区間の換算キロを合計した**運賃計算キロ**をもとに運賃を求める。

  10.0km ＋ 146.2km ＋ 97.2km ＋ 39.6km ＋ 78.7km ＋ 174.3km ＝ 546.0km

  本州内JR3社の幹線用普通運賃表より　**8,910円**

以上により、cが正解である。

1 JR －運賃の計算（5）

問題 5　**重要度 A**　令 4　

以下の行程を大人１人が、途中下車しないで乗車する場合、戸畑～備中高梁間の大人片道普通運賃で正しいものは次のうちどれか。

［行程］

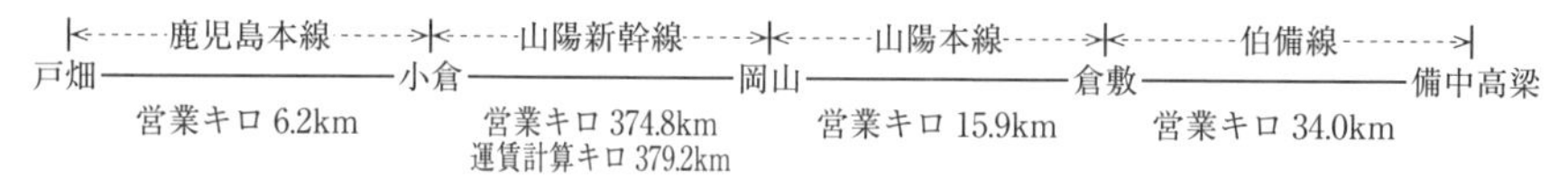

※戸畑は北九州市内に属する駅である。

※倉敷～岡山間は「分岐駅を通過する列車に乗車する場合の特例」が適用される。

<参考>

【本州内 JR3 社の幹線用普通運賃表】（抜粋）

営業キロ（運賃計算キロ）	片道運賃（基準額）
31 ～ 35km	590 円
（略）	（略）
46 ～ 50km	860 円
（略）	（略）
361 ～ 380km	6,380 円
381 ～ 400km	6,600 円

【JR 九州の加算額表】（抜粋）

営業キロ（運賃計算キロ）	加算額
7 ～ 10km	30 円

a．（379.2km － 15.9km）＋ 34.0km ＝ 397.3km ………… 6,600 円 　6,600 円

b．（379.2km － 15.9km）＋ 34.0km ＝ 397.3km ………… 6,600 円 ……①

6.2km ……………………………………………………… 30 円 ……②

①＋②＝ 6,630 円

c．379.2km …………………………………………… 6,380 円 ……①

34.0km ……………………………………………… 590 円 ……②

6.2km ………………………………………………… 30 円 ……③

①＋②＋③＝ 7,000 円

d．379.2km …………………………………………… 6,380 円 ……①

15.9km ＋ 34.0km ＝ 49.9km ……………………… 860 円 ……②

①＋②＝ 7,240 円

問題5　解説　　**解答　a**

本問の行程の運賃計算には、次の２つの特例を適用する。

● **分岐駅を通過する列車に乗車する場合の特例（倉敷－岡山間の区間外乗車）**

［行程］下２つ目の※に“倉敷～岡山間は「分岐駅を通過する列車に乗車する場合の特例」が適用される”とある。本問のように戸畑駅から備中高梁駅まで乗車する場合、岡山駅を経由せずに戸畑－小倉－倉敷－備中高梁と乗車するのが最短経路であるが、山陽新幹線は倉敷駅に停車しないため、やむなく岡山駅まで乗車し、岡山駅で別の列車に乗り継いで備中高梁駅に向かうことになる（これにより、倉敷－岡山間が往復乗車となる）。このような場合、特例により、**往復乗車となる区間（倉敷－岡山間）の距離（営業キロ 15.9km ×往復分）を含めずに**運賃を計算することができる（ただし、折り返しとなる区間内での途中下車はできない）。

● **特定都区市内発着の特例**

［行程］下１つ目の※に“戸畑は北九州市内に属する駅”とあり、北九州市内の中心駅である小倉から備中高梁までの**営業キロは 200km を超えている。**この場合、「特定都区市内発着の特例」に基づき、**戸畑－小倉間の距離は含めずに**運賃を計算する（JR 九州内の区間は運賃計算に含まないので、**JR 九州の加算額は不要**）。

これら２つの特例により、戸畑－小倉間および倉敷－岡山の往復区間の距離（営業キロ 15.9 kmの往復）は運賃計算に含めないため、本問では、**小倉－倉敷間と倉敷－備中高梁間**の距離をもとに運賃を計算する。

① 小倉－倉敷間

小倉－岡山間の運賃計算キロ 379.2km から、倉敷－岡山間の片道の営業キロ 15.9km を差し引く（379.2km － 15.9km）。

② 倉敷－備中高梁間

営業キロ 34.0km を用いる。

①と②をまとめると、計算式は次のとおり。

（379.2km － 15.9km）＋ 34.0km ＝ 397.3km → 398km

本州内 JR3 社の幹線用普通運賃表より　**6,600 円**

以上により、ａが正解である。

国内旅行実務

2 JR－料金の計算（1）

問題 6　**重要度 A**　令3　✓□□

以下の行程を大人１人が、通常期に新幹線の改札口を出ないで乗り継ぐ場合、特急料金で正しいものは次のうちどれか。

［行程］

豊橋 ―「こだま号」― 名古屋 ―「のぞみ号」― 広島 ―「こだま号」― 新岩国
（各区間とも普通車自由席）

【東海道・山陽新幹線「ひかり・こだま号」の指定席特急料金（通常期）】（抜粋）

豊橋			
※ *990* 円	名古屋		
5,920 円	5,490 円	広島	
5,920 円	5,490 円	※ *870* 円	新岩国

※表中斜字の料金は自由席を利用の場合の特定特急料金

【東海道・山陽新幹線「のぞみ号」の指定席特急料金（通常期）】（抜粋）

名古屋	
5,910 円	広島

a．5,920 円－ 530 円＝ 5,390 円　　5,390 円

b．5,920 円＋（5,910 円－ 5,490 円）－ 530 円＝ 5,810 円　　5,810 円

c．990 円＋（5,490 円－ 530 円）＋ 870 円＝ 6,820 円　　6,820 円

d．990 円＋（5,910 円－ 530 円）＋ 870 円＝ 7,240 円　　7,240 円

問題6　解説　　**解答　a**

豊橋－新岩国間で東海道・山陽新幹線の〔こだま〕〔のぞみ〕〔こだま〕の普通車**自由席**を乗り継ぐ行程である。このように**同一方向（下りどうし）**の東海道・山陽新幹線を改札口から出ずに乗り継ぐ場合、**特急料金を通算することができる。**

〔のぞみ〕は最速型新幹線、〔こだま〕は最速型以外の新幹線である。**最速型新幹線の自由席特急料金は、最速型以外の新幹線の自由席特急料金と同額**で設定されている。したがって、本行程のように最速型新幹線〔のぞみ〕の自由席と、最速型以外の新幹線〔こだま〕の自由席を乗り継ぐときは、**全乗車区間（豊橋－新岩国間）を最速型以外の新幹線**に乗車したものとして特急料金を計算する。普通車**自由席**を利用するので、**全乗車区間に〔ひかり・こだま〕の普通車指定席特急料金－530円**を適用する（通常期なのでシーズン区分による変動は適用しない）。

なお、**最速型**新幹線で**指定席**を利用する場合は、最速型以外の新幹線の特急料金との差額の加算が必要となるが、本問は最速型新幹線〔のぞみ〕の利用設備が普通車自由席なので、〔こだま〕の特急料金との差額は発生しない。

5,920円－530円＝**5,390円**

以上により、aが正解である。

ポイント整理　**新幹線の運行区間と列車名**

新幹線	運行区間	主な列車名		運行会社
		最速型	最速型以外	
① 北海道新幹線	新青森－新函館北斗	——	はやぶさ・はやて	JR北海道
② 東北新幹線	東京－新青森	はやぶさ こまち	はやて・やまびこ つばさ・なすの	JR東日本
③ 上越新幹線	東京－新潟	——	とき・たにがわ	
④ 北陸新幹線	東京－敦賀	——	かがやき・はくたか あさま・つるぎ	JR東日本 JR西日本
⑤ 東海道新幹線	東京－新大阪	のぞみ	ひかり・こだま	JR東海
⑥ 山陽新幹線	新大阪－博多	のぞみ みずほ	ひかり・こだま・さくら	JR西日本
⑦ 九州新幹線	博多－鹿児島中央	——	みずほ・さくら・つばめ	JR九州
⑧ 西九州新幹線	武雄温泉－長崎	——	かもめ	

※最速型＝他の新幹線よりも高額な指定席特急料金が設定されている新幹線

2 JR－料金の計算（2）

問題7　重要度 A　平28-改　✓□□

以下の行程を大人１人が、繁忙期に新幹線の改札口を出ないで乗り継ぐ場合、特急料金とグリーン料金の合計額で正しいものは次のうちどれか。

[行程]

|←-----「ひかり号」-----→|←-----「のぞみ号」-----→|←-----「こだま号」-----→|

浜松――――名古屋――――広島――――新山口

浜松～名古屋	名古屋～広島	広島～新山口
「ひかり号」	「のぞみ号」	「こだま号」
グリーン車	グリーン車	普通車指定席
営業キロ108.9km	営業キロ528.2km	営業キロ132.8km

※浜松～広島間の通算営業キロは637.1 kmである。

【東海道・山陽新幹線「ひかり・こだま号」の指定席特急料金（通常期）】（抜粋）

浜松			
3,000円	名古屋		
5,810円	5,390円	広島	
6,340円	5,810円	3,000円	新山口

【東海道・山陽新幹線「のぞみ号」の指定席特急料金（通常期）】（抜粋）

名古屋	
5,810円	広島

【JR東海・JR西日本（北陸新幹線を除く）のグリーン料金】（抜粋）

営業キロ	100kmまで	200kmまで	400kmまで	600kmまで	800kmまで
グリーン料金	（略）	2,750円	（略）	5,300円	6,480円

a．特急料金　6,340円＋（5,810円－5,390円）－530円＝6,230円 ……①
　グリーン料金　6,480円 ……②
　①＋②＝12,710円

b．特急料金　6,340円＋（5,810円－5,390円）＋200円－530円＝6,430円 ……①
　グリーン料金　6,480円 ……②
　①＋②＝12,910円

c．特急料金　6,340円＋（5,810円－5,390円）＝6,760円 ……①
　グリーン料金　6,480円 ……②
　①＋②＝13,240円

d．特急料金　3,000円－530円＋5,810円－530円＋3,000円＋200円＝10,950円 ……①
　グリーン料金　2,750円＋5,300円＝8,050円 ……②
　①＋②＝19,000円

問題7　解説　解答 b

繁忙期に東海道・山陽新幹線の〔ひかり〕および〔のぞみ〕のグリーン車指定席、〔こだま〕の普通車指定席を、新幹線の改札口を出ずに乗り継ぐ行程である。同一方向（下りどうし）の東海道・山陽新幹線を乗り継ぐ場合、特急料金およびグリーン料金をそれぞれ通算することができる。

① 特急料金

- 〔のぞみ〕は最速型新幹線、〔ひかり〕と〔こだま〕は最速型以外の新幹線である。最速型新幹線と最速型以外の新幹線を乗り継ぐ場合、全乗車区間（浜松－新山口）に、通しの特急料金として、最速型以外の新幹線〔ひかり・こだま〕の指定席特急料金6,340円を適用する。
- 最速型新幹線〔のぞみ〕の利用設備はグリーン車指定席である。最速型新幹線で指定席を利用する場合の特急料金は、最速型以外の新幹線の同料金よりも高く設定されているため、〔のぞみ〕乗車区間（名古屋－広島）に対する〔のぞみ〕と〔ひかり・こだま〕の各指定席特急料金の差額（5,810円－5,390円）を加算する。
- 本問は“繁忙期”の乗車であることから、200円を加算する。また、グリーン車指定席と普通車指定席を乗り継いでいるので、530円を差し引く。

6,340円＋（5,810円－5,390円）＋200円－530円＝6,430円

② グリーン料金

グリーン車を利用する区間には特急料金のほかにグリーン料金がかかる。前述のとおり、グリーン料金も通算できるので、行程下の※に記載されている浜松－広島間の通算の営業キロ637.1kmをもとにグリーン料金を計算する。

637.1km　→　638km

JR東海・JR西日本（北陸新幹線を除く）のグリーン料金　800kmまで
→　6,480円

上記①と②で求めた料金を合計する。6,430円＋6,480円＝12,910円

以上により、bが正解である。

国内旅行実務

2 JR－料金の計算（3）

問題 8 重要度 A 令 2 ✓□□

以下の行程を大人１人が、通常期に新幹線の改札口を出ないで乗り継ぐ場合、特急料金で正しいものは次のうちどれか。

［行程］

|←「こだま号」→|←「のぞみ号」→|←「みずほ号」→

掛川――――名古屋――――新大阪――――（博多）――――熊本

普通車自由席　普通車指定席　普通車指定席

【東海道・山陽新幹線「ひかり・さくら・こだま号」の指定席特急料金（通常期）】（抜粋）

掛川			
3,060 円	名古屋		
4,700 円	3,060 円	新大阪	
7,570 円	7,030 円	5,490 円	博多

【東海道・山陽新幹線「のぞみ・みずほ号」の指定席特急料金（通常期）】（抜粋）

名古屋	
3,270 円	新大阪
7,560 円	博多

【山陽・九州新幹線「みずほ号」の指定席特急料金（通常期）】（抜粋）

新大阪		
5,810 円	博多	
8,340 円	3,060 円	熊本

a．7,570 円＋（7,560 円－ 7,030 円）＋ 3,060 円＝ 11,160 円　11,160 円

b．4,700 円＋（3,270 円－ 3,060 円）＋ 8,340 円＝ 13,250 円　13,250 円

c．（3,060 円－ 530 円）＋ 3,270 円＋ 8,340 円＝ 14,140 円　14,140 円

d．（3,060 円－ 530 円）＋ 3,270 円＋ 5,810 円＋ 3,060 円＝ 14,670 円　14,670 円

問題8　解説　　解答 a

掛川－新大阪間は東海道新幹線、新大阪－博多間は山陽新幹線、博多－熊本間は九州新幹線の区間である。この場合は、行程を「①東海道・山陽新幹線」と「②九州新幹線」の各区間に分けて、別々に特急料金を計算する。

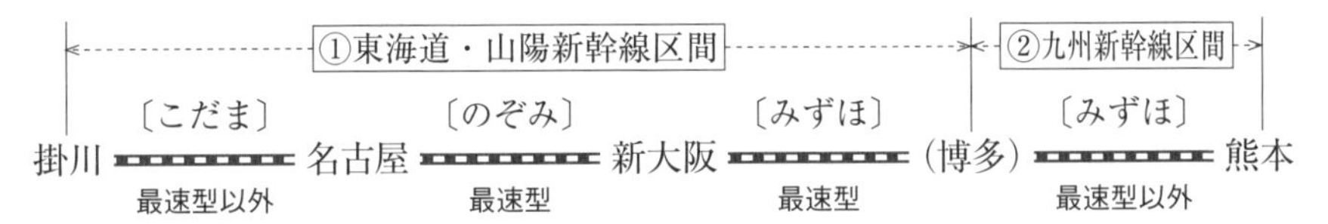

①東海道・山陽新幹線の区間　掛川－〔こだま〕－名古屋－〔のぞみ〕－新大阪－〔みずほ〕－博多

同一方向（下りどうし）の東海道・山陽新幹線を改札口から出ずに乗り継いでいるので、掛川－博多間の**特急料金を通算することができる。**

- 〔こだま〕は**最速型以外**の新幹線、〔のぞみ〕と〔みずほ〕は**最速型**新幹線である。**最速型以外**の新幹線と**最速型**新幹線を乗り継ぐ場合、**全乗車区間（掛川－博多）**に、通しの特急料金として、**最速型以外**の新幹線〔ひかり・さくら・こだま〕の特急料金を適用する。また、掛川－名古屋間は普通車**自由席**、名古屋－博多間は普通車**指定席**を利用しているので、掛川－博多間に〔ひかり・さくら・こだま〕の**指定席**特急料金**7,570円**を適用する。なお、普通車指定席と普通車自由席を乗り継ぐときは、**全乗車区間に普通車指定席特急料金**を適用するため、自由席を利用するときの**－530円は適用しない。**また、通常期なのでシーズン区分による変動も適用しない。
- **最速型**新幹線〔のぞみ〕〔みずほ〕の利用設備は普通車**指定席**である。最速型新幹線で**指定席**を利用する場合の特急料金は、最速型以外の新幹線の同特急料金よりも**高く**設定されているため、**〔のぞみ〕〔みずほ〕の乗車区間（名古屋－博多間）**に対する〔のぞみ・みずほ〕と〔ひかり・さくら・こだま〕の各指定席特急料金の**差額（7,560円－7,030円）**を加算する。

7,570円＋（7,560円－7,030円）

②九州新幹線の区間　**博多**－〔みずほ〕－**熊本**

博多－熊本間の〔みずほ〕の指定席特急料金**3,060円**を適用する。

上記①の計算式と②の料金を合計する。

7,570円＋（7,560円－7,030円）＋3,060円＝**11,160円**

以上により、aが正解である。

国内旅行実務

2 JR－料金の計算（4）

問題 9　重要度 A　平 26- 改　✓□□

以下の行程を大人１人が、繁忙期に新幹線の改札口を出ないで乗り継ぐ場合、特急料金、グリーン料金およびグランクラス料金の合計額で正しいものは次のうちどれか。

［行程］

|←「やまびこ号」グリーン車→|←「はやぶさ号」グランクラス→|

郡山 ―――― 仙台 ―――― 新青森

営業キロ125.1km　　営業キロ361.9km

※郡山～新青森間の営業キロは 487.0km である。

【東北新幹線「やまびこ号」指定席特急料金（通常期）】（抜粋）

郡　山	仙　台	
5,270 円	4,740 円	新青森

【東北新幹線「はやぶさ号」指定席特急料金（通常期）】（抜粋）

仙　台	
4,950 円	新青森

【JR 東日本内のグリーン料金・「はやぶさ号」のグランクラス料金】（抜粋）

営業キロ	200km まで	300km まで	500km まで
グリーン料金	2,060 円	（略）	4,110 円
グランクラス料金	（略）	（略）	9,250 円

a．特急料金　5,270 円＋（4,950 円－ 4,740 円）－ 530 円＝ 4,950 円 ……… ①
　グリーン料金・グランクラス料金　4,110 円＋（9,250 円－ 4,110 円）＝ 9,250 円 … ②
　①＋②＝ 14,200 円

b．特急料金　5,270 円＋（4,950 円－ 4,740 円）＋ 200 円－ 530 円＝ 5,150 円 … ①
　グリーン料金・グランクラス料金　4,110 円＋（9,250 円－ 4,110 円）＝ 9,250 円 … ②
　①＋②＝ 14,400 円

c．特急料金　5,270 円＋（4,950 円－ 4,740 円）－ 530 円＝ 4,950 円 ……… ①
　グリーン料金・グランクラス料金　2,060 円＋ 9,250 円＝ 11,310 円 ……… ②
　①＋②＝ 16,260 円

d．特急料金　5,270 円＋（4,950 円－ 4,740 円）＋ 200 円－ 530 円＝ 5,150 円 … ①
　グリーン料金・グランクラス料金　2,060 円＋ 9,250 円＝ 11,310 円 ……… ②
　①＋②＝ 16,460 円

問題9 解説 解答 b

繁忙期に東北新幹線〔やまびこ〕のグリーン車と、東北新幹線〔はやぶさ〕のグランクラス（グリーン車の一種）を乗り継ぐ行程である。この行程のように同一方向（下りどうし）の東北新幹線を改札口から出ずに乗り継ぐ場合、特急料金およびグリーン料金（グランクラス料金）をそれぞれ通算することができる。

① 特急料金

- **最速型以外**の新幹線〔やまびこ〕と、**最速型**新幹線〔はやぶさ〕を乗り継いでいるので、**全乗車区間（郡山－新青森間）**に、通しの特急料金として、**最速型以外**の新幹線〔やまびこ〕の指定席特急料金**5,270円**を適用する。
- 最速型新幹線〔はやぶさ〕でグランクラス（**指定席**）を利用している。最速型新幹線で指定席を利用するときの特急料金は、最速型以外の新幹線の同特急料金より**高く**設定されているので、**〔はやぶさ〕の乗車区間（仙台－新青森間）**に対する〔はやぶさ〕と〔やまびこ〕の各指定席特急料金の**差額（4,950円－4,740円）**を加算する。
- 本問は**"繁忙期"**の乗車であることから、**200円を加算する**。また、グリーン車（およびグランクラス）を利用しているので、**530円を差し引く**。

  5,270円＋（4,950円－4,740円）＋200円－530円＝**5,150円**

② グリーン料金・グランクラス料金

グリーン車とグランクラスを乗り継ぐ場合、**全乗車区間に対するグリーン料金**のほかに、**グランクラスの乗車区間に対する「グランクラス料金」と「グリーン料金」の差額**が必要となる。本問における各金額は次のとおり。

- グリーン料金：**全乗車区間（郡山－新青森間）**の営業キロ487.0km（行程図下の※参照）に対するグリーン料金→500kmまで→**4,110円**
- 差額（計算式）：**グランクラス乗車区間（仙台－新青森間）**の営業キロ361.9kmに対する「グランクラス料金」と「グリーン料金」の差額

  500kmまで→**9,250円－4,110円**

  上記のグリーン料金に差額を加算する。

  4,110円＋（9,250円－4,110円）＝**9,250円**

①と②で求めた料金を合計する。5,150円＋9,250円＝**14,400円**

以上により、bが正解である。

国内旅行実務

2 JR －料金の計算（5）

問題 10　**重要度 A**　令 1- 改

以下の行程を大人１人が、通常期に新幹線の改札口を出ないで乗り継ぐ場合、グランクラス料金で正しいものは次のうちどれか。

[行程]

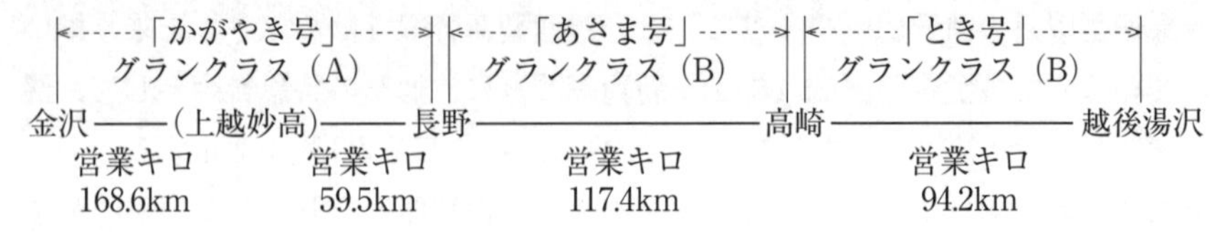

【JR 東日本内相互発着区間及び JR 西日本内の北陸新幹線（上越妙高～金沢間相互発着区間）のグランクラス料金】（抜粋）

営業キロ	100km まで	200km まで	300km まで	700km まで
グランクラス料金（A）	6,170 円	7,200 円	8,230 円	9,250 円
グランクラス料金（B）	4,120 円	5,150 円	6,180 円	7,200 円

a．（9,250 円－ 1,500 円）＋（4,120 円－ 1,500 円）＝ 10,370 円　　10,370 円

b．（7,200 円－ 1,500 円）＋（8,230 円－ 1,500 円）＝ 12,430 円　　12,430 円

c．（7,200 円－ 1,500 円）＋（7,200 円－ 1,500 円）＋（4,120 円－ 1,500 円）＝ 14,020 円

14,020 円

d．（7,200 円－ 1,500 円）＋（7,200 円－ 1,500 円）＋ 4,120 円＝ 15,520 円

15,520 円

問題 10　解説　　**解答　d**

- 本問の金沢－高崎間は**北陸新幹線（上り）**、高崎－越後湯沢間は**上越新幹線（下り）**であり、北陸新幹線〔かがやき〕、〔あさま〕と上越新幹線〔とき〕の3つの新幹線を乗り継ぐ行程である。
- 北陸新幹線と上越新幹線は**同一方向の乗り継ぎではない**ので、**グランクラス料金を通算することはできない**。また、北陸新幹線の乗車区間（金沢－高崎間）のうち、**金沢－上越妙高はJR西日本、上越妙高－長野－高崎はJR東日本**の区間である。北陸新幹線のJR東日本区間とJR西日本区間とにまたがってグランクラスを利用する場合は、**それぞれの区間ごとにグランクラス料金を計算する**。

① 北陸新幹線の区間

JR西日本の区間　**金沢**－〔かがやき（**A**）〕－**上越妙高**

北陸新幹線のグランクラス料金は、乗車区間が「単一会社のとき（JR東日本のみ、またはJR西日本のみ）」と「各社にまたがるとき」とで異なる料金が設定されており、**「各社にまたがるとき」の方が1,500円低額**になっている。本問で提示されているグランクラス料金は**「単一会社のとき」**の金額なので、料金表の金額から**1,500円を差し引いて**グランクラス料金を求める。

金沢－上越妙高間の営業キロ　168.6m

グランクラス料金（A）より　200kmまで→7,200円

7,200円－1,500円

JR東日本の区間　**上越妙高**－〔かがやき（**A**）〕－**長野**－〔あさま（**B**）〕－**高崎**

〔かがやき〕はグランクラス（A）、〔あさま〕はグランクラス（B）を利用している。このようにグランクラス（A）と（B）を乗り継ぐときは、**全乗車区間にグランクラス（A）の料金を適用**し、前述のとおり**1,500円を差し引く**。

上越妙高－高崎間の営業キロ　59.5km ＋ 117.4km ＝ 176.9km

グランクラス料金（A）より　200kmまで→7,200円

7,200円－1,500円

② 上越新幹線の区間　**高崎**－〔とき（**B**）〕－**越後湯沢**

高崎－越後湯沢間の営業キロ　94.2km

グランクラス料金（B）より　100kmまで→**4,120円**

①と②を合計する。

（7,200円－1,500円）＋（7,200円－1,500円）＋4,120円＝**15,520円**

以上により、dが正解である。

2 JR－料金の計算（6）

問題 11　重要度 A　令5　✓□□

以下の行程を大人に随伴される10歳の小児1人が、繁忙期に新幹線の改札口を出ないで乗り継ぐ場合、小児1人の料金で正しいものは次のうちどれか。

［行程］

|←「やまびこ号」→|←「はやぶさ号」→|

白石蔵王 ―― 仙台 ――（新青森）―― 木古内

白石蔵王～仙台：普通車自由席　営業キロ 45.0km

仙台～新青森：グリーン車指定席　営業キロ 361.9km

新青森～木古内：営業キロ 113.3km

【東北新幹線「やまびこ号」の指定席特急料金（通常期）】（抜粋）

白石蔵王		
※880円	仙台	
5,370円	4,830円	新青森

※印は、自由席利用の場合の特定特急料金

【東北新幹線「はやぶさ号」の指定席特急料金（通常期）】（抜粋）

仙台	
5,040円	新青森

【北海道新幹線「はやぶさ号」の指定席特急料金（通常期）】（抜粋）

新青森	
3,380円	木古内

【東北新幹線・北海道新幹線のグリーン料金】（抜粋）

営業キロ	100キロまで	200キロまで	400キロまで
グリーン料金	（略）	2,800円	4,190円

※北海道新幹線は、営業キロ200キロまで

a．{5,370 円＋(5,040 円－ 4,830 円)＋200 円－ 530 円＋ 3,380 円－ 530 円} ÷ 2

＝ 4,050 円 ……………………………………………………………… ①

4,190 円＋ 2,800 円＝ 6,990 円 …………………………………………… ②

①＋②＝ 11,040 円

b．{5,370 円＋（5,040 円－ 4,830 円）＋200 円－ 530 円＋ 3,380 円＋ 200 円－ 530 円}

÷ 2 ＝ 4,150 円 ……………………………………………………………… ①

4,190 円＋ 2,800 円＝ 6,990 円 …………………………………………… ②

①＋②＝ 11,140 円

c．{5,370 円＋(5,040 円－ 4,830 円)＋ 200 円－ 530 円} ÷ 2

＝ 2,625 円→ 2,620 円 ……………………………………………………… ①

(3,380 円－ 530 円) ÷ 2 ＝ 1,425 円→ 1,420 円 ………………………… ②

4,190 円＋ 2,800 円＝ 6,990 円 …………………………………………… ③

①＋②＋③＝ 11,030 円

d．{880 円＋(5,040 円＋ 200 円－ 530 円)} ÷ 2

＝ 2,795 円→ 2,790 円 ……………………………………………………… ①

(3,380 円＋ 200 円－ 530 円) ÷ 2 ＝ 1,525 円→ 1,520 円 ……………… ②

4,190 円＋ 2,800 円＝ 6,990 円 …………………………………………… ③

①＋②＋③＝ 11,300 円

問題 11　解説　　解答　c

繁忙期に東北新幹線〔やまびこ〕の普通車自由席と東北・北海道新幹線〔はやぶさ〕のグリーン車指定席を乗り継ぐ場合の**小児１人の料金**を求める問題である。

本行程の白石蔵王－新青森間は東北新幹線、新青森－木古内間は北海道新幹線の運行区間である。このように東北新幹線と北海道新幹線を途中駅で改札口を出ずに乗り継ぐ（または直通で乗車する）場合、それぞれの新幹線の区間に分けて料金を計算し、これらを合算して全区間の料金を求める。その際、**特急料金の変動**（＋400円、±200円、－530円）は**東北新幹線区間のみに適用**し、**北海道新幹線区間の特急料金は乗車日にかかわらず一律530円引き**となる。

特急料金

小児の特急料金は**大人の半額**となるが、全乗車区間の特急料金の総額を半額にするのではなく、東北新幹線区間と北海道新幹線区間の特急料金を**それぞれ半額にしてから合算する**点に注意（10円未満の端数は、計算の都度、端数整理する）。

東北新幹線の区間　白石蔵王－仙台－新青森

- 仙台駅で改札口を出ずに同一方向（下りどうし）の東北新幹線を乗り継いでいるので、**特急料金を通算することができる。**
- 最速型以外の新幹線〔やまびこ〕と最速型新幹線〔はやぶさ〕の乗り継ぎなので、全乗車区間（白石蔵王－新青森）に〔やまびこ〕の特急料金**5,370円**を適用し、最速型新幹線乗車区間（仙台－新青森）の〔はやぶさ〕の特急料金と〔やまびこ〕の特急料金の**差額（5,040円－4,830円）**を加算する。
- 本行程のように普通車自由席とグリーン車指定席を乗り継ぐ場合、**全乗車区間にグリーン車指定席特急料金（530円引きの特急料金）**を適用し、**繁忙期の200円を加算する**。これにより求めた特急料金を**半額**にする。

　{5,370円＋（5,040円－4,830円）＋200円－530円}÷2＝2,625円

　→**2,620円**………①

北海道新幹線の区間　新青森－木古内

- 新青森－木古内間の〔はやぶさ〕の特急料金（3,380円）から**530円を差し引き、半額**にする。

　（3,380円－530円）÷2＝1,425円→**1,420円**………②

グリーン料金

東北新幹線区間と北海道新幹線区間のそれぞれの営業キロをもとにグリーン料金を求め、両区間のグリーン料金を合算する（**大人・小児とも同額**）。

・東北新幹線区間（仙台－新青森）の営業キロ　361.9km

→ 400 キロまで　4,190 円

・北海道新幹線区間（新青森－木古内）の営業キロ　113.3km

→ 200 キロまで　2,800 円

4,190 円＋ 2,800 円＝ **6,990 円**………③

①～③を合計する。2,620 円＋ 1,420 円＋ 6,990 円＝ **11,030 円**

以上により、c が正解である。

特急料金の変動（まとめ）

通常期の普通車指定席特急料金を基準として……

	通常期	閑散期	繁忙期	最繁忙期
普通車指定席	所定の料金（基準）	－ 200 円	＋ 200 円	＋ 400 円
グリーン車指定席※ 1 寝台車※ 2	－ 530 円	－ 200 円 － 530 円	＋ 200 円 － 530 円	＋ 400 円 － 530 円
普通車自由席	－ 530 円（通年）			

※ 1　特急料金のほかにグリーン料金が必要。

※ 2　特急料金のほかに寝台料金が必要。

2 JR －料金の計算（7）

問題 12　重要度 A　令 4

以下の行程を大人１人が、通常期に新幹線の改札口を出ないで乗り継ぐ場合、料金の合計額で正しいものは次のうちどれか。

［行程］

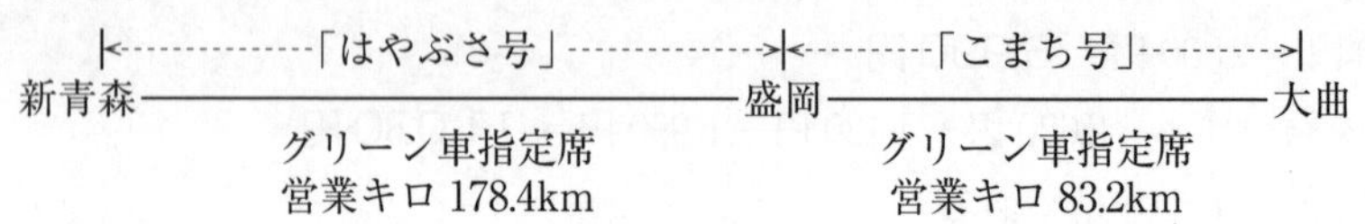

【東北新幹線「はやぶさ号」の指定席特急料金（通常期）】（抜粋）

新青森	
3,170 円	盛岡

【田沢湖線（盛岡～大曲間）の特急料金（通常期）】（抜粋）

営業キロ	50km まで	100km まで
指定席特急料金	（略）	1,660 円

【JR 東日本内相互発着区間のグリーン料金】（抜粋）

営業キロ	100km まで	200km まで	400km まで
グリーン料金	1,300 円	2,800 円	4,190 円

a．（3,170 円－ 530 円）＋（1,660 円－ 530 円）＝ 3,770 円 ……… ①
　　2,800 円＋ 1,300 円＝ 4,100 円 ……… ②
　　　　①＋②＝ 7,870 円

b．（3,170 円－ 530 円）＋（1,660 円－ 530 円）＝ 3,770 円 ……… ①
　　4,190 円 ……… ②
　　　　①＋②＝ 7,960 円

c．（3,170 円－ 530 円）＋ 1,660 円＝ 4,300 円 ……… ①
　　2,800 円＋ 1,300 円＝ 4,100 円 ……… ②
　　　　①＋②＝ 8,400 円

d．（3,170 円－ 530 円）＋ 1,660 円＝ 4,300 円 ……… ①
　　4,190 円 ……… ②
　　　　①＋②＝ 8,490 円

問題12 解説 解答 a

通常期に東北新幹線〔はやぶさ〕と秋田新幹線〔こまち〕の在来線区間を乗り継ぐ行程において、両列車ともにグリーン車指定席を利用する場合の特急料金とグリーン料金の合計額を求める問題である。本行程の東北新幹線の乗車区間は**新青森－盛岡間**であり、**〔こまち〕の運行区間（東京－盛岡間）ではない**ので、特急料金、グリーン料金はそれぞれ次のとおり計算する。

① 特急料金

新幹線区間には新幹線の特急料金を、在来線区間には在来線の特急料金をそれぞれ適用する。

- 新青森－盛岡　東北新幹線「はやぶさ号」の指定席特急料金（通常期）　3,170円
- 盛岡－大曲　田沢湖線（盛岡～大曲間）の特急料金（通常期）　1,660円

いずれも利用設備がグリーン車指定席なので、それぞれの特急料金から**530円を差し引く。**

（3,170円－530円）＋（1,660円－530円）＝**3,770円**

② グリーン料金

東北新幹線の乗車区間が〔こまち〕の運行区間（東京－盛岡間）で、この区間の東北新幹線と〔こまち〕の在来線区間を直通して乗車する場合（または途中駅で改札を出ないで新幹線区間と在来線区間を乗り継ぐ場合）には、新幹線区間と在来線区間の営業キロを通算して、通しのグリーン料金を適用することができる。しかし、本行程の東北新幹線は新青森－盛岡間であり、〔こまち〕運行区間ではないので、**通しのグリーン料金を適用することはできない。**したがって、東北新幹線区間と在来線区間の各営業キロをもとに、それぞれのグリーン料金を求めて合算する。

- 新青森－盛岡間の営業キロ　178.4km
  JR東日本内相互発着区間のグリーン料金より　200kmまで2,800円
- 盛岡－大曲間の営業キロ　83.2km
  JR東日本内相互発着区間のグリーン料金より　100kmまで1,300円

両区間のグリーン料金を合算する。2,800円＋1,300円＝**4,100円**

①と②で求めた額を合計する。

①＋②＝3,770円＋4,100円＝**7,870円**

以上により、aが正解である。

2 JR－料金の計算（8）

問題 13　重要度 A　平 29　✓□□

以下の行程を大人１人が、改札口を出ないで乗り継ぐ場合、岩見沢〜美深間の特急料金で正しいものは次のうちどれか。

［行程］

|←--- 特急「ライラック号」---→|←--- 特急「サロベツ号」---→|

岩見沢 ――――――――― 旭川 ――――――――― 美深

岩見沢～旭川	旭川～美深
普通車指定席	普通車指定席
営業キロ 96.2km	営業キロ 98.3km
	換算キロ 108.1km

※岩見沢〜美深間の通算の営業キロは 194.5 km である。

※岩見沢〜美深間の運賃計算キロは 204.3 km である。

【JR 北海道の A 特急料金】（抜粋）

営業キロ	50km まで	100km まで	150km まで	200km まで	300km まで
指定席特急料金	（略）	1,650 円	2,320 円	2,680 円	2,900 円

a．2,680 円　　2,680 円

b．2,900 円　　2,900 円

c．1,650 円＋ 1,650 円＝ 3,300 円　　3,300 円

d．1,650 円＋ 2,320 円＝ 3,970 円　　3,970 円

問題 13 解説　解答 a

札幌－稚内間の特急列車を、**旭川駅**で改札口を出ずに乗り継ぐときは、**1つの特急列車とみなして、特急料金を通算することができる。**

|←--- 特急「ライラック」 ---→|←--- 特急「サロベツ」 ---→|
（札幌）-------- 岩見沢 ━━━━ 旭川 ━━━━ 美深 --------- （稚内）

- 本問の「岩見沢」は札幌と旭川の中間に位置する駅で、「美深（びふか）」は旭川と稚内の中間に位置する駅である。つまり、岩見沢－美深間は、札幌－稚内の区間に該当し、岩見沢－旭川間の特急〔ライラック〕と、旭川－美深間の特急〔サロベツ〕を**旭川**で乗り継いでいるので、両列車を1つの特急列車とみなして、**特急料金を通算することができる。**
- 特急料金は、乗車する区間の**営業キロ**に基づき定められているので、岩見沢－（旭川）－美深間の営業キロをもとに特急料金を求める（**旭川－美深間の換算キロは使用しない**）。

194.5km（行程下の1つ目の※参照）　→　195km
JR 北海道のA特急料金　200kmまで　→　**2,680円**

以上により、aが正解である。

ポイント整理　在来線の特急列車の乗り継ぎ

次の各区間内で、指定の乗継駅で改札から出場せずに特急列車を乗り継ぐときは、1つの特急列車とみなして、特急料金・グリーン料金を通算することができる。

区間			乗継駅
札幌	—	稚内	旭川
京都（山陰本線経由） 新大阪（福知山線経由）	—	城崎温泉	福知山
岡山・高松	—	宇和島	宇多津（うたづ）・丸亀・多度津（たどつ）・松山
岡山・高松	—	窪川	宇多津・丸亀・多度津・高知
徳島	—	高知	阿波池田

2 JR－料金の計算（9）

問題 14　**重要度 A**　令 4　✓□□

大人１人が長野発名古屋行の特急「しなの号」の普通車指定席に、途中下車しないで乗車する場合の特急料金に関する次の記述のうち、正しいものはどれか。

［行程］

特急「しなの号」

長野 ―――― （塩尻） ―――― 名古屋

JR 東日本　営業キロ 76.0km　（会社境界）　JR 東海　営業キロ 174.8km

※長野～名古屋間の通算の営業キロは 250.8km である。

ＪＲ東日本のみを運転する
在来線特急列車を利用する場合の
シーズン別特急料金のカレンダー

2022 年 8 月

日	月	火	水	木	金	土
	1	2	3	4	5	6
7	8	9	10	11	12	13
14	15	16	17	18	19	20
21	22	23	24	25	26	27
28	29	30	31			

※通年同額の特急料金を適用している列車を除く。

ＪＲ東日本とＪＲ東海とをまたがって運転する
在来線特急列車を利用する場合の
シーズン別特急料金のカレンダー

2022 年 8 月

日	月	火	水	木	金	土
	1	2	3	4	5	6
7	8	9	10	11	12	13
14	15	16	17	18	19	20
21	22	23	24	25	26	27
28	29	30	31			

通常期：□の期間　繁忙期：■の期間　最繁忙期：■の期間

【A特急料金（通常期）】

営業キロ	50km まで	100km まで	150km まで	200km まで	300km まで
指定席特急料金	（略）	1,730 円	（略）	2,730 円	2,950 円

a．8 月 10 日に長野～塩尻間を乗車した場合の特急料金は、1,730 円＋ 200 円＝ 1,930 円である。

b．8 月 15 日に長野～塩尻間を乗車した場合の特急料金は、1,730 円＋ 400 円＝ 2,130 円である。

c．8 月 20 日に塩尻～名古屋間を乗車した場合の特急料金は、2,730 円である。

d．8 月 30 日に長野～名古屋間を乗車した場合の特急料金は、2,950 円である。

問題14 解説 解答 a

※本問の「シーズン別特急料金のカレンダー」は、現行の制度によるものとは異なるが、試験対策の参考になるため、出題当時のままで解説する。

本問は、特急料金（普通車指定席利用）の乗車日による変動に関する問題である。

● 本問の特急〔しなの〕のようにJR東日本とJR東海にまたがって運転する特急列車を利用する場合、乗車する区間にかかわらず、「JR東日本とJR東海とをまたがって運転する在来線特急列車を利用する場合のシーズン別特急料金のカレンダー」を参照し、特急料金の変動を適用する（〔しなの〕のJR東日本区間のみ、JR東海区間のみに乗車する場合も同じ）。
● 選択肢a～dに記載されている乗車日はいずれも「8月」であり、「JR東日本とJR東海とをまたがって運転する在来線特急列車を利用する場合のシーズン別特急料金のカレンダー」を参照すると、8月は1か月間を通して**繁忙期**である。設問文より、利用設備は**普通車指定席**なので、**すべての選択肢において通常期の指定席特急料金に200円を加算する。**

提示された条件に基づき、各選択肢の繁忙期の指定席特急料金を計算すると次のとおり。

a．**正しい。**8月10日は繁忙期。長野－塩尻間の営業キロは76.0kmで、料金表より、100kmまで→1,730円。1,730円＋200円＝**1,930円**なので、本肢の記述は正しい。

b．**誤り。**8月15日は繁忙期。長野－塩尻間の特急料金（通常期）は、aで確認したとおり1,730円。1,730円＋200円＝**1,930円**なので、本肢の記述は誤りである。

c．**誤り。**8月20日は繁忙期。塩尻－名古屋間の営業キロは174.8kmで、料金表より、200kmまで→2,730円。2,730円＋200円＝**2,930円**なので、本肢の記述は誤りである。

d．**誤り。**8月30日は繁忙期。長野－名古屋間の営業キロは、250.8km（行程下の※参照）で、料金表より、300kmまで→2,950円。2,950円＋200円＝**3,150円**なので、本肢の記述は誤りである。

以上により、aが正解である。

国内旅行実務

3 JR ー乗車券類の取扱い（1）

問題 15　重要度 A　令 3　✓□□

乗車券類の払いもどしに関する次の記述のうち、誤っているものはどれか。

a．使用開始前の小児の片道乗車券を、有効期間内に払いもどす場合の払いもどし手数料は、220 円である。

b．使用開始前の小児の往復乗車券を、往片と復片の両券片について同時に有効期間内に払いもどす場合の払いもどし手数料は、220 円である。

c．新幹線「かがやき号」の立席特急券を、乗車日の出発時刻までに払いもどす場合の払いもどし手数料は、220 円である。

d．特急「ひたち号」の座席未指定券を、使用開始前で券面表示の乗車日までに払いもどす場合の払いもどし手数料は、220 円である。

問題15 解説　解答 d

a．**正しい。**乗車券を払い戻す場合の手数料は、**大人・小児ともに同額**である。

b．**正しい。未使用の往復乗車券の往路と復路を同時に払い戻す**場合は、**1枚の乗車券**として手数料（220円）を適用する。

c．**正しい。立席特急券**を乗車日の出発時刻までに払い戻す場合の手数料は、**220円**である。

d．**誤り。座席未指定券（未指定特急券）**は、乗車日・乗車区間のみを指定し、列車番号や座席を指定しない特急券で、**〔成田エクスプレス〕〔ひたち〕〔ときわ〕〔あかぎ〕〔あずさ〕〔かいじ〕〔湘南〕〔踊り子〕〔しおさい〕〔わかしお〕〔さざなみ〕**など一部の全車指定席の在来線特急で発売されている。座席未指定券を、券面表示の乗車日までに払い戻す場合の手数料は**340円**である。

ポイント整理　手数料の適用

① 手数料一覧（旅行開始前の払戻し）

<table>
<tr><th colspan="2">種類</th><th>払戻し時期</th><th>手数料</th></tr>
<tr><td colspan="2">普通乗車券
自由席特急券・特定特急券
急行券
自由席グリーン券</td><td>使用開始前で
有効期間内</td><td>220円</td></tr>
<tr><td rowspan="3">指定券</td><td>立席特急券</td><td>乗車駅出発時刻まで</td><td>220円</td></tr>
<tr><td rowspan="2">指定席特急券
指定席グリーン券
寝台券
座席指定券</td><td>列車出発日の
2日前まで</td><td>340円</td></tr>
<tr><td>出発日の前日から
乗車駅出発時刻まで</td><td>対象料金の30％（※）
（最低340円）</td></tr>
</table>

※　30％の手数料を計算する過程で10円未満の端数が生じた場合は**端数整理（切り捨て）**し、**10円単位**とする。

※　指定券（立席特急券を除く）を列車の**出発日**または**前日**にいったん**変更**し、その後払い戻す場合は、対象となる料金の30％（最低340円）の手数料がかかる。

※　**未指定特急券**を払い戻すときの手数料は、上表によらず、**券面表示の乗車日**まで340円。

② 手数料の対象となる料金（2種類以上の料金を組み合わせたJR券）

種　類	含まれる料金	手数料の対象となる料金
特急（急行）・グリーン券	特急（急行）料金＋グリーン料金	**グリーン料金**
急行・座席指定券	急行料金＋座席指定料金	**座席指定料金**
特急（急行）・寝台券	特急（急行）料金＋寝台料金	**寝台料金**

3 JR－乗車券類の取扱い（2）

問題16　重要度A　令5　✓□□

乗車券類の払いもどしに関する次の記述のうち、誤っているものはどれか。

a．札幌～新千歳空港間の快速「エアポート号」の座席指定券（840円）を、出発日の前日に払いもどす場合の払いもどし手数料は、340円である。

b．福島～山形間の特急「つばさ号」の特定特急券を、出発日の2日前に払いもどす場合の払いもどし手数料は、340円である。

c．特急「サンライズ出雲号」の2人用B寝台個室を大人2人で利用するときの特急券・B寝台券を、出発日の2日前に払いもどす場合の払いもどし手数料は、340円である。

d．博多～武雄温泉間を特急「リレーかもめ号」の普通車指定席、武雄温泉～長崎間を新幹線「かもめ号」の普通車指定席を利用して、武雄温泉駅の改札口を出ないで同日中に乗り継ぐときの1枚で発行された特急券を、出発日の2日前に払いもどす場合の払いもどし手数料は、340円である。

問題 16 解説　解答 b

a．**正しい。**記述のとおり。**座席指定券**を出発日の前日から乗車駅出発時刻までに払い戻す場合の手数料は、**券面額の 30%（最低 340 円）**である。本肢の座席指定券の券面額は 840 円であり、840 円の 30%（840 円 × 0.3 ＝ 252 円→ 250 円）は 340 円に満たない。したがって、手数料は最低額の 340 円となる。

b．**誤り。**〔つばさ〕の**特定特急券**とは、**座席の指定はできないが、普通車の空席（空席がない場合は立席）を利用できる特急券**のことをいう。これを使用開始前で有効期間内に払い戻す場合の手数料は **220 円**である。

c．**正しい。**設備定員が複数の個室を利用する場合、指定券（料金券）は個室 1 室ごとに発行される。したがって、本肢のように 2 人用 B 寝台個室を大人 2 人で利用するときは、「大人 2 人分の特急券と 1 室分の B 寝台券」が 1 枚で発行される。また、特急券と寝台券が 1 枚で発行された料金券を払い戻す場合、**寝台券のみが手数料の対象となる（特急券に対する手数料は不要）**。本肢は出発日の 2 日前に寝台券を払い戻しているので、手数料は 340 円である。

d．**正しい。**記述のとおり。特急〔リレーかもめ〕と新幹線〔かもめ〕とを武雄温泉駅で改札口を出ずに乗り継ぐときは、両列車の乗り継ぎ用の「通しの特急料金」が適用され、**特急券は 1 枚で発行される**。この特急券を払い戻す場合、**通しの特急料金**に対して手数料を適用する。本肢は指定席特急券を出発日の 2 日前に払い戻すので、手数料は 340 円である。

国内旅行実務

3 JR－乗車券類の取扱い（3）

問題 17　重要度 A　令5　✔□□

以下のＪＲ券を６月７日に払いもどしした場合の払いもどし額で、正しいものは次のうちどれか。

新幹線特急券・グリーン券

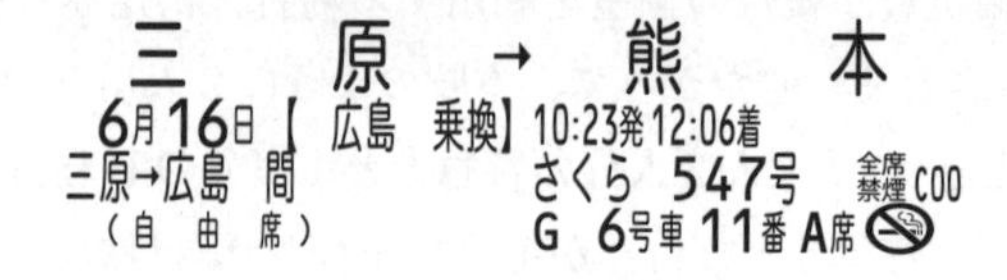

三　原　→　熊　本

6月16日【広島　乗換】10:23発12:06着

三原→広島　間　　さくら　547号　全席禁煙 C00

（自　由　席）　G　6号車 11番 A席

¥13,690

内訳：特4170・九特2530・グ4190・九グ2800

2023.-6.1

a．13,690円－(220円＋220円＋340円＋340円)＝12,570円 ………… 12,570円

b．13,690円－(340円＋340円)＝13,010円 ………… 13,010円

c．13,690円－(220円＋340円)＝13,130円 ………… 13,130円

d．13,690円－340円＝13,350円 ………… 13,350円

問題 17　解説　　**解答　d**

本問のJR券は、6月16日に三原－広島間の山陽新幹線（自由席）と広島－熊本間の山陽・九州新幹線〔さくら〕（グリーン車指定席）を改札口から出ずに乗り継ぐ場合に発行される特急券・グリーン券である。

券面の“内訳”を確認すると、山陽新幹線と九州新幹線それぞれの特急料金、グリーン料金が記載されているが、払戻しの際は、**両新幹線の料金を合わせて1つの料金**として手数料を適用する。また、特急券とグリーン券が1枚で発行された料金券を払い戻す場合、**グリーン券のみが手数料の対象となる（特急券に対する手数料は不要）**。

本問の場合、6月7日（**列車出発日の9日前**）に払い戻しているので手数料は**340円**であり、これを券面額（13,690円）から差し引いて払戻し額を求める。

13,690円－340円＝**13,350円**

以上により、dが正解である。

3 JR－乗車券類の取扱い（4）

問題 18　重要度 A 平 30- 改 ✓□□

以下の JR 券を 5 月 29 日に払いもどしをした場合の払いもどし額で、正しいものは次のうちどれか。

新幹線特急券・グリーン券　2日以内に変更
東　京 → 仙　台
6月 1日（ 8：20発）（ 9:51着）　C23
はやぶさ　5号　10号車　3番A席
¥13,990 内訳：特4,740・グ9,250
［グランクラス］N04430G04110
乗変
2018.-5.28

a．13,990 円× 0.3 ＝ 4,197 円→ 4,190 円
13,990 円－ 4,190 円＝ 9,800 円　9,800 円

b．9,250 円× 0.3 ＝ 2,775 円→ 2,770 円
13,990 円－ 2,770 円＝ 11,220 円　11,220 円

c．4,740 円× 0.3 ＝ 1,422 円→ 1,420 円
13,990 円－ 1,420 円＝ 12,570 円　12,570 円

d．13,990 円－ 340 円＝ 13,650 円　13,650 円

問題18 解説　解答 b

6月1日に乗車予定の特急券・グリーン券を払い戻した場合の払戻し額を求める問題である。

- 券面額は13,990円で、内訳は特急料金が4,740円、グリーン料金が9,250円。
- **特急券とグリーン券**（または**特急券と寝台券**）など、2種類以上の料金を組み合わせて1枚で発売された料金券を払い戻す場合、**グリーン券**（または**寝台券**）**のみが手数料の対象**になる（**特急券**に対する**手数料は不要**）。
- 券面の右下に 乗変 の表示があることから、本問のJR券は、**使用開始前に乗車変更（原券と同種類の乗車券類への変更）を行い、新たに発行されたもの**である。また、券面の右上に“2日以内に変更”とあることから、本問は、購入済みのJR券（指定券）を、当初の**列車出発日の当日または前日に乗車変更**し、その後、5月29日に払い戻したケースである。5月29日は変更後の出発日（6月1日）の3日前に当たるが、これ以前に、元の指定券の変更を列車出発日の当日または前日に行っているため、この場合は、対象となる料金（グリーン料金）の**30%が手数料**として収受される。

9,250円×0.3（30%）＝2,775円→（端数整理）→2,770円（手数料）

13,990円－2,770円＝**11,220円**（払戻し額）

以上により、bが正解である。

3 JR－乗車券類の取扱い（5）

問題 19　重要度 A　令4　✓□□

乗車券類の払いもどしに関する次の記述のうち、誤っているものはどれか。

a．特急「宗谷号」の１枚で発行された特急券・グリーン券を、出発日の２日前に払いもどす場合の払いもどし手数料は、特急料金にはかからず、グリーン料金に対してのみ 340 円かかる。

b．特急「成田エクスプレス号」の座席未指定券を、券面表示の乗車日の前日に払いもどす場合の払いもどし手数料は、340 円である。

c．特急「ソニック号」の指定席特急券（券面額 1,130 円）を、出発日の前日に払いもどす場合の払いもどし手数料は、340 円である。

d．出発日の前日にいったん変更した新幹線「のぞみ号」の指定席特急券（券面額 5,810 円）を、変更後の出発日の３日前に払いもどす場合の払いもどし手数料は、340 円である。

問題 20　重要度 A　令5　✓□□

以下の行程のＪＲ指定券の往路・復路それぞれの発売開始日について、次の組み合わせのうち、正しいものはどれか。

［行程］

往路乗車日　10 月 29 日　大阪 ―特急「サンライズ瀬戸号」ノビノビ座席― 東京
0：33 発　7：08 着

※「サンライズ瀬戸号」は高松駅始発（21：26 発）の列車である。

復路乗車日　10 月 31 日　東京 ―新幹線「のぞみ 255 号」普通車指定席― 新大阪
19：00 発　21：30 着

	往路発売開始日	復路発売開始日
a．	9 月 28 日	9 月 30 日
b．	9 月 28 日	10 月 1 日
c．	9 月 29 日	9 月 30 日
d．	9 月 29 日	10 月 1 日

問題19 解説　解答 d

a．**正しい。**特急券とグリーン券が1枚で発売されている料金券を払い戻す場合、**グリーン券に対してのみ手数料がかかる**（特急券に対する手数料は不要）。グリーン券を列車出発日の2日前までに払い戻す場合、手数料は340円である。

b．**正しい。座席未指定券（未指定特急券）**を、使用開始前で券面表示の乗車日までに払い戻す場合、手数料は340円である。

c．**正しい。**指定席特急券を出発日の前日から出発時刻までに払い戻す場合の手数料は、**券面額の30%（最低340円）**である。本肢の指定席特急券の券面額は1,130円であり、1,130円の30%（1,130円×0.3 = 339円→（端数整理）→330円）は340円に満たない。したがって、手数料は最低額の**340円**となる。

d．**誤り。**購入した指定席特急券を列車出発日の前日または当日に**変更**し、その後に**払い戻す**場合の手数料は、**券面額の30%**（最低340円）である。本肢の指定席特急券の券面額は5,810円なので、手数料は5,810円×0.3 = 1,743円→（端数整理）→**1,740円**となる。

問題20 解説　解答 b

指定券は、**乗車する列車が始発駅を出発する日の1か月前の同日**（午前10時）から発売される。ただし、1か月前の月に同日がない場合は、**乗車列車が始発駅を出発する日が属する月の初日（1日）**が発売日となる。

往路の特急「サンライズ瀬戸号」の乗車日は10月29日であるが、この列車は、※に記載のとおり、始発駅である**高松駅**を乗車日の前日（**10月28日**）の21時26分に発車するので、10月28日の1か月前の同日に当たる**9月28日**が発売開始日となる。

復路の新幹線「のぞみ255号」の乗車日は10月31日であり、1か月前の9月には同日（31日）がないので、**10月1日**が発売日となる。

以上により、bが正解である。

国内旅行実務

3 JR－乗車券類の取扱い（6）

問題 21 重要度 A 令3・5-改 ✓□□

「ジパング倶楽部」の取扱いに関する次の記述のうち、正しいものはどれか。

a．JR線を営業キロが片道・往復・連続で101キロ以上利用するときは、運賃・料金ともにジパング割引が適用される。
b．新幹線「かがやき号」のグランクラスを利用するときは、運賃のみジパング割引が適用され、特急料金・グランクラス料金は割引の対象にならない。
c．新幹線「みずほ号」は、普通車自由席を利用するのであれば、運賃・料金ともにジパング割引が適用される。
d．ジパング割引を適用した乗車券が利用できない期間はなく、通年利用することができる。

問題 22 重要度 A 令4-改 ✓□□

「青春18きっぷ」の取扱いに関する次の記述のうち、誤っているものはどれか。

a．きっぷは1枚につき1人が、利用開始日から連続する3日間または5日間で利用できる。
b．特急列車の普通車指定席を利用する場合、指定席特急券のほか、別に乗車券が必要である。
c．普通・快速列車のグリーン車自由席は、グリーン券を別に購入すれば利用できる。
d．有効期間の開始日前または有効期間内で未使用の場合に、1回に限り、3日間用のきっぷを5日間用のきっぷに変更することができる。

問題 21 解説 解答 b

「ジパング倶楽部」は、**満 65 歳以上の旅客**を対象とした会員制のサービスで、**JR 線を片道・往復・連続のいずれかで営業キロ 201 キロ以上**利用する場合に割引が適用される。一部の例外を除き、普通旅客運賃、特急料金、グリーン料金、座席指定料金などが割引の対象となる。

a．**誤り。**JR 線を営業キロが片道・往復・連続のいずれかで **201 キロ以上**利用する場合に、運賃・料金ともに割引が適用される。

b．**正しい。**新幹線の**グランクラス**を利用するときは、運賃のみに割引が適用され、**特急料金、グランクラス料金は、割引の対象とならない。**

c．**誤り。**普通車自由席を利用する場合を含み、**新幹線〔みずほ〕（および〔のぞみ〕）の特急料金・グリーン料金は、割引の対象とならない。**

d．**誤り。**ゴールデンウィーク、夏のお盆の期間、年末年始は割引を適用できない。

国内旅行実務

問題 22 解説 解答 d

「青春 18 きっぷ」は、春休み、夏休み、冬休みの期間に発売され、JR 各社の普通・快速列車の普通車自由席に回数の制限なく乗車できる特別企画乗車券である。

a．**正しい。**記述のとおり。きっぷは 1 枚につき 1 人での利用に限られており、1 枚のきっぷを**複数人で利用することはできない。**

b．**正しい。**記述のとおり。新幹線、在来線特急の普通車、グリーン車、寝台車を利用する場合は、一部の特例区間を除き、それぞれ特急券、グリーン券、寝台券のほかに、別途、**乗車券**が必要となる。**普通列車、快速列車のグリーン車自由席**を利用する場合には、グリーン券を購入することで利用が可能である。

c．**正しい。**記述のとおり。b の解説参照。

d．**誤り。**有効期間の開始日前または有効期間内で未使用の場合に 1 回に限り、きっぷの**利用開始日を変更することができる**が、「3 日間用」を「5 日間用」に、または「5 日間用」を「3 日間用」に変更することはできない。

3 JR－乗車券類の取扱い（7）

問題 23　重要度 A　令 1- 改　✓□□

乗車券類の取扱いに関する次の記述のうち、正しいものはどれか。

a．12歳の小学生が5歳と4歳の幼児を随伴する場合、小児2人分の乗車券が必要である。

b．大人1人に随伴された5歳の幼児1人が特急列車の普通車指定席を幼児だけで使用する場合、小児の運賃と特急料金が必要である。

c．大人1人が3歳の幼児1人を随伴して特急列車の普通車自由席を利用する場合、幼児については、運賃は不要で、小児の特急料金が必要である。

d．大人3人と7歳の小児1人が特急列車の4人用グリーン個室1室を利用する場合、大人3人分と小児1人分の運賃、大人4人分の特急料金、個室1室分の4人用グリーン個室料金が必要である。

問題23 解説 解答 b

a．**誤り**。JRの年齢区分は、P223の「ポイント整理」参照。**12歳の小学生は小児として取り扱う**。また、**幼児とは、1歳以上6歳未満の者**をいう。乗車券を所持する6歳以上の旅客（大人または小児）に随伴される幼児は、**指定席や寝台を単独で使用しない限り、旅客1人につき幼児2人まで無賃**となる。本肢の場合、指定制の座席を使用する旨の記述はなく、12歳の小学生が5歳と4歳の幼児を2人とも無賃で随伴することができるので、必要な乗車券は**「小児1人分のみ」**である。

b．**正しい**。記述のとおり。aの解説参照。**幼児が指定制の座席（指定席や寝台）を単独で使用する**ときは、その幼児について、**小児の運賃および特急料金**が必要となる。

c．**誤り**。aで述べたとおり、大人または小児に随伴される幼児は、指定席や寝台を単独で使用しない限り、2人まで無賃となる。本肢の場合、"普通車自由席を利用"とあり、3歳の幼児は無賃で随伴されるので、幼児については、**運賃・特急料金ともに不要**である。

d．**誤り**。**特急列車の4人用グリーン個室**を利用する場合、次の運賃・料金が必要となる。

- 実際に乗車する人員分（大人または小児）の運賃
- 実際に乗車する人員分（大人または小児）の特急料金
- 個室乗車区間に対する1室分のグリーン個室料金

したがって、本肢の場合は、「大人3人分と小児1人分の運賃」、**「大人3人分と小児1人分の特急料金」**、「個室1室分の4人用グリーン個室料金」が必要となる。

小児と幼児の取扱い

ポイント1　大人だけでなく**小児も、幼児2人まで無賃で随伴**できる。

組み合わせ①　　組み合わせ②

は無賃

ポイント2　小児の往復運賃は、**大人の片道普通旅客運賃を半額にしてから2倍に**する（大人の往復運賃の半額ではない）。

国内旅行実務

4 JR－団体の取扱い

問題 24　重要度 B　平 26　✓□□

団体の取扱いに関する次の記述のうち、正しいものはどれか。

a．普通団体に適用される運賃の割引率は、10％で通年同じである。

b．小学生と引率の教職員で構成される学生団体に適用される運賃の割引率は、小学生、教職員ともに 30％で通年同じである。

c．大人 15 人で構成される普通団体の場合、1 人は運賃・料金が無賃扱いとなる。

d．学生 98 人と引率の教職員 2 人で構成される 100 人の学生団体の場合、2 人は運賃・料金が無賃扱いとなる。

問題 24 解説　解答 b

下記「ポイント整理」参照。

a．**誤り。普通団体**に適用される運賃の割引率は、**乗車日によって異なる**（**第1期**と**第2期**の割引率が異なる）。したがって、“10％で通年同じ”とする本肢の記述は誤りである。なお、団体旅客運賃のうち、乗車日によって割引率が異なるのは普通団体のみであり、**訪日観光団体と学生団体の割引率は通年同じ**である。

b．**正しい。**学生団体に適用される運賃の割引率は、大人（中学生以上）5割引、小児（小学生以下）3割引、教職員・付添人（および旅行業者）3割引で設定されている。**小学生、教職員**に対して適用される割引率は**いずれも3割（30％）引**で、**通年同じ**である。

c．**誤り。**普通団体の運賃・料金の**無賃扱いは、構成人員が31人以上**である場合に適用される（31人～50人までは1人が無賃となり、その後50人までごとに無賃扱い人員が1人増加する）。“大人15人”で構成される普通団体の場合、無賃扱いは適用されないため、本肢の記述は誤りである。

d．**誤り。学生団体には、運賃・料金の無賃扱いの適用はない**（無賃扱いが適用されるのは、普通団体と訪日観光団体のみ）。

ポイント整理 「団体旅客運賃の割引率」「運賃と料金の無賃扱い」

団体の種類		取扱期間	割引率
普通団体	一般	第1期 第2期	1割引 1割5分引
	専用臨時列車を利用する団体	第1期 第2期	5分引 1割引
訪日観光団体		通　年	1割5分引
学生団体	大人（中学生以上）	通　年	（大人運賃の）5割引
	小児（小学生以下）	通　年	（小児運賃の）3割引
	教職員･付添人･旅行業者（※）	通　年	（大人運賃の）3割引

※学生団体に同行する旅行業者は団体の構成人員100人までごとに1人が3割引になる。

団体の種類	構成人員	無賃扱い人員
普通団体	31人～50人	1人が無賃
訪日観光団体	15人～50人	1人が無賃

※ 51人以上の場合は50人を増すごとに無賃扱いが1人増加する。

5 JR－時刻表の読取り

問題 25　重要度 A　令1

交通新聞社発行 JR 時刻表（2019 年 7 月号より抜粋）に関する次の記述のうち、正しいものはどれか（資料 1 参照）。

a．土曜日に辰野駅を 7 時 47 分発の快速「みすず号」に乗車し、東京駅へ最も早く到着するように乗り継ぐと、東京駅到着時刻は 11 時 33 分である。
b．松本駅を 8 時 00 分発の特急「あずさ 6 号」に乗車し、大月駅へ最も早く到着するように乗り継ぐと、大月駅到着時刻は 9 時 56 分である。
c．特急「かいじ 6 号」の普通車には指定席と自由席がある。
d．特急「あずさ 8 号」は辰野駅を通過する。

問題 26　重要度 A　令4

交通新聞社発行 JR 時刻表（2022 年 5 月号より抜粋）に関する次の記述のうち、正しいものはどれか（資料 2 参照）。

a．快速「マリンライナー 66 号」には、普通車・グリーン車ともに指定席と自由席がある。
b．特急「サンライズ瀬戸号」は、宇野駅を通過する。
c．新居浜駅 20 時 40 分発の特急「いしづち 102 号」に乗車し、茶屋町駅へ最も早く到着するように乗り継ぐと、茶屋町駅到着時刻は 22 時 22 分である。
d．琴平駅 21 時 14 分発の普通列車（5258M）に乗車し、高松駅へ最も早く到着するように乗り継ぐと、高松駅到着時刻は 22 時 08 分である。

■資料１ 交通新聞社発行 JR 時刻表（2019 年７月号より抜粋）

上り 中央本線（松本―東京）（その２）

列車番号	2209M	5006M		534M		3106M	430M	536M	1522M	3520M	211M	154M	1524M	5008M	
列車名	快速 みすず	特急 あずさ6号				特急 かいじ6号								特急 あずさ8号	
前の掲載頁							208		558	209					
長野 発	‥	‥	‥	‥	‥	‥	‥	‥	‥	631	‥	‥	‥	‥	‥
松本 発	‥（前掲載192頁）	800	‥	‥	‥	‥ 明科714発	736	信濃大町650発	749	802	‥（前掲載192頁）	‥	810	840	‥
南松本 〃		レ	‥	‥	‥		739		752	805		‥	814	レ	‥
平田 〃		レ	‥	‥	‥		742		755	808		‥	816	レ	‥
村井 〃		レ	‥	‥	‥		745		758	811		‥	819	レ	‥
広丘 〃		レ	‥	‥	‥	‥	749		801	814		‥	822	レ	‥
塩尻 着		レ	‥	‥	‥	‥	753	‥	805	817		‥	826	849	‥
塩尻 発	飯田545発	レ	‥	‥	‥	‥	755	‥	‥	818		823	828	849	‥
みどり湖 〃		レ	‥	‥	‥	‥	759	‥	‥	822	天竜峡517発	‖	833	レ	‥
小野 〃		‖	‥	‥	‥	‥	‖	‥	‥	‖		834	‖	‖	‥
信濃川島 〃		‖	‥	‥	‥	‥	‖	‥	‥	‖		839	‖	‖	‥
辰野 着	745	‖	‥	‥	‥	‥	‖	‥	‥	‖	820	843	‖	‖	‥
辰野 発	747	‖	‥	‥	‥	‥	‖	‥	‥	‖	822	‥	‖	‖	‥
川岸 〃	754	‖	‥	‥	‥	‥	‖	‥	‥	‖	828	‥	‖	‖	‥
岡谷 着	759	レ	‥	‥	‥	‥	805	‥	‥	829	832	‥	839	857	‥
岡谷 発	808	レ	‥	‥	‥	‥	806	‥	‥	843	833	‥	842	857	‥
下諏訪 〃	長野958着	レ	‥	‥	‥	‥	810	‥	‥	飯田1114着	837	‥	847	レ	‥
上諏訪 着		820	‥	‥	‥	‥	815	‥	‥		842	‥	852	904	‥
上諏訪 発	（岡谷―長野間3523M）	821	‥	‥	‥	‥	816	‥	‥	（岡谷―飯田間210M）	‥	‥	‥	905	‥
茅野 〃		827	‥	‥	‥	‥	834	‥	‥		‥	‥	‥	910	‥
青柳 〃		レ	‥	‥	‥	‥	841	‥	‥		‥	‥	‥	レ	‥
すずらんの里 〃		レ	‥	‥	‥	‥	844	‥	‥		‥	‥	‥	レ	‥
富士見 〃		レ	‥	‥	‥	‥	848	‥	‥		‥	‥	‥	レ	‥
信濃境 〃		レ	‥	‥	‥	‥	853	‥	‥		‥	‥	‥	レ	‥
小淵沢 着		レ	‥	‥	‥	‥	857	‥	‥		‥	‥	‥	923	‥
小淵沢 発	（以下539頁）	レ	‥	‥	‥	‥	858	‥	‥	（以下194頁）	‥	‥	‥	924	‥
長坂 〃		レ	‥	‥	‥	‥	905	‥	‥		‥	‥	‥	レ	‥
日野春 〃		レ	‥	‥	‥	‥	911	‥	‥		‥	‥	‥	レ	‥
穴山 〃		レ	‥	‥	‥	‥	915	‥	‥		‥	‥	‥	レ	‥
新府 〃	‥	レ	‥	‥	‥	‥	919	‥	‥	‥	‥	‥	‥	レ	‥
韮崎 〃	‥	レ	‥	‥	‥	‥	923	‥	‥	‥	‥	‥	‥	レ	‥
塩崎 〃	‥	レ	‥	‥	‥	‥	928	‥	‥	‥	‥	‥	‥	レ	‥
竜王 〃	‥	レ	‥	‥	‥	‥	932	‥	‥	‥	‥	‥	‥	レ	‥
甲府 着	‥	903	‥	‥	‥	‥	937	‥	‥	‥	‥	‥	‥	946	‥
甲府 発	‥	904	‥	917	‥	924	‥	940	‥	‥	‥	‥	‥	947	‥
酒折 〃	‥	レ	‥	920	‥	レ	‥	944	‥	‥	‥	‥	‥	レ	‥
石和温泉 〃	‥	レ	‥	924	‥	929	‥	947	‥	‥	‥	‥	‥	レ	‥
春日居町 〃	‥	レ	‥	927	‥	レ	‥	950	‥	‥	‥	‥	‥	レ	‥
山梨市 〃	‥	レ	‥	937	‥	934	‥	1000	‥	‥	‥	‥	‥	レ	‥
東山梨 〃	‥	レ	‥	941	‥	レ	‥	1003	‥	‥	‥	‥	‥	レ	‥
塩山 〃	‥	レ	‥	944	‥	938	‥	1007	‥	‥	‥	‥	‥	レ	‥
勝沼ぶどう郷 〃	‥	⊠	‥	949	‥	⊠	‥	1011	‥	‥	‥	‥	‥	⊠	‥
甲斐大和 〃	‥	全	‥	955	‥	全	‥	1017	‥	‥	‥	‥	‥	全	‥
笹子 〃	‥		‥	1000	‥		‥	1022	‥	‥	‥	‥	‥		‥
初狩 〃	‥		‥	1006	‥		‥	1029	‥	‥	‥	‥	‥		‥
大月 着	‥	レ	‥	1012	‥	956	‥	1034	‥	‥	‥	‥	‥	レ	‥
大月 発	‥	レ	（土曜・休日はこの時刻に変更）	1020	‥	957	‥	1035	‥	‥	‥	‥	‥	レ	（土曜・休日はこの時刻に変更）
猿橋 〃	‥	レ		1023	‥	レ	‥	1038	‥	‥	‥	‥	‥	レ	
鳥沢 〃	‥	レ		1027	‥	レ	‥	1042	‥	‥	‥	‥	‥	レ	
梁川 〃	‥	レ		1030	（土曜・休日は立川1034発に変更）	レ	‥	1045	‥	‥	‥	‥	‥	レ	
四方津 〃	‥	レ		1034		レ	‥	1058	‥	‥	‥	‥	‥	レ	
上野原 〃	‥	レ		1039		レ	‥	1102	‥	‥	‥	‥	‥	レ	
藤野 〃	‥	レ		1043		レ	‥	1106	‥	‥	‥	‥	‥	レ	
相模湖 〃	‥	レ		1047		レ	‥	1110	‥	‥	‥	‥	‥	レ	
高尾 〃	‥	レ		1055		レ	‥	1120	‥	‥	‥	‥	‥	レ	
西八王子 〃	‥	レ	↳変	‥		レ	‥	‥	‥	‥	‥	‥	‥	レ	↳変
八王子 〃	‥	958	959	‥		1025	‥	‥	‥	‥	‥	‥	‥	1043	1045
豊田 〃	‥	レ	レ	‥		レ	‥	‥	‥	‥	‥	‥	‥	レ	レ
日野 〃	‥	レ	レ	‥		レ	‥	‥	‥	‥	‥	‥	‥	レ	レ
立川 〃	‥	1007	1008	‥	↳	1035	‥	‥	‥	‥	‥	‥	‥	1052	1055
三鷹 〃	‥	レ	↲	‥	‥	レ	‥	‥	‥	‥	‥	‥	‥	レ	レ
新宿 着	‥	1031	‥	‥	‥	1059	‥	‥	‥	‥	‥	‥	‥	1117	1117
新宿番線		⑦				⑩								⑦	⑦
東京 着	‥	1045	‥	‥	‥	‥	‥	‥	‥	‥	‥	‥	‥	1132	1133

■資料2　交通新聞社発行 JR 時刻表（2022年5月号より抜粋）

上り　予讃線・瀬戸大橋線・宇野線（松山―多度津―高松・宇野―岡山）（その4）（愛称）宇野みなと線（宇野―岡山）

列車番号			1608M	1042M		3165M	5258M		3167M	2008D	4166M	166M	552M	4552M	554M		1044M		
列車名	快速 マリンライナー66号			特急 いしづち102号	特急 サンライズ瀬戸	快速 マリンライナー65号		快速 マリンライナー68号	快速 マリンライナー67号	特急 しまんと8号						（土曜と4月28日・5月2～）	特急 いしづち104号	（アンパンマン列車で運転）（普通車指定席は一部アン 但し、土曜と4月28日	快速 マリンライナー70号
前の掲載頁	..	..	..	..	..	..	..	..	..	..	..	..	..	..	..	..	..	..	..
始発	..	..	..	..	..	..	..	..	..	..	..	..	..	..	..	..	..	..	..
松山 発	..	..	..	1932	..	..	..	..	..	..	..	..	1907	..	2004		2036		..
三津浜 〃	..	..	..	レ	..	..	..	..	..	..	..	..	1912	..	2010		レ		..
伊予和気 〃	..	..	..	レ	..	..	..	..	..	..	..	..	1918	..	2014		レ		..
堀江 〃	..	..	..	レ	..	..	..	..	..	..	..	..	1922	..	2022		レ		..

中略

駅名			1608M	1042M		3165M	5258M		3167M	2008D	4166M	166M	552M	4552M	554M		1044M		
伊予西条 着	..	..	..	2031	..	..	..	..	..	..	..	..	..	2125	..	..	2134	..	..
伊予西条 発	..	..	..	2032	..	..	..	..	..	..	2050	..	..	..	..	..	2135	..	..
中萩 〃	..	..	..	レ	..	..	..	..	..	..	2056	..	..	..	..	..	レ	..	..
新居浜 着	..	..	..	2040	..	..	..	..	..	..	2100	..	..	..	..	..	2142	..	..
新居浜 発	..	..	..	2040	..	..	..	..	..	..	2101	..	..	..	..	..	2143	..	..
多喜浜 〃	..	..	..	レ	..	..	..	..	..	..	2105	..	..	..	..	..	レ	..	..
関川 〃	..	..	..	レ	..	..	..	..	..	..	2116	..	..	..	..	..	レ	..	..
伊予土居 〃	..	..	..	レ	..	..	..	..	..	..	2120	..	..	..	..	..	レ	..	..
赤星 〃	..	..	..	レ	..	..	..	..	..	..	2123	..	..	..	..	..	レ	..	..
伊予寒川 〃	..	..	..	レ	..	..	..	..	..	..	2126	..	..	..	..	..	レ	..	..
伊予三島 〃	..	..	..	2057	..	..	..	..	..	..	2130	..	..	..	..	..	2200	..	..
川之江 〃	..	..	..	2101	..	..	..	..	..	..	2135	..	..	..	..	..	2205	..	..
箕浦 〃	..	..	..	レ	..	..	..	..	..	..	2142	..	..	..	..	..	レ	..	..
豊浜 〃	..	..	..	レ	..	..	..	..	..	..	2147	..	..	..	..	..	レ	..	..
観音寺 着	..	..	..	2111	..	..	..	..	..	..	2151	..	..	..	..	..	2214	..	..
観音寺 発	..	..	2052	2112	..	..	（前掲載501頁）琴平2114発	..	..	（前掲載501頁）高知2034発	2154	..	..	..	..	..	2215	..	..
本山 〃	..	..	2059	レ	..	..		..	..		2159	..	..	..	..	..	レ	..	..
比地大 〃	..	..	2102	レ	..	..		..	..		2201	..	..	..	..	..	レ	..	..
高瀬 〃	..	..	2106	2119	..	（前掲載483頁）		..	（前掲載483頁）		2205	..	..	..	..	..	レ	..	..
みの 〃	..	..	2109	レ	..			..			2208	..	..	..	..	..	レ	..	..
詫間 〃	..	..	2112	2123	..			..			2211	..	..	..	..	..	レ	..	..
海岸寺 〃	..	..	2117	レ	..			..			2216	..	..	..	..	..	レ	..	..
多度津 着	..	..	2121	2130	..		2127	..		2221	2220	..	..	..	..	..	2230	..	..
多度津 発	..	..	..	2131	..	岡山2112発	2134	..	岡山2142発	2222	→	2237	..	..	..	..	2231	..	..
讃岐塩屋 〃	..	..	..	レ	..		2138	..		レ	..	2240	..	..	..	..	レ	..	..
丸亀 〃	..	..	..	2135	..		2141	..		2226	..	2243	..	..	..	..	2235	..	..
宇多津 着	..	..	..	レ		レ	2144	..	レ	レ	..	2246	..	..	..	..	レ	..	..
宇多津 発	..	..	..	レ		レ	2145	..	レ	レ	..	2246	..	..	..	..	レ	..	..
坂出 着	..	..	..	2140		2153	2150	..	2224	2232	..	2250	..	..	..	..	2241	..	..
坂出 発	..	..	..	2141	（ノビノビ座席）	2153	2157	..	2224	2232	..	2258	..	..	..	..	2241	..	..
八十場 〃	..	..	..	レ		レ	2201	..	レ	レ	..	2301	..	..	..	..	レ	..	..
鴨川 〃	..	..	..	レ		レ	2204	..	レ	レ	..	2304	..	..	..	..	レ	..	..
讃岐府中 〃	..	..	..	レ		レ	2208	..	レ	レ	..	2307	..	..	..	..	レ	..	..
国分 〃	..	..	..	レ		レ	2211	..	レ	レ	..	2310	..	..	..	..	レ	..	..
端岡 着	..	..	..	レ		レ	2214	..	レ	レ	..	2313	..	..	..	..	レ	..	..
端岡 発	..	..	..	レ	A1	レ	2215	..	レ	レ	..	2313	..	..	..	..	レ	..	..
鬼無 〃	..	..	..	レ		レ	2219	..	レ	レ	..	2317	..	..	..	..	レ	..	..
香西 〃	..	..	..	レ	B1	レ	2222	..	レ	レ	..	2320	..	..	..	..	レ	..	..
高松 着	..	..	..	2155		2208	2227	..	2239	2246	..	2325	..	..	..	..	2256	..	..
到着番線				⑥	B2	⑤	⑥		⑤	④		④					⑥		
列車番号	3166M	676M			5032M			3168M	554M		678M								3170M
前の掲載頁	483				483			483											483
高松 発	2113	..	..	..	2126	..	..	2143	..	..	..	..	..	..	..	..	..	..	2227
坂出 発	2127	..	..	..	2144	..	..	2157	..	..	..	..	..	..	..	..	..	..	2245
児島 〃	2144	..	..	..	2201	..	..	2214	2216	..	..	..	..	..	..	..	..	..	2301
上の町 〃	レ	..	..	..	レ	..	..	レ	2219	..	..	..	..	..	..	..	..	..	2304
木見 〃	レ	..	..	..	レ	..	..	レ	2223	..	..	..	..	..	..	..	..	..	2308
植松 〃	レ	..	..	..	レ	..	..	レ	2226	..	..	..	..	..	..	..	..	..	2311
茶屋町 着	2152	..	..	..	レ	..	..	2222	2229	..	..	..	..	..	..	..	..	..	2314
宇野 発	‖	2129	..	..	‖	..	..	‖	‖	..	2215	..	..	..	..	..	..	..	‖
備前田井 〃	‖	2133	..	..	‖	..	..	‖	‖	..	2218	..	..	..	..	..	..	..	‖
八浜 〃	‖	2137	..	..	‖	..	..	‖	‖	..	2223	..	..	..	..	..	..	..	‖
常山 〃	‖	2140	..	..	‖	..	..	‖	‖	..	2226	..	..	..	..	..	..	..	‖
迫川 〃	‖	2143	..	..	‖	..	..	‖	‖	..	2228	..	..	..	..	..	..	..	‖
備前片岡 〃	‖	2149	..	..	‖	..	..	‖	‖	..	2231	..	..	..	..	..	..	..	‖
彦崎 〃	‖	2152	..	..	‖	..	..	‖	‖	..	2235	..	..	..	..	..	..	..	‖
茶屋町 着	‖	2156	..	..	‖	..	..	‖	‖	..	2239	..	..	..	..	..	..	..	‖
茶屋町 発	2152	2200	..	..	レ	（以下253頁）東京708着	..	2222	2230	..	2242	..	..	..	..	..	..	..	2315
久々原 〃	レ	2202	..	..	レ		..	レ	2233	..	2244	..	..	..	..	..	..	..	レ
早島 〃	レ	2204	--	--	レ		--	2226	2235	--	2247	--	--	--	--	--	--	--	2318
備中箕島 〃	レ	2206	..	..	レ		..	レ	2238	..	2249	..	..	..	..	..	..	..	レ
妹尾 〃	2158	2209	--	--	レ		--	2231	2241	--	2252	--	--	--	--	--	--	--	2321
備前西市 〃	レ	2213	..	..	レ		..	レ	2244	..	2256	..	..	..	..	..	..	..	レ
大元 〃	レ	2216	..	..	レ		..	レ	2248	..	2258	..	..	..	..	..	..	..	2326
岡山 着	2205	2219	..	..	2223		..	2238	2251	..	2302	..	..	..	..	..	..	..	2330
到着番線	⑧	⑦			④			⑥	⑦		⑦								⑧

問題 25　解説　解答 b

a．**誤り**。辰野駅を7時47分発の快速「みすず号」に乗車し、岡谷駅8時06分発の普通列車（430M）に乗り継ぎ、さらに上諏訪駅で8時21分発の特急「あずさ6号」に乗り継ぐと、**10時45分に東京駅に到着する**。したがって、“最も早く到着するように乗り継ぐと、東京駅到着時刻は11時33分”とする本肢の記述は誤りである。

b．**正しい**。記述のとおり。松本駅を8時00分発の特急「あずさ6号」に乗車し、甲府駅9時24分発の特急「かいじ6号」に乗り継ぐと、9時56分に大月駅に到着する。

c．**誤り**。特急「かいじ6号」の列の 全 は、**普通車の全車両が指定席**であることを表す。したがって、“普通車には指定席と自由席がある”とする本肢の記述は誤りである。

d．**誤り**。特急「あずさ8号」の辰野駅発着時刻の欄の ‖ は、**他線区経由**を表す記号なので、当該列車は辰野駅を経由しない（通過しない）ことがわかる。なお、「通過」を意味する記号は レ である。

国内旅行実務

問題 26　解説　　解答　c

a．**誤り。**快速「マリンライナー」の列の⊠**はグリーン車指定席を、**　は**普通車の一部車両が指定席を表す記号である。グリーン車自由席を表す**⊠の記載はないので、“普通車・グリーン車ともに指定席と自由席がある”とする本肢の記述は誤りである。

b．**誤り。**特急「サンライズ瀬戸号」の宇野駅発時刻の欄の ‖ は、他線区経由を表す記号なので、この列車は宇野駅を経由しない（通過しない）。

c．**正しい。**本肢の記述の正誤を判断するに当たり、設問の時刻表には「坂出駅」が2箇所記載されている点に注意が必要である（以降、2箇所に記載される坂出駅を上段、下段と分けて解説する）。

新居浜駅を20時40分発の特急「いしづち102号」に乗車すると坂出駅（上段）に21時40分に到着する。下段の時刻表の坂出駅を参照すると、21時57分発の快速「マリンライナー68号」があるので、これに乗り継ぐと、茶屋町駅に22時22分に到着する（または、多度津駅で「いしづち102号」を降り（21時30分着）、21時34分発の普通列車（5258M）→坂出駅（上段）21時50分着→坂出駅（下段）21時57分発の快速「マリンライナー68号」に乗り継いでも茶屋町駅に22時22分に到着する）。

d．**誤り。**普通列車（5258M）で琴平駅を21時14分に出発し、多度津駅で21時31分発の特急「いしづち102号」に乗り継ぐと、**21時55分に高松駅に到着する。**したがって、“最も早く到着するように乗り継ぐと、高松駅到着時刻は22時08分”とする本肢の記述は誤りである。

ポイント整理 JR時刻表の記号（主なもの）

JR時刻表はJR運賃・料金の知識を増やすのにうってつけの学習教材である。できれば1冊は手元において基本的な見方を理解しておくとよい。

JR時刻表で使われている主な記号とその意味をまとめると次のとおりである。

特急	特急列車
急行	急行列車
（寝台列車マーク）	寝台列車
快速　区快　新快　通快　特快　通特　直快	快速列車
Gran Class（塗りつぶし）	グランクラス（飲料・軽食あり）
Gran Class（白抜き）	グランクラス（飲料・軽食なし）
（ダイヤマーク）	プレミアムグリーン
個4	グリーン個室（4人用）（個4の「4」等の数字はグリーン個室の定員）
（グリーンマーク）	グリーン車指定席
（グリーンマーク白抜き）	グリーン車自由席
全	普通車の全車両が指定席
（座席マーク）	普通車の一部車両が指定席
（SLマーク）	SLで運転
A1	A寝台1人個室〈シングルデラックス〉
B1	B寝台1人個室〈ソロ〉〈シングルツイン〉〈シングル〉
B2	B寝台2人個室〈サンライズツイン〉
（ナイフ・フォーク）	食堂車
（カップ）	ビュッフェ・カフェテリア
↳	列車の直通・分割・併結
◆	運転日に注意
レ	通過
‖	他線区経由
＝	この駅止まり
⑦	列車の発着番線

※JR時刻表上に「休日運休（休日運転）」などの表示がある場合の“休日”とは、**日曜日・祝日・振替休日・国民の休日**を指す。

6 国内航空運賃・料金（1）

問題 27　重要度 A　令1　✓□□

全日空の航空券の取扱いに関する次の記述のうち、正しいものはどれか。

a.「ANA SUPER VALUE」の支払い期限は、予約日を含め2日以内である。
b.「ANA VALUE」は、搭乗日の75日前に取り消しをする場合、取消手数料はかからない。
c.「ANA FLEX」は、大人用と小児用があり、小児用は大人用の半額である。
d.「ANA FLEX」の取消手数料は、予約便出発時刻以降、運賃額の100%である。

問題 28　重要度 A　令5　✓□□

日本航空の運賃に関する次の記述のうち、正しいものはどれか。

a.「往復セイバー」に小児割引は適用されない。
b. 同一区間の往路に「セイバー」運賃、復路に「スペシャルセイバー」運賃を往復同時に予約しない場合でも、「往復セイバー」は適用される。
c.「往復セイバー」で、往路、復路ともに「セイバー」運賃を適用した航空券を、往路搭乗後、復路搭乗日の3日前に取り消し、払い戻しをした場合、取消手数料は税抜運賃額の50%相当額である。
d.「往復セイバー」を適用した航空券で、予約便の出発前までに取り消しの連絡をしないで往路の予約便に乗り遅れた場合、取消手数料は往復旅程全体の税抜運賃額の100%である。

問題 27 解説 解答 a

a．**正しい。**記述のとおり。「ANA SUPER VALUE」を適用した航空券の支払い（購入）期限は、**予約日を含め2日以内**（予約日の翌日まで）である。

b．**誤り。**「ANA VALUE」を適用した航空券の予約を取り消す場合、**航空券購入後から直ちに取消手数料**（航空券購入後、予約便出発時刻までは運賃額の5％相当額、予約便出発時刻以降は運賃額の100％）**がかかる。**

c．**誤り。**「ANA FLEX」は、年間を通して設定されている基本運賃である。**満3歳以上12歳未満**（3歳～11歳）の旅客が利用する場合は、**小児ディスカウント**により、大人の運賃の**25％**相当の割引を受けることができる。したがって、“小児用は大人用の半額である”とする本肢の記述は誤りである。

d．**誤り。**「ANA FLEX」を適用した航空券の予約便出発時刻以降の取消手数料は、運賃額の**20％相当額**である（航空券購入後、予約便出発時刻までは取消手数料は不要で、払戻手数料（440円）のみがかかる）。

問題 28 解説 解答 d

a．**誤り。**小児割引は、満3歳以上12歳未満の旅客が「フレックス」、「セイバー」、「スペシャルセイバー」、「**往復セイバー**」の各運賃を利用する場合に、税抜運賃額の25％引きとなる割引制度である。

b．**誤り。**「往復セイバー」は、**往路と復路を同時に予約する場合に限り**適用される。

c．**誤り。**「往復セイバー」は、**往復とも未使用の場合に限り**払戻しが可能であり、**片道のみの払戻しは不可**である。したがって、本肢のように往路搭乗後に払い戻すことはできない。

d．**正しい。**「往復セイバー」を適用した航空券の取消手数料は、往路の払戻日時を基準として算出する。本肢のように往復ともに未使用で、往路の出発時刻以降の払戻しとなる場合は、復路の搭乗日にかかわらず、往復の旅程全体に対して税抜運賃額の100％の取消手数料がかかる。

6 国内航空運賃・料金（2）

問題 29　重要度 A　令 2・3- 改　✓□□

日本航空の航空券の取扱いに関する次の記述のうち、正しいものはどれか。

a．小児割引は、旅客が満 11 歳の時に航空券を購入すれば、搭乗日当日に満 12 歳の誕生日を迎える場合にも適用される。

b．「スペシャルセイバー」を適用した航空券は、搭乗日当日、出発空港において予約便より前の便に空席がある場合、予約便を変更することができる。

c．「スカイメイト」は、満 12 歳以上 26 歳未満の旅客に適用され、搭乗日前日の午前 0 時から予約ができる。

d．「当日シニア割引」は、満 65 歳以上の旅客に適用され、搭乗日当日の午前 0 時から予約ができる。

問題 29　解説　　**解答　d**

a．**誤り**。小児割引は満 3 歳以上 12 歳未満（3 歳～ 11 歳）の旅客が「フレックス」、「セイバー」、「スペシャルセイバー」、「往復セイバー」の各運賃を利用する場合に適用される。運賃は、航空券購入時ではなく、**搭乗日時点の旅客の年齢**に応じて有効なものを適用するので、本肢のように搭乗日当日に満 12 歳の誕生日を迎える場合、小児割引を適用することはできない。

b．**誤り**。「スペシャルセイバー」を適用した航空券は、**航空券購入後**の搭乗便、搭乗日の**変更は一切できない**（**予約便に限り有効**）。搭乗日当日、出発空港において空席がある場合でも別の便へ変更することはできない。

なお、**搭乗日当日の空港**において、**予約便と同じ便**の**上位クラス**（クラス J、ファーストクラス）に空席がある場合は、別途、加算額（当日アップグレード料金）を支払って上位クラスの座席を利用することができる（JAL 公式サイト、アプリを利用する場合は、**予約便の出発 3 時間前**から当日アップグレードのオンライン申込みが可能）。

c．**誤り**。「スカイメイト」は満 12 歳以上 26 歳未満の旅客を対象とする運賃で、搭乗日**当日**の午前 0 時から予約が可能である。したがって、“搭乗日前日の午前 0 時から予約ができる”とする本肢の記述は誤りである。

d．**正しい**。記述のとおり。「当日シニア割引」は、c の「スカイメイト」と同様に、**搭乗日当日の午前 0 時**から予約が可能である。

ポイント整理　国内航空と JR の年齢区分

	国内航空	JR
大人	12 歳以上（小学生でも**大人**）	12 歳以上（小学生は**小児**）
小児	**3 歳**以上 12 歳未満	**6 歳**以上 12 歳未満（小学校入学前は**幼児**）
同伴幼児（無賃）	3 歳未満 ※大人 1 人につき**幼児 1 人**が無賃	1 歳以上 6 歳未満 ※大人または小児 1 人につき**幼児 2 人**が無賃
同伴乳児（無賃）	——	1 歳未満　※人数に関係なく無賃

6 国内航空運賃・料金（3）

問題 30　重要度 A　令 5- 改　✓□□

日本航空の以下の予約便（購入済）を 9 月 12 日（搭乗日 10 日前）に取り消し、払い戻しをした場合、返金額で正しいものは次のうちどれか。

運賃情報

合計金額　**16,950円**

金額内訳を表示する

旅程1

スペシャルセイバー	大人：1名 × 15,000円
合計	**15,000円**

そのほか

国内線旅客施設使用料	大人：1名 × 450円
消費税	1,500円
合計	**1,950円**

予約詳細

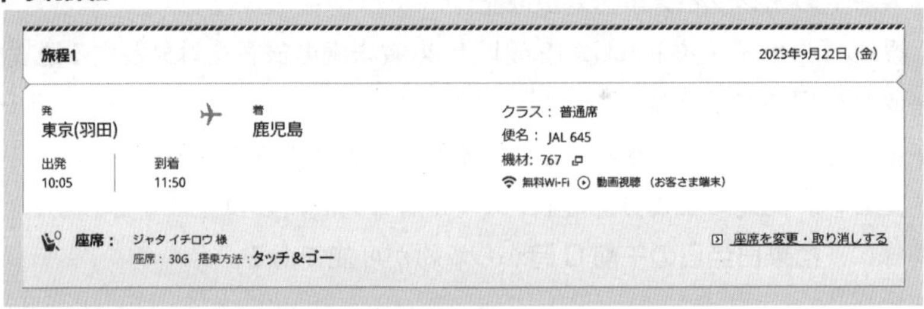

a．（16,950 円 − 450 円）× 50% = 8,250 円
16,950 円 − 8,250 円 − 440 円 = 8,260 円　　8,260 円

b．（16,950 円 − 450 円）× 50% = 8,250 円
16,950 円 − 8,250 円 = 8,700 円　　8,700 円

c．（16,950 円 − 450 円 − 1,500 円）× 50% = 7,500 円
16,950 円 − 7,500 円 − 440 円 = 9,010 円　　9,010 円

d．（16,950 円 − 450 円 − 1,500 円）× 50% = 7,500 円
16,950 円 − 7,500 円 = 9,450 円　　9,450 円

問題 30 解説 解答 d

JALの「スペシャルセイバー」を適用し、9月22日に搭乗予定の便を、**搭乗日の10日前**（9月12日）に取り消し、払い戻した場合の返金額を求める問題である。

「スペシャルセイバー」を適用した航空券を購入後、搭乗日の54日前から出発時刻までに取り消し、払い戻す場合は、**税抜運賃額の50%相当額の取消手数料**がかかる。**旅客施設使用料および消費税は取消手数料の対象とならない**ので、設問の「運賃情報」に記載されている合計金額の16,950円から、旅客施設使用料450円と消費税1,500円を差し引いて税抜運賃額を求め、その50%に当たる額が取消手数料となる。

（16,950円－450円－1,500円）×50%＝**7,500円（取消手数料）**

合計金額から「取消手数料」を差し引き、返金額を求める（JALの航空券を払い戻す場合、「払戻手数料」は不要）。

16,950円－7,500円＝**9,450円**

以上により、dが正解である。

ポイント整理 スペシャルセイバーの取消手数料

「スペシャルセイバー」の取消手数料（率）は次のとおりである。

取消時期	取消手数料
① 航空券購入後～搭乗日の55日前まで	税抜運賃額の約5%相当額
② 搭乗日の54日前～出発時刻まで	税抜運賃額の約50%相当額
③ 出発時刻以降	税抜運賃額の100%

※予約の取り消しのみを行い、後日、航空券を払い戻す場合は、**払い戻し手続き日**を基準に取消手数料が適用される。

6 国内航空運賃・料金（4）

問題 31　重要度 A　平 28- 改　✓□□

以下のｅチケットお客様控を９月20日（10日前）に取り消し、払い戻しをした場合、返金額で正しいものは次のうちどれか。

ＡＮＡｅチケットお客様控
ANA TICKET ISSUANCE NOTICE
ジャタ　イチロウ様
1.9月　30日　ANA 243便　8:30発　座席SEAT　6K
東京/羽田⇨福岡　予約番号　123
TOKYO/HANEDA-FUKUOKA　RESERVATION NO.
スーパーバリュー45L　♪スキップ♪

合計運賃額　¥19, 460
FARE/CHARGE(TAXINCL)
確認番号　123 456 789
RECEPTION NO.
保安検査場は出発の15分前までにお通り下さい
搭乗口へは出発の10分前までにお越し下さい

航空券有効期限　1.2016年　9月30日
発行所(☆☆☆)
発行日　○-○-○

※券面額には各空港の旅客施設使用料が含まれている。
羽田空港 450 円 / 福岡空港 110 円

a．(19,460 円－ 450 円－ 110 円) × 60% ＝ 11,340 円
19,460 円－ 440 円－ 11,340 円＝ 7,680 円　7,680 円

b．(19,460 円－ 450 円－ 110 円) × 50% ＝ 9,450 円
19,460 円－ 440 円－ 9,450 円＝ 9,570 円　9,570 円

c．(19,460 円－ 450 円－ 110 円) × 40% ＝ 7,560 円
19,460 円－ 440 円－ 7,560 円＝ 11,460 円　11,460 円

d．(19,460 円－ 450 円－ 110 円) × 30% ＝ 5,670 円
19,460 円－ 440 円－ 5,670 円＝ 13,350 円　13,350 円

問題31 解説 解答 a

ANAの「SUPER VALUE 45」（スーパーバリュー）（以降の解説は「スーパーバリュー45」とする）を適用し、9月30日に搭乗予定の航空券（eチケット）を、**搭乗日の10日前**（9月20日）に取り消し、払い戻した場合の返金額を求める問題である。券面額は19,460円で、券面下の※にあるとおり、この額には**各空港の旅客施設使用料（羽田450円/福岡110円）が含まれている**。なお、ANAの航空券を払い戻す場合は、「取消手数料」のほかに、「払戻手数料」もかかる点に注意が必要である。

払戻手数料 航空券1枚（1区間）につき440円

取消手数料

「スーパーバリュー45」を適用した航空券を購入後、その予約を取り消す場合は、下記「ポイント整理」にあるとおり、取消時期に応じて、適用運賃に30～100%の取消手数料がかかる。

本問では**搭乗日の10日前に予約を取り消しているので**、「ポイント整理」表中⑤の「搭乗日の13日前～出発時刻まで」に該当し、適用される**取消手数料の率は60%**である（**各空港の旅客施設使用料である450円および110円を差し引いた額**をもとに取消手数料を算出する）。

（19,460円－450円－110円）×**60%＝11,340円（取消手数料）**

券面額から「払戻手数料」（440円）と「取消手数料」（11,340円）を差し引いた残額が旅客に返金される。

19,460円－440円－11,340円＝**7,680円**

以上により、aが正解である。

ポイント整理 ANA SUPER VALUE 45の取消手数料

「ANA SUPER VALUE 45」の取消手数料（率）は次のとおりである。

SUPER VALUE 21・28・45・55・75共通

取消時期	取消手数料
① 航空券購入後～搭乗日の55日前まで	不要
② 搭乗日の54日前～45日前まで	運賃の約30%相当額
③ 搭乗日の44日前～28日前まで	運賃の約40%相当額
④ 搭乗日の27日前～14日前まで	運賃の約50%相当額
⑤ 搭乗日の13日前～出発時刻まで	運賃の約60%相当額
⑥ 出発時刻以降	運賃額の100%

7 宿泊料金（1）

問題 32　重要度 A　令 1- 改　✓□□

大人１人の基本宿泊料が１泊２食 20,000 円（サービス料別・税金別）の鬼怒川温泉の温泉旅館に、大人２人と７歳の子供１人で１泊する場合、宿泊客が支払うべき宿泊料金等の総額で正しいものは次のうちどれか。

※モデル宿泊約款により算出するものとする。
※子供は「子供用食事と寝具」を提供するものとする。
※サービス料は 10%とする。
※入湯税は１人 150 円（12 歳未満は免除）とする。
※追加料金は発生しないものとする。

a．基本宿泊料　20,000 円× 2 人＋（20,000 円× 50%）× 1 人＝ 50,000 円 …… ①
　サービス料　50,000 円× 10%＝ 5,000 円 …… ②
　消費税　50,000 円× 10%＝ 5,000 円 …… ③
　入湯税　150 円× 2 人＝ 300 円 …… ④
　①＋②＋③＋④＝ 60,300 円

b．基本宿泊料　20,000 円× 2 人＋（20,000 円× 50%）× 1 人＝ 50,000 円 …… ①
　サービス料　50,000 円× 10%＝ 5,000 円 …… ②
　消費税　（50,000 円＋ 5,000 円）× 10%＝ 5,500 円 …… ③
　入湯税　150 円× 2 人＝ 300 円 …… ④
　①＋②＋③＋④＝ 60,800 円

c．基本宿泊料　20,000 円× 2 人＋（20,000 円× 70%）× 1 人＝ 54,000 円 …… ①
　サービス料　54,000 円× 10%＝ 5,400 円 …… ②
　消費税　54,000 円× 10%＝ 5,400 円 …… ③
　入湯税　150 円× 2 人＝ 300 円 …… ④
　①＋②＋③＋④＝ 65,100 円

d．基本宿泊料　20,000 円× 2 人＋（20,000 円× 70%）× 1 人＝ 54,000 円 …… ①
　サービス料　54,000 円× 10%＝ 5,400 円 …… ②
　消費税　（54,000 円＋ 5,400 円）× 10%＝ 5,940 円 …… ③
　入湯税　150 円× 2 人＝ 300 円 …… ④
　①＋②＋③＋④＝ 65,640 円

問題 32 解説　解答 b

大人２人と７歳の子供１人の計３人が温泉旅館に１泊する場合の宿泊料金等の総額を求める問題である。本問のポイントは次のとおり。

- 子供料金は、**小学生以下の子供に適用され**、大人料金（基本宿泊料）に次の料率を乗じた額とされている。

大人に準じる食事と寝具を提供したとき	70%
子供用食事と寝具を提供したとき	50%
寝具のみを提供したとき	30%

本問の子供は７歳（小学生）で、“子供は**「子供用食事と寝具」**を提供”とあるので、この場合の子供料金は**大人料金（20,000 円）の 50%**である。

- サービス料は、「基本宿泊料」および「追加料金」（追加飲食代、カラオケなどの施設利用料）のそれぞれに対してかかる。本問では“追加料金は発生しない”ので、**基本宿泊料に対して 10%のサービス料**がかかる。
- 消費税は、「基本宿泊料」および「追加料金」、これらにかかる「サービス料」に対して課せられる。前述のとおり、本問では追加料金は発生しないので、**「基本宿泊料」と「基本宿泊料にかかるサービス料」の合計額に対して 10%の消費税**が課税される。
- 入湯税は“１人 150 円（**12 歳未満は免除**）”とあるので、**大人２人分の入湯税**が課税される。

以上をもとに、宿泊料金等の総額を算出する。

① 基本宿泊料　大人　20,000 円×２人＝ 40,000 円
子供　20,000 円× 50%×１人＝ 10,000 円
40,000 円＋ 10,000 円＝ **50,000 円**

② サービス料　50,000 円× 10%＝ **5,000 円**

③ 消費税　（① 50,000 円＋② 5,000 円）× 10%＝ **5,500 円**

④ 入湯税　150 円×２人＝ **300 円**

①～④で求めた額を合計する。①＋②＋③＋④＝ **60,800 円**

以上により、ｂが正解である。

国内旅行実務

7 宿泊料金（2）

問題 33　重要度 A　令 2　✓□□

大人 1 人の基本宿泊料が 1 泊夕・朝食付き 10,000 円（サービス料別・税金別）の福岡県朝倉市原鶴温泉の温泉旅館に大人 2 人と 10 歳の子供 1 人で 1 泊する場合、宿泊客が支払うべき宿泊料金等の総額で正しいものは次のうちどれか。

※モデル宿泊約款により算出するものとする。
※子供は「大人に準じる食事と寝具」を提供するものとする。
※サービス料は 10%とする。
※入湯税は 1 人 1 泊につき 150 円（12 歳未満は免除）とする。
※宿泊税は宿泊者 1 人 1 泊につき 200 円とする。
※追加料金は発生しないものとする。

a．基本宿泊料　10,000 円× 2 人＋（10,000 円× 50%）× 1 人＝ 25,000 円 …… ①
　サービス料　25,000 円× 10%＝ 2,500 円 …… ②
　消費税　（25,000 円＋ 2,500 円）× 10%＝ 2,750 円 …… ③
　入湯税　150 円× 2 人＝ 300 円 …… ④
　宿泊税　200 円× 2 人＝ 400 円 …… ⑤
　①＋②＋③＋④＋⑤＝ 30,950 円

b．基本宿泊料　10,000 円× 2 人＋（10,000 円× 50%）× 1 人＝ 25,000 円 …… ①
　サービス料　25,000 円× 10%＝ 2,500 円 …… ②
　消費税　（25,000 円＋ 2,500 円）× 10%＝ 2,750 円 …… ③
　入湯税　150 円× 2 人＝ 300 円 …… ④
　宿泊税　200 円× 3 人＝ 600 円 …… ⑤
　①＋②＋③＋④＋⑤＝ 31,150 円

c．基本宿泊料　10,000 円× 2 人＋（10,000 円× 70%）× 1 人＝ 27,000 円 …… ①
　サービス料　27,000 円× 10%＝ 2,700 円 …… ②
　消費税　（27,000 円＋ 2,700 円）× 10%＝ 2,970 円 …… ③
　入湯税　150 円× 2 人＝ 300 円 …… ④
　宿泊税　200 円× 2 人＝ 400 円 …… ⑤
　①＋②＋③＋④＋⑤＝ 33,370 円

d．基本宿泊料　10,000円×２人＋（10,000円×70%）×１人＝27,000円 …… ①
　　サービス料　27,000円×10%＝2,700円 …… ②
　　消費税　（27,000円＋2,700円）×10%＝2,970円 …… ③
　　入湯税　150円×２人＝300円 …… ④
　　宿泊税　200円×３人＝600円 …… ⑤
①＋②＋③＋④＋⑤＝ 33,570円

問題 33　解説　解答 d

大人２人と10歳の子供１人の計３人が温泉旅館に１泊する場合の宿泊料金等の総額を求める問題である。

① 基本宿泊料

大人の基本宿泊料は10,000円である。子供料金は小学生以下の子供に適用され、本問の10歳の子供には **"「大人に準じる食事と寝具」を提供する"** とあるので、**大人の基本宿泊料に70%を乗じた額が子供料金となる。**

10,000円×２人＋（10,000円×70%）×１人＝ **27,000円**

② サービス料

「基本宿泊料」に対して **10%のサービス料**がかかる（"追加料金は発生しない"とあるので、本問では基本宿泊料のみがサービス料の対象となる）。

27,000円×10%＝ **2,700円**

③ 消費税

「①基本宿泊料」と「②基本宿泊料にかかるサービス料」の合計額に対し、**消費税10%**が課税される。

（27,000円＋2,700円）×10%＝ **2,970円**

④ 入湯税

入湯税は "１人１泊につき150円（**12歳未満は免除**）" とあるので、大人２人が課税の対象となり、**10歳の子供には入湯税はかからない。**

150円×２人＝ **300円**

⑤ 宿泊税

宿泊税は "宿泊者１人１泊につき200円" とあるので、**宿泊者全員が課税の対象**となる。200円×３人＝ **600円**

①～⑤で求めた額を合計する。①＋②＋③＋④＋⑤＝ **33,570円**

以上により、ｄが正解である。

国内旅行実務

7 宿泊料金（3）

問題 34　重要度 A　令4　✓□□

東京都にあるホテルにおいて、基本宿泊料が1泊室料27,000円（サービス料別・税金別）のトリプルルーム1室に大人3人が食事なしで1泊する場合、宿泊客が支払うべき宿泊料金等の総額で正しいものは次のうちどれか。

※モデル宿泊約款により算出するものとする。

※サービス料は10%とする。

※追加料金は発生しないものとする。

※東京都の宿泊税の税率

宿泊料金（1人1泊）	税率
10,000円未満	課税されない
10,000円以上15,000円未満	100円
15,000円以上	200円

a．基本宿泊料　27,000円 ……… ①
サービス料　27,000円×10%＝2,700円 ……… ②
消費税　（27,000円＋2,700円）×10%＝2,970円 ……… ③
宿泊税　0円（課税されない） ……… ④
①＋②＋③＋④＝32,670円

b．基本宿泊料　27,000円 ……… ①
サービス料　27,000円×10%＝2,700円 ……… ②
消費税　（27,000円＋2,700円）×10%＝2,970円 ……… ③
宿泊税　200円 ……… ④
①＋②＋③＋④＝32,870円

c．基本宿泊料　27,000円 ……… ①
サービス料　27,000円×10%＝2,700円 ……… ②
消費税　（27,000円＋2,700円）×10%＝2,970円 ……… ③
宿泊税　100円×3人＝300円 ……… ④
①＋②＋③＋④＝32,970円

d．基本宿泊料　27,000円 ……… ①
サービス料　27,000円×10%＝2,700円 ……… ②
消費税　（27,000円＋2,700円）×10%＝2,970円 ……… ③
宿泊税　200円×3人＝600円 ……… ④
①＋②＋③＋④＝33,270円

問題 34 解説 解答 a

ホテルにおいて、1室当たりの室料（ルームチャージ）が27,000円（サービス料別・税金別）のトリプルルーム1室に、大人3人が食事なしで1泊する場合の宿泊料金等の総額を求める問題である。

① 基本宿泊料

食事の提供がない場合は、**室料のみの1室当たりの料金**が基本宿泊料となる。

27,000円

② サービス料

※部分に“追加料金は発生しない”とあるので、①の**「基本宿泊料」のみに対して、10%のサービス料がかかる**。

27,000円×10%＝**2,700円**

③ 消費税

「基本宿泊料（①）」と「基本宿泊料にかかるサービス料（②）」の合計額に対して、**消費税10%**が課税される。

（27,000円＋2,700円）×10%＝**2,970円**

④ 宿泊税

設問の「※東京都の宿泊税の税率」の表に記載されているとおり、宿泊税は、**1人1泊当たりの宿泊料金によって課税額が異なる**。したがって、1室当たりの室料を基本宿泊料とするホテルにおいて、1室に2人以上で宿泊する場合には、1室当たりの宿泊料金（①の**基本宿泊料**＋②の**基本宿泊料にかかるサービス料**）を宿泊人数で割って、**1人当たりの宿泊料金を算出し、その額をもとに宿泊税を適用する**。本問の場合、室料27,000円のトリプルルームを3人で利用しているので、1人1泊当たりの宿泊料金は次のとおり。

（27,000円＋2,700円）÷3＝9,900円

9,900円は、税率の表中“10,000円未満”に該当するため、**宿泊税は課税されない**（0円）。

①～④で求めた額を合計する。①＋②＋③＋④＝**32,670円**

以上により、aが正解である。

国内旅行実務

7 宿泊料金（4）

問題 35　重要度 A　令5　✓□□

長崎市内にあるホテルにおいて、基本宿泊料が１泊室料 18,000 円（サービス料別・税金別）のツインルーム１室に大人２人と、基本宿泊料が１泊室料 12,000 円（サービス料別・税金別）のシングルルーム１室に大人１人が、いずれも食事なしで１泊する場合、これらの宿泊客が支払うべき宿泊料金等の総額で正しいものは次のうちどれか。

※モデル宿泊約款により算出するものとする。　※サービス料は 10%とする。

※追加料金は発生しないものとする。

※長崎市の宿泊税の税率（抜粋）

宿泊料金（1人1泊）	税率
10,000 円未満	100 円
10,000 円以上 20,000 円未満	200 円

a．基本宿泊料　18,000 円× 1 室＋ 12,000 円× 1 室＝ 30,000 円 ……… ①
　　サービス料　30,000 円× 10%＝ 3,000 円 ……… ②
　　消費税　（30,000 円＋ 3,000 円）× 10%＝ 3,300 円 ……… ③
　　宿泊税　100 円× 2 人＋ 200 円× 1 人＝ 400 円 ……… ④
　　①＋②＋③＋④＝ 36,700 円

b．基本宿泊料　18,000 円× 1 室＋ 12,000 円× 1 室＝ 30,000 円 ……… ①
　　サービス料　30,000 円× 10%＝ 3,000 円 ……… ②
　　消費税　（30,000 円＋ 3,000 円）× 10%＝ 3,300 円 ……… ③
　　宿泊税　200 円× 3 人＝ 600 円 ……… ④
　　①＋②＋③＋④＝ 36,900 円

c．基本宿泊料　18,000 円× 1 室＋ 12,000 円× 1 室＝ 30,000 円 ……… ①
　　サービス料　30,000 円× 10%＝ 3,000 円 ……… ②
　　宿泊税　100 円× 2 人＋ 200 円× 1 人＝ 400 円 ……… ③
　　消費税　（30,000 円＋ 3,000 円＋ 400 円）× 10%＝ 3,340 円 ……… ④
　　①＋②＋③＋④＝ 36,740 円

d．基本宿泊料　18,000 円× 1 室＋ 12,000 円× 1 室＝ 30,000 円 ……… ①
　　サービス料　30,000 円× 10%＝ 3,000 円 ……… ②
　　宿泊税　200 円× 3 人＝ 600 円 ……… ③
　　消費税　（30,000 円＋ 3,000 円＋ 600 円）× 10%＝ 3,360 円 ……… ④
　　①＋②＋③＋④＝ 36,960 円

問題35 解説 解答 a

ホテルのツインルーム1室に大人2人、シングルルーム1室に大人1人が、いずれも食事なしで1泊する場合の宿泊料金等の総額を求める問題である。

① 基本宿泊料

食事の提供がない場合は、**室料のみの1室当たりの料金**が基本宿泊料となる。

18,000円×1室＋12,000円×1室＝**30,000円**

② サービス料

※部分に“追加料金は発生しない”とあるので、①の**「基本宿泊料」のみに対して、10%のサービス料がかかる。**

30,000円×10%＝**3,000円**

③ 消費税

「基本宿泊料（①）」と「基本宿泊料にかかるサービス料（②）」の合計額に対して、**消費税10%**が課税される。

（30,000円＋3,000円）×10%＝**3,300円**

④ 宿泊税

宿泊税を導入している都道府県または市町村のホテルや旅館に宿泊する場合に、**1人1泊当たりの宿泊料金（室料および室料にかかるサービス料の合計額）**に対して宿泊税が課税される。1室当たりの室料を基本宿泊料とするホテルにおいて**1室に2人以上で宿泊する**場合は、**1人当たりの宿泊料金に換算して宿泊税を適用する。**なお、宿泊税は**消費税の課税対象外**である（消費税はかからない）。

- ツインルーム（大人2人で利用）

  1人1泊当たりの宿泊料金（室料および室料にかかるサービス料の合計額）は、（18,000円＋1,800円）÷2＝9,900円である。9,900円は、宿泊税の税率表の“10,000円未満”に該当するため、宿泊税は1人1泊100円となる。したがって、ツインルームを利用する大人2人分の宿泊税は、100円×2人＝200円である。

- シングルルーム（大人1人で利用）

  大人1人当たりの宿泊料金は、12,000円＋1,200円＝13,200円で、この額は税率表の“10,000円以上20,000円未満”に該当する。したがって、シングルルームを利用する大人1人分の宿泊税は、200円×1人＝200円である。

宿泊税の合計額…100円×2人＋200円×1人＝**400円**

①～④で求めた額を合計する。①＋②＋③＋④＝**36,700円**

以上により、aが正解である。

8 貸切バス運賃（1）

問題 36　重要度 A　令 5- 改

以下の行程（1泊2日）を標準的装備の大型車で運行するとき、1台あたりの貸切バスの運賃の合計額で正しいものは次のうちどれか。

［行程］

（1日目）

7：30 出庫 ―回送（30分）15km― 8：00 配車地 ―旅客乗車走行・待機（8時間30分）180km― 16：30 旅館着（泊）

（2日目）

9：00 旅館発 ―旅客乗車走行・待機（7時間30分）170km― 16：30 帰着地 ―回送（30分）15km― 17：00 帰庫

※「一般貸切旅客自動車運送事業の運賃・料金の変更命令について（令和5年8月25日付関東運輸局長公示）」によるものとする。
※運賃は時間・キロ併用制運賃とする。
※時間制運賃（1時間あたり）7,000円とする。
※キロ制運賃（1kmあたり）170円とする。
※運賃の割引、消費税の計算は行わないものとする。
※この行程に関わる料金は考慮しないものとする。
※この行程において、バスは1日目の旅館着後、2日目の旅館発まで走行しないものとする。

a．時間制運賃　7,000円×19時間＝133,000円 ……… ①
　キロ制運賃　170円×350km＝59,500円 ……… ②
　①＋②＝ 192,500円

b．時間制運賃　7,000円×19時間＝133,000円 ……… ①
　キロ制運賃　170円×380km＝64,600円 ……… ②
　①＋②＝ 197,600円

c．時間制運賃　7,000円×21時間＝147,000円 ……… ①
　キロ制運賃　170円×350km＝59,500円 ……… ②
　①＋②＝ 206,500円

d．時間制運賃　7,000円×21時間＝147,000円 ……… ①
　キロ制運賃　170円×380km＝64,600円 ……… ②
　①＋②＝ 211,600円

問題36 解説 解答 d

貸切バスの運賃は、**「時間制運賃」**と**「キロ制運賃」**によって構成されている（時間・キロ併用制運賃）。

① 時間制運賃 1時間当たり7,000円

時間制運賃は、「点呼点検時間」と「走行時間」を合計した時間に、1時間当たりの運賃を乗じて求める。

【点呼点検時間】

本問のように**宿泊をともなう**運送の場合、出庫前および帰庫後の各1時間に加えて、宿泊場所到着後および宿泊場所出発前の各1時間の合計**4時間**を点呼点検時間とする。

【走行時間】

走行時間とは、出庫から帰庫までの拘束時間をいい、**回送時間を含む**。本問の行程における走行時間は、1日目の出庫（7：30）から旅館着（16：30）までの9時間と、2日目の旅館発（9：00）から帰庫（17：00）までの8時間を合計した**17時間**である。

4時間＋17時間＝**21時間**（時間制運賃の対象時間）

7,000円×21時間＝**147,000円（時間制運賃）**

② キロ制運賃 1km当たり170円

走行距離（出庫から帰庫までの距離をいい、**回送距離を含む**）に、1km当たりの運賃を乗じてキロ制運賃を求める。

15km＋180km＋170km＋15km＝**380km**（キロ制運賃の対象距離）

170円×380km＝**64,600円（キロ制運賃）**

①と②で求めた額を合計する。①＋②＝**211,600円**

以上により、dが正解である。

ポイント整理 貸切バスの端数整理の方法

時間	30分未満 → 切り捨て
	30分以上 → 1時間単位に切り上げ
距離	10キロ未満 → 10キロ単位に切り上げ

8 貸切バス運賃（2）

問題 37　重要度 A　令4-改　✓□□

以下の行程（日帰り）を標準的装備の大型車で運行するとき、1台あたりの貸切バスの運賃および料金の合計額で正しいものは次のうちどれか。

［行程］

16：30 出庫	回送（30分） 14km	17：00 配車地	旅客乗車走行・待機（4時間30分） 70km	21：30 帰着地	回送（30分） 14km	22：00 帰庫

※「一般貸切旅客自動車運送事業の運賃・料金の変更命令について（令和5年8月25日付関東運輸局長公示）」によるものとする。
※運賃は時間・キロ併用制運賃とする。
※時間制運賃（1時間あたり）7,000円とする。
※キロ制運賃（1kmあたり）170円とする。
※深夜早朝運行料金（1時間あたり）1,400円とする。
※運賃および料金の割引、消費税の計算は行わないものとする。

a．時間制運賃　7,000円×7時間＝49,000円 ……… ①
　キロ制運賃　170円×90km＝15,300円 ……… ②
　①＋②＝ 64,300円

b．時間制運賃　7,000円×7時間＝49,000円 ……… ①
　キロ制運賃　170円×90km＝15,300円 ……… ②
　深夜早朝運行料金　1,400円×1時間＝1,400円 ……… ③
　①＋②＋③＝ 65,700円

c．時間制運賃　7,000円×8時間＝56,000円 ……… ①
　キロ制運賃　170円×100km＝17,000円 ……… ②
　①＋②＝ 73,000円

d．時間制運賃　7,000円×8時間＝56,000円 ……… ①
　キロ制運賃　170円×100km＝17,000円 ……… ②
　深夜早朝運行料金　1,400円×1時間＝1,400円 ……… ③
　①＋②＋③＝ 74,400円

問題37 解説　解答 d

貸切バスの運賃は**「時間制運賃」**と**「キロ制運賃」**によって構成されている（時間・キロ併用制運賃）。

① 時間制運賃　**1時間当たり7,000円**

時間制運賃は、「点呼点検時間」と「走行時間」を合計した時間に、1時間当たりの運賃を乗じて求める。

【点呼点検時間】

本問は**日帰り**の行程なので、点呼点検時間は出庫前1時間、帰庫後1時間の**合計2時間**である。

【走行時間】（出庫から帰庫までの拘束時間をいい、**回送時間を含む**）

本問の行程における走行時間は、出庫の16：30から帰庫の22：00までの**5時間30分**である。走行時間の端数は、**30分未満は切り捨て、30分以上は1時間に切り上げる。**

5時間30分→（切り上げ）→**6時間**

「点呼点検時間」と「走行時間」を合計した時間に、1時間当たりの運賃を乗じる。

2時間＋6時間＝**8時間**（時間制運賃の対象時間）

7,000円×8時間＝**56,000円（時間制運賃）**

② キロ制運賃　**1km当たり170円**

走行距離（出庫から帰庫までの距離をいい、**回送距離を含む**）に1km当たりの運賃を乗じてキロ制運賃を求める。走行距離の端数は、**10キロ未満は10キロ単位に切り上げる。**

14km ＋ 70km ＋ 14km ＝ 98km →（切り上げ）→ **100km**（キロ制運賃の対象距離）

170円× 100km ＝ **17,000円（キロ制運賃）**

③深夜早朝運行料金　**1時間当たり1,400円**

深夜早朝の時間帯（**22時以降翌朝5時までの間**）に、点呼点検時間、走行時間が含まれる場合、その時間帯に対し**深夜早朝運行料金**を適用する。

本問の場合、帰庫が22時なので、帰庫後の点呼点検にかかる22時から23時までの**1時間が深夜早朝運行料金の対象となる。**

1,400円×1時間＝**1,400円**

①〜③で求めた額を合計する。①＋②＋③＝**74,400円**

以上により、dが正解である。

9 フェリー運賃（1）

問題 38　重要度 A　令 3　✓□□

幼稚園の先生（大人）10 人、5 歳の幼稚園児 20 人、貸切バスの運転者 1 人、バスガイド 1 人の計 32 人の幼稚園の団体の旅客が、貸切バス（車長 11m 以上 12m 未満）1 台でフェリーの 2 等船室（自由席）を利用し、団体割引を適用して片道で乗船する場合、団体の旅客が支払う運賃（旅客運賃および貸切バス航送運賃）の総額で正しいものは次のうちどれか。

※海上運送法第 9 条第 3 項の規定に基づく標準運送約款によるものとする。

※ 2 等旅客運賃（片道／団体割引適用）大人 1 人　2,390 円、小児 1 人　1,200 円とする。

※運賃は、大人に同伴されて乗船する 1 歳以上の小学校に就学していない小児（団体として乗船する者および大人 1 人につき 1 人を超えて同伴されて乗船する者を除く。）は無料とする。

※自動車航送運賃　41,600 円（車長 11m 以上 12m 未満）とする。

a．2,390 円× 10 人＋ 1,200 円× 10 人＋ 41,600 円＝ 77,500 円　77,500 円

b．2,390 円× 11 人＋ 1,200 円× 10 人＋ 41,600 円＝ 79,890 円　79,890 円

c．2,390 円× 10 人＋ 1,200 円× 20 人＋ 41,600 円＝ 89,500 円　89,500 円

d．2,390 円× 11 人＋ 1,200 円× 20 人＋ 41,600 円＝ 91,890 円　91,890 円

問題 38　解説　解答 d

幼稚園の先生（大人）10 人、5 歳の幼稚園児 20 人、貸切バスの運転者 1 人、バスガイド 1 人の計 32 人がフェリーの**2 等船室（自由席）**を利用し、**団体割引を適用して**乗船する場合の運賃の総額を求める問題である。

- フェリーにおける旅客の年齢区分は、下記「ポイント整理」参照。
  12 歳以上の者（小学生を除く）は**大人**、12 歳未満の者および 12 歳以上の小学生は**小児**に区分される。また、**大人に同伴されて乗船する 1 歳以上の小学校に就学していない小児**は、原則として、大人 1 人につき小児 1 人まで無料となる。ただし、3 つ目の※に“団体として乗船する者…を除く”とあるとおり、幼稚園児など未就学の小児が**団体で乗船する場合は無料にならず、小児の旅客運賃が必要となる**。
- 自動車の航送には、**自動車航送運賃**（41,600 円）がかかる。自動車航送運賃には、**運転者 1 人が 2 等船室に乗船する運賃が含まれている**ので、**貸切バスの運転者**は自動車航送運賃を支払うことで乗船でき、別途、**大人の旅客運賃は不要である（バスガイドは旅客運賃が必要）**。したがって、本問の旅客が支払うべき運賃の総額は次のとおり。

① 大人 11 人分（バスの運転手以外）の 2 等旅客運賃
② 小児 20 人分の 2 等旅客運賃
③ 自動車航送運賃 1 台分（大人 1 人分の 2 等旅客運賃を含む）

2,390 円× 11 人＋ 1,200 円× 20 人＋ 41,600 円＝ **91,890 円**

以上により、d が正解である。

ポイント整理　フェリーの年齢区分

区分	年齢
大人	12 歳以上の者（小学生を除く）
小児	12 歳未満の者（ただし、**12 歳の小学生**は小児）

次の①または②に該当する場合、小児旅客運賃・料金が無料になる。

① **1 歳未満**の小児………人数に関係なく無料

② 大人に同伴されて乗船する **1 歳以上の小学校に就学していない**小児
（**団体として乗船する場合を除く**）………**大人 1 人につき小児 1 人まで無料**

＊①および②いずれの場合も、**指定制の座席や寝台を小児 1 人で使用する場合**は、小児旅客運賃・料金を適用する（無料にならない）。

国内旅行実務

9 フェリー運賃（2）

問題 39　重要度 A　令 4　✓□□

大人２人（自動車の運転者１人を含む）、８歳の小学生１人、４歳の子供１人の計４人が、自動車１台（車長 4m 以上 5m 未満）でフェリーの１等船室（指定席）を４席利用して片道で乗船する場合、旅客が支払うべき運賃の総額で正しいものは次のうちどれか。

※海上運送法第９条第３項の規定に基づく標準運送約款によるものとする。

※旅客運賃（片道）は下記の通りとする。

１等　大人１人　5,170 円、小児１人　2,590 円

２等　大人１人　3,110 円、小児１人　1,560 円

※自動車航送運賃（片道）は、１台 20,180 円（車長 4m 以上 5m 未満）とする。

a．5,170 円×１人＋ 2,590 円×１人＋ 20,180 円＝ 27,940 円　［27,940 円］

b．5,170 円×１人＋（5,170 円－ 3,110 円）×１人＋ 2,590 円×１人＋ 20,180 円
＝ 30,000 円　［30,000 円］

c．5,170 円×１人＋ 2,590 円×２人＋ 20,180 円＝ 30,530 円　［30,530 円］

d．5,170 円×１人＋（5,170 円－ 3,110 円）×１人＋ 2,590 円×２人＋ 20,180 円
＝ 32,590 円　［32,590 円］

問題39 解説　解答 d

大人２人（自動車の運転者１名を含む）と子供２人の合計４人が、自動車１台でフェリーの１等船室（指定席）を４席利用して片道で乗船する場合の運賃の総額を求める問題である。

- フェリーにおいて、12歳以上の者（小学生を除く）は**大人**、12歳未満の者および12歳以上の小学生は**小児**に区分される。また、**大人に同伴されて乗船する１歳以上の小学校に就学していない小児は、その小児が指定制の座席や寝台を単独で使用しない場合、大人１人につき小児１人まで無料**となる。
- 本問の場合、大人２人、８歳の小学生（小児）、４歳の子供の合計４人が“1等船室（指定席）を４席利用”とあるので、**４歳の子供も無料にはならず、小児２人分の旅客運賃**が必要である。
- 自動車１台を船送しているので、旅客運賃のほかに自動車航送運賃**20,180円**がかかる。自動車航送運賃には、**運転者１人が２等船室に乗船する運賃が含まれている**ため、大人２人のうち**１人は大人の旅客運賃**を支払い、もう**１人は自動車船送運賃**を支払うことで乗船することができる。ただし、本問で利用する座席は“1等船室”なので、この場合は、**「2等船室」と「1等船室」の旅客運賃の差額**が必要となる。

したがって、本問の運賃の総額は、次の①～④の合計額となる。

① 大人１人分の１等旅客運賃：5,170円×１人
② 大人１人分の２等船室と１等船室の旅客運賃の差額 ：(5,170円－3,110円）×１人
③ 小児２人分の１等旅客運賃：2,590円×２人
④ 自動車航送運賃１台分（大人１人分の２等旅客運賃を含む)：20,180円

5,170円×１人＋（5,170円－3,110円）×１人＋2,590円×２人＋20,180円
＝**32,590円**

以上により、ｄが正解である。

10 国内観光資源（1）北海道・東北

問題 40　重要度 A　✔□□

次の□に当てはまる語句を記入しなさい。

□① 支笏洞爺国立公園に属し「蝦夷富士」と称される□は日本百名山のひとつで、麓の京極町には、名水百選（昭和60年選定）に選ばれた水が湧き出している「ふきだし公園」がある。 令3

□② 明治、大正にかけ日本銀行をはじめ銀行の支店、商社や海運会社が軒を連ね、港を中心に貿易や金融の街として栄えた□市は、現在は夕暮れ時にはガス灯が灯り、運河沿いの石造り倉庫群もライトアップされ多くの観光客が訪れる。 平20

□③ 砂嘴でオホーツク海と隔てられた北海道最大の湖□の東部に位置する北見市常呂町は、ホタテ養殖や北海道遺産に選定されている海岸草原のワッカ原生花園のほか、カーリングの町としても知られている。 平30

□④ □温泉は、周辺に与謝野鉄幹・晶子夫妻の歌碑のある立待岬や五稜郭、トラピスチヌ修道院などの観光スポットに恵まれた、道内有数の温泉地である。 平15

□⑤ 北海道のポロト湖畔にある□は、アイヌ文化を復興・発展させる拠点となっており、国立アイヌ民族博物館や国立民族共生公園などの施設がある。 令2-改

□⑥ 石狩川沿いに続く断崖絶壁の□には、柱状節理の巨大な岩壁が屏風のように並ぶ「大函・小函」と呼ばれる壮大な景観や白糸のように優美な「銀河の滝」、力強く流れ落ちる「流星の滝」などがある。 平28

□⑦ 稚内の西に位置する細長い島である□は、島最北端のスコトン岬をはじめ、夏には約300種の高山植物の咲く「花の浮島」として知られている。 令5

□⑧ 青森県と秋田県にまたがる□は、新緑や紅葉の名所として知られ、その湖畔の子ノ口から焼山まで続く奥入瀬渓流には銚子大滝などがあり、渓流に沿って車道と遊歩道が整備されている。 令4

□⑨ 青森県十和田市にある□温泉は、源泉の上に浴槽があり、湯船の底板から空気に触れていない源泉が湧き出す「源泉湧き流し」の湯があることで知られている。 令5

□⑩ 青森県下北半島の西海岸にある［　　］は、海食作用によってできた凝灰岩の高さ200～300mの断崖で、如来の首、五百羅漢、一ツ仏、蓮華岩などと名付けられた神秘的に並ぶ巨岩、奇石がある。平29

□⑪ 岩手県南東部にある［　　］市には、人が住む母屋と馬小屋がL字形につながった南部曲り家と呼ばれる古民家を移築したふるさと村、カッパ伝説で知られるカッパ淵などの見どころがある。平27

□⑫ 慈覚大師円仁が開山し、藤原氏二代基衡から三代秀衡の時代に多くの伽藍が造営された［　　］は、世界文化遺産に登録されており、現在、大泉が池を中心とする浄土庭園と平安時代の伽藍遺構がほぼ完全な状態で保存されている。令4

□⑬ 宮古湾の入口にあり、三陸復興国立公園の見どころのひとつである［　　］は、白い岩肌と松の緑、海の青さとのコントラストが美しい景勝地である。平20-改

□⑭ 岩手県田野畑村にある陸中海岸を代表する［　　］は、200mの切り立った断崖が約8kmにわたって連なりを見せる景勝地で、三陸復興国立公園に属している。平28

□⑮ 宮城県南部、蔵王山東麓にある［　　］温泉は蔵王観光の拠点のひとつで、付近にある蔵王エコーラインから蔵王ハイラインを利用すると、エメラルドグリーンの水をたたえた円型の火口湖御釜を見ることができる。平25

□⑯ 江戸時代庄内藩14万石の城下町［　　］市には、藩校の「致道館」や御用商人として栄えた旧風間家住宅「丙申堂」など国指定の史跡、文化財が残り、湯野浜、湯田川などの温泉がある。平17

□⑰ 山形県内を流れる［　　］は、古口から草薙温泉まで舟下りを楽しむことができ、「五月雨をあつめて早し……」と松尾芭蕉の句にも詠われている。平13-改

□⑱ ［　　］市は、将棋の駒の特産地であり、東北地方有数の温泉地である。桜まつりの時期には、公園広場で人間将棋が行われる。平9

注　本書では選択肢を省略したが、実際の試験は四肢択一形式で出題され、［　　］に入る語句として4つの選択肢が用意されている（以下問題43まで同じ）。

問題40　解答

【北海道】① 羊蹄山　② 小樽　③ サロマ湖　④ 湯の川　⑤ ウポポイ（民族共生象徴空間）　⑥ 層雲峡　⑦ 礼文島　【青森県・秋田県】⑧ 十和田湖　【青森県】⑨ 蔦（つた）　⑩ 仏ヶ浦　【岩手県】⑪ 遠野　⑫ 毛越寺　⑬ 浄土ヶ浜　⑭ 北山崎　【宮城県】⑮ 遠刈田　【山形県】⑯ 鶴岡　⑰ 最上川　⑱ 天童

10 国内観光資源（2）関東・中部

問題41　重要度A　✓□□

次の［　　］に当てはまる語句を記入しなさい。

□① 茨城県潮来市で毎年5月下旬から6月下旬に催される水郷潮来［　　］は、初夏の訪れを告げる祭りで、会場の園内には約500種100万株の花々が一面に咲き、手漕ぎ「ろ舟」で嫁ぎ先へ向かう嫁入り舟も見ることができる。 平27-改

□② 戦場ヶ原の南方にあり、男体山の火口噴火物で堰き止められてできた［　　］湖の流出口からは日本三大名瀑の一つである華厳滝が流れ落ちる。 平19

□③ 榛名山の東腹に位置し、茶褐色の湯で知られる［　　］温泉には、石段を中心に旅館や土産物店が並び、数多くの美人画で知られる竹久夢二記念館がある。 平20

□④ 群馬県西部にあり、強酸性の硫黄泉である［　　］温泉は、標高約1,200mの高原に位置し、温泉が湯畑を中心に万代、西の河原などから湧出し、独特の入浴法である「時間湯」や「湯もみ」が行われることでも知られる。 平30

□⑤ 東京都の上野公園にある［　　］は、建築家ル コルビュジエが設計した日本で唯一の建築物で、フランスをはじめ日本を含む7か国において、2017年に世界文化遺産に登録された17の建築物のひとつである。 平28-改

□⑥ ［　　］湖の周辺には、箱根関所跡や旧街道などの見所が多く、観光客で賑わいを見せている。 平9-改

□⑦ 新潟市から北へ約60km、日本海に沈む夕日を眺めることができる［　　］温泉のある村上市には、鮭の遡上する三面川が市内を流れている。 平23

□⑧ 立山黒部アルペンルートの［　　］付近では、全線開通後の4月中旬からダイナミックな雪の壁（雪の大谷）を見ながら歩くことができる。 平30-改

□⑨ 高岡市にある［　　］は富山湾越しに3,000m級の立山連峰の一大パノラマが眺望でき、白い砂浜と松林の海辺が続く景勝地である。 平22-改

□⑩ 金沢城の西側に位置し、江戸時代に玉泉院丸（現在の玉泉院丸庭園）と金谷出丸（現在の尾山神社）を結ぶ出入口として使われていた［　　］門は、黒漆喰で仕上げられた海鼠壁の目地が特徴で、2020年7月に復元整備された。 令3

□⑪ 福井県北部の坂井市三国町の［　　　］は、「輝石安山岩の柱状節理」の断崖絶壁でゴツゴツとした岩が約1キロにわたって続いており、水面から25mもの高さから見下ろす景色はまさに絶景である。 平21

□⑫ 山梨県甲州市にある［　　　］は、武田信玄の菩提寺であり、16世紀に織田勢の焼き討ちの時に快川国師が三門楼上で「心頭滅却すれば火も自ずから涼し」と唱えた場所でもある。 平24

□⑬ 甲府市の北部に位置する［　　　］には、覚円峰、天狗岩などの奇岩や仙娥滝などがあり、四季折々で変化に富んだ渓谷美を楽しむことができる。 令1

□⑭ 長野県にある［　　　］には、標高1,289mから北アルプスの絶景が一望できる山頂テラス「HAKUBA MOUNTAIN HARBOR」があり、唐松沢雪渓や初雪の白色、紅葉の赤色、針葉樹の緑色からなる「三段紅葉」が見られるところとして知られている。 令5

□⑮ 白鶴城や酔月城とも呼ばれた小諸城の跡である［　　　］は、文豪島崎藤村の千曲川旅情で知られ、園内は桜の名所としても知られている。 平20

□⑯ 奥飛騨温泉郷のひとつ［　　　］温泉は、岐阜県と長野県を結ぶ安房トンネルの岐阜県側の玄関口に位置し、乗鞍、上高地、高山などの観光地を結ぶ交通の要所としてバスターミナルがある。 令4

□⑰ 奥美濃の小京都といわれる［　　　］は、「名水百選」に選ばれた宗祇水（そうぎすい）や夏には徹夜おどりが行われることで知られ、町並みが国の重要伝統的建造物群保存地区に選定されている。 令5

□⑱ 伊豆最古の温泉と言われる［　　　］温泉は、伊豆半島のほぼ中央にあり狩野川支流の桂川渓谷にある温泉で、弘法大師が湧出させたという「独鈷の湯」が有名である。 平18

□⑲ 木曽川沿いの小高い山の上にある［　　　］は、「白帝城」ともよばれ、16世紀に築かれたとされる天守が現存し、国宝に指定されている。 平26

問題41 解答

【茨城県】① あやめまつり 【栃木県】② 中禅寺 【群馬県】③ 伊香保 ④ 草津 【東京都】⑤ 国立西洋美術館 【神奈川県】⑥ 芦ノ 【新潟県】⑦ 瀬波 【富山県】⑧ 室堂 ⑨ 雨晴海岸 【石川県】⑩ 鼠多（ねずみた） 【福井県】⑪ 東尋坊 【山梨県】⑫ 恵林寺 ⑬ 昇仙峡 【長野県】⑭ 白馬岩岳マウンテンリゾート ⑮ 懐古園 【岐阜県】⑯ 平湯 ⑰ 郡上八幡 【静岡県】⑱ 修善寺 【愛知県】⑲ 犬山城

10 国内観光資源（3）近畿・中国・四国

問題 42　重要度 A　✓□□

次の□に当てはまる語句を記入しなさい。

□① 京都の奥座敷といわれる□は、川沿いに並ぶ飲食店の川床が夏の風物詩として知られ、和泉式部が参詣し不和となった夫との復縁を祈願し、その願いが成就した逸話が残る神社がある。 令 4

□② 京都三大祭のひとつ祇園祭は□の祭礼で、なかでも、祇園囃子の響く山鉾巡行が祭りの見どころとして知られている。 令 1- 改

□③ 京都市右京区にある臨済宗の古刹□は、世界文化遺産に登録されており、石庭として有名な白砂に 15 個の石を配した方丈庭園がある。 令 3

□④ 国宝に指定されている方丈がある京都市左京区の□は、蹴上インクラインの近くに位置し、境内には琵琶湖疏水の水路橋である水路閣があり、レンガ、花崗岩造りのアーチ型の橋脚は観光名所として知られている。 令 5

□⑤ 雲海に包まれた天空の城として知られる竹田城跡は、兵庫県□市にあり、山城遺跡として全国でもまれな完存する遺構であり、虎が臥せているように見えることから虎臥城とも呼ばれる。 平 26- 改

□⑥ 揖保川の近くにある城下町で、武家屋敷、白壁の土蔵が今もなお残り、播磨の小京都といわれる□は、うすくち醬油発祥の地としても知られ、国の重要伝統的建造物群保存地区に選定されている。 令 3

□⑦ 大阪三大夏祭りのひとつといわれる□は、本宮の夜、大川（旧淀川）に多くの船が行き交う船渡御が行われ、大川に映る篝火や提灯灯り、奉納花火が上がることから、火と水の祭典とも呼ばれている。 令 4

□⑧ 奈良市にある□は、鑑真が戒律を学ぶ人たちのための修行の道場として創建し、現在では、奈良時代建立の金堂、講堂が天平の息吹を伝える貴重な伽藍となっている。 平 30

□⑨「女人高野」と呼ばれる□は、シャクナゲやモミジが境内を美しく彩ることで知られ、屋外に立つ古塔としてわが国で最小の高さ 16m の五重塔がある。 令 3

□⑩ 和歌山県那智勝浦町にある西国三十三所第一番札所の□は、如意輪観世音（にょいりんかんぜおん）を祀る本堂や那智の滝との調和が美しい朱色の三重の塔で知られている。 平 29

□⑪ 鳥取県の北東部にあり、日本海の荒波によって形作られた海食地形の［　　　］海岸では、菜種五島、千貫松島、鴨ヶ磯、竜神洞などの海岸美を見ることができる。平 25

□⑫ 倉敷美観地区にあり、エル・グレコの「受胎告知」、モネの「睡蓮」などを収蔵する［　　　］は、昭和 5 年に開館したギリシャ神殿風造りの日本初の西洋美術中心の私立美術館である。平 18

□⑬ 古くから潮待ちの港として栄え、万葉集にも詠まれた福山市の［　　　］は、雁木に立つ常夜燈が代表的な景観として知られ、町並みは国の伝統的建造物群保存地区に選定されている。令 4

□⑭ 広島藩初代藩主の浅野長晟が別邸の庭園として築成した［　　　］は、中国の世界的な景勝地「西湖」を模してつくられたとも伝えられる回遊式庭園である。令 2- 改

□⑮ 山口県の日本海側に位置する［　　　］市には、毛利家の菩提寺である東光寺や明治維新の原動力になった高杉晋作、伊藤博文などを輩出した松下村塾などがある。平 16

□⑯ 徳島県鳴門市にある［　　　］は、古代壁画から現代絵画までの 1,000 点を超える西洋名画を特殊技術により原寸大の陶板で忠実に再現した陶板名画美術館で、日本にいながら世界の名画などを体験できるところとして知られている。平 27

□⑰ 瀬戸内海に浮かぶ［　　　］には、建築家の安藤忠雄氏が設計した建物の大半が地下に埋設された地中美術館があり、クロード モネ、ジェームズ タレルなどの作品が展示されている。平 28

□⑱ 現存する日本最古の芝居小屋といわれる［　　　］では、旧金毘羅大芝居として歌舞伎公演が行われ、四国路に春を告げる風物詩となっている。令 1

□⑲ 高知市にある四国霊場第 31 番札所［　　　］の周辺には、五台山公園、植物学者牧野富太郎の偉業を記念して作られた県立牧野植物園や記念館がある。令 5

問題 42　解答

【京都府】① 貴船　② 八坂神社　③ 龍安寺　④南禅寺　【兵庫県】⑤ 朝来　⑥ 龍野　【大阪府】⑦ 天神祭　【奈良県】⑧ 唐招提寺　⑨ 室生寺　【和歌山県】⑩ 青岸渡寺　【鳥取県】⑪ 浦富　【岡山県】⑫ 大原美術館　【広島県】⑬ 鞆の浦　⑭ 縮景園　【山口県】 ⑮ 萩　【徳島県】⑯ 大塚国際美術館　【香川県】⑰ 直島　⑱ 金丸座【高知県】⑲ 竹林寺

国内旅行実務

10 国内観光資源（4）九州・沖縄

問題 43　重要度 A　✓□□

次の［　　］に当てはまる語句を記入しなさい。

□① 筑後川が流れ込む有明海は、海苔の養殖や干潟にはねるムツゴロウがよく知られ、河口付近には、ドンコ舟による川下りで知られている［　　］市がある。平 18- 改

□② 佐賀県東部にある［　　］は、日本最大の規模を誇る弥生時代の環濠集落遺跡で、集落は濠と柵で囲まれ、物見櫓を持っていたとされ、高床式倉庫跡や多くの甕棺墓が発掘されている。平 15

□③ 17 世紀の初め新田開発の一環として、防風林、防砂林として植樹が行われた日本三大松原のひとつである虹の松原は、［　　］に沿った長さ約 4km にわたるクロマツを中心とした松原である。平 22

□④ 西海国立公園の九十九島巡り遊覧船が発着する［　　］市には、17 世紀のオランダの街並みを再現したテーマパーク・ハウステンボスがある。平 17

□⑤ 長崎県の西方海上約 100km に大小多くの島からなる五島列島は、キリシタン文化や遣唐使ゆかりの地などが残され、［　　］島の西側の海岸は、東シナ海の荒波を受け、海食崖がつらなり、大瀬崎の断崖や嵯峨島の火山海食崖などは特に知られている。平 26

□⑥ 長崎県の［　　］は、韓国から約 50km、九州からは約 140km の玄界灘に浮かぶ島で、その中心地である厳原町は宗氏の城下町である。平 21

□⑦ 毎年 10 月 7 日から 3 日間開催される［　　］は、諏訪神社の秋季大祭で、傘鉾のパレードや龍踊、オランダ船、獅子踊りなど極めて多彩な曳き物（ひきもの）や担ぎ物があり、それらは長崎独特の文化的伝統を伝えるものである。平 24

□⑧ 加藤清正が築いた［　　］城は、武者返しと呼ばれる石垣に特徴があり、この地の名産品としてはからし蓮根が有名である。平 20- 改

□⑨ 国見岳を主峰とする九州山地と阿蘇南外輪山に囲まれた矢部周辺県立自然公園には、19 世紀半ばに肥後の石工たちによって灌漑用水を送るために作られた水路橋［　　］があり、橋の中央からの放水は圧巻である。平 14

□⑩ 大分県北東部の［　　］半島には、国宝の富貴寺大堂、国の重要文化財の仏像 9 体が保管されている真木大堂、国の重要文化財である熊野磨崖仏のほか、石造宝塔など仏教文化の重要な遺跡が多く遺されている。平 25

□⑪ JR九州の観光列車（D & S列車）＿＿＿は、日南海岸に位置する青島神社の神話にちなんで名付けられた列車で、宮崎～南郷間を運行している。 令2-改

□⑫ 薩摩の小京都と呼ばれる南九州市の＿＿＿町は、武家屋敷庭園群や特攻平和会館があり、名産のお茶とともに知られる観光地である。 平20-改

□⑬「仙巌園」は、桜島を築山に、錦江湾を池に見たてた日本庭園で、＿＿＿とも呼ばれている。 平13-改

□⑭ 奄美群島最南端の島、＿＿＿の大金久海岸の沖合いには、干潮時だけに姿を現す真っ白な百合ヶ浜がある。 平18

□⑮ 沖縄本島最南端に位置する＿＿＿市には、沖縄戦跡国定公園があり、「ひめゆりの塔」や「健児の塔」など、多くの慰霊塔が建っている。 平18-改

□⑯ 沖縄県の本部半島にある＿＿＿は、世界文化遺産に登録された「琉球王国のグスク及び関連遺産群」のひとつで、寒緋桜の名所として知られている。 平21

□⑰ 旧暦の3月3日頃の大潮の日に現れる八重干瀬（やびじ）は、東平安名崎に代表される自然景観を数多く有する＿＿＿島の北約10kmにある日本最大級のサンゴ礁群である。 平20

□⑱ 沖縄の代表的な豚肉料理である＿＿＿は、いわゆる豚の角煮で、豚の皮付き三枚肉を泡盛や醤油で甘辛く煮たものである。 令1

□⑲ 沖縄本島の南部にある鍾乳洞・＿＿＿内には「白銀のオーロラ」「黄金の盃」「槍天井」などと名づけられた鍾乳石がある。 平13-改

□⑳ 石垣島から定期船で10分の距離にある周囲約9kmの隆起サンゴの小島＿＿＿は、沖縄民謡安里屋ユンタ発祥の地であり、赤瓦を白い漆喰で組んだ伝統的な町並みを巡る水牛車は独特の情緒を醸し出している。 平15

問題43 解答

【福岡県】① 柳川 【佐賀県】② 吉野ヶ里遺跡 ③ 唐津湾 【長崎県】④佐世保 ⑤ 福江 ⑥ 対馬 ⑦ 長崎くんち 【熊本県】⑧ 熊本 ⑨ 通潤橋 【大分県】⑩ 国東 【宮崎県】⑪ 海幸山幸（うみさちやまさち） 【鹿児島県】⑫ 知覧 ⑬ 磯庭園 ⑭ 与論島 【沖縄県】⑮ 糸満 ⑯ 今帰仁城跡 ⑰ 宮古 ⑱ ラフテー ⑲ 玉泉洞 ⑳ 竹富島

10 国内観光資源（5）複合

問題44　重要度A ✓□□

次の各設問について該当するものを、それぞれの選択肢から一つ選びなさい。

□① 次の陶磁器と観光地等との組み合わせのうち、同一都道府県のものでない組み合わせはどれか。 令2

a．笠間焼 — 日光杉並木街道
b．越前焼 — 気比の松原
c．有田焼 — 虹の松原
d．壺屋焼 — 備瀬のフクギ並木道

□② 次の郷土料理と観光地等との組み合わせのうち、同一都道府県のものでない組み合わせはどれか。 令4

a．ずんだ餅 — 瑞鳳殿
b．ひつまぶし — 香嵐渓
c．鶏飯 — あやまる岬
d．ゴーヤーチャンプルー — 昇竜洞

□③ 次の記念館と温泉地との組み合わせのうち、同一都道府県にない組み合わせはどれか。 令3

a．宮沢賢治記念館 — 花巻温泉
b．谷崎潤一郎記念館 — 城崎温泉
c．森鷗外記念館 — 玉造温泉
d．漱石山房記念館 — 道後温泉

□④ 次の観光地等のうち、「富士山－信仰の対象と芸術の源泉」として世界文化遺産に登録されていないものはどれか。 平30

a．芦ノ湖　b．河口湖　c．白糸ノ滝　d．三保松原

□⑤ 世界文化遺産「琉球王国のグスク及び関連遺産群」の構成資産と所在する市との組み合わせのうち、誤っているものはどれか。 平27

a．勝連城跡 — うるま市　b．識名園 — 名護市
c．首里城跡 — 那覇市　d．斎場御嶽 — 南城市

次の各設問について該当するものを、それぞれの選択肢からすべて選びなさい。

□⑥ 次の伝統行事と温泉地との組み合わせのうち、同一都道府県のものである組み合わせをすべて選びなさい。 令4

a．信玄公祭り — 石和温泉

b．おわら風の盆 — 宇奈月温泉

c．山鹿灯籠まつり — 黒川温泉

□⑦ 次の観光地等の組み合わせのうち、同一都道府県にある組み合わせをすべて選びなさい。 令1

a．ムーミンバレーパーク — 長瀞

b．博物館明治村 — 三保松原

c．アドベンチャーワールド — 橋杭岩

□⑧ 次の組み合わせのうち、その国立公園に含まれている山岳との組み合わせで、正しいものをすべて選びなさい。 平24

a．支笏洞爺国立公園 — 羊蹄山

b．上信越高原国立公園 — 鳥海山

c．霧島錦江湾国立公園 — 開聞岳

□⑨ 次の観光地等との組み合わせのうち、同一都道府県にない組み合わせをすべて選びなさい。 令5

a．白川郷 — 五箇山の合掌造り集落

b．石見銀山 — 出雲大社

c．宗像大社 — 吉野ヶ里遺跡

国内旅行実務

問題44 解答

① a．a．笠間焼（**茨城県**）－日光杉並木街道（**栃木県**） b．いずれも福井県 c．いずれも佐賀県 d．いずれも沖縄県 ② d．a．いずれも宮城県 b．いずれも愛知県 c．いずれも鹿児島県 d．ゴーヤーチャンプルーは**沖縄県**の郷土料理で、昇竜洞（しょうりゅうどう）は**鹿児島県**の奄美群島の沖永良部島（おきのえらぶじま）にある鍾乳洞。③ d．a．いずれも岩手県 b．いずれも兵庫県 c．いずれも島根県 d．漱石山房記念館（**東京都**）－道後温泉（**愛媛県**）④ a．芦ノ湖（神奈川県）は、世界文化遺産に登録されていない。⑤ b．識名園は、名護市ではなく、**那覇市**にある。⑥ a、b、c．a．いずれも山梨県 b．いずれも富山県 c．いずれも熊本県 ⑦ a、c．a．**いずれも埼玉県** b．博物館明治村（愛知県）－三保の松原（静岡県） c．**いずれも和歌山県** ⑧ a、c．**鳥海山は含まれていない。**上信越高原国立公園に含まれているのは、浅間山、草津温泉など。⑨ a、c．a．白川郷（**岐阜県**）－五箇山の合掌造り集落（**富山県**） b．いずれも島根県 c．宗像大社（**福岡県**）－吉野ヶ里遺跡（**佐賀県**）

10 国内観光資源（6）複合

問題 45　重要度 A　✓□□

次の各設問について該当するものを、それぞれの選択肢から一つ選びなさい。

□① 北海道の湖に関する次の記述のうち、誤っているものはどれか。 平 25

a．面積が北海道最大の屈斜路湖は、沈む夕日が美しいことで知られ網走国定公園に属している。

b．北海道東部にある阿寒湖は、特別天然記念物マリモの生息地として知られている。

c．北海道東部、根室半島の基部にある風蓮湖は、白鳥の飛来地として知られている。

d．千歳市西部にある支笏湖は、日本最北の不凍湖として知られている。

□② 通称「山寺」と呼ばれ、松尾芭蕉が奥の細道の紀行の際にこの地を訪れ、「閑さや岩にしみ入る蝉の声」の名句を残した写真の寺院は、次のうちどれか。

令 1

［写真］

a．瑞巌寺

b．中尊寺

c．毛越寺

d．立石寺

□③ 関東・中部地方の観光地等に関する次の記述から、正しいものだけをすべて選んでいるものはどれか。 平 27- 改

（ア）栃木県日光市にある「日光の社寺」は、東照宮、輪王寺、二荒山神社の二社一寺の建造物群とこれらを取り巻く遺跡からなっている。

（イ）群馬県富岡市にある富岡製糸場は、明治政府がフランスから技術を導入し設立した官営の製糸工場で、和洋の建築技術を融合した建物である。

（ウ）「明治日本の産業革命遺産」として世界文化遺産に登録されている静岡県伊豆の国市にある韮山反射炉は、実際に大砲を製造した反射炉としては、国内で唯一現存するものである。

a．（ア）（イ）　b．（ア）（ウ）　c．（イ）（ウ）　d．（ア）（イ）（ウ）

□④ 中部地方の観光地等に関する次の記述のうち、誤っているものはどれか。 平24-改

a．石川県金沢市には、日本三名園のひとつ兼六園や、前田利家を祀った尾山神社などがある。

b．福井県と長野県を結ぶ立山黒部アルペンルートは、北アルプスを貫き、ケーブルカー、ロープウェイ、電気バスなどを乗り継ぐ山岳観光ルートとなっている。

c．長野県最大の諏訪湖は、真冬に湖面の氷が盛り上がる御神渡（おみわたり）という現象が起こることで知られる。

d．岐阜県の馬籠宿は木曽11宿のひとつで、文豪島崎藤村の出生地としても知られる。

□⑤ 西国三十三ヶ所第一番札所の青岸渡寺にある朱色の三重の塔との調和が美しい写真の滝は、次のうちどれか。 令2

［写真］

a．華厳ノ滝

b．称名滝

c．那智の滝

d．布引の滝

問題45 解答

①a．屈斜路湖ではなく、**サロマ湖**に関する記述である。②d．**立石寺**（りっしゃくじ）（山形県）には、山門から奥の院まで約1,000段続く石段がある。③d．（ア）（イ）（ウ）**すべて正しい**（いずれも世界文化遺産に登録されている）。④b．立山黒部アルペンルートは、**富山県**と長野県を結ぶ山岳ルートである。⑤c．**那智の滝**（和歌山県）。青岸渡寺（せいがんとじ）にある朱色の三重の塔との調和が美しい名所。

10 国内観光資源（7）複合

問題 46　重要度 A　✓□□

次の各設問について該当するものを、それぞれの選択肢から一つ選びなさい。

□① 広島県の観光地等に関する次の記述のうち、誤っているものはどれか。 平 25

a．瀬戸内しまなみ海道上にある因島は、村上水軍の本拠地のひとつで、復元された因島水軍城には武具や古文書が展示されている。

b．厳島神社のある宮島には、あなご飯やもみじ饅頭などの名物がある。

c．安芸の小京都と呼ばれる三次市の町並み保存地区では、江戸時代から明治、大正、昭和とそれぞれの時代の建築物の歴史的変遷を見ることができる。

d．広島藩浅野家の別邸であった縮景園は、中国杭州の西湖を模したものと伝えられている。

□② 次の記述のうち、誤っているものはどれか。 平 29- 改

a．宮古島は、大潮の日に海面に現れる広大なサンゴ礁群八重干瀬や島最東端にある東平安名崎などの自然景観で知られている。

b．竹富島は、周囲約 9km の小島で、赤い瓦屋根の民家が連なる美しい風景は、国の重要伝統的建造物群保存地区にも選定されている。

c．由布島は、宮古島と浅瀬の海で結ばれ、両島は観光用の水牛車で移動することができる。

d．波照間島は、日本最南端の有人島で、12 月～6 月には南十字星が見られることでも知られている。

□③ 第二尚氏の一族を葬った墓で、「琉球王国のグスク及び関連遺産群」として世界文化遺産に登録されている写真の史跡は、次のうちどれか。 令 4

［写真］

a．浦添ようどれ

b．斎場御嶽

c．園比屋武御嶽

d．玉陵

□④ 島津家の別邸で、錦江湾を池に桜島を築山に見立てた雄大な景観で知られる写真の庭園は、次のうちどれか。 令3

［写真］

a．慧洲園
b．松濤園
c．成趣園
d．仙巌園

□⑤ 2023年9月に国宝に指定された写真の橋は、次のうちどれか。 令5

［写真］

a．錦帯橋
b．通潤橋
c．長崎眼鏡橋
d．耶馬渓橋

次の貸切バスの［行程］（抜粋）に関する以下の各設問について、該当するものをそれぞれの選択肢から一つ選びなさい。 令4

［行程］═══：貸切バス

○日目	羽咋 ═══ ［①］ ═══ 見附島 ═══ 珠洲（昼食） ═══ 金剛崎 　約15分　　約80分　　約20分　　約40分 ═══ 禄剛埼灯台 ═══ 奥能登塩田村 ═══ ［②］ ═══ 輪島（泊） 約10分　　約30分　　約15分　　約10分

□⑥ 海に突き出た岩盤にある、浸食によってぽっかりとあいた洞門で、能登金剛を代表する ［①］ に該当するものは、次のうちどれか。

a．巌門　b．鷹の巣岩　c．ヤセの断崖　d．義経の舟隠し

□⑦ 世界農業遺産に登録された「能登の里山里海」を代表する景観として知られる ［②］ に該当するものは、次のうちどれか。

a．大山千枚田　b．白米千枚田　c．中山千枚田　d．丸山千枚田

次のオプショナルツアーの［行程］に関する以下の各設問について、該当するものをそれぞれの選択肢から一つ選びなさい。 令3

［行程］

石垣港 〜〜高速船（約40分）〜〜 大原港（西表島）＝＝貸切バス＝＝ 仲間川ボート乗場

…仲間川マングローブクルーズ… 仲間川ボート乗場 ＝＝貸切バス＝＝ 美原

----水牛車---- ［①］（植物園、昼食）----水牛車---- 美原 ＝＝貸切バス＝＝ 大原港

〜〜高速船（経由便約75分）〜〜 ［②］（重要伝統的建造物群保存地区、カイジ浜）

〜〜高速船（約15分）〜〜 石垣港

□⑧ 西表島へつながる海は遠浅で、水牛車で海を渡ることで知られる［①］に該当する島は、次のうちどれか。

a．多良間島　　b．波照間島　　c．由布島　　d．与那国島

□⑨ 周囲約9kmの島で、石垣とフクギに囲まれた赤瓦の民家や白砂を敷いた道路などが昔ながらの集落景観をとどめている［②］に該当する島は、次のうちどれか。

a．小浜島　　b．竹富島　　c．渡名喜島　　d．鳩間島

□⑩ 立山黒部アルペンルートの［行程］について、次の組み合わせのうち、［①］から［③］に該当するもので正しいものはどれか。 令5-改

［行程］

立山 ケーブルカー ［①］ 高原バス （弥陀ヶ原・天狗平） 高原バス ［②］ 電気バス ［③］ ロープウェイ 黒部平 ケーブルカー 黒部湖 徒歩 黒部ダム 電気バス 扇沢

	空欄①	空欄②	空欄③
a.	美女平	室堂	大観峰
b.	美女平	大観峰	室堂
c.	大観峰	室堂	美女平
d.	大観峰	美女平	室堂

問題 46 解答

①c．三次（みよし）市ではなく、**竹原市**の町並み保存地区「竹原」に関する記述である。②c．由布島（ゆぶじま）と浅瀬の海で結ばれているのは**西表島（いりおもてじま）**である。③d．玉陵は、琉球王国最盛期とされる尚真王（しょうしんおう）の時代に建てられたもので、骨を納めた墓室が連なり、高い石垣で囲まれているのが特徴。④d．**仙巌園（せんがんえん）**（鹿児島県）a．慧洲園（けいしゅうえん）（佐賀県）b．松濤園（しょうとうえん）（福岡県）c．成趣園（じょうじゅえん）（熊本県）⑤b．**通潤橋**（熊本県）a．錦帯橋（山口県）c．長崎眼鏡橋（長崎県）d．耶馬渓橋（大分県）⑥a．a～dはすべて景勝地・能登金剛（石川県）の見どころ。このうち、海に突き出た岩盤にあり、浸食によってぽっかりとあいた洞門は、**巌門（がんもん）**である。⑦b．「能登の里山里海」を代表する景観は**白米千枚田**（石川県）である。a．大山千枚田（千葉県）c．中山千枚田（香川県）d．丸山千枚田（三重県）⑧c．**由布島**（沖縄県）⑨b．**竹富島**（沖縄県）⑩a．**①美女平　②室堂　③大観峰**

10 国内観光資源（8）複合

問題 47　重要度 A　✓□□

次の各設問について、下線部a．～d．のうち誤っているものを一つ選びなさい。

□① 北海道の湖沼には、砂嘴でオホーツク海と隔てられ、ホタテ養殖の発祥地であるa. サロマ湖、全面結氷する湖としては日本一の大きさで、南側に和琴半島が突き出たb. 屈斜路湖、湖の中央には中島があり南側には有珠山があるc. 阿寒湖、駒ケ岳の南側にあり、わかさぎ漁で有名なd．大沼などがある。 令3

□② 北海道の岬には、室蘭市に位置し断崖絶壁が連なり、快晴の日には展望台から太平洋を一望できるa．地球岬、「日本最北端の地の碑」があるb．宗谷岬、日高山脈の南端に位置するc．納沙布岬、函館山の南側に位置し、津軽海峡に突き出たd．立待岬などがある。 令5

□③ 青森県の温泉地には、八甲田の主峰大岳の西麓にあり、大浴場「ヒバ千人風呂」で有名なa．酸ヶ湯温泉、津軽の奥座敷といわれ、温泉熱がもやしの栽培に利用されるb．大鰐温泉、夏泊半島の西側基部にあり、青森湾に面した風光明媚なc．蔦温泉、下北半島北部にあり、井上靖が「海峡」の終局を執筆した地としても知られるd．下風呂温泉などがある。 令2

□④ 秋田県の観光地等には、みちのくの小京都として知られるa．角館、男鹿半島東部に位置する火山で山頂には回転展望台があるb．寒風山、小坂鉱山の厚生施設として誕生した芝居小屋のc．斜陽館、東北の耶馬渓と称され、「神の岩橋」からの眺望がすばらしいd．抱返り渓谷などがある。 令3

□⑤ 福島県の観光地等には、日本三大桜に数えられ、天然記念物に指定されている名木a. 三春滝桜、磐梯朝日国立公園にあり、「神秘の湖沼」といわれ様々な色彩が見られるb. 五色沼湖沼群、飯盛山に建立され、国の重要文化財に指定されている六角三層のお堂c. さざえ堂、全長約600mの洞内に「滝根御殿」や「月の世界」などの造形美を見ることができるd．龍泉洞などがある。 令2

□⑥ 群馬県の温泉地には、利根川上流の渓流沿いに旅館やホテルが建ち並ぶa．水上温泉、片品川に沿った斜面に旅館やホテルが建ち並ぶb．老神温泉、日本三名泉のひとつで、温泉街の中心に湯畑があるc．草津温泉、榛名山東麓に湧く温泉で、急な石段を挟んで雛壇状に旅館や飲食店が並ぶd．四万温泉などがある。 令3

□⑦ 日本で最初に指定された公園のひとつ上野恩賜公園の園内には、蓮の名所であるa．不忍池、ぼたん苑のあるb．上野東照宮、約350種2,500点の動物を飼育しているc．上野動物園、世界文化遺産に登録されているd．国立科学博物館をはじめ多くの文化施設がある。 平29

□⑧ 神奈川県の観光地等には、日本三大弁財天のひとつを祀る神社があるa．江の島、源頼朝が天下泰平、国家安穏を祈願して催されたのが始まりとされる流鏑馬神事が行われるb．鶴岡八幡宮、黒たまごで知られ、噴気が立ちのぼる火山活動を間近に見られる箱根のc．大涌谷、実業家によって造られた日本庭園で、桜や紅葉の名所として知られる横浜のd．六義園などがある。 令4

□⑨ 静岡県の観光地等には、徳川家康を祀り国宝に指定されている御社殿があるa．久能山東照宮、天女の羽衣伝説で知られる松があり、世界文化遺産に登録されているb．日本平、徳川家康が在城し、後の城主が幕府の重要ポストに就いたことから出世城といわれるc．浜松城、小説「金色夜叉」にちなむ「お宮の松」があるd．熱海温泉などがある。 令5

□⑩ 滋賀県の観光地等には、北国街道の宿場として栄え黒壁スクエアのあるa．長浜、宝厳寺と都久夫須麻神社がある琵琶湖の島b．竹生島、井伊氏の居城で天守が国宝に指定されているc．彦根城、紫式部が参籠中に「源氏物語」を起筆したと伝わるd．三井寺などがある。 令1

□⑪ 香川県の観光地等には、小豆島にある日本三大渓谷美のひとつといわれるa．寒霞渓、地中美術館があるb．屋島、紫雲山を背景に池と築山を配した回遊式庭園のc．栗林公園、三豊市にある海水浴場で、瀬戸内海の燧灘に沈む夕日が美しく、絶景スポットとして知られるd．父母ヶ浜などがある 令4

□⑫ 宮崎県の観光地等には、「鬼の洗濯板」で知られるa．青島、霧島連山韓国岳の裾野に広がるb．草千里、伊東氏5万1千石の城下町として栄え、小村寿太郎記念館があるc．飫肥、県内最南端の岬で御崎馬を見ることができるd．都井岬などがある。 令4

□⑬ 沖縄県の離島には、全長約2kmにわたって細長く伸びる東平安名崎があるa．宮古島、星砂で有名なカイジ浜があるb．竹富島、水牛車で西表島から渡ることができるc．由布島、全長約7kmの「ハテの浜」を島の東側の沖合でみることができるd．渡名喜島などがある。 令5

国内旅行実務

□⑭ 沖縄県には、守禮之邦の扁額が掲げられたa．首里城の楼門守礼門、沖縄戦で犠牲となった女学生と教師を慰霊したb．ひめゆりの塔、恩納村にある天然芝の広がる断崖からの眺望が素晴らしいc．今帰仁城跡、沖縄本島の最北端にあるd．辺戸岬などがある。 平26

問題47 解答

①c．湖の中央に中島があり南側に有珠山があるのは、**洞爺湖**である。②c．日高山脈の南端に位置するのは、**襟裳岬**である。③c．夏泊半島の西側基部にあり、青森湾に面した風光明媚な温泉は、**浅虫温泉**である。④c．小坂鉱山の厚生施設として誕生した芝居小屋は、**康楽館**(こうらくかん)である。⑤d．洞内に「滝根御殿」や「月の世界」などが見られるのは、**あぶくま洞**である。⑥d．榛名山東麓に湧く温泉で、急な石段を挟んで雛壇状に旅館や飲食店が並ぶのは、**伊香保温泉**である。⑦d．同公園内で世界文化遺産に登録されている施設は**国立西洋美術館**である。⑧d．実業家の原(はら)三溪(さんけい)によって造られた日本庭園で、桜や紅葉の名所として知られるのは、**三溪園**（神奈川県）である。六義園(りくぎえん)（東京都）は、柳沢吉保(やなぎさわよしやす)が造った大名庭園。⑨b．天女の羽衣伝説で知られる松があり、世界文化遺産（富士山－信仰の対象と芸術の源泉）に登録されているのは、**三保松原**である。⑩d．紫式部が『源氏物語』を起筆したと伝わるのは、**石山寺**である。⑪b．地中美術館があるのは、**直島**(なおしま)である。屋島は「屋島の戦い」で知られる源平の古戦場。⑫b．霧島連山韓国岳(からくにだけ)の裾野に広がるのは、**えびの高原**（宮崎県）である。草千里（熊本県）は、阿蘇山にある広大な草原で、草千里ヶ浜とも呼ばれる。⑬d．全長約7kmの「ハテの浜」を島の東側の沖合でみることができるのは、**久米島**である。⑭c．恩納村にある天然芝が広がる断崖の景勝地は**万座毛**(まんざもう)である。今帰仁城跡(なきじんじょう)は、沖縄本島北部の今帰仁村にある北山王の居城跡である。

海外旅行実務

※海外旅行実務で使用する資料は、別冊P4～P18に掲載しています。

1 航空会社・都市・空港コード

問題 1　重要度 A　令 5

次の国名と都市コードとの組み合わせのうち、2つの都市コードの両方が当該国の都市として所在しているものをすべて選びなさい。

a．エジプト　—　CAI　— LXR
b．フランス　—　MRS　— NCE
c．ベトナム　—　PNH　— SGN

問題 2　重要度 A　令 1

次の航空会社コードと航空会社名との組み合わせのうち、正しいものをすべて選びなさい。

a．HY　—　Hawaiian Airlines
b．QF　—　Qantas Airways
c．SA　—　Singapore Airlines

問題 3　重要度 A　令 4

次の航空会社の航空会社コードと加盟するアライアンス（航空連合）との組み合わせのうち、正しいものはどれか。

	航空会社名		航空会社コード		アライアンス
a．	British Airways	—	BA	—	SkyTeam
b．	Swiss International Air Lines	—	SK	—	Star Alliance
c．	Iberia	—	IB	—	oneworld
d．	LOT Polish Airlines	—	LO	—	oneworld

問題1 **解説** 解答 a，b

a．**所在している。**CAI（カイロ）とLXR（ルクソール）は、エジプトの都市である。

b．**所在している。**MRS（マルセイユ）とNCE（ニース）は、フランスの都市である。

c．**所在していない。**SGN（ホーチミン・シティ）はベトナムの都市だが、PNH（プノンペン）は**カンボジア**の都市である。

以上により、a、bを選ぶのが正解である。

問題2 **解説** 解答 b

a．**誤り。**「HY」は、Uzbekistan Airways（ウズベキスタン航空）の航空会社コードであり、Hawaiian Airlines（ハワインアン航空）の航空会社コードは「HA」である。

b．**正しい。**「QF」は、Qantas Airways（カンタス航空）の航空会社コードである。

c．**誤り。**「SA」は、South African Airways（南アフリカ航空）の航空会社コードであり、Singapore Airlines（シンガポール航空）の航空会社コードは「SQ」である。

以上により、bを選ぶのが正解である。

問題3 **解説** 解答 c

a．**誤り。**British Airways（ブリティッシュ・エアウェイズ）の航空会社コードは「BA」、アライアンスは「**oneworld**」である。

b．**誤り。**Swiss International Air Lines（スイス・インターナショナル・エアラインズ）の 航空会社コードは「**LX**」、アライアンスは「Star Alliance」である。なお、「SK」は、SAS Scandinavian Airlines（スカンジナビア航空）の航空会社コードである。

c．**正しい。**Iberia（イベリア航空）の航空会社コードは「IB」、アライアンスは「oneworld」である。

d．**誤り。**LOT Polish Airlines（LOT ポーランド航空）の航空会社コードは「LO」、アライアンスは「**Star Alliance**」である。

2 時差・飛行所要時間・MCT（1）

問題 4　**重要度 A**　令 5　✓□□

次の組み合わせのうち、都市（A）が 2023 年 10 月 30 日（月）13 時（午後 1 時）のとき、都市（B）の現地時刻が誤っているものはどれか。［資料は、別冊のテーマ別問題・資料 1 を参照］

	都市（A）		都市（B）	都市（B）の現地時刻
a．	エディンバラ（EDI）	−	サンパウロ（SAO）	10月30日10時（午前10時）
b．	サンフランシスコ（SFO）	−	バンコク（BKK）	10月31日3時（午前3時）
c．	香港（HKG）	−	オスロ（OSL）	10月30日7時（午前7時）
d．	メルボルン（MEL）	−	カサブランカ（CAS）	10月30日3時（午前3時）

問題4 **解説** **解答** c

都市（B）の現地時刻の確認は次の手順で行う。

① 時差表から都市（A）と都市（B）のGMT数値を読み取る。

② GMT数値の**「大きいほう」から「小さいほう」を引き**、2都市間の時差を求める。

③ 都市（A）（B）のGMTを比較して、都市（B）の時刻を確認する。

・**都市（B）のGMT数値のほうが大きい（時刻が進んでいる）**ときは、都市（A）の時刻に「2都市間の時差」を**足す**。

・**都市（B）のGMT数値のほうが小さい（時刻が遅れている）**ときは、都市（A）の時刻から「2都市間の時差」を**引く**。

a．**正しい。**エディンバラ（United Kingdom）「GMT」（GMTとの時差なし＝0）とサンパウロ（Brazil/São Paulo）「GMT－3」の時差は**3時間**（0－（－3）＝0＋3：00＝3時間）。**サンパウロは**、エディンバラより**3時間遅れている**ので、エディンバラが10/30の13時のとき、サンパウロはその**3時間前**の10/30の10時（13：00－3：00＝10：00）である。

b．**正しい。**サンフランシスコ（USA/Pacific Time・夏時間）「－7」とバンコク（Thailand）「GMT＋7」の時差は**14時間**（7－（－7）＝7：00＋7：00＝14時間）。**バンコクは**、サンフランシスコより**14時間進んでいる**ので、サンフランシスコが10/30の13時のとき、バンコクはその**14時間後**の10/31の3時（13:00＋14:00＝27:00　10/30の27:00＝10/31の3:00（27：00－24：00＝3：00））である。

c．**誤り。**香港（Hong Kong（SAR）China）「GMT＋8」とオスロ（Norway）「GMT＋1」の時差は**7時間**（8－（＋1）＝8：00－1：00＝7時間）。**オスロは**、香港より**7時間遅れている**ので、香港が10/30の13時のとき、オスロはその**7時間前の10/30の6時**（13：00－7：00＝6：00）が正しい。

d．**正しい。**メルボルン（Australia/Victoria・夏時間）「GMT＋11」とカサブランカ（Morocco）「GMT＋1」の時差は**10時間**（11－（＋1）＝11：00－1：00＝10時間）。**カサブランカは**、メルボルンより**10時間遅れている**ので、メルボルンが10/30の13時のとき、カサブランカはその**10時間前**の10/30の3時（13：00－10：00＝3：00）である。

以上により、cが正解である。

海外旅行実務

2 時差・飛行所要時間・MCT（2）

問題 5　重要度 A　令 3　✓□□

2021 年 10 月 30 日（土）に東京（HND）を NH203 便で出発し、途中フランクフルト（FRA）にて LH856 便に乗り継ぎ、レイキャビク（KEF）まで行く場合、次の NH203 便と LH856 便のそれぞれの所要時間の組み合わせのうち、正しいものはどれか。[資料は、別冊のテーマ別問題・資料 2 を参照]

東京（HND）	NH203	00：10 発	フランクフルト（FRA）	05：20 着
フランクフルト（FRA）	LH856	10：30 発	レイキャビク（KEF）	12：10 着

	NH203 便の所要時間		LH856 便の所要時間
a.	12 時間 10 分	−	2 時間 40 分
b.	12 時間 10 分	−	3 時間 40 分
c.	13 時間 10 分	−	2 時間 40 分
d.	13 時間 10 分	−	3 時間 40 分

問題5　解説　　解答 b

ここでは、到着時刻を「出発地の時間にあわせる」方法で解説する。まず、資料2より、**10月30日**における東京、フランクフルト、レイキャビクのGMT数値を読み取る。

- 東京（Japan）：GMT ＋ 9
- フランクフルト（Germany）：GMT ＋ 2（夏時間）
- レイキャビク（Iceland）：GMT（GMTとの時差なし＝0）

【NH203便】10月30日　東京00：10発－フランクフルト05：20着

① フランクフルトの到着時刻を東京の時間にあわせる。東京（GMT ＋ 9）とフランクフルト（GMT ＋ 2）の時差は**7時間**（9 － 2 ＝ 9：00 － 2：00 ＝ 7：00）。**東京**はフランクフルトより**7時間進んでいる**ので、フランクフルトの到着時刻に**7時間を足す**ことで、到着時刻が東京（出発地）の時間にそろう。

05：20 ＋ 7：00（時間） ＝ 12：20

② 東京の時間にあわせた①の到着時刻から出発時刻を引いて、所要時間を求める。

12：20 － 00：10 ＝ 12：10 → **12時間10分**

【LH856便】10月30日
フランクフルト10：30発－レイキャビク12：10着

① レイキャビクの到着時刻をフランクフルトの時間にあわせる。フランクフルト（GMT ＋ 2）とレイキャビク（GMT ＝ 0）の時差は**2時間**（2 － 0 ＝ 2：00）。**フランクフルト**はレイキャビクより**2時間進んでいる**ので、レイキャビクの到着時刻に**2時間を足す**ことで、到着時刻がフランクフルト（出発地）の時間にそろう。

12：10 ＋ 2：00（時間） ＝ 14：10

② フランクフルトの時間にあわせた①の到着時刻から出発時刻を引いて、所要時間を求める。

14：10 － 10：30 ＝ 13：70（※） － 10：30 ＝ 03：40 → **3時間40分**

※14：10の1時間（60分）を分の位に移した時間

以上により、bが正解である。

海外旅行実務

2 時差・飛行所要時間・MCT（3）

問題 6　**重要度 A**　令 5　✔□□

2023 年 10 月 27 日（金）に大阪（OSA）を EY0831 便で出発し、途中アブダビ（AUH）にて EY0075 便に乗り継ぎ、マドリード（MAD）まで行く場合、次の EY0831 便と EY0075 便のそれぞれの所要時間の組み合わせのうち、正しいものはどれか。[資料は、別冊のテーマ別問題・資料 1 を参照]

EY0831	大阪（OSA）	17：25 発	アブダビ（AUH）	22：55 着
EY0075	アブダビ（AUH）	02：35+1 発	マドリード（MAD）	08：05+1 着

	EY0831 便の所要時間		EY0075 便の所要時間
a．	10 時間 30 分	－	7 時間 30 分
b．	10 時間 30 分	－	8 時間 30 分
c．	11 時間 30 分	－	7 時間 30 分
d．	11 時間 30 分	－	8 時間 30 分

問題6 解説 解答 a

到着時刻を「出発地の時間にあわせる」方法で解説する。

【EY0831便】10月27日 大阪17:25発－アブダビ22:55着

資料1より、10月27日の大阪、アブダビ（アラブ首長国連邦）のGMT数値は次のとおり。

- 大阪（Japan）GMT＋9
- アブダビ（United Arab Emirates）GMT＋4

① アブダビの到着時刻を大阪の時間にあわせる。大阪とアブダビの時差は**5時間**（9－（＋4）＝9：00－4：00＝5：00）。**大阪はアブダビより5時間進んでいる**ので、アブダビの到着時刻に**5時間を足す**ことで、到着時刻が大阪（出発地）の時間にそろう。

22：55＋5：00（時間）＝27：55

② 大阪の時間にあわせた①の到着時刻から出発時刻を引いて所要時間を求める。

27：55－17：25＝10：30 → **10時間30分**

【EY0075便】10月28日（※）アブダビ02:35発－マドリード08:05着

※アブダビの出発時刻とマドリードの到着時刻のいずれにも「＋1」の記載があることから、10月28日の時刻である。

資料1より、10月28日のアブダビ、マドリードのGMT数値は次のとおり。

- アブダビ（United Arab Emirates）GMT＋4
- マドリード（Spain/Mainland・夏時間）GMT＋2

① マドリードの到着時刻をアブダビの時間にあわせる。アブダビとマドリードの時差は**2時間**（4－（＋2）＝4:00－2:00＝2:00）。**アブダビはマドリードより2時間進んでいる**ので、マドリードの到着時刻に**2時間を足す**ことで、到着時刻がアブダビ（出発地）の時間にそろう。

08：05＋2：00（時間）＝10：05

② アブダビの時間にあわせた①の到着時刻から出発時刻を引いて所要時間を求める。

10：05－02：35＝09：65（※）－02：35＝7：30→**7時間30分**

※10：05の1時間（60分）を分の位に移した時間

以上により、aが正解である。

3 英文読解（1）

問題7　重要度 A　令4　✓□□

次の英文は、あるクルーズ会社の条件書（抜粋）である。これを読み、問1.～問4. の各設問について、該当するものをそれぞれの選択肢から一つ選びなさい。

1. BOOKING PROCEDURE AND DEPOSIT

In order to proceed with a Booking, the Passenger must contact the Company or one of the Company's authorized Sales Agents or representatives. A non-refundable deposit equal to 15% of the price of the Cruise Package per person is due and payable by the Passenger within the first week starting from the date of the Booking confirmation. Children 17 and under sailing as the 3rd or 4th Passenger in a stateroom do not require an additional deposit. A Booking will be completed and the Contract will be effective only when the Company accepts the Booking by sending a confirmation invoice to the Passenger or to the Passenger's Travel Agent.

2. CONTRACT AND FINAL PAYMENT

Every Cruise Package is subject to availability at the time of Booking.

No Contract shall be completed until the deposit or the full amount is paid and the confirmation invoice is provided to the Passenger or the Passenger's Travel Agent. Full payment is required no later than 120 days prior to departure. If the Booking application is made within 120 days prior to departure, then full payment must be sent at the time of Booking.

3. PRICES AND PRICE GUARANTEE

No change to the Cruise Package price will be made within the 20-day period before departure or once full payment has been received by the Company, whichever comes first. Prior to 20 days before departure or receipt of full payment, the Company reserves the right to modify the Contract price to allow for variations of：(a) fuel costs for the propulsion of the vessel；(b) dues, taxes or fees chargeable for services such as embarkation or disembarkation fees at ports；and (c) the exchange rates relevant to the Cruise Package. Variations may be upwards or downwards.

4. CANCELLATION AND CHANGES BY THE PASSENGER

Cancellation of the Booking must be requested in writing (registered letter, email or fax) from the Passenger or the Passenger's Travel Agent and received by the Company. All tickets issued and the confirmation invoice must be returned together with the notice of cancellation. To cover the estimated loss incurred by cancellation, the Company will levy cancellation charges in [①] with the following scale：

Prior to Departure	Penalty
60 days or more	15% penalty *
59 － 10 days	75% penalty
9 － 0** days	100% penalty

* or loss of deposit whichever is greater.

** "no-show" upon departure or breaking of Cruise Package (disembarkation prior to termination of the voyage) shall be considered as a cancellation made on the day of departure subject to a 100% cancellation charge.

問 1. 次の記述から、英文の内容に合致しているものだけをすべて選んでいるものはどれか。

（ア）出発日の 180 日前に大人 2 名の予約が確定した場合、その日から起算して一週間以内に、一人当たりクルーズパッケージ代金の 15％相当額を払い戻し不可の予約金として支払わなければならない。

（イ）大人 2 名と子供 1 名（15 歳）の合計 3 名 1 室で出発日の 150 日前に予約する場合、3 名分の予約金を支払わなければならない。

（ウ）契約は、予約金またはクルーズパッケージ代金全額の支払いが完了し、かつクルーズ会社からの予約確認書が提供された時に成立する。

a．（ア）（イ）　b．（ア）（ウ）　c．（イ）（ウ）　d．（ア）（イ）（ウ）

問 2. 次の記述から、英文の内容に合致しているものだけをすべて選んでいるものはどれか。

（ア）出発日の 100 日前に予約の申込をする場合、予約時にクルーズパッケージ代金全額の支払いが必要となる。
（イ）出発日の 120 日前にクルーズパッケージ代金全額を支払った後に、寄港地での乗下船時に必要な港湾施設使用料等が変更された場合、クルーズ会社はクルーズパッケージ代金の額を変更できる。
（ウ）出発日の 180 日前に予約を申し込み、クルーズパッケージ代金全額を支払う前に、寄港地での乗下船時に必要な港湾施設使用料等が変更された場合、クルーズ会社はクルーズパッケージ代金の額を変更できる。

a．（ア）（イ）　b．（ア）（ウ）　c．（イ）（ウ）　d．（ア）（イ）（ウ）

問 3. 4 名 1 室の部屋で大人 1 名 3,000 ドル、子供 1 名 2,000 ドルのクルーズ旅行に、両親とその子 2 名（17 歳と 15 歳）で予約し、クルーズパッケージ代金全額を支払い済みの場合、英文の内容に合致していないものは次のうちどれか。

a．出発日の 60 日前に取消をした場合の取消手数料は、合計 1,500 ドルで、残りの 8,500 ドルが払い戻される。
b．出発日の 20 日前に取消をした場合の取消手数料は、合計 7,500 ドルで、残りの 2,500 ドルが払い戻される。
c．出発日の 3 日前に取消をした場合の取消手数料は、合計 10,000 ドルで、払い戻しはない。
d．クルーズ出発後、途中の寄港地で 4 名全員が離脱する場合、離脱するまでのクルーズにかかった費用を除いた残額が払い戻される。

問 4. 英文の内容から判断し、本文中の空欄［ ① ］に入る最も適切な単語は次のうちどれか。

a．accordance　b．comparison　c．favor　d．respect

問題7 解説　解答 1. b /2. b /3. d /4. a

1. 予約手続きおよび予約金

予約を進めるために、旅客は、会社または会社の正規販売代理店もしくは販売代理人にご連絡ください。予約には、1人当たりクルーズパッケージ代金の15%相当額の払い戻し不可の予約金が必要となり、予約が確定した日から起算して1週間以内に旅客によって支払われなければなりません。客室の3人目または4人目の旅客として乗船する17歳以下のお子様は、追加の予約金が不要です。会社が、旅客または旅客の旅行会社（代理店）に対して予約確認書を送付することによって予約を受け付けたときに限り、予約が完了し、契約が成立するものとします。

2. 契約および最終の支払い

すべてのクルーズパッケージは、予約時の空き状況によるものとします。

予約金またはクルーズパッケージ代金全額の支払いが完了し、かつ旅客または代理店に対して予約確認書が提供されるまでは、いかなる契約も完結しません。遅くとも出発日の120日前までに、代金全額の支払いが必要となります。予約の申込みが出発日の前120日以内になされた場合は、予約時に代金全額の支払いが必要です。

3. 代金および金額保証

クルーズパッケージ代金は、出発20日前または会社が代金全額を受領したときのいずれかが到来したら、変更されません。出発日の20日より前または代金全額の受領前であれば、会社は、（a）船舶を推進するために必要な燃料費、（b）税金・料金や寄港地での乗下船時に必要な港湾施設使用料等の費用、（c）クルーズパッケージに関連した為替相場の変動を見込んで、契約した金額を変更する権利を有します。この変更は、増加、減少のいずれのケースもあります。

4. 取消しおよび旅客による変更

予約の取消しは、旅客または代理店から書面（書留郵便、eメールまたはファックス）により行い、これを会社が受領しなければなりません。発行されたすべてのチケットおよび予約確認書は、取消しの通知とともに返却するものとします。取消しによって見込まれる損失をまかなうため、会社は次の率に従って取消手数料を徴収します。

出発前	取消手数料
60日以上前	15%の取消手数料*
59～10日前	75%の取消手数料
9日前～出発当日**	100%の取消手数料

*取消手数料か予約金のうち、いずれか額の大きいほうとします。

**出発時のノーショウ（無連絡の不参加）またはクルーズパッケージの中断（船旅の終了に先立って下船すること）は、出発当日になされた取消しとみなし、100%の取消手数料の対象となります。

海外旅行実務

問 1.

（ア）**合致している。1．予約手続きおよび予約金**の英文 2 ～ 5 行目および **2．契約および最終の支払い**の英文 4 ～ 6 行目参照。本肢は“出発日の 180 日前に大人 2 名の予約が確定した”とあるので、記述のとおり、予約が確定した日から起算して 1 週間以内に、払い戻し不可の予約金（1 人当たりクルーズパッケージ代金の 15％相当額）を支払わなければならない。

（イ）**合致していない。1．予約手続きおよび予約金**の英文 5 ～ 6 行目参照。15 歳の子供は「客室の 3 人目の旅客として乗船する 17 歳以下の子供」に該当するので、追加の予約金は不要である（大人 2 名分の予約金でよい）。

（ウ）**合致している。2．契約および最終の支払い**の英文 2 ～ 4 行目参照。

以上により、（ア）（ウ）を選んでいる b が正解である。

問 2.

（ア）**合致している。2．契約および最終の支払い**の英文 5 ～ 6 行目参照。本肢は「予約の申込みが出発日の前 120 日以内になされた場合」に該当するので、予約時にクルーズパッケージ代金全額の支払いが必要となる。

（イ）**合致していない。3．代金および金額保証**の英文 1 ～ 3 行目参照。【A】出発 20 日前または【B】会社が代金全額を受領したときのいずれかに該当する場合、クルーズパッケージ代金の額は変更されない。本肢は、“クルーズパッケージ代金全額を支払った後”なので、【B】に該当する。したがって、寄港地での乗下船時に必要な港湾施設使用料等が変更されたとしても、会社は代金の額を変更することができない。

（ウ）**合致している。3．代金および金額保証**の英文参照。“出発日の 180 日前に予約を申し込み、クルーズパッケージ代金全額を支払う前”は、（イ）で述べた【A】【B】のいずれにも該当しない。したがって、寄港地での乗下船時に必要な港湾施設使用料等が変更された場合、会社は**代金の額を変更することができる**。

以上により、（ア）（ウ）を選んでいる b が正解である。

問 3.

本肢のクルーズパッケージ代金の合計額は、**10,000 ドル**である（内訳は、大人が 3,000 ドル × 2 名、17 歳と 15 歳の子供が 2,000 ドル × 2 名）。これに **4. 取消しおよび旅客による変更**に記載される表中の取消料率を乗じて算出した a ～ c の額は次のとおりであり、a ～ c の記述はすべて英文に合致している。

選択肢	取消し日	取消手数料	払戻し額
a.	60 日以上前	10,000 ドル× 0.15（15%）＝ 1,500 ドル	8,500 ドル
b.	59 ～ 10 日前	10,000 ドル× 0.75（75%）＝ 7,500 ドル	2,500 ドル
c.	9 日前～出発当日	10,000 ドル（100%）	なし

d. **合致していない。4. 取消しおよび旅客による変更**の＊＊参照。途中の寄港地での離脱は「クルーズパッケージの中断」に該当するため、**100%の取消手数料の対象となる**。したがって、“離脱するまでのクルーズにかかった費用を除いた残額が払い戻される”とする本肢の記述は、英文の内容と合致しない。

問 4.

［　①　］を含めた前後の文は、the Company will levy cancellation charges in ［　①　］ with the following scale で、“会社は次の率に（　　）取消手数料を徴収します”という意味なので、（　　）には**取消料率に言及する慣用表現が入る**。この場合、a の accordance（一致、合致）を用いて **in accordance with**（～に従って）とするのが適切である（「次の（表に掲げる）率に従って」という意味）。

b. comparison（比較）：in comparison with ＝ ～と比べると

c. favor（好意）：in favor with ＝ ～に気に入られて

d. respect（点、箇所）：in respect with という慣用表現はない。

海外旅行実務

3 英文読解（2）

問題 8　重要度 A 令2　✓□□

次の英文は、ラスベガス発グランドキャニオンへのヘリコプターツアーの案内（抜粋）である。これを読み、問1. ～問4. の各設問について、該当するものをそれぞれの選択肢から一つ選びなさい。

Grand Canyon Exclusive Floor Landing Helicopter Tour

Enjoy a narrated helicopter flight over Lake Mead and the Hoover Dam before arriving at the Grand Canyon's West Rim. Descend 4,000 feet to the Canyon floor where you'll enjoy a champagne and light picnic served under a shaded ramada with approximately 30 minutes to explore the Canyon floor before returning to Las Vegas.

Tour Highlights

・Complimentary hotel pickup and drop-off provided by shuttle bus
・Aerial views of Lake Mead, the Hoover Dam, and the Grand Canyon from a jet helicopter
・Descend to the Canyon floor and land on the banks of the Colorado River
・Approximately 30 minutes to explore the floor of the Grand Canyon
・Champagne and light picnic included
・Narration available in Cantonese, Dutch, French, German, Italian, Japanese, Korean, Mandarin, Portuguese & Spanish

Tour Price : US$399 per person

・For the interest of comfort and safety, passengers exceeding 100 kg will be required to purchase an additional seat at $200.
・Due to weight restrictions on aircraft, seat assignments cannot be guaranteed.
・Children over age 2 pay adult rate. Children aged 2 and under are free. If you are traveling with a child aged 2 and under, proof of age is required at check in.
・Price includes tax and airport fees (fuel surcharge may apply).
・This tour requires payment on the day of booking. Your credit card will be charged at the time of booking.

Tour Length : About 4.5 hours (hotel to hotel)

Tour Departs : Daily at 7:00 am, 9:15 am, 11:30 am, 1:45 pm and 6:30 pm, with hotel pickup about 1 hour before flight departure time

・Passengers must reconfirm their tour prior to scheduled departure time by calling tour company listed on confirmation sheet upon arrival at hotel and advise them of your hotel room number. ① It is the passenger's responsibility to be at the correct pick up location at time advised by tour company. Please be there at least 10 minutes prior to scheduled pick up time.

Please Note

・For the comfort and safety of all passengers, we reserve the ② right to refuse service to passengers who are intoxicated or show signs of intoxication. If as a result, your tour is cancelled, you will not be entitled to a refund.

問 1. 次の記述のうち、英文の内容に合致しているものはどれか。

a．シャトルバスでのホテルの送迎は、別途料金が必要である。
b．ヘリコプターによる遊覧飛行は、約 30 分を予定している。
c．体重 100kg を超える乗客は、200 ドルで追加の座席を購入しなければならない。
d．ツアー代金には、燃油サーチャージが含まれている。

問 2. 次の記述から、英文の内容に合致しているものだけをすべて選んでいるものはどれか。

（ア）ヘリコプターの搭乗に際し、座席の指定は確約されない。
（イ）ツアーに同行する 2 歳以下の子供のツアー代金は無料であるが、チェックイン時に子供の年齢を証明するものが必要である。
（ウ）ツアー代金は、予約時にクレジットカードで支払う必要がある。

a．（ア）（イ）　b．（ア）（ウ）　c．（イ）（ウ）　d．（ア）（イ）（ウ）

問3. 本文中の下線部① It が指す内容は次のうちどれか。

a．ツアー出発日の前日に予約の再確認をすること。
b．ホテル到着後、確認書に記載されているツアー会社に電話をすること。
c．ホテル到着後、部屋番号をツアー会社に連絡すること。
d．ツアー会社から指示された時間に正しい出迎え場所にいること。

問4. 本文中の下線部② right と同じ意味で使われているものは次のうちどれか。

a．A little tram goes right up to the peak.
b．Is this the right bus for the airport?
c．The museum is to the right of the city hall.
d．We have a right to know the truth.

問題 8 解説 解答 1. c /2. d /3. d /4. d

グランド・キャニオンの豪華「谷底ランディング」ヘリコプターツアー

グランド・キャニオンのウエストリムへの到着まで、ミード湖やフーバーダムの上空を飛ぶヘリコプターのフライトを音声解説とともにお楽しみください。谷底へ4,000 フィート（約 1,220 メートル）下降し、そこで約 30 分間の谷底探索と、東屋の日陰のもとでのシャンパンと軽食を楽しんでから、ラスベガスに戻ります。

ツアーのハイライト

・シャトルバスでの無料のホテルの送迎
・ミード湖、フーバーダムおよびグランド・キャニオンをジェットエンジン搭載のヘリコプターから眺望
・グランド・キャニオンの谷底に下りてコロラド川の川岸に上陸
・約 30 分間のグランド・キャニオンの谷底探索
・シャンパンと軽食を含みます
・音声解説は、広東語、オランダ語、フランス語、ドイツ語、イタリア語、日本語、韓国語、北京語、ポルトガル語、スペイン語をご用意

ツアー代金：一人当たり 399 米ドル

・快適性と安全のため、体重 100kg を超えるお客様は、200 ドルで追加の座席を購入する必要があります。
・航空機の重量制限により、座席の指定は確約されません。
・2 歳を超える子供は、大人代金をお支払いください。2 歳以下の子供は無料です。2 歳以下の子供を同伴している方は、チェックイン時に年齢を証明するものが必要です。
・代金には税金および空港使用料が含まれます（燃油サーチャージが適用されることがあります）。
・当ツアーは、予約日当日の支払いが必要で、予約時にクレジットカードに請求されます。

ツアー所要時間：約 4 時間半（ホテル出発からホテル帰着まで）

ツアー出発時間:毎日、午前 7 時、午前 9 時 15 分、午前 11 時 30 分、午後 1 時 45 分、午後 6 時 30 分で、フライト出発時刻の約 1 時間前にホテルへの出迎えあり

・お客様は、ホテル到着時に確認書に記載されているツアー会社に電話をし、予定された出発時間に先立って予約の再確認を行い、ホテルの部屋番号をツアー会社に連絡しなければなりません。ツアー会社から指示された時間に正しい出迎え場所にいることは、お客様の責任となります。予定された出迎え時間の少なくとも 10 分前には、その場にいてください。

海外旅行実務

ご注意ください
・すべてのお客様の快適性と安全のため、当社は、酔っている、または酔っているとみられるお客様へのサービス提供を拒否する権利を有します。当該お客様は、その結果、ツアーがキャンセルされたとしても、払戻しを受ける権利を有しません。

《参考》グランド・キャニオン（Grand Canyon）

アメリカ・アリゾナ州にあるグランド・キャニオンは、コロラド川の浸食によって造られた大峡谷で、グランド・キャニオン国立公園に属する。エリアは、縁やへりを表す「リム」の名のついた「①サウス」、「② ノース」、「③ウエスト」があり、①と②は国立公園内にあるが、園外の「ウエストリム」（West Rim）は、国立公園内で規制されている谷底へのヘリコプターの着陸が可能で、ネバダ州のラスベガスからも比較的近いことから人気が高い。フライトの途中、フーバーダム（the Hoover Dam）や、ダムの建造時に造られたアメリカ最大の人造湖であるミード湖（Lake Mead）などを眼下に望むことができる。

問 1.

a．**合致していない。ツアーのハイライト**の英文第1項参照。シャトルバスでのホテルの送迎は無料である。

b．**合致していない。グランド・キャニオンの豪華「谷底ランディング」ヘリコプターツアー**の英文4行目（および**ツアーのハイライト**の英文第4項）に「約30分間の谷底探索」との記述があるが、ヘリコプターによる遊覧飛行の所要時間については言及されていない。

c．**合致している。ツアー代金**の英文第1項参照。

d．**合致していない。ツアー代金**の英文第4項参照。税金と空港使用料はツアーの代金に含まれているが、かっこ書きで「燃油サーチャージが適用されることがある」と記載されており、燃油サーチャージは代金に含まれていない。

問 2.

（ア）**合致している。ツアー代金**の英文第2項参照。

（イ）**合致している。ツアー代金**の英文第3項参照。

（ウ）**合致している。ツアー代金**の英文第5項参照。

以上により、（ア）（イ）（ウ）を選んでいるdが正解である。

問 3.

下線部①の文章は「It is ～ to…（…することは～である）」という構文であり、It は to 以降の…を指す。したがって、下線部① It が指す内容は、dの「ツアー会社から指示された時間に正しい出迎え場所にいること」= to be at the correct pick up location at time advised by tour company である。

問 4.

下線部②の“right”は「**権利**」という意味で、reserve the right to ～は「～する権利がある」となる。選択肢の英文のうち、同じ意味で使われているのは、dの We have a right to know the truth. =「我々は真実を知る権利がある」である。

a．right to で「ずっと」という意味なので、本肢の英文は、“小さなトラムが山頂にずっと上っていく”となる。

b．この場合の right は「正しい、間違いのない」という意味なので、本肢の英文は、“これは、空港行きのバスですか？”となる。

c．to the right of で「～の右側に」という意味なので、本肢の英文は、“美術館は、市庁舎の右手にある”となる。

ポイント整理　過去の英語問題の題材

例年、試験では、英語問題として２つの英文が出題されており、題材としては、いずれも海外旅行に関連するものが取り上げられている。したがって、新聞やテレビ、インターネットなどで海外旅行に関する情報を得たり、日本語訳のパンフレットを入手して目を通すといったことを学習に取り入れてみるとよい。参考として、過去５年の題材は次のとおりである。

2024年	英国のバッキンガム宮殿に関するインターネット上の案内	ニュージーランドのフィヨルドランド国立公園にあるミルフォードサウンドのクルーズツアーに関する案内
2023年	ハワイのハナウマ湾自然保護区に関するインターネット上の案内	米国の会社が運航するナイアガラの滝の遊覧船に関するインターネット上の案内
2022年	米国のプロ野球球団のホームスタジアムの見学ツアーに関するインターネット上の案内	クルーズ会社の条件書
2021年	ロンドンの「中世の王室の宴（うたげ）」をテーマとしたシアターレストランの予約に関する案内	ホテルが旅行会社に提示した団体予約に関する取引条件書
2020年	ラスベガス発グランドキャニオンへのヘリコプターツアーの案内	英国のエイボン川の貸切りリバークルーズの案内

4 国際航空運賃（1）

問題 9　**重要度 A**　令 3　✓□□

下記の適用条件に基づき、別冊のテーマ別問題・資料 3 を参照のうえ、問 1. ～問 3. の各設問について、該当するものをそれぞれの選択肢から一つ選び、問 4. の設問について、該当するものを選択肢からすべて選びなさい。

運賃計算上の留意点
・各設問について、途中降機料金（S）および特定便追加運賃（Q）が必要な場合は、計算式に含めること。

適用条件

1. 旅程：

			発	着
TOKYO(TYO)－LONDON(LON)	JL043	02AUG(月)	11:20	15:50
LONDON(LON)－BARCELONA(BCN)	BA482	02AUG(月)	18:55	22:00
BARCELONA(BCN)－MADRID(MAD)	IB1655	08AUG(日)	16:55	18:20
MADRID(MAD)－LONDON(LON)	BA461	14AUG(土)	17:55	19:25
LONDON(LON)－TOKYO(TYO)	JL044	15AUG(日)	19:20	15:15+1

2. クラス・人員：エコノミークラス・大人 1 名
3. 適用運賃：JL エコノミークラス特別運賃　Semi-Flex M ／ Standard L
4. 運賃・規則：資料編参照
5. 運賃計算上の折り返し地点：各設問に記載
6. 航空券の予約完了日・発券日：2021 年 5 月 15 日（土）
7. 航空券の発券・販売：日本
8. その他：運賃は本来 NUC 額にて算出するが、計算簡素化のため円貨額にて算出するものとする。

問 1. この旅程において、BCN を運賃計算上の折り返し地点として、往路・復路とも Standard L 運賃を適用した場合の運賃算出のための計算式はどれか。

	往 路	復 路
a．	230,000 円× 1/2 ＋ 5,000 円	＋ 230,000 円× 1/2 ＋ 5,000 円
b．	230,000 円× 1/2 ＋ 5,000 円＋ 10,000 円	＋ 230,000 円× 1/2 ＋ 5,000 円＋ 10,000 円
c．	230,000 円× 1/2 ＋ 5,000 円	＋ 270,000 円× 1/2 ＋ 5,000 円
d．	230,000 円× 1/2 ＋ 5,000 円＋ 10,000 円	＋ 270,000 円× 1/2 ＋ 5,000 円＋ 10,000 円

問 2. この旅程において、MAD を運賃計算上の折り返し地点として、往路・復路とも Semi-Flex M 運賃を適用した場合の運賃算出のための計算式はどれか。

	往　路	復　路
a．	295,000 円 × 1/2 ＋ 5,000 円	＋ 295,000 円 × 1/2 ＋ 5,000 円 ＋ 10,000 円
b．	315,000 円 × 1/2 ＋ 5,000 円 ＋ 10,000 円	＋ 295,000 円 × 1/2 ＋ 5,000 円
c．	295,000 円 × 1/2 ＋ 5,000 円	＋ 335,000 円 × 1/2 ＋ 5,000 円 ＋ 10,000 円
d．	315,000 円 × 1/2 ＋ 5,000 円 ＋ 10,000 円	＋ 335,000 円 × 1/2 ＋ 5,000 円

問 3. この旅程において、BCN を運賃計算上の折り返し地点として、往路に Semi-Flex M 運賃、復路に Standard L 運賃を適用した場合の運賃算出のための計算式はどれか。

	往　路	復　路
a．	295,000 円 × 1/2 ＋ 5,000 円	＋ 230,000 円 × 1/2 ＋ 5,000 円 ＋ 10,000 円
b．	315,000 円 × 1/2 ＋ 5,000 円 ＋ 10,000 円	＋ 230,000 円 × 1/2 ＋ 5,000 円
c．	315,000 円 × 1/2 ＋ 5,000 円	＋ 270,000 円 × 1/2 ＋ 5,000 円
d．	295,000 円 × 1/2 ＋ 5,000 円 ＋ 10,000 円	＋ 270,000 円 × 1/2 ＋ 5,000 円 ＋ 10,000 円

問 4. 上記問 3. で算出した運賃およびその航空券に関する次の記述のうち、正しいものをすべて選びなさい。

a．この航空券を 2021 年 5 月 15 日（土）に予約を完了した場合、発券期限は 2021 年 5 月 21 日（金）である。

b．この航空券に適用する運賃で、最も短い旅行日数の旅程を手配する場合、MAD － LON 間 BA461 便の旅行開始日は 2021 年 8 月 5 日（木）、LON － TYO 間 JL044 便の旅行開始日は 2021 年 8 月 6 日（金）となる。

c．この航空券を 2021 年 5 月 15 日（土）に発券後、日本航空が 2021 年 7 月 1 日（木）に日本政府の認可を受け、2021 年 7 月 17 日（土）出発分から JL043 便・JL044 便の特定便追加運賃（Q サーチャージ）を改定した場合においても、差額調整は行われない。

問題9 解説 解答 1. c /2. d /3. c /4. c

問1.

設問文より、往路・復路ともに「Standard L」を適用する。また、折り返し地点はBCNなので、本問の往路・復路は次のとおりである。

往路：TYO − LON − BCN ／ 復路：BCN − MAD − LON − TYO

往路の運賃 TYO − LON − BCN Standard L

【シーズナリティ】 資料3（1）「適用期間・運賃」欄を参照。

往路の国際線（TYO − LON）出発日→02AUG→**8月2日**

資料3（2）②《往路》の運賃表のうち、8月2日が含まれる**7/17〜8/6**の運賃を適用する。

【W・X運賃】 往路はJL043便利用なので、資料3（1）Standard L「適用期間・運賃」欄の「JL041便以外利用」を参照する。

日本国内の最終地点（TYO）を出発する曜日→02AUG（月）→**X運賃**

1. マイレージ計算・HIPチェック

資料3（1）の「運賃計算規定」欄に“距離計算、HIPチェックは適用しない”とあるので、マイレージ計算とHIPチェックは不要である（Semi-Flex M、Standard Lいずれの運賃でも不要）。

2. 往路の運賃

往路の両端であるTYO − BCN（7/17〜8/6:X）のHRT（1/2往復運賃）が往路の運賃となる。運賃額は、資料3（2）②《往路》の運賃表を参照する。

230,000円× 1/2

3. 特定便追加運賃

資料3（3）参照。往路のTYO − LON間の**JL043便は特定便に該当する**ので、**5,000円**の加算が必要である（Standard Lの予約クラスは「L」）。なお、資料3（3）に記載されるとおり、特定便追加運賃は**片道**の額が表示されているので、5,000円をそのまま加算する（× 1/2の計算は行わない）。

4. 途中降機料金

往路で経由するLONは滞在時間が24時間以内の乗継地点なので、途中降機料金は不要である。

5. 最終的な往路の運賃 230,000円× 1/2 ＋ 5,000円

復路の運賃　BCN − MAD − LON − TYO　Standard L

【シーズナリティ】資料3（1）「適用期間・運賃」欄を参照。

復路のヨーロッパ内の最終地点（LON）の出発日→15AUG→**8月15日**

資料3（2）②《**復路**》の運賃表のうち、8月15日が含まれる**8/13〜8/15の運賃**を適用する。

【W・X運賃】復路はJL044便利用なので、資料3（1）Standard L「適用期間・運賃」欄の「JL041便**以外**利用」を参照。

ヨーロッパ内の最終地点（LON）を出発する曜日→15AUG（**日**）→**X運賃**

1. マイレージ計算・HIPチェック

往路同様、マイレージ計算とHIPチェックは不要である。

2. 復路の運賃

復路の両端である**TYO − BCN（8/13〜8/15：X）**のHRTが復路の運賃となる。運賃額は、資料3（2）②《**復路**》の運賃表を参照する。

270,000円× 1/2

3. 特定便追加運賃

資料3（3）参照。復路のLON − TYO間の**JL044便は特定便に該当する**ので、**5,000円**の加算が必要である。

4. 途中降機料金

復路で経由するMADは滞在時間が24時間を超えているので途中降機地点、LONは滞在時間が24時間以内なので乗継地点である。資料3（1）の「途中降機」欄には“ヨーロッパ内で往路・復路各1回可（1回につき10,000円）。ただし、ヘルシンキ・**マドリードでの途中降機は無料で可**”とあるので、MADに対する途中降機料金は不要である。

5. 最終的な復路の運賃　270,000円× 1/2 + 5,000円

全旅程の運賃

往路と復路を合計したものが、全旅程の運賃算出のための計算式となる。

往　路		復　路
230,000円× 1/2 + 5,000円	**+**	**270,000円× 1/2 + 5,000円**

以上により、cが正解である。

海外旅行実務

問2.

設問文より、往路・復路ともに「Semi-Flex M」を適用する。また、折り返し地点はMADなので、本問の往路・復路は次のとおりである。

往路：TYO － LON － BCN － MAD ／ 復路：MAD － LON － TYO

往路の運賃 TYO － LON － BCN － MAD Semi-Flex M

【シーズナリティ】 資料3 (1)「適用期間・運賃」欄を参照。

往路の国際線（TYO － LON）出発日→ 02AUG → **8月2日**

資料3 (2) ①《往路》の運賃表のうち、8月2日が含まれる **7/17～8/6の運賃を適用する。**

【W・X運賃】 資料3 (1) Semi-Flex M「適用期間・運賃」欄の「JL041便以外利用」を参照。

日本国内の最終地点（TYO）を出発する曜日→ 02AUG（月）→ **W運賃**

1. マイレージ計算・HIPチェック

Semi-Flex Mを適用する場合もマイレージ計算とHIPチェックは不要である。

2. 往路の運賃

往路の両端である **TYO － MAD（7/17～8/6：W）** のHRTが往路の運賃となる。運賃額は、資料3 (2) ①《往路》の運賃表を参照する。

315,000円× 1/2

3. 特定便追加運賃

資料3 (3) 参照。往路のTYO － LON間の **JL043便は特定便に該当する** ので、**5,000円**の加算が必要である（Semi-Flex Mの予約クラスは「M」）。

4. 途中降機料金

往路で経由するLONは乗継地点、BCNは途中降機地点である。資料3 (1)「途中降機」欄より、BCNでの途中降機に対して **10,000円**の途中降機料金が必要である。

5. 最終的な往路の運賃 315,000円× 1/2 ＋ 5,000円＋ 10,000円

復路の運賃 MAD － LON － TYO Semi-Flex M

【シーズナリティ】 資料3 (1) の「適用期間・運賃」欄を参照。

復路のヨーロッパ内の最終地点（LON）の出発日→ 15AUG → **8月15日**

資料3 (2) ①《復路》の運賃表のうち、8月15日が含まれる **8/13～8/15**

の運賃を適用する。

【W·X運賃】資料3 (1) Semi-Flex M「適用期間・運賃」欄の「JL041便以外利用」を参照。

ヨーロッパ内の最終地点（LON）を出発する曜日→15AUG（日）→X運賃

1. マイレージ計算・HIPチェック

往路同様、マイレージ計算とHIPチェックは不要である。

2. 復路の運賃

復路の両端であるTYO－MAD（8/13～8/15：X）のHRTが復路の運賃となる。運賃額は、資料3 (2) ①《復路》の運賃表を参照する。

335,000円×1/2

3. 特定便追加運賃

資料3 (3) 参照。復路のLON－TYO間のJL044便は特定便に該当するので、5,000円の加算が必要である。

4. 途中降機料金

復路で経由するLONは乗継地点なので、途中降機料金は不要である。

5. 最終的な復路の運賃　335,000円×1/2＋5,000円

全旅程の運賃

往路と復路を合計したものが、全旅程の運賃算出のための計算式となる。

往　路　　　　　　　　　　　　　　復　路

315,000円×1/2＋5,000円＋10,000円　＋　335,000円×1/2＋5,000円

以上により、dが正解である。

問3.

設問文より、往路に「Semi-Flex M」、復路に「Standard L」を適用する。また、折り返し地点はBCNなので、本問の往路・復路は次のとおりである。

往路：TYO－LON－BCN　／　復路：BCN－MAD－LON－TYO

往路の運賃　TYO－LON－BCN　Semi-Flex M

【シーズナリティ】資料3 (1)「適用期間・運賃」欄を参照。

往路の国際線（TYO－LON）出発日→02AUG→8月2日

資料3 (2) ①《往路》の運賃表のうち、8月2日が含まれる7/17～8/6の運賃を適用する。

【W·X運賃】資料3（1）Semi-Flex M「適用期間・運賃」欄の「JL041便以外利用」を参照。

日本国内の最終地点（TYO）を出発する曜日→02AUG（月）→W運賃

1. マイレージ計算・HIPチェック

マイレージ計算とHIPチェックは不要である。

2. 往路の運賃

往路の両端であるTYO－BCN（7/17～8/6：W）のHRTが往路の運賃となる。運賃額は、資料3（2）①《往路》の運賃表を参照する。

315,000円×1/2

3. 特定便追加運賃

資料3（3）参照。往路のTYO－LON間のJL043便は特定便に該当するので、5,000円の加算が必要である。

4. 途中降機料金

往路で経由するLONは乗継地点なので、途中降機料金は不要である。

5. 最終的な往路の運賃　315,000円×1/2＋5,000円

復路の運賃　BCN－MAD－LON－TYO　Standard L

BCN－MAD－LON－TYOの旅程で、Standard Lを適用した場合の運賃は、問1の復路で求めたとおりである。したがって、解説は簡略化して以下のとおり記載する。

【シーズナリティ】15AUG→8月15日→8/13～8/15の運賃

【W・X運賃】15AUG（日）→X運賃

1. マイレージ計算・HIPチェック：不要
2. 復路の運賃：TYO－BCN（8/13～8/15：X）のHRT→270,000円×1/2
3. 特定便追加運賃：JL044便→5,000円の加算
4. 途中降機料金：不要
5. 最終的な復路の運賃：270,000円×1/2＋5,000円

全旅程の運賃

往路と復路を合計したものが、全旅程の運賃算出のための計算式となる。

往路　　　　　　　　　　復路

315,000円×1/2＋5,000円　＋　270,000円×1/2＋5,000円

以上により、cが正解である。

問4.

本問は、往路に「Semi-Flex M」、復路に「Standard L」を適用した運賃およびその航空券に関する問題である。

a．**誤り**。予約日である5月15日は、最初の国際線搭乗日（8月2日）の2か月以上前である。この場合、資料3（1）「予約・発券」欄の**“予約が最初の国際線搭乗日の29日以前”**に該当するため、**予約完了後7日以内**が発券期限となる（Semi-Flex M、Standard Lはいずれも同じ発券期限）。つまり、5月15日の翌日から起算して7日目に当たる**5月22日が発券期限**なので、“発券期限は2021年5月21日（金）”とする本肢の記述は誤りである。

なお、資料3（1）「結合可能運賃」欄より、本来、「発券」の規則は結合される**より厳しい運賃規則を全旅程に適用するが**、資料3（1）「予約・発券」欄“予約が最初の国際線搭乗日の29日以前”の発券期限の規則は2つの運賃で共通しているので、この場合は、より厳しい運賃規則を考慮する必要はない。

b．**誤り**。資料3（1）「結合可能運賃」欄より、「必要旅行日数」は結合される**より厳しい運賃規則を全旅程に適用する**。「必要旅行日数」欄より、Semi-Flex Mの規則は“2日発・開始”、Standard Lの規則は“3日発・開始　ただし、復路のヨーロッパ内最終地点の出発は最初の日曜日以降”とあるので、この場合、**より厳しい**（必要旅行日数の場合は**より長い**）**Standard L**の規則を全旅程に適用する。“3日発・開始”は、往路の最初の国際線搭乗日である8月2日（月）の翌日から起算して3日目に当たる8月5日（木）になるが、“復路のヨーロッパ内最終地点の出発は最初の日曜日以降”という条件があるので、この場合は**8月8日（日）**が**必要旅行日数満了日**となる。復路のヨーロッパ内最終地点であるLONからの旅行を**8月8日**に開始することで最も短い旅行日数となるので、本肢の記述は誤りである。

c．**正しい**。資料3（7）より、運賃は航空券の第一区間の旅行開始日に適用される、**航空券発券日に有効な運賃**を使用し、発券日から旅行開始日までの間に運賃の変更があった場合でも同様である。本肢のように、発券日（5/15）から旅行開始日（8/2）までの間に特定便追加運賃が改定された場合も、**発券日に有効な運賃**が適用されるので、差額調整は行われない。

以上により、cを選ぶのが正解である

4 国際航空運賃（2）

問題10　重要度 A　令5　✓□□

下記の適用条件に基づき、別冊のテーマ別問題・資料4および資料5を参照のうえ、問1. ～問3. の各設問について、該当するものをそれぞれの選択肢から一つ選び、問4. の設問について、該当するものをすべて選びなさい。（掲載している運航便、運賃・規則表は、2023年5月22日現在有効なものを使用している。）

> **運賃計算上の留意点**
> ・途中降機料金（S）およびQサーチャージが必要な設問については、計算式に含めること。

適用条件

1. 旅程：

			発	着
TOKYO(TYO)－DALLAS(DFW)	JL0012	15AUG（火）	10：55	08：40
DALLAS(DFW)－ORLANDO(ORL)	AA2121	15AUG（火）	11：20	15：09
ORLANDO(ORL)－NEW YORK(NYC)	B60784	19AUG（土）	11：20	14：00
NEW YORK(NYC)－SEATTLE(SEA)	他の運送機関利用			
SEATTLE(SEA)－LOS ANGELES(LAX)	JL7535	25AUG（金）	06：52	09：51
LOS ANGELES(LAX)－TOKYO(TYO)	JL0061	01SEP（金）	13：35	16：40+1

※JL7535便は他社運航のコードシェア便である。

2. クラス・人員：　エコノミークラス・大人1名
3. 適用運賃：　JLエコノミークラス特別運賃　Semi-Flex V
　　JLエコノミークラス特別運賃　Special Saver L
4. 運賃・規則：　資料編参照
5. 運賃計算上の折り返し地点：　往路の終点をNYC、復路の始点をSEAとするオープンジョー旅行
6. 各区間のTPMとMPM：
　・各区間TPM　TYO － 6436（PA） － DFW － 979 － ORL － 950 － NYC
　　SEA － 956 － LAX － 5458（PA） － TYO
　・MPM　TYO － NYC　8067（PA）　TYO － SEA　5730（PA）
7. 航空券の予約完了日・発券日：　2023年8月7日（月）
8. 航空券の発券・販売：　日本

9. その他：　運賃は本来NUC額にて算出するが、計算簡素化のため円貨額にて算出するものとする。
ただし、問3. に関しては、eチケットに記載される運賃計算内訳表示を求めるため、NUC額にて算出すること。

（参考）各区間のTPMの合計：　TYO − DFW − ORL − NYC　8365
TYO − LAX − SEA　6414

問1. この旅程において、往路にSpecial Saver L運賃、復路にSemi-Flex V運賃を適用した場合、往路のSpecial Saver L運賃算出のための計算式はどれか。

a．291,000円× 1/2 ＋ 5,000円
b．291,000円× 1/2 × 1.05 ＋ 5,000円
c．339,000円× 1/2 ＋ 5,000円
d．339,000円× 1/2 × 1.05 ＋ 5,000円

問2. この旅程において、往路にSpecial Saver L運賃、復路にSemi-Flex V運賃を適用した場合、復路のSemi-Flex V運賃算出のための計算式はどれか。

a．237,000円× 1/2
b．237,000円× 1/2 × 1.15
c．297,000円× 1/2
d．297,000円× 1/2 × 1.15

問 3. この旅程において、往路に Special Saver L 運賃、復路に Semi-Flex V運賃を適用した場合の e チケットの運賃計算情報欄の［ ① ］と［ ② ］に記載されるものの組み合わせで、正しいものは次のうちどれか。
(表示される数字は NUC 額、換算レート（ROE）は、1NUC = JPY100.000000 とする。)

15AUG23 TYO JL X/DFW Q 50.00 AA ORL B6 NYC［ ① ］/−SEA JL LAX JL TYO［ ② ］NUCxxxx.xxEND ROE 100.000000
※上記の NUCxxxx.xx は設問の都合で伏せてある。

	空欄①		空欄②
a.	M1455.00	−	15M1362.75
b.	M TYODFW1695.00	−	15M1707.75
c.	5M1527.75	−	1185.00
d.	5M TYODFW1779.75	−	1485.00

問 4. 上記問 3. の航空券に関する次の記述のうち、正しいものをすべて選びなさい。(旅行会社・航空会社が別途定めた航空券の払い戻し・予約変更・再発行に伴う取扱手数料は、考慮しないものとする。)

a. この航空券に適用する運賃で最も短い旅行日数の旅程を手配する場合、LAX − TYO 間 JL0061 便の旅行開始日は 2023 年 8 月 20 日（日）となる。
b. この航空券を 2023 年 8 月 7 日（月）に発券後、旅客の都合により旅行を中止し、2023 年 8 月 10 日（木）に全旅程の取り消しの連絡を行い、予約発券した旅行会社を通じて払い戻し手続きをする場合、航空運賃については払い戻しされない。
c. この航空券を旅行開始後、2023 年 8 月 19 日（土）に旅客の都合により SEA − LAX 間 JL7535 便を、2023 年 8 月 24 日（木）の同一便、同一クラスに変更することは可能である。

問題 10 解説　解答 1. b /2. a /3. c /4. a , b , c

問 1.

本問では、**「Special Saver L」**を適用した場合の**「往路」**の運賃（計算式）を求める。適用条件5に“**往路の終点をNYC、復路の始点をSEAとするオープンジョー旅行**”とあることから、本問の往路・復路は次のとおりである。

往路：TYO − DFW − ORL − NYC ／ 復路：SEA − LAX − TYO

往路の運賃　TYO − DFW − ORL − NYC　Special Saver L

【シーズナリティ】資料4（1）「適用期間・運賃」欄を参照。

往路の国際線（TYO − DFW）出発日→15AUG→**8月15日**

資料4（2）②**《往路》**の運賃表のうち、8月15日が含まれる**7/15〜8/22**の運賃を適用する。

【W・X運賃】資料4（1）「適用期間・運賃」欄を参照。

日本国内の最終地点（TYO）を出発する曜日→15AUG（火）→**X運賃**

1. マイレージ計算

資料4（1）の「運賃計算規定」欄に“距離計算は行い、マイレージサーチャージを適用する”とある。さらに“特定経路（スペシファイド ルーティング）については、資料5を参照”の指示に従い、資料5（6）を確認すると、往路（TYO − DFW − ORL − NYC）は特定経路に該当しないので、必要に応じて、マイレージ計算を行わなければならない。往路には経由地があるので、マイレージ計算を行う。

（参考）より、往路（TYO − DFW − ORL − NYC）のSTPM（TPMの合計）は8365。

適用条件6より、TYO − NYCのMPMは8067。

STPM　8365 ＞ MPM　8067

STPMがMPMを超えているので割増しが必要である。

8365 ÷ 8067 ＝ 1.03…

資料5（1）より、1.00を超えて1.05以下なので、**5%の割増し**が必要である。

2. HIPチェック

資料4（1）の「運賃計算規定」欄に“HIPチェックは行わない”とあるので、HIPチェックは不要である。

海外旅行実務

3. 往路の運賃

往路の両端である**TYO－NYC(7/15～8/22:X)**のHRT(1/2往復運賃)を**5%割増し**したものが往路の運賃となる。運賃額は、資料4(2)②**《往路》**を参照する。

291,000円×1/2×1.05

4. 特定便追加運賃

資料4(3)参照。往路のTYO－DFW間で利用する**JL0012便は特定便に該当する**。「Special Saver L」を適用する場合、**5,000円**の加算が必要である。

5. 途中降機料金

資料4(1)の「途中降機」欄を参照。途中降機は"第1地区内(ハワイを除く)で往路・復路各1回無料で可"である。往路ではDFWとORLを経由しており、このうちDFWは滞在時間が24時間以内なので乗り継ぎ、ORLは滞在時間が24時間を超えているので途中降機である。往路で1回の途中降機は無料で可能なので、途中降機料金は発生しない。

6. 最終的な往路の運賃　291,000円×1/2×1.05＋5,000円

以上により、bが正解である。

問2.

本問では、**「Semi-Flex V」**を適用した場合の**「復路」**の運賃(計算式)を求める。復路は問1で確認したとおり、SEA－LAX－TYOである。

復路の運賃　**SEA－LAX－TYO**　**Semi-Flex V**

【シーズナリティ】資料4(1)「適用期間・運賃」欄を参照。

復路の米国内最終地点(LAX)の出発日→01SEP→**9月1日**

資料4(2)①《復路》の運賃表のうち、9月1日が含まれる**8/22～12/31**の運賃を適用する。

【W・X運賃】資料4(1)「適用期間・運賃」欄を参照。

米国内の最終地点(LAX)を出発する曜日→01SEP(金)→**W運賃**

1. マイレージ計算・HIPチェック

資料4(1)「運賃計算規定」の規則では、必要に応じて、マイレージ計算を行わなければならないことになっているが、復路(SEA－LAX－TYO)は、**シアトルと日本の間でロサンゼルスを経由する旅程**であり、資料5(6)の**特定経路に該当する**。資料5(6)に記載されるとおり、特定経路に該当する旅程の場合は、**距離計算とHIPチェックを行わずに、出発地点から目的地点の**

直行運賃をそのまま適用することができる。したがって、復路では、**マイレージ計算とHIPチェックは不要**（HIPチェックは規則上も不要）である。

2. 復路の運賃

復路の両端である**TYO − SEA（8/22〜12/31：W）**のHRTが復路の運賃となる。運賃額は、資料4（2）①**《復路》**を参照する。

237,000円× 1/2

3. 特定便追加運賃

資料4（3）参照。復路のLAX − TYO間で利用するJL0061便は特定便に該当しないので、加算は不要である。

4. 途中降機料金

復路で経由するLAXは途中降機地点であるが、資料4(1)「途中降機」欄より、復路で1回の途中降機は無料で可能なので、途中降機料金は発生しない。

5. 最終的な復路の運賃　237,000円× 1/2

以上により、aが正解である。

問3.

本問は、問1（往路）、問2（復路）で求めた計算式に関するeチケット（お客様控）について、運賃計算情報（Fare Calculation）欄に記載される正しい数値等を選ぶ問題である。本問を解く際のポイントは次のとおり。

- 設問文より、NUC額と日本円の**換算レート（ROE）**は1NUC = JPY100.000000**（1NUC = 100円）**である。円貨額からNUC額への換算は、**JPY ÷ ROE = NUC**の計算式によって求める。
- 問1と問2の運賃額（特定便追加運賃は除く）は往復運賃なので、往路と復路の運賃額を求める場合、**往復運賃× 1/2**の計算が必要である。さらに、運賃に割増しがある場合は、**割増率を乗じる。**

空欄①

空欄①の前後を含めたNYC［　①　］／−SEAの記載により、空欄①はNYC（往路の終点）と／−SEA（復路の始点）の間にあるので、この部分には、**往路のマイレージ計算の結果（割増率）と運賃額**が表示される。往路の運賃をNUC額に換算すると次のとおりである。

往路の運賃：JPY291000 ÷ ROE100.000000 = NUC2910.00
NUC2910.00 × 1/2 = NUC1455.00
NUC1455.00 × 1.05 = NUC**1527.75**

往路の割増しの結果は5%（5M）なので、空欄①には「5M1527.75」と表示される。

空欄②

空欄②の前後を含めたTYO [②] NUCxxxx.xxENDの記載により、空欄②には、**復路の運賃額**が表示される（復路はマイレージ計算を行っておらず、運賃の割増しはない）。復路の運賃をNUC額に換算すると次のとおりである。

復路の運賃：JPY237000 ÷ ROE100.000000 = NUC2370.00
　　　　　　NUC2370.00 × 1/2 = NUC1185.00

したがって、空欄②には「1185.00」と表示される。

以上により、空欄①を5M1527.75、空欄②を1185.00とするcが正解である。

参考として、本問の運賃計算情報欄は次のように表示される。

15AUG23 TYO JL ×／DFW Q50.00 AA ORL B6 NYC 5M1527.75
（×／：乗り継ぎ　Q50.00：往路の特定便追加運賃　5M1527.75：①）

／－ SEA JL LAX JL TYO 1185.00 NUC2762.75END ROE 100.000000
（／－：オープンジョー　1185.00：②　2762.75：全旅程の運賃（50.00 + 1527.75 + 1185.00 = 2762.75））

問4.

本問は問3の航空券（往路にSpecial Saver L、復路にSemi-Flex Vを適用する航空券）に関する問題である。

a．**正しい**。資料4（1）の「結合可能運賃」欄より、必要旅行日数の規則は、**結合されるより厳しい運賃規則が全旅程に適用される**。資料4（1）の「必要旅行日数」欄の規則に基づくSemi-Flex VおよびSpecial Saver Lの必要旅行日数は次のとおりである（日付は、資料5の〈参考〉のカレンダー参照）。

● **Semi-Flex V：3日発・開始**
復路の太平洋横断旅行は、往路の太平洋横断旅行出発後3日目以降
TYOを出発する8月15日（火）の翌日（16日）から数えて3日目
→8月18日（金）

● **Special Saver L：5日発・開始**
復路の太平洋横断旅行は、往路の太平洋横断旅行出発後5日目以降
TYOを出発する8月15日（火）の翌日（16日）から数えて5日目
→8月20日（日）

必要旅行日数におけるより厳しい規則は、**より長い期間**を意味するので、この場合は、**8月20日（日）**が全旅程の必要旅行日数となる。したがって、本肢の記述は正しい。

b．**正しい。**資料4（1）の「結合可能運賃」欄より、取り消し・払い戻しの規則は、**結合されるより厳しい運賃規則が全旅程に適用される。**資料4（1）の「取り消し・払い戻し」欄より、2つの運賃のうち、より厳しい規則はSpecial Saver Lの“航空運賃の払い戻し不可”なので、この規則を全旅程に適用する。つまり、問3の航空券は払い戻しができないので、本肢の記述は正しい。

c．**正しい。**資料4（1）の「結合可能運賃」欄より、予約変更の規則は**フェアコンポーネント（運賃計算区間）ごとの規則が適用される。**本肢で搭乗日を変更するSEA－LAX間は**復路**の区間なので、復路に適用した**Semi-Flex V**の規則を適用する。資料4（1）「予約変更・経路変更」欄より、Semi-Flex Vの予約変更は“無料で可”である。規則に記載されるとおり、すでに予約が入っている便の出発時刻までに変更手続きを行うことで、SEA－LAX間のJL7535便を8月24日（木）の同一便、同一クラスに変更することができる。したがって、本肢の記述は正しい。

以上により、a、b、cを選ぶのが正解である。

4 国際航空運賃（3）

問題 11　重要度 A　令 4　✓☐☐

下記の適用条件に基づき、別冊のテーマ別問題・資料 6 および資料 8 を参照のうえ、問 1. ～問 4. の各設問について、該当するものをそれぞれの選択肢から一つ選びなさい。(掲載している運航便、運賃・規則表は、2022 年 5 月 10 日現在有効なものを使用している)。

> **運賃計算上の留意点**
> ・各設問について、途中降機料金（S）および Q サーチャージが必要な場合は、計算式に含めること。

適用条件

1. 旅程：

区間	便名	日付	発	着
TOKYO(TYO)－QINGDAO(TAO)	NH0949	01AUG(月)	09：45	12：30
QINGDAO(TAO)－DALIAN(DLC)	MU2517	05AUG(金)	11：30	12：25
DALIAN(DLC)－SHANGHAI(SHA)			地上運送機関利用	
SHANGHAI(SHA)－QINGDAO(TAO)	MU6967	17AUG(水)	14：25	16：10
QINGDAO(TAO)－TOKYO(TYO)	NH0928	18AUG(木)	09：05	13：00

2. クラス・人員：　エコノミークラス・大人 1 名
3. 適用運賃：　NH エコノミークラス普通運賃　Full Flex Plus Y2 運賃
　　NH エコノミークラス特別運賃　Basic M 運賃
4. 運賃・規則：　資料編参照
5. 運賃計算上の折り返し地点：　往路の終点は DLC、復路の始点は SHA とするオープンジョー旅行
6. 各区間の TPM と MPM：
　・各区間 TPM　TYO － 1117（EH）－ TAO － 198 － DLC
　　SHA － 369 － TAO － 1117（EH）－ TYO
　・MPM　TYO － DLC 1250（EH）　TYO － SHA 1333（EH）
7. 航空券の予約完了日・発券日：2022 年 7 月 1 日（金）
8. 航空券の発券・販売：日本

9. その他：運賃は本来 NUC 額にて算出するが、計算簡素化のため円貨額にて算出するものとする。ただし、問 4. に関しては、e チケットに記載される運賃計算内訳表示を求めるため、NUC 額にて算出すること。

（参考）各区間の TPM の合計　TYO － TAO － DLC 1315
TYO － TAO － SHA 1486

問 1. この旅程において、往路・復路とも Full Flex Plus Y2 運賃を適用した場合、往路の運賃算出のための計算式はどれか。

a．338,000 円× 1/2 ＋ 10,000 円
b．366,000 円× 1/2 ＋ 10,000 円
c．338,000 円× 1/2 × 1.10 ＋ 10,000 円
d．366,000 円× 1/2 × 1.10 ＋ 10,000 円

問 2. この旅程において、往路・復路とも Full Flex Plus Y2 運賃を適用した場合、復路の運賃算出のための計算式はどれか。

a．296,000 円× 1/2
b．324,000 円× 1/2
c．296,000 円× 1/2 × 1.15
d．324,000 円× 1/2 × 1.15

問 3. この旅程において、往路・復路とも Basic M 運賃を適用した場合の運賃算出のための計算式はどれか。

	往　路		復　路
a．	257,000 円× 1/2 ＋ 5,000 円＋ 5,000 円	＋	239,000 円× 1/2
b．	264,000 円× 1/2 ＋ 5,000 円＋ 5,000 円	＋	250,000 円× 1/2
c．	257,000 円× 1/2 × 1.10 ＋ 5,000 円＋ 5,000 円	＋	239,000 円× 1/2 × 1.15
d．	264,000 円× 1/2 × 1.10 ＋ 5,000 円＋ 5,000 円	＋	250,000 円× 1/2 × 1.15

問 4. 前記の問 3. の運賃を適用した航空券に関し、e チケットの運賃計算情報（Fare Calculation）欄に記載されるものは次のうちどれか。
換算レート（ROE）は、1NUC = JPY 100.000000 とする。

a．01AUG22 TYO NH TAO Q50.00S50.00MU DLC10M1452.00/-SHA MU ×/TAO NH TYO 15M1437.50NUC2989.50END ROE100.000000
b．01AUG22 TYO NH TAO Q50.00S50.00MU DLC10M1413.50/-SHA MU ×/TAO NH TYO 15M1374.25NUC2887.75END ROE100.000000
c．01AUG22 TYO NH TAO Q50.00S50.00MU DLC1320.00/-SHA MU ×/TAO NH TYO 1250.00NUC2670.00END ROE100.000000
d．01AUG22 TYO NH TAO Q50.00S50.00MU DLC1285.00/-SHA MU ×/TAO NH TYO 1195.00NUC2580.00END ROE100.000000

問題11 解説　解答 1. d /2. c /3. a /4. d

問1.

本問では、往路・復路ともに「Full Flex Plus Y2」を適用した場合の「往路」の運賃（計算式）を求める。適用条件5に“**往路の終点はDLC、復路の始点はSHAとするオープンジョー旅行**”とあることから、本問の往路・復路は次のとおりである。

往路：TYO － TAO － DLC　／　復路：SHA － TAO － TYO

往路の運賃　TYO － TAO － DLC　Full Flex Plus Y2

【W・X運賃】資料6（1）「適用期間・運賃」欄を参照。

日本国内の最終地点（TYO）を出発する曜日→01AUG（月）→**W運賃**

1. マイレージ計算

資料6（1）Full Flex Plus Y2の「運賃計算規定」欄に“距離計算、HIPチェックを適用する”とあるので、必要に応じて、マイレージ計算とHIPチェックを行わなければならない。往路には経由地があるので、マイレージ計算を行う。

（参考）より、往路（TYO － TAO － DLC）のSTPM（TPMの合計）は1315。

適用条件6より、TYO － DLCのMPMは1250。

STPM　1315＞MPM　1250

STPMがMPMを超えているので割増しが必要である。

1315 ÷ 1250 = 1.05…（1.05で割り切れず、余りが出る）

資料8（1）より、1.05を超えて1.10以下なので、**10%の割増し**が必要である。

2. HIPチェック

往路で経由するTAOは途中降機地点なので、HIPチェックの対象となる。往路の両端であるTYO － DLCの運賃と、途中降機地点行のTYO － TAOの運賃を比較する。往路にはW運賃を適用するため、HIPチェックも**W運賃**で行う。運賃額は、資料6（2）①を参照する。

TYO － TAO（W）：**366,000円← HIF**

TYO － DLC（W）：338,000円…両端

往路の両端であるTYO － DLCの運賃よりも、**途中降機地点行のTYO － TAOの運賃のほうが高額**なので、往路にはこの運賃を適用する（**TAOがHIP、TYO － TAOの運賃がHIF**）。

3. 往路の運賃

HIFであるTYO－TAO（W）のHRT（1/2往復運賃）を10％割増ししたものが往路の運賃となる。

366,000円×1/2×1.10

4. 特定便追加運賃

資料6（3）参照。往路のTYO－TAO間で利用するNH0949便は特定便に該当する。資料6（1）「予約・発券」欄の①より、「Full Flex Plus Y2」の予約クラスは"Y"なので、10,000円の加算が必要である。

5. 途中降機料金

資料6（1）Full Flex Plus Y2の「途中降機」欄を参照。Full Flex Plus Y2を適用する場合、途中降機は"制限なし"（回数や都市に制限はなく、途中降機料金は不要）なので、途中降機料金を考慮する必要はない。

6. 最終的な往路の運賃　366,000円×1/2×1.10＋10,000円

以上により、dが正解である。

問2.

本問では「Full Flex Plus Y2」を適用した場合の**「復路」**の運賃（計算式）を求める。復路の旅程は問1で確認したとおり、SHA－TAO－TYOである。

復路の運賃　SHA－TAO－TYO　Full Flex Plus Y2

【W・X運賃】資料6（1）「適用期間・運賃」欄を参照。

中国内の最終国際線区間（TAO－TYO）を出発する曜日→18AUG（木）→X運賃

1. マイレージ計算

往路と同様に、必要に応じて、マイレージ計算を行わなければならない。復路にも経由地があるので、マイレージ計算を行う。

（参考）より、復路（TYO－TAO－SHA）のSTPMは1486。

適用条件6より、TYO－SHAのMPMは1333。

STPM　1486＞MPM　1333

STPMがMPMを超えているので割増しが必要である。

1486÷1333＝1.11…

資料8（1）より、1.10を超えて1.15以下なので、15％の割増しが必要である。

2. HIPチェック

復路で経由するTAOは滞在時間が24時間以内なので乗継地点である。したがって、復路ではHIPチェックは不要。

3. 復路の運賃

復路の両端である**TYO − SHA（X）**のHRTを**15%割増し**したものが復路の運賃となる。運賃額は、資料6（2）①を参照する。

296,000円×1/2×1.15

4. 特定便追加運賃

資料6（3）参照。復路のTAO − TYO間で利用するNH0928便は特定便に該当しないので、加算は不要である。

5. 途中降機料金

復路で経由するTAOは乗継地点なので、途中降機料金を考慮する必要はない（Full Flex Plus Y2を適用する場合は、途中降機の回数や都市に制限はなく、料金も不要なので、規則上も考慮する必要はない）。

6. **最終的な復路の運賃　296,000円×1/2×1.15**

以上により、cが正解である。

問3.

本問では、往路・復路ともに**「Basic M」**を適用した場合の**全旅程**の運賃算出のための計算式を求める。旅程は問1、問2と同じ。

往路：TYO − TAO − DLC　／　復路：SHA − TAO − TYO

往路の運賃　TYO − TAO − DLC　Basic M

【W・X運賃】資料6（1）「適用期間・運賃」欄を参照。

日本国内の最終地点（TYO）を出発する曜日→01AUG（月）→**W運賃**

1. マイレージ計算・HIPチェック

資料6（1）Basic Mの「運賃計算規定」欄に“距離計算、HIPチェックは適用しない”とあるので、マイレージ計算とHIPチェックは不要である。

2. 往路の運賃

往路の両端である**TYO − DLC(W)**のHRTが往路の運賃となる。運賃額は、資料6（2）②を参照する。

257,000円×1/2

3. 特定便追加運賃

資料6 (3) 参照。往路のTYO − TAO間で利用するNH0949便は特定便に該当する。資料6 (1)「予約・発券」欄の①より、「Basic M」の予約クラスは“M”なので、5,000円の加算が必要である。

4. 途中降機料金

往路で経由するTAOは途中降機地点である。資料6(1)Basic Mの「途中降機」欄に“中国国内で往路・復路各1回可 (1回につき5,000円)”と記載されているので、TAOでの途中降機に対して、5,000円の途中降機料金が必要である。

5. 最終的な往路の運賃　257,000円×1/2 + 5,000円 + 5,000円

復路の運賃　SHA − TAO − TYO　Basic M

【W・X運賃】資料6 (1)「適用期間・運賃」欄を参照。

中国内の最終国際線区間 (TAO − TYO) を出発する曜日→18AUG (木) →X運賃

1. マイレージ計算・HIPチェック

往路と同様に、マイレージ計算とHIPチェックは不要である。

2. 復路の運賃

復路の両端であるTYO − SHA (X) のHRTが復路の運賃となる。運賃額は、資料6 (2) ②を参照する。

239,000円×1/2

3. 特定便追加運賃

復路のTAO − TYO間で利用するNH0928便は特定便に該当しないので、加算は不要である。

4. 途中降機料金

復路で経由するTAOは乗継地点なので、途中降機料金は不要である。

5. 最終的な復路の運賃　239,000円×1/2

全旅程の運賃

往路と復路を合計したものが、運賃算出のための計算式となる。

往　路　　　　　　　　　　　　復　路

257,000円×1/2 + 5,000円 + 5,000円　+　239,000円×1/2

以上により、aが正解である。

問 4.

本問は、問３の運賃を適用した航空券に関して、e チケット（お客様控）の運賃計算情報（Fare Calculation）欄に記載されるものを求める問題である。

- 問 3 は日本円（JPY）による計算式で求めたため、適用する運賃を**円貨額で算出し、それを NUC 額に換算して**運賃計算情報欄に適するものを選ぶ。
- 本問の設問文より、NUC 額と日本円の**換算レート（ROE）**は 1NUC = JPY100.000000（1NUC ＝ 100 円）である。円貨額から NUC 額への換算は、JPY ÷ ROE ＝ NUC によって求める。
- 運賃計算情報欄では、往路・復路の運賃、特定便追加運賃（Q サーチャージ）、途中降機料金が別々に表示されるので、各々を NUC 額に換算する。

【NUC 額への換算】

往路の計算結果　257,000 円× 1/2 ＋ 5,000 円＋ 5,000 円

マイレージ計算・HIP チェック不要（割増し・HIP なし）/ **特定便追加運賃あり / 途中降機料金あり**

- 往路の運賃：JPY257000 ÷ ROE100.000000 ＝ NUC2570.00
  NUC2570.00 × 1/2 ＝ NUC**1285.00** ……………………………①
- 往路の特定便追加運賃（Q）：JPY5000 ÷ ROE100.000000 ＝ NUC**50.00**…②
- 往路の途中降機料金（S）：JPY5000 ÷ ROE100.000000 ＝ NUC**50.00**……③

復路の計算結果　239,000 円× 1/2

マイレージ計算・HIP チェック不要（割増し・HIP なし）/ 特定便追加運賃なし / 途中降機料金なし

- 復路の運賃：JPY239000 ÷ ROE100.000000 ＝ NUC2390.00
  NUC2390.00 × 1/2 ＝ NUC**1195.00** ……………………………④
- 全旅程の運賃：①＋②＋③＋④＝ NUC**2580.00** ……………………………⑤

【運賃計算情報欄の表示】

①～⑤の数値は、運賃計算情報欄で次のように表示される。

01AUG22 TYO NH TAO Q50.00 S50.00 MU DLC1285.00 ／－ SHA MU
②（Q50.00）　③（50.00）　①（1285.00）　オープンジョー（／－）
×／ TAO NH TYO 1195.00 NUC2580.00END ROE100.000000
乗り継ぎ（×／）　④（1195.00）　⑤（2580.00）

以上により、d が正解である。

4 国際航空運賃（4）

問題 12　重要度 A　令4　✓□□

下記の適用条件に基づき、別冊のテーマ別問題・資料7および資料8を参照のうえ、問1.の設問について該当するものを選択肢からすべて選び、問2.～問4.の各設問について、該当するものをそれぞれの選択肢から一つ選びなさい。（掲載している運航便、運賃・規則表は、2022年5月10日現在有効なものを使用している）。

> **運賃計算上の留意点**
> ・各設問について、途中降機料金（S）およびQサーチャージが必要な場合は、計算式に含めること。

適用条件

1. 旅程：

区間	便名	日付	発	着
TOKYO(TYO)－NEW YORK(NYC)	JL0006	10JUL(日)	11：00	11：05
NEW YORK(NYC)－CHICAGO(CHI)	AA2819	12JUL(火)	08：45	10：28
CHICAGO(CHI)－PHOENIX(PHX)	AA0866	15JUL(金)	11：15	12：49
PHOENIX(PHX)－HONOLULU(HNL)	AA0694	15JUL(金)	13：53	17：31
HONOLULU(HNL)－TOKYO(TYO)	JL0073	14AUG(日)	12：35	15：55+1

2. クラス・人員：　エコノミークラス・大人1名
3. 適用運賃：　JLエコノミークラス特別運賃　Standard H
　　JLエコノミークラス特別運賃　Special Saver N
4. 運賃・規則：　資料編参照
5. 運賃計算上の折り返し地点：　各設問に記載
6. 各区間のTPMとMPM：
　・各区間TPM　TYO － 6723（PA） － NYC － 720 － CHI － 1440 － PHX － 2914 － HNL － 3831（PA） － TYO
　・MPM　TYO － CHI 7539（PA）
　　TYO － NYC 8067（PA）
7. 航空券の予約完了日・発券日：2022年5月10日（火）
8. 航空券の発券・販売：日本

9. その他：運賃は、本来 NUC 額にて算出するが、計算簡素化のため円貨額にて算出するものとする。

（参考）各区間の TPM の合計　TYO － NYC － CHI　7443
TYO － HNL － PHX － CHI　8185
TYO － HNL － PHX － CHI － NYC　8905

問 1. この旅程を 2022 年 5 月 10 日（火）に予約をする場合、次の記述のうち、正しいものをすべて選びなさい。（予約時に当該区間で指定されたクラスに空席があるものとする。）

a．運賃計算上の折り返し地点を NYC として、往路に Special Saver N 運賃を適用し、復路に Standard H 運賃の通し運賃を適用して計算することはできない。
b．運賃計算上の折り返し地点を CHI として、往路・復路共に Special Saver N 運賃を適用してそれぞれ通し運賃で計算することは可能である。
c．運賃計算上の折り返し地点を CHI として、往路に Special Saver N 運賃、復路に Standard H 運賃を適用して最も短い旅行日数の旅程を手配する場合、HNL － TYO 間 JL0073 便の旅行開始日は 2022 年 7 月 15 日（金）となる。

問 2. この旅程において、CHI を運賃計算上の折り返し地点として、往路に Special Saver N 運賃、復路に Standard H 運賃を適用した場合、往路の Special Saver N 運賃算出のための計算式はどれか。

a．176,000 円× 1/2
b．179,000 円× 1/2
c．176,000 円× 1/2 ＋ 5,000 円
d．179,000 円× 1/2 ＋ 5,000 円

海外旅行実務

問 3. この旅程において、CHI を運賃計算上の折り返し地点として、往路に Special Saver N 運賃、復路に Standard H 運賃を適用した場合、復路の Standard H 運賃算出のための計算式はどれか。

a．374,000 円× 1/2 × 1.10
b．374,000 円× 1/2 × 1.10 + 30,000 円
c．414,000 円× 1/2 × 1.10
d．414,000 円× 1/2 × 1.10 + 30,000 円

問 4. 前記の問 2. ～問 3. で算出した運賃およびその航空券に関する次の記述のうち、正しいものはどれか。（旅行会社・航空会社が別途定めた航空券の払い戻し・予約変更・再発行に伴う取扱手数料は、考慮しないものとする。）

a．この航空券を 2022 年 5 月 10 日（火）に予約を完了した場合、発券期限は出発 50 日前に当たる 2022 年 5 月 21 日（土）である。
b. この航空券を 2022 年 5 月 10 日（火）に発券後、2022 年 6 月 30 日（木）に旅客の都合により旅行を中止し、すべての予約を取り消しする場合、取消手数料 30,000 円を支払い、残額が払い戻される。
c．この航空券を旅行開始後、2022 年 7 月 11 日（月）に旅客の都合により NYC － CHI 間 AA2819 便を、2022 年 7 月 13 日（水）の同一便、同一クラスに変更する場合、変更手数料 20,000 円を支払うことにより可能となる。
d．この航空券を旅行開始後、2022 年 8 月 10 日（水）に旅客の都合により HNL － TYO 間 JL0073 便を、2022 年 8 月 13 日（土）の同一便、同一クラスに変更する場合、予約変更手数料 20,000 円と日付変更に伴う運賃差額を支払わなければならない。

問題12 解説 解答 1. a，c /2. c /3. d /4. d

問 1.

資料7（1）「結合可能運賃」欄の②より、規則に合致すれば、「Standard H」と「Special Saver N」を片道ずつ利用する（往路と復路で異なる運賃を結合する）ことができる。なお、詳細は省略するが、aとbは、「予約・発券」、「必要旅行日数」、「最長旅行期間」の規則についてはすべて合致するものとして解説する（これらの規則については、aとbの選択肢の正誤を判断するうえで特に考慮する必要はない）。

a．**正しい。**折り返し地点をNYCとする場合、**往路はTYO − NYC、復路はNYC − CHI − PHX − HNL − TYO**となる。往路は経由地がない直行の旅程だが、復路では3都市を経由しているので、資料7（1）で「途中降機」と「乗り換え」の規則を確認する。

規則	Standard H	Special Saver N
途中降機	第1地区内で往路・復路各1回無料で可	第1地区内（ハワイを除く）で往路・復路各1回無料で可
乗り換え	日本国内で往路・復路各1回可 第1地区内で往路・復路各2回可	日本国内で往路・復路各1回可 第1地区内（ハワイを除く）で往路・復路各2回可

資料7(1)「結合可能運賃」欄より、「途中降機」と「乗り換え」はフェアコンポーネントごとの規則が適用されるため、**往路・復路のそれぞれで**規則に合致するかどうかを確認する。

【往路】TYO − NYC

往路は経由地がないので、Special Saver Nの規則に合致する。

【復路】NYC − CHI − PHX − HNL − TYO

Standard Hを適用する場合、途中降機は“第1地区内で往路・復路**各1回**”まで、乗り換えは“第1地区内で往路・復路**各2回**”まで可能である。本肢の場合、復路の乗り換えはCHI、PHX、HNLの**3回**で、このうち**2回（CHI、HNL）は途中降機**である。したがって「途中降機」、「乗り換え」のいずれも**Standard Hの規則に合致しない**。

以上により、往路にはSpecial Saver Nを適用できるが、**復路にStandard Hを適用することはできない**ので、本肢は正しい記述である。

b．**誤り。**折り返し地点をCHIとする場合、**往路はTYO − NYC − CHI、復路はCHI − PHX − HNL − TYO**となる。Special Saver Nの「途中降機」は

“第1地区内（ハワイを除く）で往路・復路各1回無料で可”、「乗り換え」は、“第1地区内（ハワイを除く）で往路・復路各2回可”であり、ハワイでの乗り換えと途中降機はいずれも認められていない。

【往路】TYO－NYC－CHI

往路のNYCは途中降機地点である。往路の乗り換え（および途中降機）はNYCでの1回のみなので、Special Saver Nの規則に合致する。

【復路】CHI－PHX－HNL－TYO

復路の乗り換えはPHX、HNLの**2回**で、このうち**HNLは途中降機地点**である。確認したとおり、Special Saver Nでは**ハワイでの乗り換えと途中降機は認められていない**ので、**Special Saver Nの規則に合致しない。**

以上により、往路にはSpecial Saver Nを適用できるが、**復路にSpecial Saver Nを適用することはできない**ので、本肢の記述は誤りである。

c．**正しい。**本肢は、往路にSpecial Saver N、復路にStandard Hを適用する場合の必要旅行日数に関する記述である。資料7（1）「必要旅行日数」欄より、Standard Hの規則は“2日発・開始”、Special Saver Nの規則は“5日発・開始”である。

資料7（1）「結合可能運賃」欄より、必要旅行日数は、**結合されるより厳しい運賃規則が全旅程に適用される**ので、ここではより長い、Special Saver Nの**5日発・開始を全旅程に適用する。**往路の太平洋横断旅行出発日（TYOを出発する日）である7月10日（日）の翌日（11日（月））から起算して5日目に当たる**7月15日（金）**がこの旅程の**必要旅行日数満了日**となる（7月15日にHNLからの旅行を開始することで、最も短い日数の旅程を手配することになる）ので、本肢は正しい記述である。

以上により、a、cを選ぶのが正解である。

問2.

本問では、往路に**「Special Saver N」**、復路に**「Standard H」**を適用した場合の**「往路」**の運賃（計算式）を求める。折り返し地点は**CHI**なので、本問の往路・復路は次のとおりである。

往路：TYO－NYC－CHI　／　復路：CHI－PHX－HNL－TYO

往路の運賃　TYO － NYC － CHI　Special Saver N

【W・X 運賃】資料 7（1）「適用期間・運賃」欄を参照。

日本国内の最終地点（TYO）を出発する曜日→ 10JUL（日）→ **W 運賃**

【シーズナリティ】資料 7（1）「適用期間・運賃」欄を参照。

往路の国際線（TYO － NYC）出発日→ 10JUL → **7 月 10 日**

資料 7（2）②**《往路》**の運賃表のうち、7 月 10 日が含まれる **5/4 ～ 7/14** の運賃を適用する。

1. マイレージ計算

資料 7（1）の「運賃計算規定」欄に“距離計算は適用するが、HIP チェックは適用しない”とあるので、**マイレージ計算は必要に応じて行わなければならないが、HIP チェックは不要である（Standard H・Special Saver N のいずれを適用する場合も同じ）**。往路には経由地があるので、マイレージ計算を行う。

（参考）より、往路（TYO － NYC － CHI）の STPM は 7443。

適用条件 6 より、TYO － CHI の MPM は 7539。

STPM　7443 ＜ MPM　7539

STPM が MPM 以内なので、割増しは不要である。

2. HIP チェック　不要

3. 往路の運賃

往路の両端である **TYO － CHI（5/4 ～ 7/14：W）**の HRT が往路の運賃となる。運賃額は、資料 7（2）②**《往路》**を参照する。

176,000 円× 1/2

4. 特定便追加運賃

資料 7（3）参照。往路の TYO － NYC 間で利用する **JL0006 便は特定便に該当する**。資料 7（1）「予約・発券」欄の①より、「Special Saver N」の予約クラスは“N”なので、**5,000 円**の加算が必要である。

5. 途中降機料金

往路で経由する NYC は途中降機地点である。資料 7（1）の「途中降機」欄を参照する。Special Saver N を適用する場合、途中降機は“第 1 地区内（ハワイを除く）で往路・復路各 1 回無料で可”なので、NYC での途中降機に対する途中降機料金は不要である。

6. 最終的な往路の運賃　176,000 円× 1/2 ＋ 5,000 円

以上により、c が正解である。

問 3.

本問では、「Standard H」を適用した場合の「復路」の運賃（計算式）を求める。復路の旅程は問 2 で確認したとおり、CHI － PHX － HNL － TYO である。

復路の運賃　CHI － PHX － HNL － TYO　Standard H

【W・X 運賃】 資料 7 (1)「適用期間・運賃」欄を参照。

北米内の最終地点（HNL）を出発する曜日→ 14AUG（日）→ **X 運賃**

【シーズナリティ】 資料 7 (1)「適用期間・運賃」欄を参照。

復路の北米内最終地点（HNL）の出発日→ 14AUG → **8 月 14 日**

資料 7 (2) ①《復路》の運賃表のうち、8 月 14 日が含まれる **8/13 ～ 8/21** の運賃を適用する。

1. マイレージ計算

問 2 同様に、Standard H を適用する場合もマイレージ計算は必要に応じて行わなければならない（HIP チェックは不要）。

（参考）より、復路（TYO － HNL － PHX － CHI）の STPM は 8185。

適用条件 6 より、TYO － CHI の MPM は 7539。

STPM　8185 ＞ MPM　7539

STPM が MPM を超えているので割増しが必要である。

8185 ÷ 7539 ＝ 1.08…

資料 8 (1) より、1.05 を超えて 1.10 以下なので、**10%の割増し**が必要である。

2. HIP チェック　不要

3. 復路の運賃

復路の両端である **TYO － CHI（8/13 ～ 8/21：X）** の HRT を **10%割増し**したものが復路の運賃となる。運賃額は、資料 7 (2) ①《復路》を参照する。

414,000 円 × 1/2 × 1.10

4. 特定便追加運賃

資料 7 (3) 参照。復路の HNL － TYO 間で利用する JL0073 便は特定便に該当しないので、加算は不要である。

5. 途中降機料金

復路で経由する PHX は乗継地点で、HNL は途中降機地点である。資料 7 (1) Standard H の「途中降機」欄に、“第 1 地区内で往路・復路各 1 回無料で可”とあるので、HNL での途中降機に対する途中降機料金は不要である。

6. **ホノルル（Q）サーチャージ**

復路でHNLを経由している。資料7(1)Standard Hの「適用期間・運賃」欄に、“旅程にホノルル・コナが含まれる場合は、**途中降機の有無にかかわらず片道につき30,000円**のQサーチャージが加算される”とあるので、**30,000円**の加算が必要である。

7. **最終的な復路の運賃　414,000円× 1/2 × 1.10 + 30,000円**

以上により、dが正解である。

問4.

本問は、問2と問3で算出した運賃および航空券に関する問題である。したがって、**往路にSpecial Saver N、復路にStandard H**を適用した運賃・航空券として正誤を判断する。

a．**誤り。**資料7 (1)「結合可能運賃」欄より、「発券」は結合される**より厳しい運賃規則を全旅程に適用する**ので、往路にSpecial Saver N、復路にStandard Hのように、往路と復路で異なる運賃を適用する場合は、いずれか厳しい規則を全旅程に適用する。資料7 (1)「予約・発券」欄の③より、各運賃の発券期限は次のとおり。

- **Standard H：5月17日**

  予約日である5月10日は、最初の国際線搭乗日（7月10日）の29日以前に該当するので、予約完了後7日以内（**5月17日**）が発券期限である。

- **Special Saver N：5月11日**

  a．予約完了後1日以内→5月11日

  b．最初の国際線搭乗日の50日前→7月10日の前日（7月9日）から起算して50日目に当たる日→5月21日

  aとbのうち、より早い5月11日がSpecial Saver Nの発券期限である。

以上により、Standard Hの規則による発券期限は5月17日で、Special Saver Nの規則による発券期限は5月11日である。このうち、**より早い（より厳しい）**Special Saver Nの**5月11日が全旅程の発券期限**となる。したがって、発券期限を“2022年5月21日（土）”とする本肢の記述は誤りである。

b．**誤り。**“6月30日（木）に旅客の都合により旅行を中止し…取り消しする”とあるので、本肢は、**旅行開始前**の取消し・払戻しに関する記述である。資料7 (1)「結合可能運賃」欄より、「取り消し・払い戻し」の規則は、結合さ

れるより厳しい運賃規則を全旅程に適用する。

資料7 (1)「取り消し・払い戻し」欄を参照すると、Standard Hの場合、旅行開始前であれば一定の条件のもとに取消し・払戻しが可能だが、Special Saver Nの場合は旅行開始前・後ともに取消し・払戻しは“不可”である。本問の場合、より厳しいSpecial Saver Nの規則を全旅程に適用するので、旅客の都合によりすべての予約を取消しする場合には、払戻しを受けることができない。

c. 誤り。資料7 (1)「結合可能運賃」欄より、「予約変更・経路変更」は、フェアコンポーネントごとの規則が適用される。本肢で変更しようとするNYC－CHI間は、問2で確認したとおり往路の区間なので、往路に適用したSpecial Saver Nの規則を確認する。

資料7 (1) の「予約変更・経路変更」欄より、Special Saver Nの場合は予約変更が“不可”なので、旅客の都合による予約便の変更はできない。

d. 正しい。cで解説したとおり、「予約変更・経路変更」は、フェアコンポーネントごとの規則が適用される。本肢で変更しようとするHNL－TYO間は復路の区間なので、復路に適用したStandard Hの規則を確認する。

資料7 (1) Standard Hの「予約変更・経路変更」欄より、“1回につき変更料金20,000円で可”、“すでに予約が入っている便の出発時刻までに変更手続きを行うこと”とあるので、8月10日に、JL0073便の搭乗日を8月14日（日）から8月13日(土)に変更することは可能である。また、問3で確認したとおり、復路にはX運賃を適用したが、変更後の8月13日は土曜日なので、資料7 (1)の「適用期間・運賃」欄よりW運賃が適用されることになり、運賃に差額が生じる。「予約変更・経路変更」欄には“変更の結果生じる差額調整は行うこと”とあるので“予約変更手数料20,000円と日付変更に伴う運賃差額を支払わなければならない”とする本肢は正しい記述である。

ポイント整理　運賃計算の流れ

【旅程】（運賃によっては【W・X】や【シーズナリティ】）を確認する。

規則表より、マイレージ計算（距離計算）およびHIPチェックの要否を確認する。

※ マイレージ計算またはHIPチェックが必要となる場合は、下記の各手順に従って行う。マイレージ計算とHIPチェックがいずれも不要な場合は、往路・復路の運賃の算出に進む。

往路	復路
マイレージ計算	マイレージ計算

Point！ ※規則表に不要とある場合、マイレージ計算は不要（行わない）。
- 中間で1都市でも経由している場合（**途中降機地点・乗継地点**のいずれであっても）、マイレージ計算を行う。
- STPMとMPMを比較し、STPM＞MPM（STPMがMPMを超えている）の場合、割増しが必要。
- 割増率の算出は**STPM÷MPM**により行う。
- 割増率は5%（×1.05）、10%（×1.10）、15%（×1.15）、20%（×1.20）、25%（×1.25）のいずれかが適用される。

往路	復路
HIPチェック	HIPチェック

Point！ ※規則表に不要とある場合、HIPチェックは不要（行わない）。
- 中間にある**途中降機地点**行の運賃を対象に行う。
- 往路・復路のそれぞれに適用する運賃（W・Xやシーズナリティ）を使用する。
- 両端の運賃より高い途中降機地点（HIP）行の運賃（HIF）がある場合、その運賃を適用する（高い地点がない場合は両端の運賃を適用する）。
- 割増しが必要な場合、HIFの半額（HRT）に割増率をかける。

往路	復路
往路の運賃を算出する。	復路の運賃を算出する。

※必要に応じて、「特定便追加運賃」や「途中降機料金」などを加える。

「往路の運賃」と「復路の運賃」を合計する。

5 旅券法（1）

※旅券法（1）～（4）は、数次往復用一般旅券に関する（発給申請等は書面手続による）設問とする。

問題 13　重要度 A　令 3- 改

次の記述のうち、誤っているものはどれか。

a．同一の戸籍内にある２人以上の者が同時に旅券の発給を申請するに当たり、いずれか１人の者が戸籍謄本を提出するとき、他の者は戸籍謄本の提出を要しない。

b．国内外を問わず、現に所持する旅券の有効期間が満了した後に旅券の発給を申請するに当たり、当該有効期間が満了する前に旅券の発給申請ができなかったことについて、真にやむを得ない理由があると認められるときは、戸籍謄本の提出を要しない。

c．外務大臣または領事官は、旅券を所持しない者であって緊急に帰国する必要があり、かつ、旅券の発給を受けるいとまがない者で、本邦に帰国することを希望する者に対し、その者の申請に基づいて、必要があると認める場合には、旅券に代えて渡航書を発給することができる。

d．在留届を提出した者は、住所、居所その他の届出事項に変更を生じたときは、遅滞なく、当該在留届を提出した領事官にその旨を届け出なければならない。

問題 14　重要度 A　令 2- 改

次の記述から、正しいものだけをすべて選んでいるものはどれか。

（ア）申請者が出頭することなく旅券を受領するときに提出する交付時出頭免除願書には、当該申請者が出頭できない具体的理由を記入し、疎明資料を添付しなければならない。

（イ）旅券の発給申請をするに当たり、申請者が 18 回目の誕生日の前日に当該申請に係る書類および写真を提出するときは、当該申請者は有効期間が 10 年の旅券を申請することができる。

（ウ）旅券の発給を申請するに当たり、申請者がその法定代理人を通じて旅券の発給の申請に係る書類および写真を提出して申請しようとする場合、申請書類等提出委任申出書を提出しなければならない。

a．（ア）（イ）　b．（ア）（ウ）　c．（イ）（ウ）　d．（ア）（イ）（ウ）

問題13 解説 解答 b

a．**正しい。**他の者については**戸籍謄本の提出を省略することができる。**

b．**誤り。国外（海外）で**、現に所持する旅券の有効期間が満了した後に新たな旅券の発給を申請する場合において、その有効期間が満了する前に旅券の発給申請ができなかったことについて、**真にやむを得ない理由があると認められるときは**、**戸籍謄本の提出を省略することができる**とする規定があるが、**日本国内での申請にはこの規定は適用されない。**したがって、“国内外を問わず、…提出を要しない”とする本肢の記述は誤りである。

c．**正しい。**記述のとおり。なお、本肢以外に、「旅券の発給を受けることができない者」および「外務大臣または領事官の命令に基づいて旅券を返納した者」についても必要があると認める場合には、外務大臣または領事官は、旅券に代えて渡航書（帰国のための渡航書）を発給することができる。

d．**正しい。**外国に住所または居所を定めて**3か月以上**滞在しようとするときは、**遅滞なく**、その**住所または居所を管轄する領事官**に**「在留届」1通**を提出しなければならない（この届出は、在留届の提出による書面手続のほか、**電子手続も可能**）。また、届出事項に**変更が生じたときは遅滞なく**（管轄区域を**去るときは事前に**）、その旨を領事官に届け出なければならない。

問題14 解説 解答 a

（ア）**正しい。**記述のとおり。申請者本人が出頭できない理由を証明するための書類（疎明資料）を添付しなければならない。

（イ）**正しい。**年齢は、**誕生日の前日に1歳加算**される。したがって、本肢の場合、申請者は“18回目の誕生日の前日”に18歳に達しているので、有効期間が10年の旅券を申請することができる。

（ウ）**誤り。**申請者は、申請者の配偶者や2親等内の親族、または申請者の指定した者（申請前5年以内に旅券の発給申請を受けるに当たって不正な行為をした者を除く）を通じて旅券の発給申請に係る書類等を提出し、発給申請を行うことができる。この場合、原則として「申請書類等提出委任申出書」1通を提出しなければならないが、申請者の**法定代理人**が申請者に代わり出頭するときは、当該申出書の**提出は不要**である。

以上により、（ア）（イ）を選んでいるaが正解である。

5 旅券法（2）

問題 15　重要度 A　令 4　✓

旅券の発給を申請するに当たり、申請者が本人であることを確認するために都道府県知事が提示または提出を求める書類のうち、1点のみでよいとされているものをすべて選びなさい。

a．個人番号カード
b．小型船舶操縦免許証
c．写真付き学生証（写真貼替え防止がなされているもの）

問題 16　重要度 A　令 2・3-改

旅券の発給を申請するに当たり、提示または提出を求められている書類に関する次の記述のうち、正しいものをすべて選びなさい。

a．都道府県知事が住民基本台帳法の規定により旅券の発給を申請する者に係る都道府県知事保存本人確認情報のうち、個人番号以外のものを利用するときは、申請に必要な書類のうち、住民票の写しの提示または提出を要しないものとすることができる。
b．提出する申請者の写真は、提出の日前6か月以内に撮影されたものでなければならない。
c．国内において旅券の発給を申請した者が、当該旅券の発行の日から6か月以内に当該旅券を受領しない場合には、その6か月を経過したときに当該旅券は失効する。

問題 15　解説　解答　a，b

a．**1点のみでよい。**“個人番号カード”は、この1点だけで本人確認のための書類としての要件を満たしている。
b．**1点のみでよい。**“小型船舶操縦免許証”は、この1点だけで本人確認のための書類としての要件を満たしている。
c．**1点のみでは不十分。**“写真付き学生証”は、写真貼替え防止の機能の有無にかかわらず、この1点だけでは本人確認のための書類として不十分である。
以上により、a、bを選ぶのが正解である。

問題 16　解説　解答　a，b，c

a．**正しい。**都道府県知事は、住民基本台帳ネットワークシステム（住基ネット）を利用して、申請者の氏名、生年月日、性別、住所など（個人番号を除く「都道府県知事保存本人確認情報」）を確認することができる。そのため、これらの情報を利用するときは、原則として、**住民票の写しの提出は不要。**
b．**正しい。**記述のとおり。なお、旅券の発給申請の際に提出する**戸籍謄本**も**提出の日前6か月以内**に作成されたものでなければならない。
c．**正しい。国内**で発行された旅券を受領しない場合は、本肢のとおり、発行の日から**6か月を経過したときに失効する。**なお、**国外**で発行された旅券については、旅券の発給申請者が、旅券の発行の日から6か月以内にその旅券を受領することができないやむを得ない事情（感染症の流行などにより外出が困難な状況にあるなど）があると外務大臣または領事官が認めるときはこの限りではない。
以上により、a、b、cを選ぶのが正解である。

ポイント整理　本人確認のための書類（主なもの）

1点でよいもの
日本国旅券（有効なもの・失効後6か月以内のもの）／運転免許証／小型船舶操縦免許証／宅地建物取引士証／個人番号カード／写真付き身体障害者手帳（写真貼替え防止がなされているもの）／運転経歴証明書（平成24年4月1日以降交付のもの）
2点必要なもの
a．国民健康保険・健康保険・後期高齢者医療の資格確認書（または有効な被保険者証）／国民年金手帳／基礎年金番号通知書／国民年金・厚生年金保険に係る年金証書／印鑑登録証明書および実印
b．学生証／会社の身分証明書（いずれも**写真付きに限る**）

※2点必要なものは、「aを1点＋bを1点」もしくは「aを2点」であれば有効。

5 旅券法（3）

問題 17　**重要度 A**　令 5- 改　✓□□

次の記述から、正しいものだけをすべて選んでいるものはどれか。

（ア）2019 年 10 月 22 日の 14 歳の誕生日が発行年月日の旅券の名義人は、当該旅券の残存有効期間が 1 年未満となったその日に、当該旅券を返納のうえ、有効期間が 5 年の旅券に限り発給を申請することができる。

（イ）旅券を紛失した場合、当該旅券の名義人は外務省令で定めるところにより、遅滞なく、国内においては都道府県知事を経由して外務大臣に対し、国外においては領事官に対し、その旨を届け出なければならない。

（ウ）外務大臣または領事官は、帰国のための渡航書を発給する場合には、渡航書の有効期間および帰国の経由地を指定することができる。

a．（ア）（イ）　b．（ア）（ウ）　c．（イ）（ウ）　d．（ア）（イ）（ウ）

問題 18　**重要度 A**　平 22・令 2- 改　✓□□

次の記述から、正しいものをすべて選んでいるものはどれか。

（ア）旅券の発給を受けた者は、外務大臣または領事官がその者の保護または渡航の便宜のため特に必要であると認める場合を除き、当該旅券が有効な限り、重ねて旅券の発給を受けることができない。

（イ）署名する能力のない乳児が発給申請者である場合、当該乳児に代わり「一般旅券発給申請書」の「所持人自署」欄に記名することができるのはその法定代理人に限られる。

（ウ）旅券を紛失した場合、遅滞なく、国内においては、都道府県に出頭のうえ、都道府県知事を経由して外務大臣に、紛失一般旅券等届出書 1 通に、紛失の事実を証明し、または疎明する書類および旅券の名義人の写真を添えて、提出しなければならない。

a．（ア）（イ）　b．（ア）（ウ）　c．（イ）（ウ）　d．（ア）（イ）（ウ）

問題 17 解説 解答 c

（ア）**誤り。**旅券の有効期間には5年と10年の2種類があり、14歳の誕生日に発行された旅券は、有効期間が**5年のもの**である。その旅券の残存有効期間が1年未満となった（発行日から4年以上が経過した）時点で、旅券の名義人はすでに18歳に達しているので、有効期間が**5年または10年**の旅券を発給申請することができる。したがって、“有効期間が5年の旅券に限り…”とする本肢の記述は誤りである。

（イ）**正しい。**記述のとおり。旅券を焼失した場合も同様である。

（ウ）**正しい。**記述のとおり。「帰国のための渡航書」は、日本に帰国することを目的として発給されるものなので、原則として、これを使用して他国に入国することはできない。ただし、航空機の接続の関係などやむを得ず他国を経由して帰国する場合もあるため、外務大臣または領事官は、有効期間および帰国の経由地を指定して渡航書を発給することができる。

以上により、（イ）（ウ）を選んでいるcが正解である。

問題 18 解説 解答 b

（ア）**正しい。**記述のとおり。

（イ）**誤り。**申請者が署名する能力のない**乳幼児**や、**疾病**または**身体の故障**などで署名が困難な場合は、**代理人による署名の代筆**が認められている。代理人になることができるのは、次のいずれかに該当する者で、**①から④の順位**で認められている。

① 申請者の**法定代理人**
② 申請者の**配偶者**
③ 申請者の**海外渡航に同行を予定している者**
④ 都道府県知事または領事官が申請者に代わり記名することが適当であると認める者

したがって、“法定代理人に限られる”とする本肢の記述は誤りである。

（ウ）**正しい。**記述のとおり。旅券を紛失した場合、当該旅券の名義人は遅滞なく、その旨を届け出なければならない。

以上により、（ア）（ウ）を選んでいるbが正解である。

5 旅券法（4）

問題 19　重要度 A　令 4- 改　✓□□

次の記述のうち、誤っているものはどれか。

a．外務大臣または領事官は、旅券の発給を受けることができない者、または旅券法の規定による旅券の返納の命令に基づいて旅券を返納した者に限り、その者の申請に基づいて、必要があると認める場合には、旅券に代えて渡航書を発給することができる。
b．残存有効期間が１年未満となった旅券を提示のうえ、旅券の発給を申請するに当たり、現有旅券の記載事項に変更がないときには、戸籍謄本の提出を要しない。
c．発給された旅券を申請者本人が出頭して受領することが困難な場合、一般旅券受領証に加え、当該申請者が出頭できない具体的理由を記入した交付時出頭免除願書１通を提出しなければならない。
d．旅券の発給を申請するに当たり、申請者に代わり出頭する者は、当該申請の内容を知り、かつ、都道府県知事または領事官の指示を申請者に確実に伝達する能力がある者でなければならない。

問題 20　重要度 A　令 5　✓□□

次の記述のうち、正しいものをすべて選びなさい。

a．旅券の記載事項に変更を生じた場合において、当該旅券の名義人が遅滞なく、旅券の発給を申請するものとされている旅券の記載事項は、旅券の名義人の氏名、本籍の都道府県名および生年月日に限られる。
b．残存有効期間が２年となった旅券の名義人の氏名に変更が生じた場合、当該旅券の名義人は、有効期間を現有旅券の残存有効期間と同一とする旅券の発給を申請することができる。
c．残存有効期間が３年となった旅券の査証欄に余白がなくなった場合、当該旅券の名義人は、有効期間を現有旅券の残存有効期間と同一とする旅券の発給を申請することができる。

問題 19 解説 解答 a

a．**誤り**。外務大臣または領事官は、現に外国にいる日本国民のうち、次の①～③に該当する者が日本への帰国を希望する場合、旅券に代えて渡航書（帰国のための渡航書）を発給することができる。

①**旅券を所持しない者であって、緊急に帰国する必要があり、かつ、旅券の発給を受けるいとまがない者**

②旅券の発給を受けることができない者

③旅券の返納命令（外務大臣または領事官の命令）に基づいて旅券を返納した者

本肢は、渡航書発給の対象者を②と③に限定する記述なので、誤りである（①も渡航書発給の対象者である）。

b．**正しい**。有効な旅券を提示のうえ、新たに旅券の発給を申請するに当たり、現有旅券の記載事項に変更がないときは戸籍謄本の提出を省略できる。

c．**正しい**。記述のとおり。なお、この場合、申請者が出頭できない具体的理由を記入した交付時出頭免除願書に疎明資料を添付して提出しなければならない。

d．**正しい**。代理申請は、①**申請者の配偶者または2親等内の親族**、②**申請者が指定した者のいずれかに該当**し、申請の内容を知り、かつ、本肢の記述にある能力を有する者でなければならない（**未成年者であってもよい**）。なお、上記②**に該当する者に限っては、申請前5年以内に旅券の発給を受けるに当たって不正な行為をしたものであってはならない**という条件もある。

問題 20 解説 解答 b，c

a．**誤り**。旅券の記載事項に変更を生じた場合において、その旅券の名義人が、遅滞なく、旅券の発給を申請するものとされている旅券の記載事項は、**旅券の名義人の氏名、本籍の都道府県名**および**生年月日**以外に、**性別や呼称**もこれに該当する。

b．**正しい**。記述のとおり。なお、旅券の名義人は、旅券の新規発給申請をするか、有効期間を現有旅券の残存有効期間と同一とする旅券の発給を申請するかのどちらかを選択することができる（cの場合も同様）。

c．**正しい**。記述のとおり。

以上により、b、cを選ぶのが正解である。

6 外国人の再入国

問題 21 重要度 A 令5 ✓□□

本邦に在留する外国人（仮上陸の許可または上陸の特例により上陸の許可を受けている者を除く。）の再入国の許可および本邦に在留する外国人のみなし再入国の許可（出入国の公正な管理のため再入国の許可を要する者を除く。）に関する次の記述のうち、正しいものをすべて選びなさい。

a．再入国の許可（みなし再入国の許可を除く。）を申請しようとする本邦に在留する外国人は、再入国許可申請書１通を地方出入国在留管理局に提出しなければならない。

b．みなし再入国の許可を受けて出国した外国人が、当該許可の有効期間内に再入国できない相当の理由があるときは、在外公館に当該許可の有効期間の延長を申請することができる。

c．再入国の許可（みなし再入国の許可を除く。）に係る外国人が、旅券を所持していない場合で国籍を有しないことその他の事由で旅券を取得することができないときは、再入国許可書が交付され、当該再入国許可書に係る再入国の許可に基づき本邦に入国する場合に限り、旅券とみなされる。

問題 21 解説 解答 a，c

a．**正しい。**記述のとおり。

b．**誤り。**みなし再入国の許可を受けて出国した場合は、**有効期間内に再入国できない理由にかかわらず、許可の有効期間の延長を申請することはできない。**

c．**正しい。**記述のとおり。外国人が旅券を所持していない場合で国籍を有しないことその他の事由で旅券を取得できないときは、**再入国許可書が交付**され、この再入国許可書に係る再入国の許可に基づき本邦に入国する場合に限り、**旅券とみなされる。**なお、外国人が旅券を所持している場合は旅券に再入国許可の証印がなされる。

以上により、a、cを選ぶのが正解である。

ポイント整理 外国人の再入国

「再入国の許可」とは、在留資格を得て日本に滞在している者が、在留期間内に、一時的に日本を出国し、再び日本に戻ろうとする（再入国する）場合の制度であり、**日本を出国する前**にこの許可を受けておくことで、再入国の際に、査証の取得などを省略することができる。なお、一定の条件を満たす者については、例外的に**再入国の許可を受けずに**（受けたものとみなして）日本に戻ることができる**「みなし再入国許可」**の制度を利用することができる。試験でよく出題されている「再入国の許可」と「みなし再入国許可」の有効期間およびその延長について確認しておこう。

許可の名称	有効期間		有効期間の延長
再入国の許可	特別永住者以外の者	許可が効力を生ずるものとされた日から**5年**を超えない範囲内	1年を超えず、かつ、許可が効力を生じた日から**6年**を超えない範囲内
	特別永住者	許可が効力を生ずるものとされた日から**6年**を超えない範囲内	1年を超えず、かつ、許可が効力を生じた日から**7年**を超えない範囲内
みなし再入国許可	中長期在留者	出国の日から**1年** ※在留期間の満了の日が1年未満の場合は、在留期間の満了までの期間	延長は不可
	特別永住者	出国の日から**2年**	
	短期滞在の在留資格を有する者（指定旅客船を利用する場合）	出国の日から**15日** ※在留期間の満了の日が15日未満の場合は、在留期間の満了までの期間	

海外旅行実務

7 日本人の出入国手続き（1）

問題 22　重要度 A　令4　✓□□

25歳の日本人旅行者がアメリカで購入した物品の本邦の通関に関する次の記述のうち、正しいものをすべて選びなさい。

a．海外市価が11万円の腕時計1個、9万円のゴルフクラブ1本、8万円のコート1着のみを輸入する場合、申告価格は28万円となり、コート1着が課税される。

b．海外市価が30万円のハンドバッグ1個、10万円の指輪1個、1万円のネクタイ5本のみを輸入する場合、申告価格は45万円となり、ハンドバッグ1個が課税される。

c．海外市価が3万円のワイン（760ml）2本、2万円のブランデー（760ml）1本、1万円のウイスキー（760ml）1本のみを輸入する場合、ウイスキー1本が課税される。

問題 22　解説　解答 b

a．**誤り。**酒類、たばこ、香水以外の品目は、**海外市価の合計額が 20 万円を超える場合、20 万円以内におさまる品物が免税となり、その残りの品物に課税される。**腕時計、ゴルフクラブ、コートの海外市価の合計額は 28 万円で、免税範囲の 20 万円を超えるため、3 点のうちいずれかが課税対象となる（**旅行者に有利になるよう税額がより安い品物に課税される**）。課税価格を海外市価の 6 割として税額を計算すると次のとおり。

- 腕時計：11 万円× 0.6 ＝ 66,000 円（課税価格）
  66,000 円× 10%（消費税および地方消費税のみ）＝ 6,600 円（税額）
- ゴルフクラブ：9 万円× 0.6 ＝ 54,000 円（課税価格）
  54,000 円× 10%（消費税および地方消費税のみ）＝ **5,400 円**（税額）
- コート：8 万円× 0.6 ＝ 48,000 円（課税価格）
  48,000 円× 15%（簡易税率）＝ 7,200 円（税額）

以上により、最も税額が安くなる**ゴルフクラブ 1 本が課税対象となる。**

b．**正しい。**本肢の品物の海外市価の合計額は 45 万円で、免税範囲の 20 万円を超えている。**1 個で海外市価が 20 万円を超える品物**は、20 万円を超過した額に対してのみ課税されるのではなく、**その全額が課税の対象となる。**本肢の場合、海外市価 30 万円のハンドバッグ 1 個が課税対象となる（指輪とネクタイは免税）。なお、本肢のハンドバッグ（海外市価 30 万円× 0.6 ＝課税価格 18 万円）のように、**1 個（または 1 組）の課税価格が 10 万円を超えるもの**には、簡易税率は適用されず、**一般の貿易貨物と同様の関税率**が適用される。

c．**誤り。**「酒類」は金額にかかわらず、1 本 760ml 程度のものが **3 本まで免税**となる。本肢では、ワイン 2 本、ブランデー 1 本、ウイスキー 1 本（いずれも 1 本 760ml）の合計 4 本を輸入しようとしているので、4 本のうち 1 本が課税対象になる。税額（1 リットル当たり）は、ワインが 200 円、ブランデーとウイスキーが 800 円なので、より税額が安い**ワイン 1 本**が課税対象となる。

以上により、b を選ぶのが正解である。

7 日本人の出入国手続き（2）

問題23 重要度 A 平30・令3-改 ✓□□

日本人旅行者の帰国時の通関に関する次の記述のうち、正しいものをすべて選びなさい。

a．外国で購入した物品を、日本にいる友人を受取人として旅行先から別途発送して帰国した場合、当該物品は別送品申告の対象とならない。
b．20歳以上の旅行者が韓国で購入した海外市価1オンス3万円の香水3個を輸入する場合、免税の範囲を超える1個については、その課税価格に対して簡易税率が適用される。
c．20歳以上の旅行者が個人で使用する外皮用薬の軟膏（処方せん医薬品を除く。）については、標準サイズで1品目につき24個以内を持ち込むことができる。

問題 23　解説　解答　a，c

a．**正しい。**記述のとおり。別送品申告の対象となる主な条件は次のとおり。

- 発送する荷物に「別送品（Unaccompanied Baggage）」と明記すること
- 荷物の**受取人**を**旅行者本人**とすること（**家族や友人は不可**）
- 旅行者が入国（帰国）して**6か月以内**に別送品の輸入が行われること

したがって、“友人”を受取人とする場合は、**別送品申告の対象にはならない。**

b．**誤り。「香水」の免税範囲は2オンス**で、これを超えて輸入する場合は課税の対象となる。本肢のように“1オンス3万円の香水3個”を韓国（WTO加盟国）から輸入する場合は、免税範囲を超える1オンスの課税価格に対して、**消費税および地方消費税のみが課税される。**したがって、“簡易税率が適用される”とする本肢の記述は誤りである。

c．**正しい。**旅行者個人が使用するために持ち込むことができる**軟膏（なんこう）などの外用剤（処方せん医薬品を除く）**には、輸入数量に制限があり、**標準サイズで1品目につき24個以内**とされている。

以上により、a、cを選ぶのが正解である。

ポイント整理　免税範囲

【免税範囲（1人当たり）】

品　名		数量・価格
①酒類		3本（760ml程度／本）
②たばこ	紙巻たばこのみの場合	200本
	加熱式たばこのみの場合	個装等10個 ・1個（箱）当たりの数量は、紙巻たばこ20本に相当する量　※1
	葉巻たばこのみの場合	50本
	その他のたばこのみの場合	250g
③香水		**2オンス**（1オンスは約28ml）
④その他の品物		**20万円（海外市価の合計額）**※2 ・海外市価の合計額が20万円を超える場合、**20万円におさまる品物が免税**となり、その残りの品物（**全額**）に課税される。 ・1個で海外市価が20万円を超える品物は、その**全額に対して課税される。**

※1 例えば、1個（箱）20本入りの加熱式たばこの場合は、10個（箱）＝紙巻たばこの200本に相当する量までが免税となる。

※2「**1品目ごとの海外市価の合計額が1万円以下のもの**」は、原則として、免税となる（20万円の免税範囲におさまるかどうかの計算に含めなくてよい）。

7 日本人の出入国手続き（3）

問題 24　重要度 A　令5

✔□□

日本人旅行者の本邦の通関に関する次の記述のうち、正しいものをすべて選びなさい。

a．6歳未満の子供については、おもちゃなど明らかに本人の使用と認められるもの以外は免税とならない。

b．20歳以上の旅行者が、海外市価2万円のワイン（760ml）2本と5千円のジン（760ml）2本のみを輸入する場合、海外市価の安価なジン1本のみに課税される。

c．帰国時に別送品を旅具通関扱いとするためには、携帯品・別送品申告書2通を税関に提出するか、または電子申告を行わなければならない。

問題 25　重要度 A　令4-改

日本人旅行者の本邦の通関に関する次の記述のうち、誤っているものはどれか。

a．現在使用している外国製の腕時計が、帰国時に課税されることがないようにするためには、「外国製品の持出し届」に必要事項を記入し、出国時に税関に現品を提示のうえ、確認を受けなければならない。

b．帰国の際に申告手続をしなかった別送品は、旅具通関とはならず、一般の貿易貨物と同様の輸入手続が必要となる。

c．18歳の旅行者が両親へのお土産として購入した海外市価1万円のワイン1本（760ml）のみを輸入する場合、免税の対象となる。

d．日本出国時に300万円相当額の現金を携帯して輸出し、入国時に110万円相当額の現金を携帯して輸入する場合、出国時、入国時のそれぞれに「支払手段等の携帯輸出・輸入申告書」に必要事項を記入し、税関に提出しなければならない。

問題24 解説 解答 a，c

a．**正しい**。記述のとおり。

b．**誤り**。「酒類」は金額にかかわらず、1本760ml程度のものが**3本まで免税**となる。本肢は、ワイン2本、ジン2本（いずれも1本760ml）の合計4本の輸入であり、4本のうち1本が課税対象になる。税額(1リットル当たり)は、ワインが200円、ジンが500円なので、より税額が安い**ワイン1本**が課税対象となる。したがって、“ジン1本のみに課税される”とする本肢の記述は誤りである。

c．**正しい**。記述のとおり。「別送品である旨が明記されている」、「荷物の受取人を旅行者本人とする」、「旅行者本人の入国後6か月以内に輸入する」など一定の条件を満たす別送品は、帰国時に所定の申告をすることによって**簡易な通関手続き（旅具通関）**が認められている。別送品を旅具通関扱いとするためには、帰国時に**「携帯品・別送品申告書」2通を税関に提出**するか、または**電子申告**を行わなければならない。なお、帰国時にこれらの申告を行わなかった場合は、**一般の貿易貨物と同様の輸入手続き**が必要となる。

以上により、a、cを選ぶのが正解である。

問題25 解説 解答 c

a．**正しい**。記述のとおり。「外国製品の持出し届」による確認を受けずに出国すると、旅行中に海外で購入した物品と区別ができず、帰国時に課税の対象になることがある。

b．**正しい**。問題24のcの解説参照。

c．**誤り**。**20歳未満の者**が家族などへの土産品として**酒類、たばこ**を輸入する場合、免税枠は適用されないため、数量にかかわらず**課税の対象**となる。

d．**正しい**。**日本出国時および入国時のそれぞれで合計額が100万円相当額を超える**支払手段等を携帯して輸出入する場合は、**出国時と入国時のいずれにおいても**申告書を提出しなければならない。

支払手段等に該当するもの（主なもの）

- 現金（日本円･外国通貨） ●小切手（旅行小切手＝トラベラーズチェック含む）
- 約束手形 ●証券（株式、国債などの有価証券）

7 日本人の出入国手続き（4）

問題 26　重要度 A　令 1

日本人旅行者が帰国時に携帯して輸入する次の物品のうち、持ち込みを規制または禁止されているものをすべて選びなさい。

a．フランスで購入したワニ革製の財布
b．インドで購入したダージリン紅茶（完全発酵した茶葉）
c．中国で購入した生きた上海ガニ

問題 27　重要度 A　令 5

日本人旅行者が個人的使用のため、帰国時に携帯して輸入する次の物品のうち、検疫を受けることが必要なものまたは持ち込みが禁止されているものをすべて選びなさい。

a．インドで購入した小売用の袋に密封されたターメリックパウダー（香辛料）
b．オーストラリアで購入した冷凍のロブスター
c．スペインで購入した真空パックのイベリコ豚の生ハム

問題 28　重要度 A　令 4

日本人旅行者が個人的使用のため、帰国時に携帯して輸入する次の物品のうち、検疫を受けることが必要なものまたは持ち込みが禁止されているものをすべて選びなさい。

a．中国で購入した干しアワビ
b．ハワイで購入したビーフジャーキー
c．イギリスで購入したバラのドライフラワー

問題 26 **解説** **解答** a，c

a．**該当する。**“ワニ革製の財布”は、**ワシントン条約**により持ち込みを規制されている。

b．**該当しない。**“ダージリン紅茶（完全発酵した茶葉）”などの**製茶**は、植物検疫を受けずに輸入することができる。

c．**該当する。**“生きた上海ガニ”は、**特定外来生物**に指定されているため、原則として**輸入が禁止**されている。

以上により、a、cを選ぶのが正解である。

問題 27 **解説** **解答** c

a．**該当しない。**ターメリック（ウコン）はショウガ科の植物である。ターメリックパウダーなどの**乾燥した香辛料**であって**小売用の容器に密封されているもの**は植物検疫の対象ではない。

b．**該当しない。**一部の例外を除き、ロブスターなどの**食用の魚介類**は、動物検疫の対象ではない。

c．**該当する。**ビーフジャーキー、ベーコン、ハム、生ハム、ソーセージなどの**肉製品は動物検疫の対象**である。したがって、輸入に当たり検疫検査を受けなければならない。

以上により、cを選ぶのが正解である。

問題 28 **解説** **解答** b，c

a．**該当しない。**“干しアワビ”などの乾物は動物検疫の対象ではない。

b．**該当する。**“ビーフジャーキー”などの**肉製品は動物検疫の対象**である。したがって、輸入に当たり検疫検査を受けなければならない。

c．**該当する。**“ドライフラワー”は**植物検疫の対象**である。したがって、輸入に当たり検疫検査を受けなければならない。

以上により、b、cを選ぶのが正解である。

8 海外旅行実務その他（1）

問題 29　重要度 A　令 4　✓□□

鉄道に関する次の記述のうち、正しいものをすべて選びなさい。

a．イタリアの高速列車フレッチャロッサ（Frecciarossa）とイタロ（Italo）は、共にローマ〜フィレンツェ間を運行している。

b．パリから高速列車ユーロスター（Eurostar）でロンドンに行く場合、シェンゲン協定加盟国の出国審査はパリで行い、イギリスの入国審査はロンドンで行う。

c．スペインの高速列車 AVE は、マドリード〜バルセロナ間を運行している。

問題 30　重要度 A　令 2　✓□□

鉄道に関する次の記述のうち、誤っているものはどれか。

a．ボストン（BOS）〜ワシントン DC（WAS）間を結ぶアセラ号（Acela）は、アムトラック（Amtrak：National Railroad Passenger Corporation）が運行する高速列車である。

b．ツェルマット〜サン・モリッツ間を結ぶグレッシャー・エクスプレス（Glacier Express）は、夏季（5 月〜 10 月）のみ季節運行するパノラマ観光列車である。

c．香港のエアポート・エクスプレス（Airport Express）は、機場駅（Airport）と九龍駅（Kowloon）、香港駅（Hong Kong）を結んでいる。

d．ユーロスター（Eurostar）のパリでの発着駅は、北駅（Gare du Nord）である。

問題29 解説 解答 a，c

a．**正しい。フレッチャロッサ、イタロ**は、いずれもローマ～フィレンツェをはじめとする**イタリア国内の主要都市間**を運行する高速列車である。フレッチャロッサは、旧国有鉄道を前身とするトレニタリア社により、イタロは新旅客輸送を意味するNTV（Nuovo Trasporto Viaggiatori）社により運行されている。

b．**誤り。**フランスはシェンゲン協定加盟国、**イギリスは同協定非加盟国**である。**ユーロスター**でパリ（フランス）からロンドン（イギリス）へ向かう場合、「シェンゲン協定加盟国の出国審査」と「イギリスの入国審査」は、ともに**パリ**で行う。

c．**正しい。**スペインの高速列車AVEは、マドリードを起点にバルセロナ、セビージャ（セビリア）、マラガなどを結んでいる。また、スペインとフランスを結ぶ国際路線もある。

以上により、a、cを選ぶのが正解である。

問題30 解説 解答 b

a．**正しい。アムトラック**は、**アメリカ**の旅客鉄道で、ボストン～ワシントンD.C.を結ぶアセラ号のほか、シカゴ～シアトル／ポートランドを結ぶエンパイア・ビルダー号（Empire Builder）やシカゴ～エメリビル（サンフランシスコ近郊）を結ぶカリフォルニア・ゼファー号（California Zephyr）などの長距離列車を運行している。

b．**誤り。**スイスの**ツェルマットとサン・モリッツ**を結ぶ**グレッシャー・エクスプレス（氷河特急）**は、一部の運休期間を除き、**通年で運行している。**

c．**正しい。香港**の**エアポート・エクスプレス**は、香港国際空港と九龍、香港島を結ぶ交通手段の一つである。

d．**正しい。**記述のとおり。

8 海外旅行実務その他（2）

問題 31　重要度 A　令 2- 改

ホテル用語に関する次の記述のうち、誤っているものをすべて選びなさい。

a.「ジャーマンツイン」とは、1名用の部屋に補助ベッドを入れ2名用にした部屋のことをいう。

b.「コネクティングルーム」とは、客室間を相互に往来できるよう内部のドアでつながっている隣り合わせの部屋のことをいう。

c.「アメリカン・ブレックファスト」とは、ホテルの宿泊料金に含まれた、パンとコーヒーか紅茶の簡単な朝食のことをいう。

問題 32　重要度 A　令 3

クルーズまたは宿泊に関する次の記述のうち、誤っているものはどれか。

a.「スターボード・サイド」とは、船首に向かって右舷（進行方向の右側）をさす。

b. 外国船籍、日本船籍を問わずクルーズ船に常設された「カジノ」では、公海上において、現金や換金可能なチップを利用したギャンブルが認められている。

c.「オールインクルーシブ」とは、宿泊料にその宿泊施設でとる食事、アクティビティ、リラクゼーション施設の基本利用料金を含めた宿泊料金プランのことをいう。

d.「コンチネンタル・ブレックファスト」とは、パン類とコーヒーまたは紅茶を組み合わせた朝食のことをいい、それにコールドミール（火を通さない冷たいメニュー）やジュースが加わることがある。

問題31 解説 解答 a，c

a．**誤り。**“ジャーマンツイン”とは、1つのヘッドボード（ベッドの頭部側にある板）に、2つのマットレスをぴったりと並べるタイプのベッドが備えられた客室をいう。ヨーロッパ、特にドイツのホテルに多く見られる。

b．**正しい。**記述のとおり。

c．**誤り。**パンとコーヒーか紅茶といった簡単な朝食は、**コンチネンタル・ブレックファスト**のことである（さらにチーズやフルーツなど火を通さないコールドミールやジュースが加わることもある）。“アメリカン・ブレックファスト”とは、コンチネンタル・ブレックファストのメニューに加えて、卵料理や肉料理など火を通したホットミール、サラダ、デザートなどが提供されるボリュームのある朝食をいう。

以上により、a、cを選ぶのが正解である

問題32 解説 解答 b

a．**正しい。**記述のとおり。船の右舷を「スターボード・サイド（Starboard Side）」、左舷を「ポート・サイド（Port Side）」という。

b．**誤り。**金銭などの財物を賭ける賭博行為（ギャンブル）は、一部、合法とされているものを除いて、日本の法律では認められていない。日本船籍のクルーズ船内では、原則として、日本の法律が適用されるため、日本の領海内はもちろん日本の領海を出た公海上であっても、現金や換金可能なチップを利用したギャンブルは認められていない。なお、船籍が、カジノを合法とする国であるクルーズ船では、公海上でのギャンブルが認められている（日本の領海内では不可）。

c．**正しい。**記述のとおり。オール・インクルーシブ（All Inclusive）は、宿泊施設でとる食事のほか、アクティビティの参加費、プールやジムなどの施設の基本利用料等が含まれる宿泊料金プランである。設備やサービスが充実した滞在型のリゾートホテルなどで採用されている。

d．**正しい。**記述のとおり。問題31のcの解説参照。

8 海外旅行実務その他（3）

問題 33　重要度 A　平 30　✓□□

クルーズ用語に関する次の記述のうち、正しいものをすべて選びなさい。

a．デッキプラン（Deck Plan）とは、各階層ごとに船室やレストラン、シアターなどの配置が表示されている船内の平面見取り図のことをいう。

b．クルーズ・ディレクター（Cruise Director）とは、船内イベントやエンターテインメントなどクルーズ中のレクリエーションの企画、演出、運営の責任者のことをいう。

c．ライフボート・ドリル（Life Boat Drill）とは、旅客が 24 時間以上船内にいることが予定される航海を行う船舶に、出港前または出港後直ちに実施することが義務付けられている非常時の緊急避難訓練のことをいう。

問題 34　重要度 A　令 5

次の物品（出国手続き後の出発ロビー内店舗で購入したものを除く。）のうち、日本発の国際線客室内に持ち込むことができるものをすべて選びなさい。（いずれも再封可能な容量 1 リットル以下のジッパーの付いた透明プラスチック製の袋に余裕をもって入れたものとする。また、1g ＝ 1ml として読み替えることとする。）

a．容量 100ml の紙パックに入った未開封の牛乳

b．真空パックに入った未開封のしば漬け 120g

c．容量 120ml のプラスチック容器に入った開封済みの化粧水 60ml

問題33　解説　解答 a，b，c

a．**正しい。**記述のとおり。なお、デッキ（Deck）とは、甲板や船内の各階層を指す。一般に搭乗ゲートやレセプションがある階層はメイン・デッキと呼ばれる。

b．**正しい。**記述のとおり。

c．**正しい。**記述のとおり。

以上により、a、b、cを選ぶのが正解である。

問題34　解説　解答 a

国際線の客室内への液体物の持込みには次のような制限がある。

（1）対象となる液体物

水、茶、ジュースなどの飲料類、ゼリー、ヨーグルト、味噌、チューブ容器入り歯磨き粉、香水、シャンプー、霧吹き式消毒用除菌スプレー、ハンドクリーム、ヘアクリーム、化粧水など（医薬品、ベビーミルク／ベビーフード、特別な制限食等は除く）

（2）持込みが可能な容器の大きさなど

液体物の容量や梱包などが次の条件を満たしていること。

① すべての液体物は**100ml以下の容器**に入れる。
② ①の容器を容量1リットル以下のジッパー付き透明プラスチック製の袋に余裕を持って入れる。
③ 旅客1人当たり、機内に持ち込める②の袋の数は1つのみ。

a．**持ち込むことができる。**牛乳は客室内への持込みが制限される液体物に該当する。本肢は、容器の容量が100mlなので、客室内に持ち込むことができる。

b．**持ち込むことができない。**しば漬け（漬け物）は客室内への持込みが制限される液体物に該当する。本肢の液体物120g（ml）は容器の容量が100mlを超えているので、客室内に持ち込むことはできない。

c．**持ち込むことができない。**化粧水は客室内への持込みが制限される液体物に該当する。本肢の容量120mlは容器の容量が100mlを超えているので、客室内に持ち込むことはできない。

以上により、aを選ぶのが正解である。

8 海外旅行実務その他（4）

問題 35　重要度 A　令4-改　✓□□

25歳の日本国籍を有する者の海外の出入国に関する次の記述のうち、正しいものはどれか。

a．アメリカ合衆国の有効なビザを持たない旅行者が、アメリカ合衆国ビザ免除プログラム（VWP：Visa Waiver Program）を利用してカナダから陸路でアメリカ合衆国に入国する場合、電子渡航認証システム（ESTA：Electronic System for Travel Authorization）による渡航認証は取得する必要がない。
b．カナダの有効なビザを持たない旅行者が、日本から国際線航空機を利用してトロント（YTO）で乗り継ぎ、サンパウロ（SAO）に行く場合、カナダのeTA（Electronic Travel Authorization）による渡航認証は取得する必要がない。
c．日本から国際線航空機を利用してウィーン（VIE）で乗り継ぎ、ミラノ（MIL）に行く場合、シェンゲン協定加盟国圏の入国審査はウィーン（VIE）で行う。
d．日本から国際線航空機を利用してロサンゼルス（LAX）で乗り継ぎ、ラスベガス（LAS）に行く場合、アメリカ合衆国の税関検査は、委託手荷物の最終目的地であるラスベガス（LAS）で行われる。

問題35 解説　　解答 c

a．**誤り。**日本人旅行者がアメリカのビザ免除プログラムを利用して、**空路、海路、陸路**でアメリカに入国する場合は、電子渡航認証システム（ESTA（エスタ））による渡航認証の取得が必要である。したがって、“陸路でアメリカ合衆国に入国する場合、…渡航認証は取得する必要がない”とする本肢の記述は誤りである。

b．**誤り。**日本はカナダと査証相互免除の協定を結んでいる。カナダのビザを持たない日本人旅行者が**空路でカナダに入国する**（または**カナダを経由して他国に乗り継ぐ**）場合は、カナダのeTA（イータ）による渡航認証を取得しなければならない。本肢では、カナダのトロントを経由してブラジルのサンパウロへと航空機を乗り継いでいるので、eTAによる渡航認証の取得が必要。

c．**正しい。**ウィーンはオーストリアの首都、ミラノはイタリアの都市で、**オーストリアとイタリアはいずれもシェンゲン協定に加盟している。**日本人旅行者が複数のシェンゲン協定加盟国にまたがって旅行する場合（航空機の乗継ぎのために経由する場合を含む）は、**最初に訪れる加盟国の都市**（本肢の場合は**ウィーン**）でシェンゲン協定加盟国圏の入国審査を行う。

d．**誤り。**国際線を利用してアメリカに渡航する場合は、**最初に到着したアメリカ国内の空港**で入国審査および税関検査を行う。したがって、本肢の場合は、最初に到着したアメリカ国内の**ロサンゼルス**で税関検査を行うことになる（日本出発時に預けた手荷物をロサンゼルスの空港でいったん受け取り、税関検査ののち、再び預けなおす必要がある）。

8 海外旅行実務その他（5）

問題 36　重要度 A　令5　✓□□

25歳の日本国籍を有する者の海外の出入国に関する次の記述のうち、誤っているものはどれか。

a．日本から国際線航空機を利用してチューリヒ（ZRH）で乗り継ぎ、パリ（PAR）に行く場合、シェンゲン協定加盟国圏の入国審査はチューリヒ（ZRH）で行う。

b．日本から国際線航空機を利用してバンクーバー（YVR）で乗り継ぎ、ロサンゼルス（LAX）に行く場合、アメリカ合衆国の税関検査は、委託手荷物の最終目的地であるロサンゼルス（LAX）で行われる。

c．アメリカ合衆国の電子渡航認証システム（ESTA：Electronic System for Travel Authorization）は、渡航認証を取得した日から2年間または旅券の有効期間満了日のいずれか早い方が有効期間となるが、ESTA申請時の内容に変更がない限り、その有効期間内であればアメリカ合衆国への複数回の渡航が可能である。

d．オーストラリアETA（Electronic Travel Authority）を取得することにより、現地企業との商談を目的として、2か月間オーストラリアに滞在することは可能である。

問題36 解説 解答 b

a．**正しい**。チューリヒはスイスの都市、パリはフランスの首都で、**スイスとフランスはいずれもシェンゲン協定に加盟している**。この場合、**最初に訪れる加盟国の都市**（本肢の場合は**チューリヒ**）でシェンゲン協定加盟国圏の入国審査を行う。

b．**誤り**。バンクーバー、トロント、カルガリー、モントリオールなど、カナダの主要空港から空路で米国へ移動する場合、米国の入国審査・税関検査は、**カナダ側の空港**で事前に行われる。本肢のケースでは、**バンクーバー**の空港で米国の入国審査・税関検査を受けることになる（アメリカ到着後の検査は行われない）ので“アメリカ合衆国の税関検査は、委託手荷物の最終目的地であるロサンゼルス（LAX）で行われる”とする本肢の記述は誤りである。

c．**正しい**。ESTA申請時の内容に変更がなく、有効期間内であればアメリカ合衆国への複数回の渡航が可能である。

d．**正しい**。オーストラリアへの渡航の目的が3か月以内の観光・商用である場合は、オーストラリアETA取得の対象になる。ここでいう「商用」には、商談や会議等への参加も含まれるので、“2か月間オーストラリアに滞在することは可能”とする本肢は正しい記述である。

8 海外旅行実務その他（6）

問題 37　重要度 A　令 5　✓□□

次のヨーロッパ各国のシェンゲン協定加盟状況とその国の通貨との組み合わせのうち、誤っているものはどれか。

	国名		シェンゲン協定		通貨
a.	イギリス	−	非加盟	−	ポンド
b.	クロアチア	−	加盟	−	ユーロ
c.	スウェーデン	−	加盟	−	クローナ
d.	ポーランド	−	加盟	−	ユーロ

問題 38　重要度 A　令 4- 改 

次のヨーロッパ各国のシェンゲン協定加盟状況とその国の通貨との組み合わせのうち、正しいものはどれか。

	国名		シェンゲン協定		通貨
a.	アイルランド	−	加盟	−	ユーロ
b.	スイス	−	加盟	−	ユーロ
c.	デンマーク	−	加盟	−	クローネ
d.	ルーマニア	−	加盟	−	ユーロ

問題37 解説 解答 d

a．**正しい。**イギリスはシェンゲン協定「非加盟国」で、通貨は「ポンド」である。

b．**正しい。**クロアチアはシェンゲン協定「加盟国」で、通貨は「ユーロ」である。

c．**正しい。**スウェーデンはシェンゲン協定「加盟国」で、通貨は「クローナ」である。

d．**誤り。**ポーランドはシェンゲン協定「加盟国」で、通貨は「**ズロチ**」である。

問題38 解説 解答 c

a．**誤り。**アイルランドはシェンゲン協定「**非加盟国**」で、通貨は「ユーロ」である。

b．**誤り。**スイスはシェンゲン協定「加盟国」で、通貨は「**スイス・フラン**」である。

c．**正しい。**デンマークはシェンゲン協定「加盟国」で、通貨は「クローネ」である。

d．**誤り。**ルーマニアはシェンゲン協定「加盟国」で、通貨は「**レイ**」である。

9 海外観光資源（1）アジア・中東

問題 39 重要度 A ✔□□

次の□にあてはまる語を入れなさい。

□① 李氏朝鮮時代の正宮として建設された□は、15 世紀には第 4 代国王世宗が学者を集め、ハングル文字を考案したところである。 平 14- 改

□② 台湾高速鉄道の南の終着駅がある□は、台湾南部の中核都市で、近郊には七重の龍虎塔が湖畔に建つ蓮池潭、中国の西湖をイメージして開発された澄清湖などの景勝地がある。 平 21

□③ 西安の大慈恩寺の境内にある□は、唐の高僧、玄奘三蔵（三蔵法師）が天竺（インド）から持ち帰った経典などを収蔵するため 7 世紀半ばに建てられた楼閣で、世界文化遺産にも登録されている。 令 2

□④ 中国、四川省中部に位置し、中国三大霊山のひとつといわれる□には、山中に報国寺をはじめとする 26 の寺院が残っており、日の出、雲海や仏光(ブロッケン現象）などの奇観を楽しめる観光地としても知られている。 令 3

□⑤ 北京市の北西部にあり、1860 年英仏連合軍によって破壊されたものを西太后が再建した□には、杭州の西湖を模して造られた昆明湖を中心に仁寿殿などのある宮殿群や万寿山などが巧みに配置されている。 平 30- 改

□⑥ 敦煌の郊外、鳴沙山東麓の絶壁にある□は、「千仏洞」とも呼ばれる仏像の石窟群で、大小多数の石窟には彩色塑像や壁画が保存されている。 令 1

□⑦ 16 ～ 17 世紀に交易で栄えたベトナム中部の□には、朱印船貿易によって繁栄した日本人町があったといわれ、屋根付きの来遠橋（日本橋）が残る古い町並みは、世界遺産に登録されている。 令 5

□⑧ 生野菜や米飯を多く使うベトナム料理には、ライスペーパーでくるんだ生春巻きや、牛肉や鶏肉の具と米粉の麺をスープに入れた□などがある。 平 17

□⑨ 12 世紀に建造されたクメール王国の寺院遺跡であり、国の象徴としてカンボジアの国旗にも描かれているアンコール・ワットへの拠点となる都市は、トンレサップ湖のほぼ北に位置する□である。 平 13

□⑩ バンコクの北約 440km、タイ族による最初の王朝が置かれた□には、ブッダ像を有する王室寺院のワット・マハタートや四方を壁に囲まれた巨大な仏像のあるワット・シーチュムなどの仏教遺跡群が点在する。 平 28- 改

□⑪ 南シナ海とアンダマン海を結ぶ重要航路となるマラッカ海峡に位置し、貿易船の寄港地として発展した［　　　］島は、ジョージタウンを中心に、バトゥ・フェリンギなどの有名なビーチが点在する。平24

□⑫ バリ島の古代インドの叙事詩などを題材とした民俗芸能［　　　］は、上半身裸で腰布を巻いて円陣を組んだ男性が、猿をまねた叫び声や複雑なリズムとともに、両手で身振り表現をする舞踊劇である。平26-改

□⑬ ネパールの標高約1,350mにある「［　　　］の谷」には、ダルバール広場の王宮、ヒンドゥー教のパシュパティナート寺院、仏塔のスワヤンブナート寺院などがあり、世界文化遺産に登録されている。平25-改

□⑭ ミャンマー中部、エーヤワディー川の東岸にある［　　　］は、ビルマ族による最初の統一王朝が置かれた古都で、アーナンダ寺院をはじめとする数千の仏塔が平原に建ち並ぶ仏教の聖地である。令2

□⑮ インド北部にあるムガル朝時代の古都［　　　］は、イスラム建築の傑作があることで知られ、大理石が白く輝くタージ・マハルや赤い砂岩の城壁に囲まれた城塞などの見どころがある。令4

□⑯ 町を囲む全長約10kmの城壁や旧市街の建物が赤みがかかっていることから別名ピンク・シティとも呼ばれる都市［　　　］は、デリーの南西約260kmに位置し、アンベール城や風の宮殿などの見どころがある。平27

□⑰ エーゲ海を臨むトルコ西部の港湾都市イズミルの南にある［　　　］は、紀元前7世紀頃から栄えた古代都市の遺跡で、古典古代の「世界七不思議」のひとつといわれるアルテミス神殿の跡やケルススの図書館などがある。令4

□⑱ トルコ南西部にある［　　　］では、温泉が造り出した真っ白な石灰棚の奇観が見られ、丘の上に残る古代ローマ時代の都市遺跡ヒエラポリスとともに、世界複合遺産に登録されている。令1

注　本書では選択肢を省略したが、実際の試験は四肢択一形式で出題され、［　　　］に入る語句として4つの選択肢が用意されている（以下問題44まで同じ）。

問題39　解答

【韓国】① 景福宮（キョンボックン）　【台湾】② 高雄　【中国】③ 大雁塔（だいがんとう）　④ 峨眉山（がびさん）　⑤ 頤和園（いわえん）　⑥ 莫高窟（ばっこうくつ）　【ベトナム】⑦ ホイアン　⑧ フォー　【カンボジア】⑨ シェムリアップ　【タイ】⑩ スコータイ　【マレーシア】⑪ ペナン　【インドネシア】⑫ ケチャ　【ネパール】⑬ カトマンズ　【ミャンマー】⑭ バガン　【インド】⑮ アグラ　⑯ ジャイプル　【トルコ】⑰ エフェソス　⑱ パムッカレ

海外旅行実務

9 海外観光資源（2）ヨーロッパ

問題 40　重要度 A ✓□□

次の［　　］にあてはまる語を入れなさい。

□① イングランドを征服したウィリアム1世がテムズ川北岸に要塞として建てた［　　］は、王宮、牢獄、処刑場などの変遷を経て、現在は博物館として公開されている。 令1

□② イングランドを征服し、ノルマン朝を開いたウィリアム1世以来、歴代イギリス国王の戴冠式が行われてきた［　　］は、ゴシック様式の寺院で、内部には、シェークスピアやバイロン、ニュートンなど歴史上の人物の墓碑や記念碑がある。 令5

□③ 紀元前6世紀に建設された植民地が始まりとされる［　　］は、地中海に面するフランス南部の港湾都市で、その沖合に位置するイフ島には、デュマの小説「モンテ・クリスト伯（巌窟王）」の舞台として知られるイフ城がある。 令4

□④ フランス南東部のプロヴァンス地方の［　　］は、14世紀にローマ教皇庁が置かれた古都で、城壁に囲まれた旧市街には教皇宮殿があり、城壁の外側を流れるローヌ川には石造りのアーチ状の橋の一部が残るサン・ベネゼ橋がある。 令2

□⑤ 地中海に臨むコート・ダジュールの観光保養地である［　　］は、海岸沿いにある遊歩道プロムナード･デ･ザングレで知られ、マティス美術館やシャガール美術館などがある。 令3

□⑥ フランス中部、ロワール地方のシェール川をまたぐように建っている［　　］城は、ルネサンス様式の優美な古城で、16世紀以来、代々6人の女性が城主だったことから「6人の奥方の城」と呼ばれている。 令5

□⑦ フランスからピレネー山脈を越えてスペイン北部を通る巡礼路の終着地［　　］は、スペイン北西部ガリシア地方にあるキリスト教の聖地であり、十二使徒の一人聖ヤコブの棺が納められている大聖堂がある。 平29

□⑧ ヘミングウェイの小説「日はまた昇る」に描かれたことでも知られるサン・フェルミン祭は、スペイン北部の古都［　　］で開催される牛追い祭りで、バレンシアのサン・ホセの火祭り、セビリアの春祭りと共にスペイン三大祭りのひとつといわれている。 令2

□⑨ リスボンにあるエンリケ航海王子の偉業をたたえて建てられたジェロニモス修道院は、ポルトガル独特の建築様式であるマヌエル様式の傑作といわれ、修道院内には喜望峰をまわるインド航路を発見した［　　］の石棺がある。 令2

□⑩ かつてザクセン王国の首都としてエルベ川沿いに繁栄したドイツ東部の都市［　　］は、美しい町並みが第二次世界大戦により破壊されたが、瓦礫の山から復元したバロック様式のフラウエン教会やツヴィンガー宮殿など歴史的建造物が修復、再建されている。 令2

□⑪ ドイツのバイエルン州にあり、ロマンチック街道と古城街道が交わる［　　］は、城壁に囲まれた中世の面影が残る町で、マルクト広場に面した市議宴会館の壁にはマイスタートゥルンクの逸話をテーマにした仕掛け時計がある。 平29-改

□⑫ スイスの代表的な山岳リゾートであるツェルマットから登山鉄道で行く終着駅［　　］にある展望台からは、マッターホルンやモンテ･ローザなど4,000m級のアルプスの山々が眺望できる。 令5

□⑬ チューリヒの南東にある都市［　　］には、女流作家ヨハンナ・シュピーリの小説「ハイジ」の生活を伝えるハイジハウス（博物館）があり、台所、寝室、納屋など、物語の中に描かれていたとおりのアルプスの農民の暮らしが再現されている。 平25

□⑭ モーツァルトの生家があり、美しいミラベル庭園で知られるドイツとの国境に面した都市［　　］では、毎年7月末から8月末にかけて世界的に高い評価を得ている音楽祭が催される。 平17-改

□⑮ シェークスピアの「ロミオとジュリエット」の舞台として知られるイタリアの［　　］では、毎年夏の期間に、古代ローマ時代の遺跡である円形闘技場（アレーナ）を使用して野外音楽祭が開かれている。 令4

□⑯ イタリア中部ウンブリア州にある［　　］は聖フランチェスコ生誕の地で、彼の死後、功績を称えるために建てられた大聖堂内部では、ジョットによる28枚の壁画「聖フランチェスコの生涯」などの名画を鑑賞できる。 平30

□⑰ オランダの水郷地帯［　　］はロッテルダムの南東にあり、18世紀に灌漑用として造られた風車が19基とまとまった数が残され、広々とした湿原にその壮観な姿を見せている。 平24

□⑱ ベルギーのフランドル地方にある［　　］は、運河が市内を縦横に流れる町で、マルクト広場を中心とした旧市街の歴史地区、鐘楼、ベギン会修道院の3つが世界遺産に登録されている。 令1

□⑲ デンマークのユトランド半島とシェラン島の間にあるフュン島北部の□は､「マッチ売りの少女」などで有名な童話作家アンデルセンの生地で、生家や博物館がある。 令2

□⑳ かつてノルウェーの首都であり、ハンザ同盟の海運基地として繁栄した□には、中世の町並みを今に伝えている世界遺産のブリッゲンなどがあり、フィヨルド観光の中心地としても知られている。 令4

□㉑ フィンランド北部のラップランドにある□の郊外には、周囲を森に囲まれた幻想的で小さなサンタクロース村があり、村は一年中クリスマスムードに包まれている。 平26

□㉒ ボヘミア王国の首都として栄えたプラハは、「百塔の町」などと呼ばれ、中央を流れるヴルタヴァ（モルダウ）川にかかるゴシック様式の□橋は、両側の欄干に聖人像が並ぶプラハ最古の美しい石橋である。 平28

□㉓ ドナウ川両岸の眺望が美しい□は、王宮の丘から見おろす聖イシュトバーン大聖堂やくさり橋などの歴史的建造物が建ち並ぶ古都である。 平21

□㉔ クロアチアの南部、アドリア海に面する□は、ローマ皇帝ディオクレティアヌスの宮殿跡に7世紀頃から人が居住し始め発展した町で、旧市街の礎となった宮殿跡は他の史跡群とともに世界遺産に登録されている。 令4

□㉕ ギリシャ、テッサリア地方にある修道院群□は、切り立った巨岩群とその上に建てられたギリシャ正教の修道院の奇観で知られ、文化・自然共に価値を認められた世界複合遺産に登録されている。 令2

問題40 解答

【イギリス】① ロンドン塔 ② ウェストミンスター寺院 【フランス】③ マルセイユ ④ アヴィニョン ⑤ ニース ⑥ シュノンソー 【スペイン】⑦ サンティアゴ・デ・コンポステーラ ⑧ パンプローナ 【ポルトガル】⑨ バスコ・ダ・ガマ 【ドイツ】⑩ ドレスデン ⑪ ローテンブルク 【スイス】⑫ ゴルナーグラート ⑬ マイエンフェルト 【オーストリア】⑭ ザルツブルク 【イタリア】⑮ ヴェローナ ⑯ アッシジ 【オランダ】⑰ キンデルダイク 【ベルギー】⑱ ブルージュ 【デンマーク】⑲ オーデンセ 【ノルウェー】⑳ ベルゲン 【フィンランド】㉑ ロヴァニエミ 【チェコ】㉒ カレル 【ハンガリー】㉓ ブダペスト 【クロアチア】㉔ スプリト 【ギリシャ】㉕ メテオラ

ポイント整理 ヨーロッパの美術館・博物館および所蔵品（主なもの）

美術館・博物館など 【 】内は所在地	主な所蔵品 〔 〕内は作者
大英博物館 【イギリス／ロンドン】	●ロゼッタ・ストーン〔不明〕
ルーブル美術館（本館） 【フランス／パリ】 ●ルーブル・ランス 【フランス／ランス】 ●ルーブル・アブダビ 【アラブ首長国連邦／アブダビ】	●モナ・リザ ●岩窟の聖母〔レオナルド・ダ・ヴィンチ〕 ●ナポレオン一世の戴冠式と皇妃ジョゼフィーヌの戴冠〔ダヴィッド〕 ●民衆を導く自由の女神〔ドラクロワ〕 ●カナの婚礼〔ヴェロネーゼ〕
オルセー美術館 【フランス／パリ】	●落穂拾い ●晩鐘〔ミレー〕 ●ムーラン・ド・ラ・ギャレットの舞踏会〔ルノワール〕 ●草上の昼食〔マネ〕 ●タヒチの女たち〔ゴーギャン〕
オランジュリー美術館 【フランス／パリ】	●睡蓮〔モネ〕
プラド美術館 【スペイン／マドリード】	●裸のマハ ●着衣のマハ〔ゴヤ〕 ●ラス・メニーナス〔ベラスケス〕
国立ソフィア王妃芸術センター 【スペイン／マドリード】	●ゲルニカ〔ピカソ〕
サント・トメ教会 【スペイン／トレド】	●オルガス伯爵の埋葬〔エル・グレコ〕
ウィーン美術史博物館 【オーストリア／ウィーン】	●バベルの塔〔ブリューゲル〕
オーストリア絵画館（ベルヴェデーレ宮殿上宮） 【オーストリア／ウィーン】	●接吻〔クリムト〕
サンタ・マリア・デレ・グラツィエ教会 【イタリア／ミラノ】	●最後の晩餐〔レオナルド・ダ・ヴィンチ〕
ウフィツィ美術館 【イタリア／フィレンツェ】	●ヴィーナスの誕生 ●春〔ボッティチェリ〕 ●受胎告知〔レオナルド・ダ・ヴィンチ〕 ●聖家族〔ミケランジェロ〕 ●鶸（ひわ）の聖母〔ラファエロ〕
アカデミア美術館 【イタリア／フィレンツェ】	●ダビデ像〔ミケランジェロ〕
サン・ピエトロ大聖堂 【バチカン市国】	●ピエタ〔ミケランジェロ〕
バチカン美術館 【バチカン市国】	システィーナ礼拝堂 ●最後の審判〔ミケランジェロ〕 ラファエロの間 ●アテネ（アテナイ）の学堂〔ラファエロ〕
アムステルダム国立美術館 【オランダ／アムステルダム】	●夜警〔レンブラント〕 ●牛乳を注ぐ女〔フェルメール〕
マウリッツハイス美術館 【オランダ／ハーグ】	●真珠の耳飾りの少女（青いターバンの女）〔フェルメール〕 ●テュルプ博士の解剖学講義〔レンブラント〕
クレラー・ミュラー美術館 【オランダ／オッテルロー】	●アルルの跳ね橋〔ゴッホ〕 ●夜のカフェテラス〔ゴッホ〕
聖母大聖堂 【ベルギー／アントワープ】	●キリストの昇架 ●キリストの降架〔ルーベンス〕
オスロ国立美術館 【ノルウェー／オスロ】	●叫び〔ムンク〕
エルミタージュ美術館 【ロシア／サンクト・ペテルブルク】	●果実を持つ女〔ゴーギャン〕 ●リッタの聖母 ●ブノワの聖母〔レオナルド・ダ・ヴィンチ〕

9 海外観光資源（3）北米・ハワイ

問題41　重要度 A　✓□□

次の［　　］にあてはまる語を入れなさい。

□① 映画やCMがよく撮られるセブンマイルブリッジなど42の橋でフロリダ半島と結ばれたアメリカ本土最南端の地［　　］では、晩年をここで過ごしたヘミングウェイの家が博物館として公開されている。平19-改

□② テネシー州南西端にある［　　］は、ブルースやロックンロール誕生の地のひとつといわれ、ロック歌手で知られるエルヴィス・プレスリーの邸宅「グレースランド・マンション」には、今でも多くのファンが訪れている。令1

□③ ワシントンD.C.の南、バージニア州南東部にある歴史的な都市［　　］には、18世紀の植民地時代の総督公邸、裁判所など数々の公共の建物や民家が再現されるなど、町全体が歴史博物館の観を呈している。平23

□④ ジョージ・ワシントンをはじめ4人のアメリカ歴代大統領の顔が彫られた巨大な岩山［　　］は、サウスダコタ州ラピッド・シティの南西部にある。平15

□⑤ ニューヨーク市マンハッタン島ウエストサイドのハドソン川沿いにあるハイラインは、ミッドタウンの西34丁目から［　　］地区までの高架鉄道の廃線跡を再利用した全長約2.3kmの南北に長い空中公園型の遊歩道である。平27

□⑥ 110階建てのウィリスタワーをはじめ、世界有数の高さのビル群が建ち並んでいる［　　］は、五大湖の一つ、ミシガン湖の南端に位置し、国内有数の農産物の集散地であるとともに、商工業の中心地でもある。平14-改

□⑦ フロリダ半島南部に位置するアメリカ最大の湿地帯［　　］国立公園は、淡水・塩水・汽水の各水域が複雑に入り混じった生息環境を形成しているが、現在では希少な動植物が絶滅の危機に瀕している。平17

□⑧ サンフランシスコの東、［　　］山脈の中央に位置し、氷河の浸食によって刻まれた渓谷を中心とするヨセミテ国立公園では、巨大な谷壁エル・キャピタンやセコイヤの巨木群などが織り成す大自然の迫力ある景観を目の当たりにすることができる。平16-改

□⑨ サンフランシスコ市街地の北、ゴールデンゲート・ブリッジを渡った海岸沿いにある［　　］は、リゾート感溢れるお洒落な街で、ブリッジウェイ大通り周辺には、レストラン、ブティック、アンティークショップなどが多く観光スポットとなっている。平30

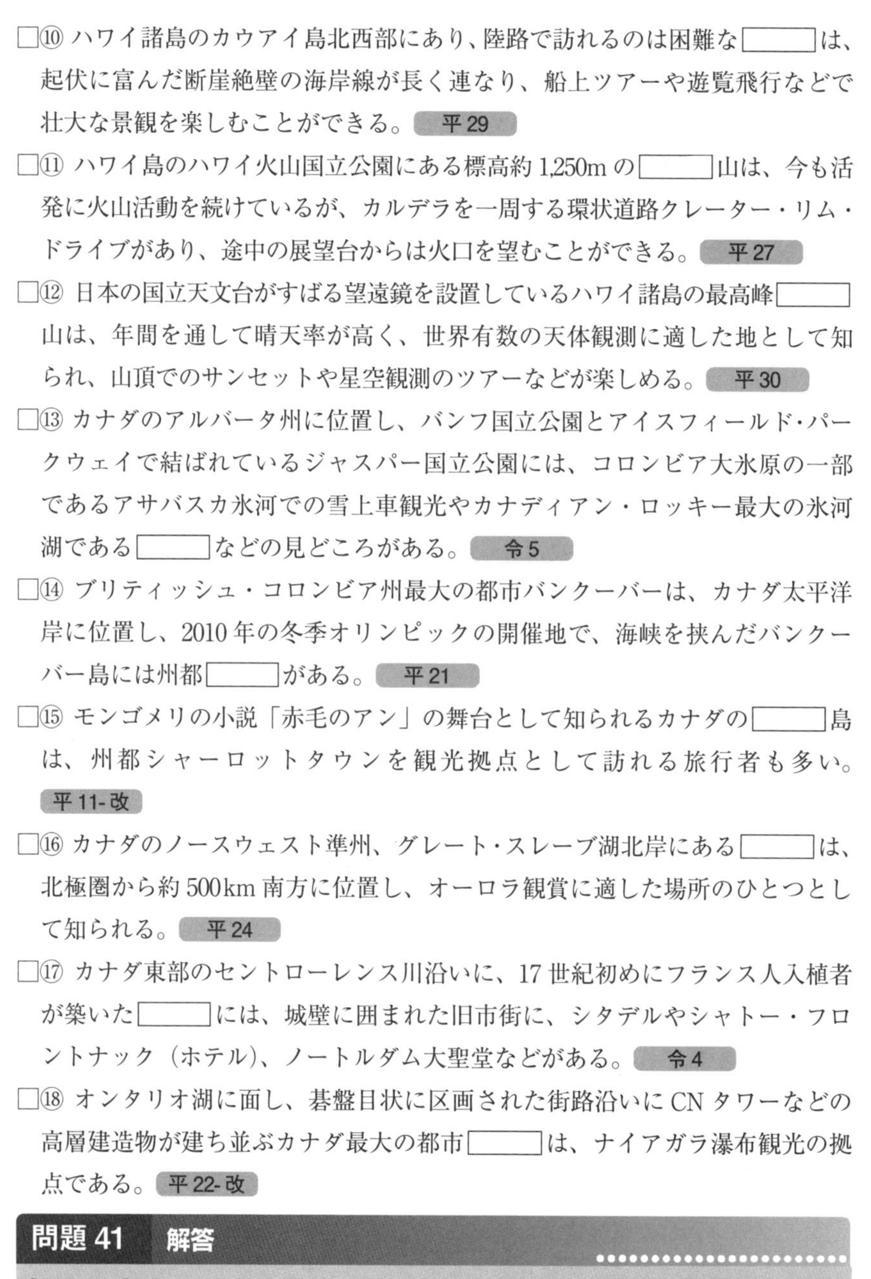

□⑩ ハワイ諸島のカウアイ島北西部にあり、陸路で訪れるのは困難な[　　]は、起伏に富んだ断崖絶壁の海岸線が長く連なり、船上ツアーや遊覧飛行などで壮大な景観を楽しむことができる。 平29

□⑪ ハワイ島のハワイ火山国立公園にある標高約1,250mの[　　]山は、今も活発に火山活動を続けているが、カルデラを一周する環状道路クレーター・リム・ドライブがあり、途中の展望台からは火口を望むことができる。 平27

□⑫ 日本の国立天文台がすばる望遠鏡を設置しているハワイ諸島の最高峰[　　]山は、年間を通して晴天率が高く、世界有数の天体観測に適した地として知られ、山頂でのサンセットや星空観測のツアーなどが楽しめる。 平30

□⑬ カナダのアルバータ州に位置し、バンフ国立公園とアイスフィールド・パークウェイで結ばれているジャスパー国立公園には、コロンビア大氷原の一部であるアサバスカ氷河での雪上車観光やカナディアン・ロッキー最大の氷河湖である[　　]などの見どころがある。 令5

□⑭ ブリティッシュ・コロンビア州最大の都市バンクーバーは、カナダ太平洋岸に位置し、2010年の冬季オリンピックの開催地で、海峡を挟んだバンクーバー島には州都[　　]がある。 平21

□⑮ モンゴメリの小説「赤毛のアン」の舞台として知られるカナダの[　　]島は、州都シャーロットタウンを観光拠点として訪れる旅行者も多い。 平11-改

□⑯ カナダのノースウェスト準州、グレート・スレーブ湖北岸にある[　　]は、北極圏から約500km南方に位置し、オーロラ観賞に適した場所のひとつとして知られる。 平24

□⑰ カナダ東部のセントローレンス川沿いに、17世紀初めにフランス人入植者が築いた[　　]には、城壁に囲まれた旧市街に、シタデルやシャトー・フロントナック（ホテル）、ノートルダム大聖堂などがある。 令4

□⑱ オンタリオ湖に面し、碁盤目状に区画された街路沿いにCNタワーなどの高層建造物が建ち並ぶカナダ最大の都市[　　]は、ナイアガラ瀑布観光の拠点である。 平22-改

問題41　解答

【アメリカ】① キー・ウェスト ② メンフィス ③ ウィリアムズバーグ ④ マウントラシュモア国立メモリアル ⑤ ミートパッキング ⑥ シカゴ ⑦ エバーグレーズ ⑧ シエラネバダ ⑨ サウサリート 【ハワイ諸島】⑩ ナパリ・コースト ⑪ キラウエア ⑫ マウナ・ケア 【カナダ】⑬ マリーン湖 ⑭ ビクトリア ⑮ プリンス・エドワード ⑯ イエローナイフ ⑰ ケベック・シティ ⑱トロント

9 海外観光資源（4）中南米

問題42　重要度 B　✓□□

次の□にあてはまる語を入れなさい。

□① メキシコシティの北東にある古代都市遺跡□には、「死者の大通り」を中心に、「太陽のピラミッド」をはじめ、「月のピラミッド」や「ケツァルコアトルの神殿」などの建造物が残っている。 令5

□② メキシコのユカタン半島北部、メリダの南方にあるマヤ文明の□遺跡には、プーク様式といわれる装飾が施されている「総督の館」や「尼僧院」、側面が丸みを帯びた形の「魔法使いのピラミッド」などが遺されている。 平29

□③ メキシコ、ユカタン半島南部のチアパス州に位置するマヤ文明の古代都市遺跡□は、神殿建築遺跡群が世界遺産に登録されており、なかでも「碑文の神殿」の地下王墓からは、ヒスイの仮面や装身具などが発見されたことで知られている。 令3

□④ レゲエ音楽の発祥地で、モンテゴベイなどのリゾートがある国□は、同国最高峰ブルー・マウンテンの山麓で産するコーヒーでも世界的に知られている。 平16-改

□⑤ フロリダ半島の南、カリブ海に位置し、1961年に社会主義宣言をした共和国は、2015年にアメリカとの国交を回復し、その首都□の旧市街とその要塞群は世界文化遺産に登録されている。 平27

□⑥ 直線、曲線などによる幾何学模様や鳥などの巨大なナスカ地上絵は、□の南約400kmにあり、多くの謎を秘めたまま巨大な大地というカンバスに今なお刻まれている。 平24

□⑦ ブラジルとアルゼンチンの国境にある□の滝は、世界三大瀑布のひとつといわれ、大量の水が流れ落ちる轟音のすさまじさから「悪魔の喉笛」と呼ばれるポイントがある。 令4

□⑧ 広大な氷河群が世界遺産に登録されているロス・グラシアレス国立公園は、南米大陸南端パタゴニア地方のアルゼンチン、サンタクルス州に位置し、なかでも□氷河は、轟音と共に崩れ落ちる巨大な氷塊や青白い流氷を見られることで知られている。 平30

□⑨ アンデス山脈の標高約3,700m の高原にある広大な面積をもつウユニ塩湖（塩原）は南米大陸のほぼ中央に位置する国［　　　］にあり、乾季には塩湖は真っ白な大地となり、雨季にはまるで天空の鏡と呼ばれるような巨大な鏡が出現する。 平25

□⑩ 島固有の動物等が生息するガラパゴス諸島は、コロンビア、ペルーと国境を接する［　　　］の西方約1,000km の太平洋上にあり、13の大島と多数の小島からなる火山島群である。 平22

問題42 解答

【メキシコ】① テオティワカン ② ウシュマル ③ パレンケ 【ジャマイカ】④ ジャマイカ 【キューバ】⑤ ハバナ 【ペルー】⑥ リマ 【ブラジル・アルゼンチン】⑦ イグアス 【アルゼンチン】⑧ ペリト・モレノ 【ボリビア】⑨ ボリビア 【エクアドル】⑩ エクアドル

海外旅行実務

ポイント整理 世界の鉄道の運行区間

鉄道・列車名	主な運行区間 【 】内は国名
韓国高速鉄道（KTX）	ソウル⇔釜山【韓国】
台湾高速鉄道	南港（台北市）⇔左營（高雄市）【台湾】
青蔵鉄道	西寧【中国】⇔ラサ【中国・チベット自治区】
ユーロスター	ロンドン【イギリス】⇔パリ【フランス】 ロンドン／パリ⇔アムステルダム【オランダ】
グレッシャー・エクスプレス（氷河特急）	ツェルマット⇔サン・モリッツ【スイス】
ベルニナ・エクスプレス（ベルニナ線）	サン・モリッツ【スイス】⇔ティラーノ【イタリア】
アムトラック（アセラ号）	ボストン⇔ワシントンD.C.【アメリカ】
VIA鉄道（カナディアン号）	バンクーバー⇔トロント【カナダ】
インディアン・パシフィック	シドニー⇔パース【オーストラリア】
ザ・ガン	ダーウィン⇔アデレード【オーストラリア】

9 海外観光資源（5）アフリカ・オセアニア

問題 43　重要度 B

次の［　　］にあてはまる語を入れなさい。

□① エジプト南部にあり、アスワン・ハイ・ダムの建設による水没を避けるために移築された［　　］神殿は、入口にラムセス２世の巨像が４体並ぶ古代エジプトの岩窟神殿である。 平 28

□② ナイル河畔のルクソルは、東岸のルクソル神殿やカルナック神殿群を中心とした古代都市遺跡［　　］の観光で知られる都市で、西岸には「王家の谷」や「王妃の谷」がある。 平 9- 改

□③ エジプト第２の都市であり、プトレマイオス朝時代に首都がおかれ、ヘレニズム文明の中心地として栄えた［　　］には、世界の七不思議の一つに数えられるファロス島の灯台があったが、大地震により倒壊し、その後の調査で海底からは灯台の一部と思われる彫像や石材が発見された。 平 20

□④ モロッコ中部にあり大アトラス山脈北側に位置するオアシス都市［　　］には、迷路のような細い路地に沢山の店がひしめくスークや高くそびえるクトゥビア・モスクがある旧市街、大道芸人や屋台で活気があふれるジャマ・エル・フナ広場などの見どころがある。 令 2

□⑤ ケニア南西部にあり、タンザニアのセレンゲティ国立公園と国境を接している［　　］は、ライオンやアフリカゾウなど野生動物の宝庫として知られ、川を渡るヌーの大群が見られる時期もある。 令 5

□⑥ タンザニアとの国境に近いケニアの［　　］国立公園は、アフリカ最高峰キリマンジャロの麓に位置し、ゾウやライオンなど数多くの動物が見られ、ヘミングウェイが小説「キリマンジャロの雪」を執筆した場所としても知られている。 平 29- 改

□⑦ タンザニア北部に位置する［　　］保全地域は、火山活動によってできたクレーター内部の大草原には、ゾウ、ライオン、クロサイなどが、火口湖やその周辺の湖沼には、カバ、水牛、フラミンゴなどの多数の野生動物や鳥類が生息しており、世界複合遺産に登録されている。 令 3

問題 43　解答

【エジプト】① アブ・シンベル　② テーベ　③ アレクサンドリア　【モロッコ】④ マラケシュ　【ケニア】⑤ マサイ・マラ国立保護区　⑥ アンボセリ　【タンザニア】⑦ ンゴロンゴロ

問題 44 重要度 B ✓□□

次の［　　］にあてはまる語を入れなさい。

□① クイーンズランド州北東部の世界自然遺産である湿潤熱帯地域を巡るキュランダ高原列車の始発地［　　］は、世界最大のサンゴ礁が連なるグレートバリアリーフへの観光拠点でもある。平 19- 改

□② オーストラリア大陸を縦断するガン鉄道が全線開通したことにより、北端の駅となったノーザン・テリトリーの州都［　　］は、広大な湿原が広がるカカドゥ国立公園への観光拠点である。平 17- 改

□③ シドニーの西、約 100km に位置する［　　］国立公園には、三姉妹が岩に姿を変えたという伝説の残る奇岩スリー・シスターズがあり、幻想的な景観をエコー・ポイント展望台から楽しむことができる。平 30- 改

□④ 西オーストラリア州の州都［　　］は、州の政治・経済・文化の中心地で、砂漠に林立する奇岩群ピナクルズ、リゾートアイランドのロットネスト島などへの観光拠点となっている。平 21

□⑤ ニュージーランド南島の都市［　　］は、市街中心部をエイボン川が流れ、ハグレー公園をはじめ美しい公園や庭園が多く「ガーデン・シティ（庭園の町）」と呼ばれている。令 4

□⑥ ニュージーランド南島中央部にある［　　］湖は、サザンアルプスを背景とする青みがかった乳白色の湖で、湖畔には石造りの善き羊飼いの教会があり、豊かな自然景観と星空観察で知られている。令 2

□⑦ 太平洋の島々を大きく区分するとポリネシア、ミクロネシア、メラネシアに分けられるが、画家ゴーギャンが過ごしたことで知られる［　　］は、ポリネシアに属する島である。平 11- 改

□⑧ エメラルドグリーンの海と美しいビーチを持つ島々が点在する［　　］共和国は、メラネシアの交通の要衝にあるため「南太平洋の十字路」と呼ばれている。平 18- 改

問題 44 解答

【オーストラリア】① ケアンズ　② ダーウィン　③ ブルー・マウンテンズ　④ パース　【ニュージーランド】⑤ クライストチャーチ　⑥ テカポ　【タヒチ】⑦ タヒチ　【フィジー諸島】⑧ フィジー

9 海外観光資源（6）複合

問題 45　重要度 A　✓□□

次の各設問について該当するものを、それぞれの選択肢から一つ選びなさい。

□① 次の記述から、正しいものだけをすべて選んでいるものはどれか。

令1

（ア）ベトナム北部のハロン湾は、石灰岩からなる大小の奇岩が立ち並ぶ風景から海の桂林ともいわれ、クルーズでその景観を楽しむことができる。

（イ）ベトナム中部のフエは、最後の王朝グエン（阮）朝の都が置かれたところで、旧市街の中心には北京の紫禁城をモデルとして作られた王宮がある。

（ウ）ベトナム南部のホーチミンは、海のシルクロードの中継地点として栄え、朱印船貿易で訪れた日本人が作ったといわれる来遠橋（日本橋）などが当時の面影を残している。

a．（ア）（イ）　b．（ア）（ウ）　c．（イ）（ウ）　d．（ア）（イ）（ウ）

□② 次の記述から、正しいものだけをすべて選んでいるものはどれか。

令2

（ア）ウィーンの北郊ハイリゲンシュタットには、作曲家ベートーヴェンが遺書を書いたことで知られる家が公開されており、楽曲の構想を練った小路が今でも残っている。

（イ）ウィーンの市立公園には、ワルツ王といわれるヨハン・シュトラウス2世がバイオリンを演奏する姿の黄金に輝く記念像がある。

（ウ）ウィーンのゲトライデガッセには、現在、モーツァルトの生家が公開されている記念館があり、ゆかりの品々を見ることができる。

a．（ア）（イ）　b．（ア）（ウ）　c．（イ）（ウ）　d．（ア）（イ）（ウ）

□③ 次の記述のうち、誤っているものはどれか。平24·29-改

a．イエローストーンはアメリカ最初の国立公園で、オールド・フェイスフル・ガイザーやマンモス・ホット・スプリングスなどの間欠泉や温泉がある。

b．ヨセミテはロッキー山脈のほぼ中央に位置し、花崗岩の絶壁エル・キャピタンやハーフ・ドームなど大自然の景観が見られる。

c．グランドキャニオンはコロラド川の浸食で大地が削り取られてできた大峡谷で、ラスベガスから軽飛行機を利用して日帰り観光ができる。

d．エバーグレーズは、フロリダ半島南端に広がる大湿地帯で動植物の宝庫である。

□④ 次の記述から、誤っているものだけをすべて選んでいるものはどれか。

平27

（ア）一段の滝としては世界最大の落差で知られるアンヘルの滝（エンジェルフォール）は、広大なギアナ高地のベネズエラ東部にあるカナイマ国立公園のテーブル状の山々のひとつアウヤンテプイから流れ落ちる。

（イ）赤道直下に位置するガラパゴス諸島は、コロンビア領に属し、島固有の動植物が生息する火山島群で、コロンビアの西方約1,000kmの太平洋上にある。

（ウ）ブラジルとボリビアの国境にあるイグアスの滝は、最大落差が約80mで、馬蹄形の断崖に幅約4kmにわたってかかる世界有数の瀑布である。

a．（ア）（イ）　b．（ア）（ウ）　c．（イ）（ウ）　d．（ア）（イ）（ウ）

□⑤ 次の記述から、正しいものだけをすべて選んでいるものはどれか。

令4

（ア）ルクソールは古代都市テーベがあった地として知られ、ナイル川東岸にカルナック神殿や王家の谷などがある。

（イ）ナイル川西岸にあるギーザには、クフ王、カフラー王、メンカウラー王の3王のピラミッドやスフィンクスなどがある。

（ウ）南部にあるアブ・シンベル神殿は、ラムセス2世の造営で大小二つの岩窟神殿からなる。

a．（ア）（イ）　b．（ア）（ウ）　c．（イ）（ウ）　d．（ア）（イ）（ウ）

問題45　解答

①a．（ア）（イ）正しい。（ウ）誤り。本肢はホーチミンではなく、ベトナム中部の都市**ホイアン**に関する記述である。よって、aが正解。②a．（ア）（イ）正しい。（ウ）誤り。モーツァルトの生家は、オーストリア中部に位置する**ザルツブルク**のゲトライデガッセ（通り）にある。よって、aが正解。③b．ヨセミテは、**シエラネバダ山脈**の中央部にある国立公園。④c．（ア）正しい。（イ）誤り。ガラパゴス諸島は**エクアドル領**に属する。（ウ）誤り。イグアスの滝は、ブラジルと**アルゼンチン**の国境に位置する。よって、cが正解。⑤c．（ア）誤り。古代都市テーベでは、日が昇るナイル川の東側（東岸）が「生者の都」、日が沈む西側（西岸）が「死者の都」とされ、墓群や葬祭殿などの死にまつわる遺跡は西岸のみに見られる。王家の谷は歴代ファラオ（王）の岩窟墓群で、ナイル川**西岸**にある（カルナック神殿は東岸）。（イ）（ウ）正しい。よって、cが正解。

9 海外観光資源（7）複合

問題 46　重要度 A　✔□□

次の各設問について、下線部a．～d．のうち誤っているものを一つ選びなさい。

□① 韓国南部の釜山には、観光スポットとして知られる同国最大級の水産市場a．チャガルチ市場、市内を一望できる釜山タワーがあるb．龍頭山公園、市内有数の繁華街のc．仁寺洞、山のふもとに階段式に形成された集落が特徴的なd．甘川文化村などの見どころがある。 令4

□② 台湾の観光地等には、台北で最古の寺院として知られるa．龍山寺、台北南部のタイヤル族が住む村で温泉があることで知られるb．北投、台南にはオランダ統治時代にオランダ政庁が置かれ、ゼーランディア城といわれていたc．安平古堡、高雄の一番大きい湖で曲橋釣月にある九曲橋で知られるd．澄清湖などがある。 令3

□③ 中国の特別行政区マカオには、a．イギリス領時代からの影響がみられる世界遺産の歴史地区に、ファサードだけが残るb．聖ポール天主堂跡や、モザイクタイルが敷き詰められたc．セナド広場などの見どころがあるほか、名物の焼き菓子d．エッグタルトが旅行者に人気である。 令5

□④ バンコクには、王室の守護寺院a．ワット・プラケオ、巨大な涅槃仏で有名なb．ワット・ポー、三島由紀夫の小説「暁の寺」に描かれたc．ワット・アルン、黄金仏の座像があるd．ワット・プララームなどの仏教寺院がある。
令1

□⑤ カンボジアのa．シェムリアップを観光拠点とするアンコール遺跡群には、塔の四面に彫られた観世音菩薩像で有名なバイヨン寺院が中心にあるb．アンコール・トム、同国の国旗にも描かれているc．アンコール・ワット、東洋のモナ・リザと称される優美なデバター像で知られるd．タ・プローム寺院などがある。 令4

□⑥ トルコのイスタンブールは、北の黒海と南のa．マルマラ海を結ぶb．ボスポラス海峡によって、東のアジアと西のヨーロッパに分けられ、ヨーロッパ側の旧市街には、歴代スルタンが執務を執り行ったc．トプカプ宮殿や、6本のミナレット（尖塔）を有し、内部を覆うイズニックタイルの装飾で知られるイスラム寺院のd．アヤソフィアなどがある。 令5

□⑦ フランス北西部ノルマンディー地方には、モネの連作のモチーフとなった大聖堂のあるa．ルーアン、「モネの邸宅と庭園」のあるb．ジヴェルニー、第二次大戦後に再建された街並みが世界遺産に登録された港湾都市c．エトルタ、木組みの家が並ぶセーヌ川河口の港町d．オンフルールなどがある。
平30-改

□⑧ a．モルダウ川の両岸に広がり、尖塔が多いことから百塔の町と呼ばれるb．ワルシャワには、30体の聖人像が欄干に並ぶ石造りのカレル橋やc．聖ヴィート大聖堂、旧市庁舎のd．天文時計などがある。 平22

□⑨ ルイジアナ州南東部にあり、メキシコ湾に注ぐa．ミシシッピ川の河口付近に位置するニューオリンズはb．ディキシーランド・ジャズ発祥の地で、毎夜ジャズの生演奏が楽しめるc．バーボン・ストリートは観光の中心となるd．グリニッチ・ビレッジにある。 平29

□⑩ モロッコ王国には、市場や大道芸で活気あふれるジャマ・エル・フナ広場があるa．マラケシュ、カラウィーンモスクなど迷路のような旧市街全体が世界遺産に登録されているb．カサブランカ、大アトラス山脈南西麓のワルザザート近郊にある集落c．アイト・ベン・ハドゥ、白と青に塗られた家々の独特な集落景観が有名な北部の都市d．シャウエンなどがある。 令3

□⑪ ニュージーランドの国立公園には、北島に同国最初の国立公園であるa．ロトルア、円錐形のタラナキ山のあるb．エグモントなどがあり、南島にミルフォード・サウンドで知られるc．フィヨルドランド、同国最高峰の山のあるd．アオラキ／マウント・クックなどがある。 令1

問題46 解答

①c．仁寺洞（インサドン）は、韓国の首都**ソウル**にある繁華街である。釜山の繁華街としては、南浦洞（ナンポドン）エリアが有名。②b．タイヤル族が住む村で温泉があることで知られるのは台北南部の**烏来**（ウーライ）である。③a．中国返還以前にマカオを領地としていたのは、イギリスではなく**ポルトガル**である。④d．黄金仏の座像があるバンコク（タイ）の寺院は、**ワット・トライミット**である。ワット・プララームはアユタヤにある寺院。⑤d．「東洋のモナ・リザ」と称されるデバター（女神）像があるのは**バンテアイ・スレイ**である。⑥d．**ブルーモスク（スルタン・アフメット・ジャーミィ）**が正しい。⑦c．第二次世界大戦中の爆撃によって壊滅的な被害を受け、戦後に再建された近代的な港湾都市は、**ル・アーブル**である。⑧b．チェコの首都**プラハ**に関する記述である。⑨d．バーボン・ストリートは、**フレンチ・クォーター**にある通り（グリニッチ・ビレッジは、ニューヨークの繁華街）。⑩b．カラウィーンモスクがあり、旧市街全体が世界遺産に登録されている都市は**フェズ**である。⑪a．同国最初の国立公園は、北島にある**トンガリロ国立公園**である。

9 海外観光資源（8）複合

問題 47　重要度 A　✓☐☐

次の各設問について該当するものを、それぞれの選択肢から一つ選びなさい。

☐① 次の中国の三大石窟とその観光拠点となる都市との組み合わせから、正しいものだけをすべて選んでいるものはどれか。令4

（ア）雲崗石窟　—　大同
（イ）莫高窟　—　西安
（ウ）龍門石窟　—　洛陽

a．（ア）（イ）　b．（ア）（ウ）　c．（イ）（ウ）　d．（ア）（イ）（ウ）

☐② 次の観光資源とその観光拠点および国名との組み合わせのうち、誤っているものはどれか。平29-改

a．グエン朝王宮　—　フエ　—　ベトナム
b．タージ・マハル　—　アグラ　—　インド
c．ボロブドゥール　—　デンパサール　—　インドネシア
d．シュエダゴン・パゴダ　—　ヤンゴン　—　ミャンマー

☐③ 次の陶磁器とその生産国およびその国の料理との組み合わせのうち、誤っているものはどれか。平16-改

a．マイセン　—　ドイツ　—　アイスバイン
b．セーブル　—　フランス　—　ブイヤベース
c．ヘレンド　—　オーストリア　—　ウィンナー・シュニッツェル
d．リチャード・ジノリ　—　イタリア　—　ミネストローネ

☐④ 次の作品と作者およびその作品がある教会等との組み合わせのうち、誤っているものはどれか。平29-改

a．最後の晩餐　—　レオナルド・ダ・ヴィンチ　—　サンタ・マリア・デレ・グラツィエ教会
b．晩鐘　—　ミレー　—　オルセー美術館
c．ピエタ像　—　ラファエロ　—　サン・ピエトロ大聖堂
d．ヴィーナスの誕生　—　ボッティチェリ　—　ウフィツィ美術館

□⑤ 次の建築物から、スペインのバルセロナにあるガウディの作品だけをすべて選んでいるものはどれか。 令1

（ア）カサ・ミラ （イ）カタルーニャ音楽堂 （ウ）サグラダ・ファミリア

a．（ア）（イ） b．（ア）（ウ） c．（イ）（ウ） d．（ア）（イ）（ウ）

□⑥ 次のハワイ諸島の島とその観光地等との組み合わせのうち、誤っているものはどれか。 令1

a．オアフ島 — ヌウアヌ・パリ展望台

b．カウアイ島 — シダの洞窟

c．ハワイ島 — マウナ・ケア

d．マウイ島 — ワイメア渓谷州立公園

□⑦ 次のオーストラリアでのオプショナルツアーとその観光拠点となる都市との組み合わせのうち、誤っているものを選びなさい。 平28-改

a．グリーン島とアウターリーフツアー — ケアンズ

b．フィリップ島ペンギンパレード — メルボルン

c．ブルーマウンテンズ観光 — シドニー

d．サンセット ピナクルズツアー — ダーウィン

次の各設問について該当するものを、それぞれの選択肢からすべて選びなさい。

□⑧ 次の国とそのリゾートアイランドおよびビーチとの組み合わせのうち、正しい組み合わせをすべて選びなさい。 平27

a．インドネシア — バリ島 — ヌサドゥアビーチ

b．タイ — プーケット島 — パトンビーチ

c．マレーシア — ペナン島 — カロンビーチ

□⑨ 次の絵画作品のうち、アメリカのニューヨーク近代美術館（MoMA）に収蔵されているものをすべて選びなさい。 令3

a．「星月夜」（作者 ゴッホ）

b．「アビニョンの娘たち」（作者 ピカソ）

c．「ムーラン・ド・ラ・ギャレットの舞踏場」（作者 ルノワール）

□⑩ 次の絵画作品とその作品が収蔵されている美術館との組み合わせのうち、正しい組み合わせをすべて選びなさい。 令2

a．「夜警」（レンブラント） — アムステルダム国立美術館

b．「真珠の耳飾りの少女」（フェルメール） — オルセー美術館

c．「春」（ボッティチェリ） — ウフィツィ美術館

□⑪ 次の絵画作品とその作品が収蔵されている施設との組み合わせのうち、正しいものをすべて選びなさい。 令5

a.「ヴィーナスの誕生」(ボッティチェリ) — ウフィツィ美術館(フィレンツェ)
b.「最後の審判」(ミケランジェロ) — システィーナ礼拝堂(バチカン)
c.「岩窟の聖母」(ダ・ヴィンチ) — ルーブル美術館(パリ)

□⑫ 次のアメリカ合衆国の都市とその観光ポイントとの組み合わせのうち、正しいものをすべて選びなさい。 令5

a. サンフランシスコ — フィッシャーマンズ・ワーフ
b. ラスベガス — フリーモント・ストリート・エクスペリエンス
c. ロサンゼルス — ロデオ・ドライブ

□⑬ 次のアメリカ合衆国の国立公園とその観光ポイント等との組み合わせのうち、正しい組み合わせをすべて選びなさい。 令2

a. イエローストーン国立公園 — オールド・フェイスフル・ガイザー
b. メサ・ヴェルデ国立公園 — クリフ・パレス
c. ヨセミテ国立公園 — ハーフ・ドーム

□⑭ 次のアフリカの国立公園とその国との組み合わせのうち、正しい組み合わせをすべて選びなさい。 平23

a. アンボセリ国立公園 — ケニア
b. キリマンジャロ国立公園 — タンザニア
c. クルーガー国立公園 — 南アフリカ
d. ビクトリア瀑布国立公園 — ウガンダ

□⑮ 次のオーストラリアの世界遺産とその観光拠点との組み合わせのうち、正しいものをすべて選びなさい。 平29

a. ウルル(エアーズ・ロック) — アリス・スプリングス
b. カカドゥ国立公園 — ダーウィン
c. シャーク湾とモンキー・マイア — ケアンズ

問題 47 解答

①b．（ア）（ウ）正しい。（イ）誤り。雲崗石窟の観光拠点となる都市は、**大同**である。よって、bが正解。②c．**誤り。**ボロブドゥール遺跡への観光拠点はインドネシアの**ジョグジャカルタ**（ジャワ島）である（デンパサールはバリ島の中心地）。③c．**誤り。**ヘレンドは**ハンガリー**の磁器。④c．**誤り。**彫刻「ピエタ像」は**ミケランジェロ**の作品である。⑤b．（ア）（ウ）正しい。（イ）誤り。バルセロナにあるカタルーニャ音楽堂は、リュイス・ドメネク・イ・ムンタネーが設計したコンサートホールで、同じく同氏の作品であるサン・パウ病院とともに世界文化遺産に登録されている。よって、bが正解。⑥d．ワイメア渓谷州立公園は**カウアイ島**にある。⑦d．**誤り。**「荒野の墓標」と呼ばれる奇岩群ピナクルズへの観光拠点となる主要な都市は**パース**である（ダーウィンを観光拠点とする名所は「カカドゥ国立公園」など）。⑧a、b．カロンビーチは、**タイのプーケット島**にあるので、**cは誤り。**⑨a、b．aとbはMoMAに収蔵されているが、cの『ムーラン・ド・ラ・ギャレットの舞踏場（舞踏会）』はパリ（フランス）の**オルセー美術館**に収蔵されている。⑩a、c．aとcは正しい組み合わせ。フェルメール作『真珠の耳飾りの少女（青いターバンの女）』は、**オランダ**のハーグにある**マウリッツハイス美術館**に収蔵されているので、bは誤り。⑪a、b、c．すべて正しい。⑫a、b、c．すべて正しい。⑬a、b、c．すべて正しい。⑭a、b、c．ビクトリア瀑布国立公園は**ジンバブエ**にあるので、**dは誤り。**⑮a、b．シャーク湾（シャーク・ベイ）とモンキー・マイアへの観光拠点となる主要な都市は**パース**なので、**cは誤り。**

9 海外観光資源（9）複合

問題 48　重要度 A　✓□□

ドイツを周遊する募集型企画旅行の次の日程表（抜粋）に関する各設問について、該当するものをそれぞれの選択肢から一つ選びなさい。 令3

［日程表］（抜粋）

	行程	宿泊
1日目	東京（羽田）発✈フランクフルト着。 着後、ハイデルベルクへ。	ハイデルベルク泊
2日目	午前、ハイデルベルク観光。観光後、［ ① ］の一部をドライブし、ローテンブルクへ。 着後、ローテンブルク観光。	ローテンブルク泊
3日目	午前、ロマンチック街道を南下し、フュッセンへ。 途中、ディンケルスビュールや［ ② ］に立ち寄ります。	フュッセン泊
4日目	午前、ロマンチック街道のハイライト［ ③ ］観光。 観光後、ミュンヘンへ。	ミュンヘン泊

□① マンハイムからハイデルベルク、ローテンブルクを通りチェコのプラハまで結ぶ［ ① ］に該当する観光街道の名称は、次のうちどれか。

a．ゲーテ街道　　b．古城街道
c．ファンタスティック街道　　d．メルヘン街道

□② ロマンチック街道沿いにあり、ドイツの古代ローマ都市のひとつとして知られる［ ② ］に該当する都市は、次のうちどれか。

a．アウクスブルク　　b．ヴュルツブルク
c．ニュルンベルク　　d．バンベルク

□③ フュッセン近郊にあり、バイエルン国王ルートヴィヒ２世がワーグナーのオペラに影響されて、アルプ湖を見下ろす高台に建てた［ ③ ］に該当する城は、次のうちどれか。

a．ヴァルトブルク城　　b．ノイシュヴァンシュタイン城
c．ホーエンツォレルン城　　d．リンダーホフ城

中欧（チェコ、オーストリア、ハンガリー）を周遊する募集型企画旅行の次の日程表（抜粋）に関する各設問について、該当するものをそれぞれの選択肢から一つ選びなさい。 令4

［日程表］（抜粋）

	行程	宿泊・食事
2日目	午前、プラハ市内観光。［①］川にかかるプラハ最古のカレル橋やプラハ城など世界遺産の街をご案内します。 昼食後、自由行動。	プラハ泊 朝・昼・−
3日目	午前、専用バスで世界遺産チェスキー クルムロフへ。着後、湾曲して流れる［①］川に囲まれたチェスキークルムロフの歴史地区観光。 昼食後、国境を越えてオーストリアのウィーンへ。	ウィーン泊 朝・昼・夕
4日目	午前、ウィーン市内観光。音楽の都を象徴するワルツ王ヨハン シュトラウス２世の像がある［②］などの見どころをご案内します。 昼食後、自由行動。	ウィーン泊 朝・昼・−
5日目	午前、専用バスで国境を越えてハンガリーのブダペストへ。着後、市内のレストランでハンガリー名物の牛肉のパプリカ煮込み「［③］」を昼食にお楽しみください。 昼食後、「ドナウの真珠」ブダペスト市内観光にご案内します。	ブダペスト泊 朝・昼・夕

□④ ドイツのドレスデンを流れるエルベ川の支流で、プラハやチェスキー・クルムロフなどチェコのボヘミア地方を流れる、ドイツ語名で「モルダウ」としても有名な川の名称として、［①］に該当するものは次のうちどれか。

a．ヴィスワ　b．ヴォルガ　c．ヴルタヴァ　d．ネヴァ

□⑤ 4日目のウィーン市内観光で訪れる写真のヨハン・シュトラウス２世像を見ることができるポイントとして、［②］に該当するものは次のうちどれか。

［写真］

a．国立オペラ座

b．シェーンブルン宮殿

c．シュテファン大聖堂

d．市立公園

□⑥ ハンガリーの名物料理で、牛肉、玉ねぎなどにパプリカを加えて煮込んだ料理の名称として、［③］に該当するものは次のうちどれか。

a．アイスバイン　b．グヤーシュ　c．ブイヤベース　d．ボルシチ

スペインを周遊する募集型企画旅行の次の日程表（抜粋）に関する各設問について、該当するものをそれぞれの選択肢から一つ選びなさい。 令5

［日程表］（抜粋）

	行程	宿泊
2日目	午前、マドリード発スペイン高速鉄道 AVE でアンダルシアの古都［①］へ。 着後、［①］市内観光。イスラム教寺院をキリスト教の聖堂に改築した世界遺産メスキータなどをご案内します。	［①］泊
3日目	午前、専用バスでオペラ『カルメン』の舞台として有名な［②］へ。着後、［②］市内観光。世界遺産の大聖堂などをご案内します。	［②］泊
4日目	午前、専用バスでグラナダへ。着後、世界遺産の③アルハンブラ宮殿観光。 夕食は、［④］ディナーショーをお楽しみください。	グラナダ泊

観光内容（◎入場、○下車）

［①］：◎メスキータ、○ローマ橋、○花の小径

［②］：◎大聖堂、◎アルカサル、○ヒラルダの塔、○スペイン広場

グラナダ：◎アルハンブラ宮殿、○アルバイシンの丘

□⑦ 日程表と観光内容から、［①］と［②］に、それぞれ該当する都市名の組み合わせとして、正しいものは次のうちどれか。

空欄①　　　空欄②

a．コルドバ　－ セビージャ

b．セビージャ － コルドバ

c．セビージャ － バレンシア

d．バレンシア － セビージャ

□⑧ 4日目に訪れる③アルハンブラ宮殿の写真として、正しいものは次のうちどれか。

a．

b．

c．

d．

□⑨ スペインのアンダルシア地方発祥として有名な民族舞踊の名称で、［ ④ ］に該当するものは次のうちどれか。

a．サルサ　　b．タンゴ　　c．フラメンコ　　d．ベリーダンス

問題48 解答

①b．古城街道　②a．アウクスブルク　③b．ノイシュヴァンシュタイン城　④c．ヴルタヴァ　⑤d．市立公園　⑥b．グヤーシュ　⑦a．①コルドバ　②セビージャ　⑧d．⑨c．フラメンコ

ユーキャンの総合旅行業務取扱管理者「過去問題集」

令和６年度
総合旅行業務取扱管理者試験

総合旅行業務取扱管理者試験の合格基準は、各科目それぞれで６割以上です。一度解いてみてわからなかった問題や、間違えてしまった問題は、解答・解説をしっかりと読み、改めてテーマ別問題を解くなどして復習しましょう。

※法改正・制度変更・問題不成立等により、一部の問題については 改 表示をして改題を行っています。

※試験で使用する資料は、別冊P20～P26に掲載しています。

※解答用紙は、別冊P87～P88に掲載しています。

科目	配点/問題数	試験時間
旅行業法及びこれに基づく命令	100点/25問	80分
旅行業約款、運送約款及び宿泊約款	100点/30問	
国内旅行実務	100点/32問	120分
海外旅行実務	200点/52問	

1　旅行業法及びこれに基づく命令

第１問　以下の問1.～問10.の各設問について、該当するものをそれぞれの選択肢から一つ選び、問11.～問25.の各設問について、該当するものをそれぞれの選択肢からすべて選び、解答用紙にマークしなさい。

（配点　４点×25）

問1.　次の記述から、「法第１条（目的）」に定められているものだけをすべて選んでいるものはどれか。

（ア）旅行業等を営む者の業務の適正な運営の確保
（イ）旅行業等を営む者が組織する団体の適正な活動の促進
（ウ）旅行業等を営む者の利便の増進

a．（ア）（イ）　b．（ア）（ウ）　c．（イ）（ウ）　d．（ア）（イ）（ウ）

問2.　旅行業又は旅行業者代理業の登録に関する次の記述のうち、正しいものはどれか。

a．旅行業及び旅行業者代理業の登録の有効期間は、登録の日から起算して５年である。
b．法人である第１種旅行業者の代表者の氏名に変更があったときは、登録行政庁に変更登録申請書を提出しなければならない。
c．第１種旅行業への変更登録の申請をしようとする第２種旅行業者は、主たる営業所の所在地を管轄する都道府県知事に変更登録申請書を提出しなければならない。
d．旅行業の更新登録の申請をしようとする者は、有効期間の満了の日の２月前までに、登録行政庁に更新登録申請書を提出しなければならない。

問3.　旅行業者代理業に関する次の記述のうち、正しいものはどれか。

a．旅行業者代理業を営もうとする者であって、国土交通省令で定める基準に適合する財産的基礎を有しないものは、旅行業者代理業を営むことはできない。

b．旅行業者代理業の新規登録の申請をしようとする者は、所属旅行業者の主たる営業所の所在地を管轄する都道府県知事に申請しなければならない。

c．旅行業者代理業者は、所属旅行業者が営業保証金を供託し、その旨を登録行政庁に届出をした後でなければ、事業を開始してはならない。

d．旅行業者代理業者の登録は、その所属旅行業者のために旅行業務を取り扱うことを内容とする契約が効力を失ったときでも、当該所属旅行業者の登録が有効であれば失効しない。

問4.　旅行業務の取扱いの料金（企画旅行に係るものを除く。）に関する次の記述のうち、誤っているものはどれか。

a．旅行業務の取扱いの料金は、契約の種類及び内容に応じて定率、定額その他の方法により定められ、旅行者にとって明確なものでなければならない。

b．旅行業者は、事業の開始前に、旅行業務の取扱いの料金を定め、その営業所において、旅行者に見やすいように掲示しなければならない。

c．旅行業者代理業者は、その営業所において、所属旅行業者が定めた旅行業務の取扱いの料金を、旅行者に見やすいように掲示しなければならない。

d．旅行業者は、旅行業務の取扱いの料金を変更したときは、遅滞なく、登録行政庁にその旨を届け出なければならない。

問5.　企画旅行に参加する旅行者を募集するための広告に関する次の記述のうち、誤っているものはどれか。

a．広告をするときは、企画旅行を実施する旅行業者等の営業所において選任されている旅行業務取扱管理者の氏名を表示して行わなければならない。

b．広告において、企画者以外の者の氏名又は名称を表示する場合にあっては、文字の大きさ等に留意して、企画者の氏名又は名称の明確性を確保しなければならない。

c．旅行者が旅行業者等に支払うべき対価が出発日により異なる場合、広告において、その最低額を表示するときは、併せてその最高額を表示して行わなければならない。

d．旅行者が提供を受けることができるサービスに、専ら企画旅行実施のために提供される運送サービスが含まれる場合にあって、広告をするときは、当該運送サービスの内容を勘案して、旅行者が取得することが望ましい輸送の安全に関する情報を表示して行わなければならない。

問6.　企画旅行の円滑な実施のための措置及び旅程管理業務を行う者に関する次の記述のうち、正しいものはどれか。

a．旅行業者は、外国為替及び外国貿易法の規定に違反して罰金の刑に処せられ5年を経過していない者を旅程管理業務を行う主任の者として選任することはできない。

b．旅程管理業務を行う者として旅行業者によって選任される者のうち主任の者となるための国土交通省令で定める旅程管理業務に関する実務の経験は、旅程管理研修の課程を修了した日から1年以内に2回以上の旅程管理業務に従事した経験に限られる。

c．旅行業者は、企画旅行を実施する場合においては、旅行者に対する運送等サービスの確実な提供、旅行に関する計画の変更を必要とする事由が生じた場合における代替サービスの手配その他の当該企画旅行の円滑な実施を確保するため国土交通省令で定める措置を講じなければならない。

d．旅行業者は、本邦内の旅行について、契約の締結の前に旅行者にこれらの措置を講じない旨を説明し、かつ、当該旅行に関する計画に定めるサービスの提供を受ける権利を表示した書面を交付した場合であっても、旅行地において旅行に関する計画に定めるサービスの提供を受けるために必要な手続の実施その他の措置を講じなければならない。

問7.　旅行サービス手配業に関する次の記述のうち、正しいものはどれか。

a．旅行サービス手配業の更新登録の申請をしようとする者は、主たる営業所の所在地を管轄する都道府県知事に更新登録申請書を提出しなければならない。

b．旅行サービス手配業務取扱管理者が管理及び監督すべき職務として、旅行に関する計画の作成に関する事項が定められている。

c．旅行サービス手配業者が、旅行サービス手配業務に関し取引をする者と旅行サービス手配業務に関し契約を締結したときに交付する書面には、当該契約に係る旅行サービス手配業務取扱管理者の氏名及び住所を記載しなければならない。

d．観光庁長官は、旅行サービス手配業者の業務の運営に関し、取引の公正、旅行の安全又は旅行者の利便を害する事実があると認めるときは、旅行サービス手配業務取扱管理者を解任する措置をとるべきことを命ずることができる。

問8.　次の記述のうち、旅行業協会が適正かつ確実に実施しなければならない業務として定められているものはどれか。

a．旅行業者の取り扱った旅行業務に関する旅行者からの苦情の解決のための当該旅行業者の営業所への立入調査

b．旅行業務及び旅行サービス手配業務に関する取引の公正の確保又は旅行業、旅行業者代理業及び旅行サービス手配業の健全な発展を図るための調査、研究及び広報

c．旅行業務に関し社員である旅行業者を所属旅行業者とする旅行業者代理業者との取引で運送等サービスを提供した者に対し、その取引によって生じた債権に関し弁済をする業務

d．旅行業務又は旅行サービス手配業務の適切な運営を確保するための旅行業者等又は旅行サービス手配業者に対する改善命令

問9.　弁済業務保証金制度に関する次の記述のうち、誤っているものはどれか。

a．弁済業務保証金の供託は、旅行業協会の住所の最寄りの供託所にしなければならない。

b．旅行業協会が供託している弁済業務保証金から弁済を受ける権利を実行しようとする旅行者は、その債権について登録行政庁の認証を受けなければならない。

c．旅行業協会から還付充当金を納付するよう通知を受けた保証社員は、その通知を受けた日から7日以内に、その通知された額の還付充当金を旅行業協会に納付しないときは、旅行業協会の社員の地位を失う。

d．保証社員は、その旅行業約款に、当該保証社員が所属する旅行業協会の名称及び所在地を明示しておかなければならない。

問10.　法令違反を行った者の氏名等の公表に関する次の記述から、正しいものだけをすべて選んでいるものはどれか。

（ア）観光庁長官は、旅行業務に関する取引の公正の維持、旅行の安全の確保及び旅行者の利便の増進のため必要かつ適当であると認めるときは、国土交通省令で定めるところにより、法令違反を行った者の氏名又は名称その他法令違反行為による被害の発生若しくは拡大を防止するために必要な事項を一般に公表することができる。

（イ）観光庁長官は、法の規定に基づき、法令違反行為を行った者の氏名を一般に公表しようとするときは、あらかじめ、当該法令違反行為を行った者に対して意見を述べる機会を与えなければならない。

（ウ）観光庁長官は、法の規定に基づき、法令違反行為を行った者の氏名又は名称その他法令違反行為による被害の発生若しくは拡大を防止するために必要な事項を一般に公表するときは、インターネットの利用に限り行うものとする。

a．（ア）（イ）　b．（ア）（ウ）　c．（イ）（ウ）　d．（ア）（イ）（ウ）

問11. 登録業務範囲に関する次の記述のうち、誤っているものをすべて選びなさい。

a．第１種旅行業者は、すべての旅行業務を取り扱うことができる。

b．第２種旅行業者は、他の第１種旅行業者が実施する本邦外の企画旅行(参加する旅行者の募集をすることにより実施するものに限る。）について、当該旅行業者を代理して企画旅行契約を締結することはできない。

c．第３種旅行業者は、一の企画旅行（参加する旅行者の募集をすることにより実施するものに限る。）ごとに一の拠点区域内における企画旅行を実施できる。

d．地域限定旅行業者は、本邦外の旅行を一切取り扱うことができない。

問12. 報酬を得て、次の行為を事業として行う場合、旅行業又は旅行業者代理業の登録を要するものをすべて選びなさい。

a．宿泊事業者が、自ら経営するペンションの宿泊サービスと他人の経営する観光ハイヤーによる観光プランを組合せたツアーを、インターネットを利用して旅行者に販売する行為

b．バス会社が、自社のバスを使用し、他人の経営するテーマパークの入場券を組合せた日帰り旅行を旅行者に販売する行為

c．観光案内所が、旅行者の依頼を受けて、他人の経営する食事箇所を予約する行為

d．コンビニエンスストアが、ロックコンサートの入場券を販売する行為

問13. **次の記述のうち、旅行業又は旅行業者代理業の登録の拒否事由に該当するものをすべて選びなさい。**

a．第２種旅行業を営もうとする者であって、その基準資産額が１,000万円であるもの
b．申請前５年以内に旅行業務又は旅行サービス手配業務に関し不正な行為をした者
c．心身の故障により旅行業若しくは旅行業者代理業を適正に遂行することができない者として国土交通省令で定めるもの
d．旅行業者代理業を営もうとする者であって、その代理する旅行業を営む者が２以上であるもの

問14. **営業保証金に関する次の記述のうち、誤っているものをすべて選びなさい。**

a．営業保証金に充てることができる有価証券は、国債証券のみである。
b．旅行業者が供託すべき営業保証金の額は、前事業年度における旅行業務に関する旅行者との取引額に応じて算定されるが、この取引額には当該旅行業者に所属する旅行業者代理業者の取扱いによるものは含まれない。
c．旅行業者代理業者が供託すべき営業保証金の額は、その所属する旅行業者の登録業務範囲の別ごとに定められている。
d．新規登録を受けた旅行業者が供託すべき営業保証金の額は、登録の申請時に添付した書類に記載した年間取引見込額により算定した額とする。

問15. **次の記述のうち、旅行業務取扱管理者が管理及び監督しなければならない職務として定められているものをすべて選びなさい。**

a．法第12条の６の規定による外務員の証明書の携帯に関する事項
b．旅行に関する計画の作成に関する事項
c．法第12条の２第３項の規定による旅行業約款の掲示及び備置きに関する事項
d．法第６条の３第１項の規定による旅行業の有効期間の更新の登録の申請に関する事項

問16. 旅行業務取扱管理者に関する次の記述のうち、正しいものをすべて選びなさい。

a．旅行業者等は、旅行業務取扱管理者について、５年ごとに、旅行業務に関する法令、旅程管理その他の旅行業務取扱管理者の職務に関し必要な知識及び能力の向上を図るため、旅行業協会が実施する研修を受けさせなければならない。

b．旅行業者等は、旅行業務に従事した経験が３年未満である者を、その営業所の旅行業務取扱管理者として選任することはできない。

c．旅行業者等は、旅行業務取扱管理者について、苦情の解決に関する講習を受講させることその他の旅行業務取扱管理者の職務に関し必要な知識及び能力の向上を図るための措置を講ずるよう努めなければならない。

d．旅行業者等は、旅行業務を取り扱う者が１人である営業所については、旅行業務取扱管理者の選任を要しない。

問17. 旅行業約款に関する次の記述のうち、正しいものをすべて選びなさい。

a．観光庁長官及び消費者庁長官が標準旅行業約款を定めて公示した場合（これを変更して公示した場合を含む。）において、旅行業者が、標準旅行業約款と同一の旅行業約款を定めたときは、その旅行業約款については、登録行政庁の認可を受けたものとみなされる。

b．登録行政庁が旅行業約款を認可するときの基準の一つとして、旅行業者の適正な利益を害するおそれがないものであることが定められている。

c．旅行業者代理業者は、事業の開始前に、自ら旅行業約款を定め、その営業所において旅行者に見やすいように掲示し、又は旅行者が閲覧することができるように備え置かなければならない。

d．旅行業者が現に認可を受けている旅行業約款について、責任及び免責に関する事項を変更しようとするときは、登録行政庁の認可を受けることを要しない。

問18. 取引条件の説明をする際に交付する国土交通省令・内閣府令で定める事項を記載した書面に関する次の記述のうち、誤っているものをすべて選びなさい。

a．旅行業者等は、旅程管理業務を行う者が同行しない企画旅行契約を締結しようとするときは、旅行地における企画者との連絡方法を書面に記載しなければならない。

b．旅行業者代理業者が所属旅行業者を代理して手配旅行契約を締結する場合にあっては、その旨並びに当該旅行業者代理業者の氏名又は名称及び住所並びに登録番号を書面に記載しなければならない。

c．旅行業者等は、書面の交付に代えて、当該書面に記載すべき事項を国土交通省令・内閣府令で定める情報通信の技術を利用する方法により提供するときは、政令で定めるところによりあらかじめ旅行者の承諾を得なければならない。

d．旅行業者は、旅行に関する相談に応ずる行為に係る旅行業務について契約を締結しようとするときは、書面の交付を要しない。

問19. 旅行業務に関し契約を締結したときに交付する国土交通省令・内閣府令で定める事項を記載した書面に関する次の記述のうち、正しいものをすべて選びなさい。

a．旅行業者は、旅行に関する相談に応ずる行為に係る旅行業務について旅行者と契約を締結したときは、書面の交付を要しない。

b．旅行業者等は、当該契約に係る旅行業務取扱管理者の氏名及び旅行者の依頼があれば当該旅行業務取扱管理者が最終的には説明を行う旨を書面に記載しなければならない。

c．旅行業者等は、宿泊のみの手配旅行契約を締結し、対価と引き換えに宿泊サービスの提供を受ける権利を表示した書面を交付する場合であっても、書面を交付しなければならない。

d．旅行業者等は、旅行者と企画旅行契約を締結した場合にあって、旅行の目的地を勘案して、旅行者が取得することが望ましい安全及び衛生に関する情報があるときは、その旨及び当該情報を書面に記載しなければならない。

問20. 旅行業務取扱管理者の証明書の提示及び外務員の証明書の携帯等に関する次の記述のうち、誤っているものをすべて選びなさい。

a．旅行業者等は、取引条件の説明をするときは、国土交通省令で定める様式による旅行業務取扱管理者の証明書を常に提示してこれを行なわせなければならない。

b．旅行業者代理業者の外務員の証明書は、所属旅行業者が発行しなければならない。

c．旅行業者等は、その営業所以外の場所でその旅行業者等のために旅行業務について取引を行う使用人には、外務員の証明書を携帯させなければならないが、役員についてはこの限りではない。

d．外務員は、その業務を行なうときは、旅行者から請求があったときに限り、外務員の証明書を提示しなければならない。

問21. 次の記述のうち、旅行業務について広告をするときに誇大表示をしてはならない事項として定められているものをすべて選びなさい。

a．旅行者に対する損害の補償に関する事項

b．旅行地における旅行者の安全の確保に関する事項

c．旅行中の旅行者の負担に関する事項

d．旅行地の景観、環境その他の状況に関する事項

問22. 標識に関する次の記述のうち、誤っているものをすべて選びなさい。

a．旅行業者等以外の者は、国土交通省令で定める様式の標識又はこれに類似する標識を掲示してはならない。

b．旅行業者等は、営業所において、国土交通省令で定める様式の標識を、旅行者に見やすいように掲示しなければならない。

c．標識には、旅程管理業務を行う主任の者の氏名を記載しなければならない。

d．標識には、受託契約を締結していない者にあっては、受託取扱企画旅行名の欄を省略することができる。

問23. 旅行業者等がしてはならない行為に関する次の記述のうち、正しいものをすべて選びなさい。

a．旅行業者等が、専ら企画旅行の実施のために提供される運送サービスを提供する者に対し、輸送の安全の確保を不当に阻害する行為は禁止行為に該当する。

b．旅行業者等が、宿泊のサービスを提供する者（旅館業法第３条の２第１項に規定する営業者を除く。）と取引を行う際に、当該者が住宅宿泊事業法第３条第１項の届出をした者であるかどうかの確認を怠る行為は、禁止行為に該当する。

c．旅行業者等は、旅行業務に関し取引をした者に対し、いかなる理由があっても、その取引によって生じた債務の履行を遅延する行為をしてはならない。

d．旅行業者等は、登録行政庁に届け出ていれば、営業の貸渡しにより旅行業又は旅行業者代理業を他人にその名において経営させることができる。

問24. 受託契約に関する次の記述のうち、正しいものをすべて選びなさい。

a．第３種旅行業者は、地域限定旅行業者を委託旅行業者とする受託契約を締結することができる。

b．受託旅行業者は、受託契約に基づく業務を他の旅行業者に再委託することができる。

c．受託契約においては、委託旅行業者を代理して企画旅行契約を締結することができる旅行業者又はその受託旅行業者代理業者の営業所を定めておかなければならない。

d．旅行業者代理業者は、その所属旅行業者の承諾を得れば、他の旅行業者と直接受託契約を締結することができる。

問25.　次の記述のうち、登録行政庁が、6月以内の期間を定めて業務の全部若しくは一部の停止を命じ、又は登録を取り消すことができるとされているものをすべて選びなさい。

a．旅行業者等の役員が、道路交通法に違反して禁錮の刑に処せられたとき。
b．旅行業者等が、引き続き1年以上事業を行っていないと認められるとき。
c．旅行サービス手配業者が不正な手段により登録を受けたとき。
d．旅行サービス手配業者が、登録を受けてから6月以内に事業を開始していないと認められるとき。

2 旅行業約款、運送約款及び宿泊約款

第1問　標準旅行業約款に関する以下の問1. ～問12. の各設問について、該当するものをそれぞれの選択肢から一つ選び、問13. ～問20. の各設問について、該当するものをそれぞれの選択肢からすべて選び、解答用紙にマークしなさい。（配点　4点×20）

問1.　募集型企画旅行契約に関する次の記述のうち、正しいものはどれか。

a．旅行業者が、旅行者1名に対して1旅行につき支払うべき変更補償金の額が1,000円未満であっても変更補償金を支払う旨を書面に記載し特約を結んだときは、その特約が約款に優先して適用される。

b．旅行開始地である横浜港からクルーズ船に乗り、那覇港に寄港して観光後、目的地である台湾の基隆に向かう旅行においては、横浜港出港から那覇港出港までの区間は国内旅行として取り扱われる。

c．「通信契約」とは、旅行代金等に係る債権又は債務を、提携会社のカード会員規約に従って決済することについて、旅行者があらかじめ承諾したことを受け、旅行業者が提携会社のカード会員たる旅行者との間で締結するすべての契約をいう。

d．旅行業者は、国内旅行の契約の履行に当たって、手配の全部又は一部を手配を業として行う者その他の補助者に代行させることはできない。

問2.　募集型企画旅行契約に関する次の記述のうち、正しいものはどれか。

a．旅行の参加に際し、旅行者が特別な配慮を必要とする旨を契約の申込時に申し出た場合、旅行業者は可能な範囲内でこれに応じるが、当該申出に基づき、旅行業者が旅行者のために講じた特別な措置に要する費用は、旅行業者の負担となる。

b．旅行業者は、電話、郵便、ファクシミリ、インターネットその他の通信手段による契約の予約を受け付けるが、この場合、予約の時点では契約は成立していない。

c．旅行業者は、業務上の都合がある場合であっても、契約の締結を拒否することはできない。

d．契約は、通信契約の場合を除き、旅行業者が契約の締結を承諾し、旅行者から旅行業者所定の申込書を受理したときに成立する。

問3.　募集型企画旅行契約における契約書面及び確定書面に関する次の記述のうち、誤っているものはどれか。

a．契約書面とは、旅行業者が旅行者との契約の成立後速やかに、当該旅行者に対し交付する旅行日程、旅行サービスの内容、旅行代金その他の旅行条件及び旅行業者の責任に関する事項を記載した書面である。

b．旅行業者は、契約書面において、確定された旅行日程、運送若しくは宿泊機関の名称をすべて記載している場合には、改めて確定書面を交付しなくてもよい。

c．確定書面を交付するときにあっては、旅行開始日の前日から起算してさかのぼって7日目に当たる日以降に契約の申込みがなされた場合、旅行開始日の前日までの旅行業者が契約書面に定める日までに交付しなければならない。

d．確定書面を交付した場合には、旅行業者が契約により手配し旅程を管理する義務を負う旅行サービスの範囲は、当該確定書面に記載するところに特定される。

問4.　募集型企画旅行契約における契約の変更に関する次の記述のうち、正しいものはどれか。

a．旅行業者は、旅行業者の関与し得ない事由が生じた場合で、旅行の安全かつ円滑な実施を図るためやむを得ないときは、契約内容を変更することがあるが、必ず旅行者にあらかじめ速やかに当該事由が旅行業者の関与し得ないものである理由及び当該事由との因果関係を説明しなければならない。

b．確定書面に利用航空会社として記載したＡ航空の過剰予約受付により、座席の不足が発生したため契約内容を変更してＢ航空を利用した結果、旅行の実施に要する費用が増加した場合、旅行業者は当該契約内容の変更の際にその増加した範囲内で旅行代金を増額することができる。

c．旅行開始前に、利用予定の運送サービスの提供が中止となったことにより旅行日程を変更したため、旅行の実施に要する費用が増加し旅行代金を増額するときは、旅行業者は、旅行開始日の前日から起算してさかのぼって15日目に当たる日より前に旅行者にその旨を通知しなければならない。

d．旅行業者は、運送・宿泊機関等の利用人員により旅行代金が異なる旨を契約書面に記載した場合において、契約の成立後に旅行業者の責に帰すべき事由によらず当該利用人員が変更になったときは、契約書面に記載したところにより旅行代金の額を変更することがある。

問5.　募集型企画旅行契約における旅行開始前の旅行業者による契約の解除に関する次の記述のうち、正しいものはどれか。(いずれも取消料の支払いを要する期間内の解除とし、旅行者に解除の理由を説明しているものとする。)

a. 通信契約を締結した旅行者の有するクレジットカードが無効になり、旅行代金の決済ができなくなったため旅行業者が契約を解除したときは、旅行者は、旅行業者に対し、取消料に相当する額の違約料を支払わなければならない。

b. 旅行業者は、1泊2日の国内旅行において、旅行者の数が契約書面に記載した最少催行人員に達しなかったことから契約を解除しようとするときは、旅行開始日の前日から起算してさかのぼって13日目に当たる日より前に旅行を中止する旨を旅行者に通知しなければならない。

c. 花見を目的とした国内日帰り旅行において、開花が遅れているという理由で旅行業者が契約を解除するときは、旅行開始日の前日から起算してさかのぼって3日目に当たる日より前に、旅行を中止する旨を旅行者に通知しなければならない。

d. 旅行業者は、旅行者が契約書面に記載する期日までに旅行代金を支払わないときは、当該期日において旅行者が契約を解除したものとし、この場合、旅行者は、旅行業者に対し、取消料に相当する額の違約料を支払わなければならない。

問6.　募集型企画旅行契約における団体・グループ契約に関する次の記述のうち、正しいものはどれか。

a. 同じ行程を同時に旅行する複数の旅行者は、その責任ある代表者を定めて旅行業者に契約を申し込むことができる。

b. 旅行業者は、契約責任者と契約を締結する場合において、申込金の支払いを受けることなく契約の締結を承諾することがある。

c. 契約責任者は、旅行出発日の前日までに、旅行業者に対して、その団体・グループを構成する旅行者の名簿を提出しなければならない。

d. 旅行業者は、契約責任者が団体・グループに同行しない場合、旅行開始後においては、あらかじめ旅行業者が選任した構成者を契約責任者とみなす。

問7.　募集型企画旅行契約における旅程管理に関する次の記述のうち、誤っているものはどれか。

a．旅行業者は、旅行者が旅行中、旅行サービスを受けることができないおそれがあると認められるときは、契約に従った旅行サービスの提供を確実に受けられるために必要な措置を講じなければならない。

b．旅行者は、旅行開始後旅行終了までの間において、団体で行動するときは、旅行を安全かつ円滑に実施するための旅行業者の指示に従わなければならない。

c．旅行業者は、すべての旅行に添乗員その他の者を同行させ、旅程管理業務その他当該旅行に付随して旅行業者が必要と認める業務の全部又は一部を行わせなければならない。

d．添乗員その他の者が旅程管理業務その他当該旅行に付随して旅行業者が必要と認める業務に従事する時間帯は、原則として8時から20時までとする。

問8.　募集型企画旅行契約における責任に関する次の記述のうち、正しいものはどれか。

a．旅行業者は、旅行者が運送機関の旅行サービス提供の中止により損害を被ったときは、いかなる場合であっても、その損害を賠償する責任を負わない。

b．旅行業者は、旅行者が旅行参加中に、旅行業者の過失により身体に傷害を被ったときは、旅行終了日から起算して2年以内に旅行業者に対して通知があったときに限り、その損害を賠償する責に任じる。

c．旅行業者は、契約の履行にあたって、手配代行者が過失により旅行者の手荷物に損害を与えたときは、旅行者に対し手荷物1個につき15万円（旅行業者に故意又は重大な過失がある場合を除く。）を限度として賠償する。

d．旅行者は、旅行開始後において、契約書面に記載された旅行サービスを円滑に受領するため、万が一契約書面と異なる旅行サービスが提供されたと認識したときは、旅行地において速やかにその旨を旅行業者、当該旅行業者の手配代行者又は当該旅行サービス提供者に申し出なければならない。

問9.　特別補償及び特別補償規程に関する次の記述のうち、誤っているものはどれか。

a．旅行業者は、旅行業者の損害賠償責任が生ずるか否かを問わず、特別補償規程で定めるところにより、旅行者が企画旅行参加中にその生命、身体又は手荷物の上に被った一定の損害について、あらかじめ定める額の補償金及び見舞金を支払う。

b．旅行業者の募集型企画旅行参加中の旅行者を対象として、別途の旅行代金を収受して当該旅行業者が実施する募集型企画旅行については、主たる契約の内容の一部として取り扱う。

c．旅行業者は、旅行者があらかじめ定められた企画旅行の行程から離脱する場合において、離脱及び復帰の予定日時をあらかじめ旅行業者に届け出ることなく離脱した場合であっても、その離脱中に負傷して入院したときは特別補償規程による入院見舞金を支払う。

d．旅行業者が損害賠償責任を負うときは、その責任に基づいて支払うべき損害賠償金の額の限度において、旅行業者が支払うべき特別補償規程に基づく補償金は、当該損害賠償金とみなす。

問10.　特別補償規程における企画旅行日程に定める「最初の運送・宿泊機関等のサービスの提供を受けることを開始した時」に関する次の記述のうち、誤っているものはどれか。（添乗員、旅行業者の使用人又は代理人によって受付が行われない場合とする。）

a．運送・宿泊機関等が航空機であるときは、乗客のみが入場できる飛行場構内における手荷物の検査等の完了時

b．運送・宿泊機関等が車両であるときは、当該車両の出発時

c．運送・宿泊機関等が鉄道であるときは、改札の終了時又は改札のないときは当該列車乗車時

d．運送・宿泊機関等が宿泊機関以外の施設であるときは、当該施設の利用手続終了時

問11. 受注型企画旅行契約に関する次の記述のうち、誤っているものはどれか。

a.「企画書面」とは、契約の申込みをしようとする旅行者からの依頼の内容に沿って旅行業者が作成した旅行日程、旅行サービスの内容、旅行代金その他の旅行条件に関する企画の内容を記載した書面をいう。

b. 旅行業者は、企画書面に記載した企画の内容に関し、旅行者から契約の申込みがあっても、業務上の都合があるときは、契約の締結に応じないことがある。

c. 旅行者が旅行業者に対し契約内容の変更を申し出た場合で、当該変更により旅行の実施に要する費用の増加が生じる場合には、旅行業者は当該増加額及び変更手続に係る取扱料金を旅行者から収受することができる。

d. 旅行者は、国内旅行において、契約締結後、旅行開始日の前日から起算してさかのぼって20日目に当たる日より前に自己の都合により契約を解除する場合、契約書面に明示された企画料金に相当する金額の取消料を旅行業者に支払わなければならない。

問12. 募集型企画旅行契約と受注型企画旅行契約の相違点に関する次の記述のうち、誤っているものはどれか。

a. 募集型企画旅行契約においては「電話等による予約」の規定があるが、受注型企画旅行契約においては同様の規定はない。

b. 受注型企画旅行契約においては、旅行者が旅行業者に対し契約の内容を変更するよう求めることができるが、募集型企画旅行契約においては同様の規定はない。

c. 募集型企画旅行契約においては、旅行者の数が契約書面に記載した最少催行人員に達しなかったときは、旅行業者は旅行開始前に契約を解除することがあるが、受注型企画旅行契約においては同様の規定はない。

d. 募集型企画旅行契約においては、旅行者が他の旅行者に迷惑を及ぼし、又は団体旅行の円滑な実施を妨げる恐れがあると認められるときは、旅行業者は旅行開始前に契約を解除することがあるが、受注型企画旅行契約においては同様の規定はない。

問13. 次の記述のうち、旅行者が旅行開始前に募集型企画旅行契約を解除するに当たって、取消料の支払いを要するものをすべて選びなさい。(いずれも取消料の支払いを要する期間内の解除とする。)

a．契約書面に記載した本邦内の空港間における航空機が、旅行業者により直行便から乗継便に変更されたとき。

b．旅行に同行する家族がインフルエンザに罹り、他の旅行者への感染を防ぐためやむを得ず旅行者及び同行家族が契約の解除を申し出たとき。

c．旅行者が、同行することになっていた介助者の急病によって旅行に参加できなくなり、やむを得ず契約を解除するとき。

d．旅行業者が旅行者に対し、契約書面に記載した期日までに、確定書面を交付しなかったとき。

問14. 募集型企画旅行契約における旅行開始後の旅行業者による契約の解除に関する次の記述のうち、誤っているものをすべて選びなさい。(いずれも旅行者に解除の理由を説明しているものとする。)

a．旅行の目的地で暴動が発生したことにより、旅行の継続が不可能となり、旅行業者が契約の一部を解除したときは、旅行業者と旅行者との間の契約関係は、将来に向かってのみ消滅する。

b．旅行者が添乗員に対する暴行又は脅迫等により団体行動の規律を乱し、旅行の安全かつ円滑な実施を妨げたため、旅行業者が当該旅行者との契約の一部を解除したときは、旅行業者は当該旅行者がいまだその提供を受けていない旅行サービスに係る部分に係る金額を払戻すことを要しない。

c．旅行者に同行していた添乗員が病気になり、業務の遂行が不可能になったときは、旅行業者は契約の一部を解除することがある。

d．旅行業者は、運送・宿泊機関等の旅行サービス提供の中止が生じた場合であって、旅行の継続が不可能となったときは、旅行者の承諾を得なければ、契約の一部を解除することができない。

問15. 募集型企画旅行契約における旅行代金の払戻しに関する次の記述のうち、誤っているものをすべて選びなさい。（いずれも通信契約でない場合とし、旅行代金は全額収受済とする。）

a．旅行者の数が契約書面に記載した最少催行人員に達しなかったため、旅行業者が旅行開始前に契約を解除した場合で、旅行者に対し払い戻すべき金額が生じたときは、旅行業者は、解除の翌日から起算して７日以内に旅行者に対し当該金額を払い戻す。

b．旅行開始日の前日から起算してさかのぼって７日目にあたる日より前に旅行者から契約解除の申出があり、旅行者に払い戻すべき金額があった場合、旅行業者は、契約書面に記載した旅行開始日までに旅行者に対し当該金額を払い戻す。

c．旅行開始後において、旅行者の責に帰すべき事由によらず、旅行者が契約書面に記載された旅行サービスを受領することができなくなり、旅行者が当該契約の一部を解除したときは、旅行業者の責任の有無にかかわらず、旅行業者は、旅行代金のうち当該受領することができなくなった旅行サービスの部分に係る金額のすべてを払い戻す。

d．旅行開始後において、旅行業者の関与し得ない事由が生じたため、旅行の安全かつ円滑な実施を図るためやむを得ず旅行業者が契約内容を変更し、旅行日数を短縮したことにより旅行代金が減額された場合、旅行業者は当該短縮された旅行終了日の翌日から起算して30日以内に当該減額分を旅行者に対し払い戻す。

問16. 次の記述のうち、変更補償金の支払いが必要となるものをすべて選びなさい。

a．契約書面には、Aホテル宿泊と記載されていたが、実際にはAホテルの過剰予約受付のため、旅行業者が定めた上位ランクのBホテルに変更となったとき。

b．契約書面には、Cホテルのツインルームを利用する旨の記載があったが、旅行業者の誤手配により、実際にはCホテルのシングルルームに変更となったとき。

c．契約書面には、D旅館又はE旅館と記載し、確定書面でD旅館と特定したが、D旅館の過剰予約受付により、実際にはE旅館に変更となったとき。

d．契約書面には、ツアー・タイトル中に「東京スカイツリーの天望デッキから見る初日の出」と記載されていたが、当日、東京スカイツリーは営業中にもかかわらず悪天候で初日の出を見ることができなかったとき。

問17. 旅程保証に関する次の記述のうち、正しいものをすべて選びなさい。

a．確定書面に記載したレストランの過剰予約受付により、旅行開始前に旅行業者が他のレストランに変更したため旅行者が契約を解除した場合、旅行業者は当該旅行者に対して変更補償金を支払わない。

b．旅行業者が旅行者に対し変更補償金を支払った後に、当該変更について旅行業者の損害賠償責任が明らかになった場合には、旅行者は当該変更に係る変更補償金を旅行業者に返還しなければならない。

c．変更補償金を支払うべき契約内容の変更が生じ、旅行の実施に要する費用が減少した場合で、旅行業者が旅行者に対しその減少額の払戻しをしたときであっても、旅行業者は旅行者に対して変更補償金を支払わなければならない。

d．当初の運行計画によらない運送サービスの提供により、契約書面に記載した入場する観光施設に入場できなかった場合、旅行業者は旅行者に対し変更補償金を支払う。

問18. **受注型企画旅行契約に関する次の記述のうち、正しいものをすべて選びなさい。**

a．企画書面に記載された企画の内容に関し、契約の申込みをしようとする旅行者は、通信契約を締結する場合を除き、必ず旅行業者が別に定める金額の申込金を支払わなければならない。

b．企画書面に記載された企画の内容に関し、旅行業者に通信契約の申込みをしようとする旅行者は、会員番号その他の事項を旅行業者に通知しなければならない。

c．旅行者が、旅行業者に対して契約内容に関し合理的な範囲を超える負担を求めたときは、旅行業者は、旅行者に理由を説明して旅行開始前に契約を解除することがある。

d．旅行業者は、著しい経済情勢の変化等により、利用する運送機関について適用を受ける運賃・料金が企画書面の交付の際に明示した時点において有効なものとして公示されている適用運賃・料金に比べて、通常想定される程度を大幅に超えて増額されるときは、その増額される金額の範囲内で旅行代金の額を増加することができる。

問19. 手配旅行契約に関する次の記述のうち、誤っているものをすべて選びなさい。

a.「手配旅行契約」とは、旅行業者が旅行者の委託により、旅行者のために代理、媒介又は取次をすること等により旅行者が運送・宿泊機関等の提供する運送、宿泊その他の旅行に関するサービスの提供を受けることができるように、手配することを引き受ける契約をいう。

b. 旅行業者が善良な管理者の注意をもって宿泊サービスの手配をしたときは、契約に基づく旅行業者の債務の履行は終了し、宿泊サービス提供機関が満員との事由によって契約を締結できなかった場合であっても、旅行業者がその義務を果たしたときは、旅行者は、旅行業者に対し、旅行業者所定の旅行業務取扱料金を支払わなければならない。

c. 旅行業者は、旅行者に対し、手配するすべての旅行サービスについて乗車券類、宿泊券その他旅行サービスの提供を受ける権利を表示した書面を交付するときであっても、別途契約書面を交付しなければならない。

d. 旅行業者は、旅行開始前において、運送・宿泊機関等の運賃・料金の改訂、為替相場の変動その他の事由により旅行代金の変動を生じた場合は、旅行代金を変更することがあるが、この場合において旅行代金の減少は、当該旅行業者に帰属する。

問20. **渡航手続代行契約及び旅行相談契約に関する次の記述のうち、誤っているものをすべて選びなさい。**

ａ．渡航手続代行契約は、通信手段による申込みを受け付ける場合を除き、旅行業者が契約の締結を承諾し、申込金を受理した時に成立する。

ｂ．旅行業者が渡航手続代行契約を締結する旅行者は、当該旅行業者と募集型企画旅行契約、受注型企画旅行契約若しくは手配旅行契約を締結した旅行者又は当該旅行業者が受託している他の旅行業者の募集型企画旅行契約について当該旅行業者が代理して契約を締結した旅行者とする。

ｃ．旅行相談契約は、旅行者から通信手段による申込みを受け付ける場合においては、旅行業者が契約の締結を承諾した時に成立する。

ｄ．旅行業者が旅行相談契約に基づき作成した旅行の計画に記載した運送・宿泊機関等については、満員等の事由により、運送・宿泊機関等との間で当該機関が提供する運送、宿泊その他の旅行に関するサービスの提供をする契約を締結できなかったとしても、旅行業者はその責任を負わない。

第２問　日本航空の国際運送約款に関する問21．～問25．について、その内容が正しいものにはａ．を、誤っているものにはｂ．を選び、解答用紙にマークしなさい。（配点　２点×５）

問21. 小児とは、運送開始日時点で２才の誕生日を迎えているが未だ12才の誕生日を迎えていない人をいう。

問22. 旅客又は手荷物の運送は、航空券の最初の搭乗用片により行われる運送の終了日に有効な約款及び会社規則の定めに従う。

問23. 会社は、一旅客に対して二つ以上の予約がされており、かつ、搭乗区間が同一で、搭乗日が近接している場合には、会社の判断により、旅客の予約の全部又は一部を取り消すことができる。

問24. 会社は、会社の相当なる判断の下に、旅客が感染症であると判断した場合には、旅客の運送を拒否し、又は降機させることができるが、感染症の疑いがある場合には、当該旅客の運送を拒否することはできない。

問25. 会社は、受託手荷物を、可能な限りその手荷物を委託した旅客が搭乗する航空機で旅客と同時に運送するが、会社が困難と判断した場合には、受託手荷物を許容積載量に余裕のある他の航空便で運送するか又は他の輸送機関で輸送することがある。

第３問　日本航空の国内旅客運送約款に関する問26．～問28．について、その内容が正しいものにはａ．を、誤っているものにはｂ．を選び、解答用紙にマークしなさい。　（配点　２点×３）

問26． **航空券は旅客が有効期間の満了する日までに搭乗しなければ無効となる。**

問27． **旅客が病気その他の事由で旅行不能となった場合、航空券の有効期間を延長することができるが、この場合において、当該旅客の同伴者が所持する航空券については延長することはできない。**

問28． **適用運賃及び料金は、会社規則に別段の定めがある場合を除き、航空券の予約時において有効な旅客運賃及び料金とする。**

第４問　一般貸切旅客自動車運送事業標準運送約款に関する問29．について、その内容が正しい場合にはａ．を、誤っている場合にはｂ．を選び、解答用紙にマークしなさい。　（配点　２点×１）

問29． **契約責任者が運送契約の成立後に運送申込書に記載された事項を変更しようとするときは、緊急の場合及びバス会社が認める場合を除き、あらかじめ書面によりバス会社の承諾を求めなければならない。**

第５問　モデル宿泊約款に関する問30．について、その内容が正しい場合にはａ．を、誤っている場合にはｂ．を選び、解答用紙にマークしなさい。　（配点　２点×１）

問30． **ホテル（旅館）は、宿泊客が、特定感染症の患者等であるときは、契約の締結に応じないことがあるが、契約締結後に判明したときは、違約金相当額の補償料を支払わなければ当該宿泊客との契約を解除することができない。**

3 国内旅行実務

第1問　次の貸切バスの［行程］（抜粋）に関する以下の問1. ～問2. の各設問について、該当するものをそれぞれの選択肢から一つ選び、解答用紙にマークしなさい。（地名等については、都道府県等の公式ホームページ、百科事典等を参考としている。）　（配点　2点×2）

［行程］　══════：貸切バス　・・・・：徒歩

○日目	広島（ホテル）══(約5分)══ 原爆ドーム・・・平和記念公園・・・広島平和記念資料館 ══(約80分)══ ［①］（町並み保存地区散策）══(約60分)══ 千光寺公園 ══(約70分)══ ②倉敷美観地区 ══(約100分)══ 姫路（泊）

問1.　「安芸の小京都」といわれ、国の重要伝統的建造物群保存地区に選定されている［①］に該当するものは、次のうちどれか。

a．竹原　　b．龍野　　c．津山　　d．矢掛

問2.　下線部②の「倉敷美観地区」にはない観光施設等は、次のうちどれか。

a．大原美術館　　b．吉備津神社
c．倉敷アイビースクエア　　d．桃太郎のからくり博物館

第2問　以下の問3. ～問18. の各設問について、該当するものをそれぞれの選択肢から一つ選び、問19. ～問20. の各設問について、該当するものをそれぞれの選択肢からすべて選び、解答用紙にマークしなさい。（地名等については、都道府県等の公式ホームページ、百科事典等を参考としている。）　　（配点　2点×18）

問3.　以下の［写真］にある赤瓦の民家が立ち並ぶ、国の重要伝統的建造物群保存地区に選定されている集落がある八重山諸島の島は、次のうちどれか。

［写真］

a．石垣島　　b．小浜島　　c．竹富島　　d．渡名喜島

問4.　以下の北海道の地図に示された①〜④の湖に該当するものの組合せで、正しい組合せは次のうちどれか。

［北海道の地図］

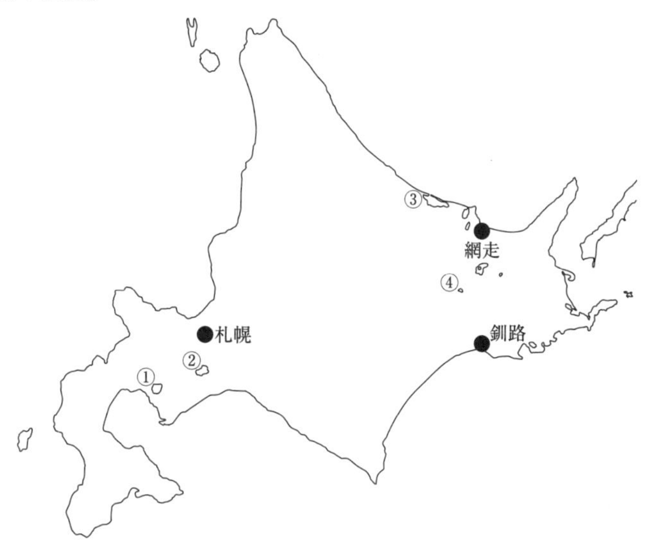

①の湖	②の湖	③の湖	④の湖

a．洞爺湖 － 支笏湖 － サロマ湖 － 阿寒湖
b．洞爺湖 － 支笏湖 － 阿寒湖　 － サロマ湖
c．支笏湖 － 洞爺湖 － サロマ湖 － 阿寒湖
d．支笏湖 － 洞爺湖 － 阿寒湖　 － サロマ湖

問5.　次の空欄に該当するものはどれか。

函館朝市、札幌二条市場と並んで北海道三大市場のひとつといわれている［　　　］にある和商市場は、お好みの魚介類をその場で選んで盛り付けて作る「勝手丼」で知られている。

a．網走　　b．小樽　　c．帯広　　d．釧路

問6.　次の空欄に該当するものはどれか。

世界文化遺産に登録されている中尊寺には、奥州藤原氏初代清衡公によって上棟され、本年（2024年）建立900年を迎える［　　］があり、創建当初の姿を今に伝える建造物といわれている。

a．金色堂　　b．讃衡蔵　　c．弁慶堂　　d．本堂

問7.　次の空欄に該当するものはどれか。

浅草から隅田川を下るクルーズ船を利用して行くことができる［　　］は、江戸時代の代表的な大名庭園で、海水を導き潮の満干によって池の趣を変える潮入の池があることで知られ、国の特別名勝、特別史跡に指定されている。

a．旧芝離宮恩賜庭園　　b．清澄庭園
c．浜離宮恩賜庭園　　d．六義園

問8.　次の空欄に該当するものはどれか。

長野県の桜の名所として知られ、「天下第一桜」の石碑が建っている［　　］には、コヒガンザクラの木が約1,500本あり、毎年、さくら祭りが開催される。

a．上田城跡公園　　b．小諸城址懐古園
c．高遠城址公園　　d．松本城公園

問9.　次の空欄に該当するものはどれか。

2024年3月16日に金沢駅から敦賀駅まで延伸開業した北陸新幹線には、山代、山中、片山津の各温泉地への玄関駅として、［　　］駅が既存の駅に併設された。

a．粟津温泉　　b．芦原温泉　　c．加賀温泉　　d．湯涌温泉

問10. 次の空欄に該当するものはどれか。

京都市上京区にある［　　］は、紫式部が「源氏物語」を執筆した邸宅があったとされ、本堂の前にある源氏庭には、紫の桔梗が6月末から9月初め頃まで咲くことで知られている。

a．石山寺　　b．大覚寺　　c．平等院　　d．廬山寺

問11. 次の空欄に該当するものはどれか。

日本酒造りで知られる広島県の［　　］は「酒都」といわれ、赤レンガの煙突、白い漆喰と黒い海鼠壁の土蔵造りの酒蔵が点在する酒蔵通りがあり、毎年10月には全国から集められた地酒が楽しめる「酒まつり」が開催される。

a．呉　　b．西条　　c．福山　　d．三次

問12. 九州地方の温泉地に関する次の記述から、正しいものだけをすべて選んでいるものはどれか。

（ア）大分県の別府には8か所の温泉郷「別府八湯」があり、そのひとつの鉄輪温泉は、温泉の蒸気を利用して野菜などを蒸して食べる「地獄蒸し」や、一遍上人によって創設されたといわれる「むし湯」があることで知られている。

（イ）熊本県の阿蘇外輪山のふもとの南小国町にある黒川温泉は、竹で作った筒灯籠や毬灯籠が温泉街を彩る「湯あかり」が冬の風物詩として知られ、露天風呂めぐりを楽しめる「入湯手形」がある。

（ウ）長崎県島原半島の西岸にある小浜温泉は、橘湾に沈む夕日の美しさで知られ、日本一長いといわれる105mの足湯「ほっとふっと105」がある。

a．（ア）（イ）　　b．（ア）（ウ）　　c．（イ）（ウ）　　d．（ア）（イ）（ウ）

問13. 次の下線部ａ．～ｄ．のうち、誤っているものはどれか。

JR五能線沿線の観光スポットには、白神山地西部に位置するブナ林に囲まれた33の湖沼群ａ．十二湖、海岸と一体化したひょうたん型の露天風呂があるｂ．下風呂温泉、恵比寿岩、かぶと岩などの奇岩が海岸線に続く夕陽の名所ｃ．千畳敷海岸、高さ23メートルの人形灯籠が常設展示されたｄ．立佞武多の館などがある。

問14. 次の下線部ａ．～ｄ．のうち、誤っているものはどれか。

福井県の観光地等には、県立恐竜博物館があるａ．かつやま恐竜の森、北陸地方で唯一の現存十二天守ｂ．丸岡城、若狭湾国定公園を代表する景勝地で、約6kmにわたる断崖美と奇岩、洞門、洞窟などが豪壮な景観をなすｃ．東尋坊、越前国を五代103年間にわたって支配した戦国大名の城下町跡ｄ．一乗谷朝倉氏遺跡などがある。

問15. 次の下線部ａ．～ｄ．のうち、誤っているものはどれか。

徳島県の観光地等には、日本三奇橋のひとつとされる平家落人伝説の残る秘境祖谷にあるａ．かずら橋、吉野川の激流によってつくられた約8kmにわたる渓谷ｂ．三段峡、世界の名画を原寸大に複製し展示している陶板名画美術館ｃ．大塚国際美術館、山頂一帯が公園となっており徳島市の中心市街地を一望できるｄ．眉山などがある。

問16. 次の下線部ａ．～ｄ．のうち、誤っているものはどれか。

九州地方の観光地等には、水郷柳川にある国の名勝に指定されているａ．立花氏庭園、武雄市にある鍋島茂義公が造園したツツジや紅葉の名所で、池の水面プロジェクションで知られるｂ．御船山楽園、高千穂神楽が境内の神楽殿でほぼ毎晩公演されているｃ．天岩戸神社、奄美十景のひとつといわれ、奄美大島の北端近くに位置するｄ．あやまる岬などがある。

問17. 次の温泉地と観光地等との組合せのうち、同一都道府県にない組合せはどれか。

a．湯西川温泉 － あしかがフラワーパーク
b．袋田温泉　 － 国営ひたち海浜公園
c．伊香保温泉 － 館林つつじが岡公園
d．仙石原温泉 － 笛吹川フルーツ公園

問18. 次の陶磁器と観光地等との組合せのうち、同一都道府県のものでない組合せはどれか。

a．益子焼 － 華厳の滝
b．九谷焼 － 兼六園
c．信楽焼 － 竹生島
d．石見焼 － 鳥取砂丘

問19. 次の郷土料理と城との組合せのうち、同一都道府県のものである組合せをすべて選びなさい。

a．ふなずし　 － 彦根城
b．めはりずし － 二条城
c．柿の葉寿司 － 姫路城

問20. 次の沖縄県の島とその島にある観光地等との組合せのうち、正しい組合せをすべて選びなさい。

a．沖縄本島 － 玉泉洞
b．宮古島　 － 玉取崎展望台
c．西表島　 － マリユドゥの滝

第3問　宿泊に関する以下の問21. ～問22. の各設問について、該当するものをそれぞれの選択肢から一つ選び、解答用紙にマークしなさい。

（配点　5点×2）

問21. 大人1人の基本宿泊料が1泊夕・朝食付き20,000円（サービス料別・税金別）の兵庫県神戸市有馬温泉の温泉旅館に大人2人と10歳の小学生1人で1泊する場合、宿泊客が支払うべき宿泊料金等の総額で正しいものは次のうちどれか。

※モデル宿泊約款により算出するものとする。
※子供は「大人に準じる食事と寝具等」を提供するものとする。
※サービス料は10%とする。
※入湯税は1人1泊につき150円（7歳未満は免除）とする。
※追加料金は発生しないものとする。

a．基本宿泊料　20,000円×2人＋（20,000円×70％）×1人＝ 54,000 円 … ①
サービス料　54,000 円× 10％＝ 5,400 円 ……………………………… ②
入湯税　150 円× 2 人＝ 300 円 ……………………………………… ③
消費税　（54,000 円＋ 5,400 円） × 10％＝ 5,940 円 ……………… ④

①＋②＋③＋④＝ **65,640 円**

b．基本宿泊料　20,000円×2人＋（20,000円×70％）×1人＝ 54,000 円 … ①
サービス料　54,000 円× 10％＝ 5,400 円 ……………………………… ②
入湯税　150 円× 2 人＝ 300 円 ……………………………………… ③
消費税　（54,000円＋5,400円＋300円）×10％＝ 5,970 円 ………… ④

①＋②＋③＋④＝ **65,670 円**

c．基本宿泊料　20,000円×2人＋（20,000円×70％）×1人＝ 54,000 円 … ①
サービス料　54,000 円× 10％＝ 5,400 円 ……………………………… ②
入湯税　150 円× 3 人＝ 450 円 ……………………………………… ③
消費税　（54,000 円＋ 5,400 円） × 10％＝ 5,940 円 ……………… ④

①＋②＋③＋④＝ **65,790 円**

d．基本宿泊料　20,000円×2人＋（20,000円×70％）×1人＝ 54,000 円 … ①
サービス料　54,000 円× 10％＝ 5,400 円 ……………………………… ②
入湯税　150 円× 3 人＝ 450 円 ……………………………………… ③
消費税　（54,000円＋5,400円＋450円）×10％＝5,985円 ………… ④

①＋②＋③＋④＝ **65,835 円**

問22. **大人１人の基本宿泊料が１泊夕・朝食付き 20,000 円（サービス料別・税金別）の長崎県長崎市の旅館に大人２人と７歳の小学生１人の家族が１泊する場合、宿泊客が支払うべき宿泊料金等の総額で正しいものは次のうちどれか。**

※モデル宿泊約款により算出するものとする。

※室料は１泊夕・朝食付き料金の 70%とする。

※子供は「子供用食事と寝具」を提供するものとする。

※サービス料は 10%とする。

※追加料金は発生しないものとする。

※長崎市の宿泊税の税率

宿泊料金（1 人 1 泊）【注】	税率
10,000 円未満	100 円
10,000 円以上 20,000 円未満	200 円
20,000 円以上	500 円

【注】「宿泊料金」とは、食事代や消費税を除き、サービス料を含んだ金額である。

a．基本宿泊料　20,000円×2人＋(20,000円×50％)×1人＝50,000円 …… ①

サービス料　50,000円×10％＝5,000円 …… ②

宿泊税　200円×2人＋100円×1人＝500円 …… ③

消費税　(50,000円＋5,000円)×10％＝5,500円 …… ④

①＋②＋③＋④＝**61,000円**

b．基本宿泊料　20,000円×2人＋(20,000円×50％)×1人＝50,000円 …… ①

サービス料　50,000円×10％＝5,000円 …… ②

宿泊税　200円×2人＋100円×1人＝500円 …… ③

消費税　(50,000円＋5,000円＋500円)×10％＝5,550円 …… ④

①＋②＋③＋④＝**61,050円**

c．基本宿泊料　20,000円×2人＋(20,000円×50％)×1人＝50,000円 …… ①

サービス料　50,000円×10％＝5,000円 …… ②

宿泊税　500円×2人＋200円×1人＝1,200円 …… ③

消費税　(50,000円＋5,000円)×10％＝5,500円 …… ④

①＋②＋③＋④＝**61,700円**

d．基本宿泊料　20,000円×2人＋(20,000円×50％)×1人＝50,000円 …… ①

サービス料　50,000円×10％＝5,000円 …… ②

宿泊税　500円×2人＋200円×1人＝1,200円 …… ③

消費税　(50,000円＋5,000円＋1,200円)×10％＝5,620円 …… ④

①＋②＋③＋④＝**61,820円**

第4問　貸切バスに関する以下の問23. の設問について、該当するものを選択肢から一つ選び、解答用紙にマークしなさい。　　　　（配点　5点×1）

問23. 貸切バスの運賃に関する次の記述のうち、正しいものはどれか。

※「一般貸切旅客自動車運送事業の運賃・料金の変更命令について（令和5年8月25日付関東運輸局長公示）」によるものとする。

a．運賃は各運輸局で定められた公示運賃額の上限額と下限額の範囲内で決定される。

b．時間制運賃の算出で、走行時間（出庫から帰庫までの拘束時間をいい、回送時間を含む。）が2時間20分の場合は2時間として計算する。

c．フェリーを利用した場合の航送にかかる時間（乗船してから下船するまでの時間）が3時間未満のときは、時間制運賃の対象としない。

d．学校教育法による学校（大学及び高等専門学校を除く）に通学又は通園する者の団体に対する割引については、届け出た運賃の下限額を下回らない額を限度とする。

第5問　フェリーの運送に関する以下の問24．の設問について、該当するものを選択肢から一つ選び、解答用紙にマークしなさい。（配点　5点×1）

問24．大人3人（自動車の運転者1人を含む）、小学4年生1人、4歳の未就学児1人の計5人の家族が、自家用車1台（車長4m以上5m未満）で、広島県廿日市市の宮島口から宮島間をフェリーで往復する場合、支払うべき運賃等の総額で正しいものは次のうちどれか。（乗船する未就学児を除く家族は、宮島訪問税の支払いの対象となる旅行者とする。）

※海上運送法第9条第3項の規定に基づく標準運送約款によるものとする。

※旅客運賃（片道）は、下記のとおりとする。

大人1人　200円、小児1人　100円（小児は6歳以上12歳未満）

※このフェリーは、全席自由席で上等級や指定席はない。

※宮島へ訪問する際（宮島口→宮島）、宮島訪問税1人100円を必要とする。（未就学児は免除）

※自動車航送運賃（片道）は、1台1,700円（車長4m以上5m未満）とする。

a．（200円×2＋100円）×2人＋（100円×2＋100円）×1人＋1,700円×2＝4,700円

4,700円

b．（200円×2＋100円）×2人＋（100円×2＋100円）×1人＋1,700円×2＋100円＝4,800円

4,800円

c．（200円×2＋100円）×2人＋（100円×2＋100円）×2人＋1,700円×2＝5,000円

5,000円

d．（200円×2＋100円）×2人＋（100円×2＋100円）×2人＋1,700円×2＋100円＝5,100円

5,100円

第6問　国内航空に関する以下の問25.～問26.の各設問について、該当するものをそれぞれの選択肢から一つ選び、解答用紙にマークしなさい。

（配点　5点×2）

問25. 日本航空の以下の予約便（購入済）を9月30日（搭乗日52日前）に取り消し、払い戻しをした場合、返金額で正しいものは次のうちどれか。

改

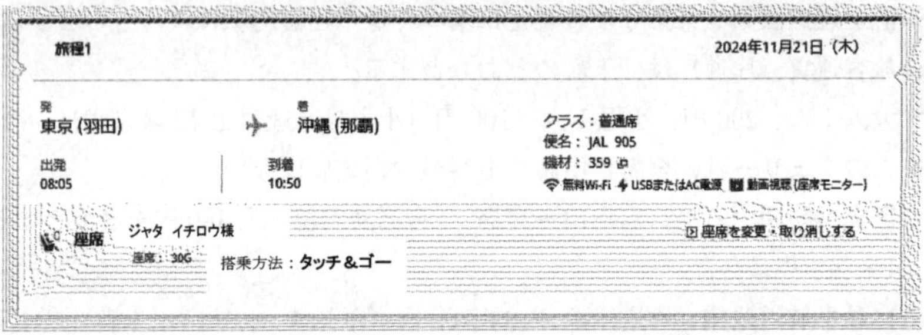

旅程1　　2024年11月21日（木）

発
東京（羽田）　→　着
沖縄（那覇）

クラス：普通席
便名：JAL 905
機材：359

出発 08:05　　到着 10:50

無料Wi-Fi　USBまたはAC電源　動画視聴（座席モニター）

座席　ジャタ イチロウ様　座席：30G　搭乗方法：タッチ＆ゴー　座席を変更・取り消しする

合計金額　**18,620円**

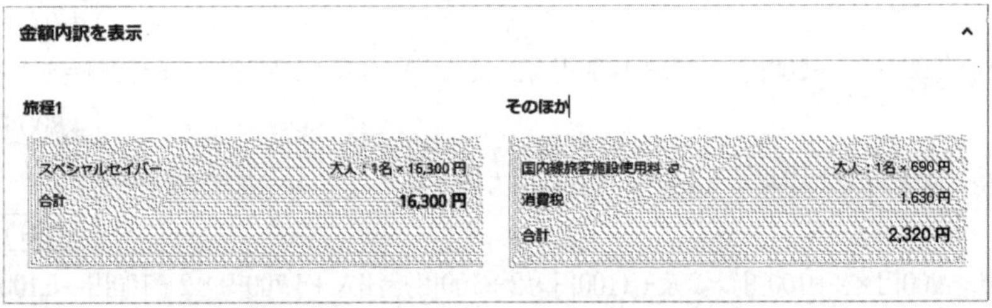

金額内訳を表示

旅程1	
スペシャルセイバー	大人：1名×16,300円
合計	16,300円

そのほか	
国内線旅客施設使用料	大人：1名×690円
消費税	1,630円
合計	2,320円

a．（18,620円－690円）×50%＝8,965円
18,620円－8,965円＝9,655円　　9,655円

b．（18,620円－1,630円）×50%＝8,495円
18,620円－8,495円＝10,125円　　10,125円

c．（18,620円－690円－1,630円）×50%＝8,150円
18,620円－8,150円＝10,470円　　10,470円

d．（18,620円－690円－1,630円）×5%＝815円
18,620円－815円＝17,805円　　17,805円

問26. 次の全日空の運賃から、小児ディスカウントが適用されるものだけをすべて選んでいるものはどれか。

（ア）プレミアム運賃
（イ）ANA SUPER VALUE 75運賃
（ウ）ANA VALUE 1運賃

a．（ア）（イ）　b．（ア）（ウ）　c．（イ）（ウ）　d．（ア）（イ）（ウ）

第７問　旅客鉄道（ＪＲ）に関する以下の問27. ～問32. の各設問について、該当するものをそれぞれの選択肢から一つ選び、解答用紙にマークしなさい。
（配点　５点× 6）

問27. 以下の行程を大人１人が、途中下車しないで同日中に乗車する場合、新所原～沼津間の大人片道普通運賃で正しいものは次のうちどれか。

［行程］

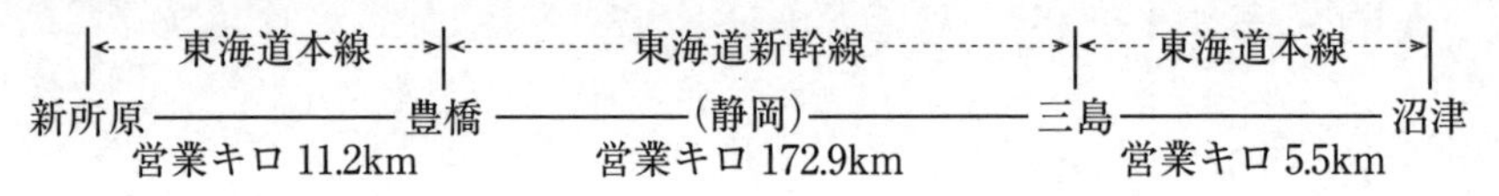

＜参考：駅の位置図＞

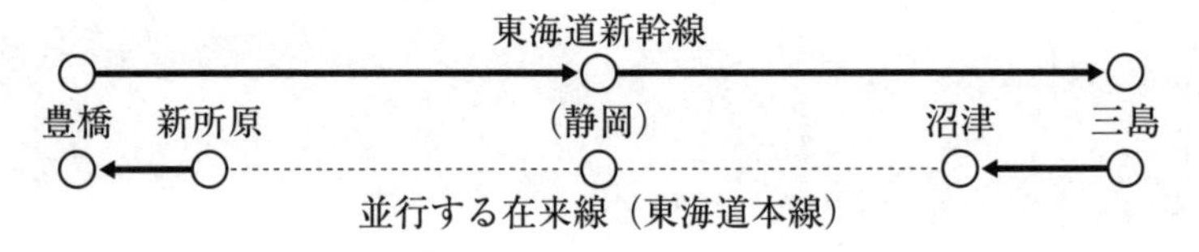

※静岡～三島間は新幹線と並行する在来線を別の線として営業キロ等の計算を行う。

【本州内ＪＲ３社の幹線の普通運賃表】（抜粋）

営業キロ（運賃計算キロ）	片道運賃
4 ～ 6km	190 円
（略）	（略）
11 ～ 15km	240 円
（略）	（略）
161 ～ 180km	3,080 円
181 ～ 200km	3,410 円

a．172.9km ………………………………………… 3,080円　［3,080円］

b．11.2km ………………………………………… 240円 …… ①

172.9km ＋ 5.5km ＝ 178.4km ………………… 3,080円 …… ②

①＋②＝［3,320円］

c．11.2km ………………………………………… 240円 …… ①

172.9km ………………………………………… 3,080円 …… ②

5.5km ………………………………………… 190円 …… ③

①＋②＋③＝［3,510円］

d．11.2km ＋ 172.9km ＝ 184.1km …………… 3,410円 …… ①

5.5km ………………………………………… 190円 …… ②

①＋②＝［3,600円］

問28. 以下の行程を大人１人が、途中下車しないで乗車する場合、大人片道普通運賃で正しいものは次のうちどれか。

［行程］

湖西線・北陸本線（幹線）	北陸新幹線	ハピラインふくい線	越美北線（地方交通線）
堅田―敦賀	敦賀―福井	福井―越前花堂	越前花堂―九頭竜湖
営業キロ 70.9km	営業キロ 49.2km	営業キロ 2.6km	営業キロ 52.5km 換算キロ 57.8km

※ＪＲ線とハピラインふくい線は通過連絡運輸の取扱いを行っている。

【本州内ＪＲ３社の幹線の普通運賃表】（抜粋）

営業キロ（運賃計算キロ）	片道運賃
121 ～ 140km	2,310 円
（略）	（略）
161 ～ 180km	3,080 円
181 ～ 200km	3,410 円

【本州内ＪＲ３社の地方交通線の普通運賃表】（抜粋）

営業キロ	片道運賃
47 ～ 55km	990 円
56 ～ 64km	1,170 円

【ハピラインふくい線の普通運賃表】（抜粋）

福井	
170 円	越前花堂

a．70.9km ＋ 49.2km ＋ 57.8km ＝ 177.9km ………… 3,080 円 …… ①
ハピラインふくい線の運賃 ………… 170 円 …… ②
①＋②＝ 3,250 円

b．70.9km ＋ 49.2km ＋ 2.6km ＋ 57.8km ＝ 180.5km ………… 3,410 円

c．70.9km ＋ 49.2km ＝ 120.1km ………… 2,310 円 …… ①
52.5km ………… 990 円 …… ②
ハピラインふくい線の運賃 ………… 170 円 …… ③
①＋②＋③＝ 3,470 円

d．70.9km ＋ 49.2km ＝ 120.1km ………… 2,310 円 …… ①
57.8km ………… 1,170 円 …… ②
ハピラインふくい線の運賃 ………… 170 円 …… ③
①＋②＋③＝ 3,650 円

問29. 以下の行程を大人１人が、繁忙期に同日中に乗り継ぐ場合の特急料金で正しいものは次のうちどれか。なお、敦賀駅では駅の改札口を、岡山駅では新幹線の改札口を出ないで乗り継ぐものとする。

［行程］

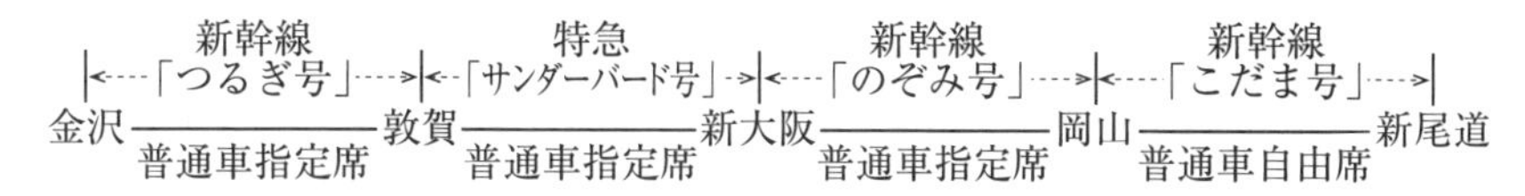

【北陸新幹線と特急「サンダーバード号」を敦賀駅で改札口を出ないで当日中に乗り継ぐ場合の通しの指定席特急料金（通常期）】（抜粋）

金　沢	
4,570円	新大阪

【山陽新幹線「のぞみ号」の指定席特急料金（通常期）】（抜粋）

新大阪	
3,380円	岡　山

【山陽新幹線「ひかり・こだま号」の指定席特急料金（通常期）】（抜粋）

新大阪		
3,060円	岡　山	
3,930円	2,290円	新尾道

a．4,570円＋200円＝4,770円 ………… ①
　3,930円＋（3,380円－3,060円）＋200円＝4,450円 ………… ②
　　　①＋②＝ 9,220円

b．4,570円＋200円＋200円＝4,970円 ………… ①
　3,930円＋（3,380円－3,060円）＋200円＝4,450円 ………… ②
　　　①＋②＝ 9,420円

c．4,570円＋200円＝4,770円 ………… ①
　（3,380円＋200円）＋（2,290円－530円）＝5,340円 ………… ②
　　　①＋②＝ 10,110円

d．4,570円＋200円＋200円＝4,970円 ………… ①
　（3,380円＋200円）＋（2,290円－530円）＝5,340円 ………… ②
　　　①＋②＝ 10,310円

問30. ＪＲの乗車券類の有効期間に関する次の記述のうち、正しいものはどれか。

a．自由席特急券の有効期間は、2日間である。

b．片道の営業キロが 180 km の区間の往復乗車券の有効期間は、3日間である。

c．東京近郊区間の成田空港～松本間（営業キロ 310.5km）を、在来線のみを利用する場合の片道乗車券の有効期間は、3日間である。

d．片道乗車券で乗車中に有効期間を経過した場合は、途中下車をしない限り券面に表示された最終駅まで使用できる。

問31. 以下のＪＲ券を５月 31 日に払いもどしをした場合の払戻額で、正しいものは次のうちどれか。

乗車券・新幹線特急券・グリーン券 **
乗車券 6月 4日まで有効
東 京（都区内）→ 敦 賀
6月 1日（ 6:16発）（ 9:34着） C00
かがやき501号 12号車 5番A席
¥32,590 内訳：乗9,130・特6,700・グ8,380
［グランクラス］GE4190GW4190 ・西グ8,380
券面の都区市内各駅下車前途無効
2024.-5.30

a．（6,700 円＋ 8,380 円＋ 8,380 円）× 0.3 ＝ 7,038 円→ 7,030 円
32,590 円－ 7,030 円－ 220 円＝ 25,340 円　25,340 円

b．（8,380 円＋ 8,380 円）× 0.3 ＝ 5,028 円→ 5,020 円
32,590 円－ 5,020 円－ 220 円＝ 27,350 円　27,350 円

c．8,380 円× 0.3 ＝ 2,514 円→ 2,510 円
32,590 円－ 2,510 円－ 220 円＝ 29,860 円　29,860 円

d．6,700 円× 0.3 ＝ 2,010 円
32,590 円－ 2,010 円－ 220 円＝ 30,360 円　30,360 円

問32. 交通新聞社発行ＪＲ時刻表（2024年5月号より抜粋）に関する次の記述のうち、正しいものはどれか。

ａ．快速「マリンライナー7号」に岡山駅から乗車した場合、琴平駅まで乗り換えなしで行くことができる。

ｂ．特急「南風3号」は、坂出駅を通過する。

ｃ．特急「しまんと3号」は、高松駅発、高知駅行きの列車である。

ｄ．高松駅を10時以降に出発し、琴平駅に最も早く到着できるように乗り継ぐと、琴平駅到着時刻は11時37分である。

下り 土讃線（高松―多度津―高知―窪川）（その1）

列車番号		31D				3105M					3107M	3109M		3111M	33D		3113M	8021D		3115M	3117M	35D	3119M	
列車名		特急 南風1号			(詳しくは116頁もご覧ください)	快速 マリンライナー5号					快速 マリンライナー7号	快速 マリンライナー9号		快速 マリンライナー11号	特急 南風3号		快速 マリンライナー13号		◆(6月30日までの金・土曜・休日・7月13日~9月29日の金・土曜・休日と7月6・7日運転)	快速 マリンライナー15号	快速 マリンライナー17号	特急 南風5号	快速 マリンライナー19号	(全車グリーン車指定席)
岡山	発	708	‥	‥		637	‥	‥	‥	‥	710	755	‥	824	852	‥	840	(詳しくは113頁もご覧ください)		905	933	1005	954	‥
妹尾	〃	レ	‥	‥		646	‥	‥	‥	‥	719	803	‥	831	レ	‥	853			レ	940	レ	レ	‥
茶屋町	〃	レ	‥	‥		653	‥	‥	‥	‥	726	810	‥	839	レ	‥	859			919	946	レ	1009	‥
児島	〃	728	‥	‥		702	‥	‥	‥	‥	735	819	‥	848	916	‥	909			928	956	1026	1020	‥
坂出	着	‖	‥	‥		717	‥	‥	‥	‥	751	834	‥	903	‖	‥	924			943	1011	‖	1035	‥
列車番号		↓	2003D			1219M			8031M		1221M	2005D	5223M	5111M	↓		5225M			1227M	115M	↓		5229M
列車名		↓	特急 しまんと3号	特急 あしずり1号	◆(4月29日までの土曜・休日・5月4日~7月15日の土曜・休日と7月19日~9月29日の金・土曜・休日運転)				特急 サンライズ瀬戸	全 (ノビノビ座席) A1 B1 B2 ◆(運転日注意)		特急 しまんと5号		快速 サンポート南風リレー号	↓	特急 あしずり3号		特急 四国まんなか千年ものがたり(そらの郷紀行) ⊠ (全車グリーン車指定席)			快速 サンポート南風リレー号	↓		
発車番線		↓	6			4			6		4	8	4	5	↓		9			6	8	↓		4
高松	発	‖	723	‥		715	‥	東京2150発(東京―高松間5031M毎日運転)	802		755	825	815	904	‖	‥	857			925	1013	‖	‥	1025
香西	〃	‖	レ	‥		720	‥		レ		800	レ	820	レ	‖	‥	902			930	レ	‖	‥	1031
鬼無	〃	‖	レ	‥		723	‥		レ		803	レ	823	レ	‖	‥	905			934	レ	‖	‥	1034
端岡	〃	‖	レ	‥		731	‥		レ		810	レ	833	912	‖	‥	914			950	1021	‖	‥	1039
国分	〃	‖	レ	‥		734	‥		レ		814	レ	837	レ	‖	‥	918			953	レ	‖	‥	1042
讃岐府中	〃	‖		‥		737	‥		レ		817		840	レ	‖	‥	921			956	レ	‖	‥	1045
鴨川	〃	‖		‥		740	◆(土曜・休日運転)		レ		820		843	レ	‖	‥	924		‥	1005	レ	‖	‥	1053
八十場	〃	‖	レ	‥		743			レ		823	レ	846	レ	‖	‥	928		‥	1008	レ	‖	‥	1056
坂出	着	‖	737	‥		746			レ		826	839	849	921	‖	‥	931		‥	1011	1029	‖	‥	1059
坂出	発	‖	737	‥		747			レ		826	840	850	922	‖	‥	932		‥	1012	1030	‖	‥	1100
宇多津	着	741	745	‥		751			レ		831	レ	855	926	930	‥	936		‥	1017	1034	1039	‥	1104
宇多津	発	748	↵	‥		752			レ		831	レ	856	927	933	‥	937		‥	1017	1034	1040	‥	1105
丸亀	〃	751	‥	‥		756			レ	(東京発6月29日までの金・土曜と4月26~28日・5月2~5日運転)	834	846	859	931	936	‥	941		‥	1020	1038	1043	‥	1108
讃岐塩屋	〃	レ	‥	‥		759		(サンライズ瀬戸 琴平延長運転日は東京―高松間8041M)(前掲載484頁)	レ		837	レ	902	934	レ	‥	944		‥	1023	1040	レ	‥	1111
多度津	着	755	‥	‥		802			825		840	850	906	937	941	‥	947		‥	1026	1043	1047	‥	1114
列車番号		↓				↓	6219D		↓		↓	↓	↓	5855D	↓		↓		5859D	↓	↓	↓	4231D	↓
多度津	発	756	‥	‥		810	820		826		841	850	909	‥	944	‥	950	1019	‥	1028	1051	1048	‥	1123
金蔵寺	〃	レ	‥	‥		815	824		レ		847	レ	914	‥	レ	‥	955	レ	‥	1032	観音寺1125着	レ	‥	1128
善通寺	〃	801	‥	‥		818	828		833		851	855	918	‥	950	‥	959	1026	‥	1035		1055	‥	1132
琴平	〃	806				824	833		839		856	900	923		955		1004	1048		1041		1100		1137
塩入	〃	レ	‥	‥	特急 志国土佐 時代(トキ)の夜明けのものがたり(立志の抄) ⊠ (全車グリーン車指定席)	【土曜・休日は多度津―琴平間運休】	‥		(サンライズ瀬戸の延長運転区間のみはご乗車になれません)(東京方面から多度津以遠に行く場合の運…宇多津―高松間の往復を含めないで計…		‥	レ	‥	‥	レ	‥	【土曜・休日は高松―多度津間運休】	レ	‥	‥	(以下478頁)	レ	‥	‥
黒川	〃	レ	‥	‥			‥				‥	レ	‥	‥	レ	‥		レ	‥	‥		レ	‥	‥
讃岐財田	〃	レ	‥	‥			‥				‥	レ	‥	‥	レ	‥		レ	‥	‥		レ	‥	‥
坪尻	〃	レ	‥	‥			‥				‥	レ	‥	‥	レ	‥		レ	‥	‥	‥	レ	‥	‥
箸蔵	〃	レ	‥	‥			‥				‥	レ	‥	‥	レ	‥		レ	‥	‥	‥	レ	‥	‥
佃	〃	レ	‥	‥			(前掲載502頁)(土佐くろしお鉄道直通運転)				‥	レ	‥	‥	レ	‥		レ	‥	‥	‥	レ	‥	(前掲載502頁)(土佐くろしお鉄道直通運転)
阿波池田	着	828	‥	‥							‥	923	‥	‥	1019	‥		レ	‥	‥	‥	1123	‥	
阿波池田	発	829	‥	‥							‥	924	‥	(前掲載502頁)(土佐くろしお鉄道直通運転)	1020	‥		レ	(前掲載502頁)(土佐くろしお鉄道直通運転)	‥	‥	1124	‥	
三縄	〃	レ	‥	‥						‥	‥	レ	‥		レ	‥		レ		‥	‥	レ	‥	
祖谷口	〃	レ	‥	‥						‥	‥	レ	‥		レ	‥		レ		‥	‥	レ	‥	
阿波川口	〃	レ	‥	‥						‥	‥	レ	‥		レ	‥		レ		‥	‥	レ	‥	
小歩危	〃	レ	‥	‥						‥	‥	レ	‥		レ	‥		レ		‥	‥	レ	‥	
大歩危	〃	849										942			1038			1247				1141		
土佐岩原	〃	レ	‥	‥		‥				‥	‥	レ	‥		レ	‥	‥	‥		‥	‥	レ	‥	
豊永	〃	レ	‥	‥		‥				‥	‥	レ	‥		レ	‥	‥	‥		‥	‥	レ	‥	
大田口	〃	レ	‥	‥		‥				‥	‥	レ	‥		レ	‥	‥	‥		‥	‥	レ	‥	
土佐穴内	〃	レ	‥	‥		‥		‥		‥	‥	レ	‥		レ	‥	‥	‥		‥	‥	レ	‥	
大杉	〃	907	‥	‥		‥		‥		‥	‥	1004	‥		1058	‥	‥	‥		‥	‥	レ	‥	
土佐北川	〃	レ	‥	‥		‥		‥		‥	‥	レ	‥		レ	‥	‥	‥		‥	‥	レ	‥	
角茂谷	〃	レ	‥	‥		‥		‥		‥	‥	レ	‥		レ	‥	‥	‥		‥	‥	レ	‥	
繁藤	〃	レ	‥	‥		‥		‥		‥	‥	レ	‥		レ	‥	‥	‥		‥	‥	レ	‥	
新改	〃	レ	‥	‥		‥	5853D	‥		‥	‥	レ	4727D		レ	‥	4225D	‥		‥	‥	レ	‥	5861D
土佐山田	〃	927					奈半利855発					1025	1033	奈半利950発	1117		1133		安芸1118発			1216	1233	安芸1215発
山田西町	〃	レ	‥	‥		‥		‥		‥	‥	レ	1035		レ	‥	1135	‥		‥	‥	レ	1235	
土佐長岡	〃	レ	‥	‥		‥		‥		‥	‥	レ	1038		レ	‥	1138	‥		‥	‥	レ	1238	
後免	着	931	‥	‥		‥	1002	‥		‥	‥	1029	1041	1102	1122	‥	1141	‥	1202	‥	‥	1220	1241	1302
後免	発	932	‥	‥		‥	1003	‥		‥	‥	1030	1043	1103	1122	‥	1143	‥	1203	‥	‥	1221	1243	1303
土佐大津	〃	レ	‥	‥		‥	1007	‥		‥	‥	レ	1047	1107	レ	‥	1147	‥	1207	‥	‥	レ	1247	1307
布師田	〃	レ	‥	‥		‥	1011	‥		‥	‥	レ	1050	1111	レ	‥	1150	‥	1211	‥	‥	レ	1250	1311
土佐一宮	〃	レ	‥	‥		‥	1017	‥		‥	‥	レ	1053	1117	レ	‥	1153	‥	1217	‥	‥	レ	1253	1317
薊野	〃	レ	‥	‥		‥	1020	‥		‥	‥	レ	1056	1120	レ	‥	1156	‥	1220	‥	‥	レ	1256	1320
高知	着	939	‥			‥	1024	‥		‥	‥	1037	1059	1124	1130		1159	‥	1224	‥	‥	1229	1259	1324
列車番号				2071D	8073D			4725D					↓		(アンパンマン運転)	2073D		4729D		4731D			733D	
高知	発	‥	‥	951	1002	‥	‥	1027		‥	‥	‥	1106	‥		1149	‥	1206	‥	1227	‥	‥	1306	‥
入明	〃	‥	‥	レ	レ	‥	‥	1030		‥	‥	‥	1109	‥		レ	‥	1209	‥	1229	‥	‥	1309	‥
円行寺口	〃	‥	‥	レ	レ	‥	‥	1033		‥	‥	‥	1111	‥		レ	‥	1211	‥	1231	‥	‥	1311	‥
旭	〃	‥	‥	レ	レ	‥	‥	1036		‥	‥	‥	1116	‥		1153	‥	1215	‥	1236	‥	‥	1315	‥

4 海外旅行実務

第1問　下記の適用条件に基づき、資料編を参照のうえ、以下の問1. ～問3. の各設問について、該当するものをそれぞれの選択肢から一つ選び、問4. の設問について、該当するものを選択肢からすべて選び、解答用紙にマークしなさい。
（掲載している運航便、運賃・規則表は、2024年5月20日現在有効なものを使用している。）　（配点　5点×4）

> 運賃計算上の留意点
> ・途中降機料金（S）及びQサーチャージが必要な設問については、計算式に含めること。

適用条件

1. 旅程：

			発	着
OSAKA(OSA)－TOKYO(TYO)	JL0138	30SEP(月)	20：15	21：25
TOKYO(TYO)－LONDON(LON)	JL0041	01OCT(火)	00：20	06：25
LONDON(LON)－ATHENS(ATH)	BA0640	05OCT(土)	08：35	14：20
ATHENS(ATH)－DOHA(DOH)	QR0204	08OCT(火)	13：55	18：20
DOHA(DOH)－TOKYO(TYO)	JL0050	11OCT(金)	07：25	23：55
TOKYO(TYO)－SHIRAHAMA(SHM)	JL0215	12OCT(土)	11：40	12：55

2. クラス・人員：　エコノミークラス・大人1名
3. 適用運賃：　JLエコノミークラス特別運賃　Semi Flex B
　　　　　　　JLエコノミークラス特別運賃　Special B
4. 運賃・規則：　資料編参照（資料1. 及び資料3.）
5. 運賃計算上の折り返し地点：　ATH
6. 各区間のTPMとMPM
　・各区間TPM　OSA － 280 － TYO － 6220（TS） － LON － 1500 － ATH － 1838 － DOH － 5143（EH） － TYO － 303 － SHM
　・MPM　OSA － ATH　7645（TS）・7754（EH）
　　　　　SHM － ATH　7672（TS）・8331（EH）
7. 航空券の予約完了日・発券日：　2024年9月5日（木）
8. 航空券の発券・販売：　日本

9. その他：　運賃は本来 NUC 額にて算出するが、計算簡素化のため円貨額にて算出するものとする。
ただし、問 3. に関しては、e チケットに記載される運賃計算内訳表示を求めるため、NUC 額にて算出すること。

（参考）各区間の TPM の合計：　OSA － TYO － LON － ATH　8000
SHM － TYO － DOH － ATH　7284

問1.　この旅程において、往路に Semi Flex B 運賃、復路に Special B 運賃を適用した場合、往路の Semi Flex B 運賃算出のための計算式はどれか。

a．370,000 円× 1/2 × 1.05 ＋ 15,000 円＋ 10,000 円
b．420,000 円× 1/2 × 1.05 ＋ 15,000 円＋ 10,000 円
c．525,000 円× 1/2 × 1.05 ＋ 15,000 円＋ 10,000 円
d．565,000 円× 1/2 × 1.05 ＋ 15,000 円＋ 10,000 円

問2.　この旅程において、往路に Semi Flex B 運賃、復路に Special B 運賃を適用した場合、復路の Special B 運賃算出のための計算式はどれか。

a．350,000 円× 1/2
b．366,000 円× 1/2
c．545,000 円× 1/2
d．561,000 円× 1/2

問3.　この旅程において、往路にSemi Flex B運賃、復路にSpecial B運賃を適用した場合のeチケットの運賃計算情報（Fare Calculation）欄に記載されるものは次のうちどれか。（表示される数字はNUC額、換算レート（ROE）は、1NUC＝JPY100.000000とする。）

a．30SEP24 OSA JL X/TYO JL LON Q150.00S100.00BA ATH5M2756.25QR DOH JL X/TYO JL SHM M1750.00NUC4756.25END ROE100.000000
b．30SEP24 OSA JL X/TYO JL LON Q150.00S100.00BA ATH5M1942.50QR DOH JL X/TYO JL SHM M2725.00NUC4917.50END ROE100.000000
c．30SEP24 OSA JL X/TYO JL LON Q150.00S100.00BA ATH5M2966.25QR DOH JL X/TYO JL SHM M1830.00NUC5046.25END ROE100.000000
d．30SEP24 OSA JL X/TYO JL LON Q150.00S100.00BA ATH5M2205.00QR DOH JL X/TYO JL SHM M2805.00NUC5260.00END ROE100.000000

問4.　上記問3.の航空券に関する次の記述のうち、正しいものをすべて選びなさい。
（旅行会社・航空会社が別途定めた航空券の払い戻し・予約変更・再発行に伴う取扱手数料は、考慮しないものとする。）

a．この航空券について、2024年9月5日（木）の予約時に往路の2024年9月30日（月）OSA－TYO間JL0138便と、2024年10月1日（火）TYO－LON間JL0041便の適用運賃指定クラスに空席がなくキャンセル待ちとなった場合、2024年9月8日（日）までにJL0138便とJL0041便の予約が確保できず、航空券の発券ができなければ、それ以外の予約済みの区間も含めて自動取り消しとなる。
b．この航空券を2024年9月5日（木）に発券後、旅客の都合により旅行を中止し、2024年9月19日（木）に全旅程の取り消し連絡を行い、予約発券した旅行会社を通じて払い戻し手続きをする場合、取消手数料30,000円を支払い、残額が払い戻される。
c．この航空券を2024年10月9日（水）に旅客の都合により、TYO－SHM間JL0215便を2024年10月13日（日）の同一便・同一クラスに変更を希望する場合、変更手数料20,000円を支払うことにより予約変更が可能である。

第2問　下記の適用条件に基づき、資料編を参照のうえ、以下の問5.～問7.の各設問について、該当するものをそれぞれの選択肢から一つ選び、問8.の設問について、該当するものを選択肢からすべて選び、解答用紙にマークしなさい。
(掲載している運航便、運賃・規則表は、2024年5月20日現在有効なものを使用している。)　　　　　　　　　　　　　　(配点　5点×4)

> 運賃計算上の留意点
> ・途中降機料金（S）及びQサーチャージが必要な設問については、計算式に含めること。

適用条件

1. 旅程：

			発	着
TOKYO(TYO)－VANCOUVER(YVR)	NH0116	16SEP(月)	21：55	14：50
VANCOUVER(YVR)－DENVER(DEN)	UA2216	19SEP(木)	10：53	14：46
DENVER(DEN)－CHICAGO(CHI)	UA2312	23SEP(月)	11：20	14：55
CHICAGO(CHI)－HOUSTON(HOU)	UA0691	26SEP(木)	08：45	11：35
HOUSTON(HOU)－TOKYO(TYO)	NH0113	29SEP(日)	11：35	15：25+1

2. クラス・人員：　プレミアムエコノミークラス及びエコノミークラス・大人1名
3. 適用運賃：　NHプレミアムエコノミークラス特別運賃　Special Plus E
　NHエコノミークラス特別運賃　Special U
4. 運賃・規則：　資料編参照（資料2. 及び資料3.）
5. 運賃計算上の折り返し地点：　設問の都合上、伏せてある。
6. 各区間のTPMとMPM：
・各区間TPM　TYO － 4681（PA）－ YVR － 1107 － DEN － 903 － CHI － 933 － HOU － 6658（PA）－ TYO
・MPM　TYO － YVR 5617（PA）　TYO － DEN 6945（PA）
　TYO － CHI 7539（PA）　TYO － HOU 7989（PA）
7. 航空券の予約完了日・発券日：　2024年9月4日（水）
8. 航空券の発券・販売：　日本
9. その他：　運賃は、本来NUC額にて算出するが、計算簡素化のため円貨額にて算出するものとする。

（参考） 各区間の TPM の合計： TYO － YVR － DEN　5788
TYO － YVR － DEN － CHI　6691
TYO － YVR － DEN － CHI － HOU　7624
TYO － HOU － CHI － DEN － YVR　9601
TYO － HOU － CHI － DEN　8494
TYO － HOU － CHI　7591

問5. **適用条件と運賃・規則表を参照して、この旅程において、往路に Special U 運賃、復路に Special Plus E 運賃を適用する場合の運賃計算上の折り返し地点は次のうちどれか。**

a．YVR
b．DEN
c．CHI
d．HOU

問6. **上記問 5. に基づき、往路に Special U 運賃、復路に Special Plus E 運賃を適用した場合、往路の Special U 運賃算出のための計算式はどれか。**

a．323,000 円× 1/2
b．347,000 円× 1/2
c．367,000 円× 1/2
d．375,000 円× 1/2

問7. **上記問 5. に基づき、往路に Special U 運賃、復路に Special Plus E 運賃を適用した場合、復路の Special Plus E 運賃算出のための計算式はどれか。**

a．411,000 円× 1/2 ＋ 7,500 円
b．421,000 円× 1/2 ＋ 7,500 円
c．411,000 円× 1/2 × 1.05 ＋ 7,500 円
d．421,000 円× 1/2 × 1.05 ＋ 7,500 円

問8.　前記問6.及び問7.の航空券に関する次の記述のうち、正しいものをすべて選びなさい。
（旅行会社・航空会社が別途定めた航空券の払い戻し・予約変更・再発行に伴う取扱手数料は、考慮しないものとする。）

a．この航空券を2024年9月9日（月）午前10時に予約した場合の発券期限は、2024年9月12日（木）午前10時である。

b．この航空券を2024年9月20日（金）に旅客の都合により、DEN－CHI間UA2312便を2024年9月24日（火）の同一便、同一クラスに変更する場合、変更手数料20,000円を支払うことにより予約変更が可能である。

c．最長旅行期間の規則に基づき、最も長い旅行期間を手配する場合、HOU－TYO間NH0113便の旅行開始日は2025年9月16日(火)である。

第３問　数次往復用一般旅券（以下、旅券という。）に関し、以下の問9. ～問10. の各設問について、該当するものをそれぞれの選択肢から一つ選び、問11. ～問12. の各設問について、該当するものをそれぞれの選択肢からすべて選び、解答用紙にマークしなさい。（旅券の発給申請又は届出をするに当たり、急を要し、かつ、都道府県知事又は外務大臣がその必要を認めるとき及び戸籍に記載される前の者が旅券の発給を申請する場合を除く。）

（配点　５点×４）

問9.　次の記述のうち、正しいものはどれか。

a．書面手続により旅券の発給を申請するに当たり、申請者がその法定代理人を通じて旅券の発給の申請に係る書類及び写真を提出して申請しようとする場合、申請書類等提出委任申出書を提出しなければならない。

b．書面手続により旅券の発給を申請するに当たり、申請者の指定した者（当該申請者の配偶者又は２親等内の親族を除く。）が出頭しようとする場合、当該申請者の指定した者は、当該申請前５年以内に旅券の発給を受けるに当たって不正な行為をした者であってはならない。

c．旅券の発給を受けようとする者で、身体の故障により署名することが困難な者である場合、当該発給申請者の法定代理人若しくは配偶者、又は発給申請者の海外渡航に同行を予定している者のいずれかが、当該発給申請者の記名を行うことにより署名に代えることができるが、その順位は定められていない。

d．旅券を焼失した場合、当該旅券の名義人が病気により出頭が困難であると認められるとき、書面手続により当該旅券の名義人に代わり焼失の届出を行うことができる者は、当該旅券の名義人の配偶者又は２親等内の親族に限られる。

問10. 次の記述のうち、誤っているものはどれか。 改

a．旅券の記載事項に変更が生じた場合において、当該旅券の名義人が遅滞なく、旅券の発給を申請するものとされている旅券の記載事項は、旅券の名義人の氏名、生年月日、性別に限られる。

b．旅券の発給を申請するにあたり、提出する申請者の写真は、提出の日前6か月以内に撮影されたものでなければならない。

c．旅券の名義人が外国に住所又は居所を定めて3か月以上滞在しようとするときは、遅滞なく、当該住所又は居所を管轄する領事官（当該住所又は居所を管轄する領事官がいない場合には、最寄りの領事官）に対し、書面手続又は電子手続により届け出なければならない。

d．外務大臣又は領事官は、外国にある日本国民のうち旅券法の規定による旅券の返納の命令に基づいて旅券を返納した者で、本邦に帰国することを希望する者に対し、その者の申請に基づいて、必要があると認める場合には、旅券に代えて渡航書を発給することができる。

問11. 次の記述のうち、正しいものをすべて選びなさい。

a．国外において旅券を紛失した場合、当該旅券の名義人は遅滞なく、領事官に対し、その旨を届け出なければならないが、その届出があったとき、当該旅券は失効する。（旅券法の規定による確認の結果、届け出られた旅券の紛失の事実を確認することができず、その旨を届出者に通知するときを除く。）

b．有効な旅券を返納して新たな旅券を申請する場合に、返納された当該有効な旅券にあっては、返納したときに当該旅券は失効する。

c．国内において発行された旅券については、旅券の発給を申請した者が、当該旅券の発行の日から6か月以内に当該旅券を受領せず、その6か月を経過したときに当該旅券は失効する。

問12. 次のうち、旅券の発給を申請するにあたり、申請者が本人であることを確認するために都道府県知事が提示又は提出を求める書類として、その要件を満たしているものをすべて選びなさい。改

a．交付年月日が平成24年4月1日以降の運転経歴証明書を1点のみ
b．印鑑登録証明書及び実印のみ
c．後期高齢者医療の資格確認書を1点のみ

第4問　以下の問13.～問16.の各設問について、該当するものをそれぞれの選択肢からすべて選び、解答用紙にマークしなさい。（配点　5点×4）

問13. 本邦に在留する外国人（仮上陸の許可又は上陸の特例により上陸の許可を受けている者を除く。）の再入国の許可及び本邦に在留する外国人のみなし再入国の許可（出入国の公正な管理のため再入国の許可を要する者を除く。）に関する次の記述のうち、正しいものをすべて選びなさい。

a．本邦に在留する外国人（特別永住者を除く。）に関し、再入国の許可（みなし再入国の許可を除く。）の有効期間（有効期間の延長を除く。）は、許可の効力が生じるとされる日から一定の期間を超えない範囲内で決定されるが、その一定の期間とは5年である。
b．有効な旅券及び在留カードを所持した中長期在留者で、入国審査官に対し、再び入国する意図を表明して出国するときのみなし再入国の許可の有効期間は、出国の日から1年（在留期間の満了の日が出国の日から1年を経過する日前に到来する場合には、在留期間の満了までの期間）である。
c．特別永住者に関し、再入国の許可（みなし再入国の許可を除く。）の有効期間（有効期間の延長の許可を除く。）は、許可の効力が生じるとされる日から一定の期間を超えない範囲内で決定されるが、その一定の期間とは6年である。

問14. 20歳以上の日本人旅行者が、フランスで購入した物品の本邦の通関に関する次の記述のうち、正しいものをすべて選びなさい。

a．海外市価が7万円のハンドバッグ2個、5万円の指輪1個、5千円のネクタイ4本のみを輸入する場合、申告価格は21万円となり、ネクタイ2本が課税される。

b．海外市価が5万円のワイン（760ml）2本、1万円のウォッカ（760ml）2本のみを輸入する場合、海外市価が安価なウォッカ1本のみに課税される。

c．海外市価が12万円の腕時計1個、10万円のジャケット1着のみを輸入する場合、申告価格は22万円となり、ジャケット1着が課税される。

問15. 日本人旅行者の本邦の通関に関する次の記述のうち、正しいものをすべて選びなさい。

a．現在使用している外国製品や貴金属を携帯して出国し、帰国の際に課税されないようにするためには、「外国製品の持出し届」に必要事項を記入し、出国時に出国審査を行う係員に現品を提示の上、確認を受けなければならない。

b．帰国時に旅具通関扱いとするための所定の申告をした別送品について、税関長がやむを得ない特別の事由があると認める場合を除き、入国後6か月以内に当該別送品を輸入しなければならない。

c．19歳の旅行者が両親へのお土産として購入した海外市価1万円のワイン2本（760ml）のみを輸入する場合、免税が適用されない。

問16. 日本人旅行者が個人的使用のため、帰国時に携帯して輸入する次の物品のうち、検疫を受けることが必要なもの又は持ち込みが禁止されているものをすべて選びなさい。

a．アメリカ合衆国で購入した冷凍のアラスカ産カズノコ（ニシンの卵巣を塩漬けにしたもの）

b．中国で購入した乾燥したウーロン茶の茶葉

c．ドイツで購入した豚肉ソーセージの缶詰

第５問　次の英文は英国のバッキンガム宮殿に関するインターネット上の案内（抜粋）である。これを読み、以下の問17. から問19. の各設問について、該当するものをそれぞれの選択肢から一つ選び、問20. の設問について、該当するものを選択肢からすべて選び、解答用紙にマークしなさい。（配点　５点×４）

Visit Buckingham Palace

Explore the magnificent State Rooms* which are open to visitors each summer, and on selected dates for Exclusive Guided Tours and Family Guided Tours during winter and spring.

Summer Opening of Buckingham Palace

・The summer opening of Buckingham Palace this year is 11 July to 29 September.
・Book in advance for the best value and to guarantee entry.
・Children go half price of adult and under 5 years are free.
・Your summer ticket includes a multimedia guide.

Prices for Summer Opening

	Advance	On the day (subject to availability)
Adult	£40.00	£50.00
Young person（18-24）	£25.00	£30.00
Child（5-17）	£20.00	£25.00

Practical information for Summer Opening

・There is a timed admission system operating in 15 minute time slots. This is the time you select when purchasing your ticket.
・If you already have your ticket, for the best experience please arrive at the entry time printed on your ticket and not earlier.
・There is a lot to see and do during the Summer Opening of Buckingham Palace, so please allow enough time to make the most of your visit. We suggest between 2 and 2.5 hours.

・Animals, other than guide, hearing or assistance animals, will not be [①] to the Palace.

Exclusive Guided Tours and Family Guided Tours during winter and spring

・Exclusive Guided Tours are £110.00 per person. (18 and over)

・Family Guided Tours, designed specifically for families with young children, are £80.00 per person and under 5 years are free.

・The experience lasts around 1.5 hours and a guide book is included in the price of your visit.

Practical information for Exclusive Guided Tours and Family Guided Tours

・Prebooking tickets is essential. There is a timed admission system operating on all tours. This is the time you select when purchasing your ticket.

・You must arrive 30 minutes before the entry time printed on your ticket.

・Animals, other than guide, hearing or assistance animals, will not be [①] to the Palace.

＊ State Rooms　バッキンガム宮殿で、国賓や要人などのゲストをもてなす際に使用される部屋。

問17. 次の記述から、英文の内容に合致しているものだけをすべて選んでいるものはどれか。

（ア）バッキンガム宮殿のステートルームは、毎年夏の一定の期間に一般公開され、冬と春の限られた日に専属ガイド付きツアーや家族向けガイド付きツアーが実施される。

（イ）夏の一般公開の入場券を所持している場合、入場券に印字された入場時刻の遅くとも15分前には入場口に到着しなければならない。

（ウ）夏の一般公開は入場券購入時に15分刻みに指定された時間枠から入場時刻を選択する。

a.（ア）（イ）　b.（ア）（ウ）　c.（イ）（ウ）　d.（ア）（イ）（ウ）

問18. バッキンガム宮殿の入場料金に関する次の記述から、英文の内容に合致しているものだけをすべて選んでいるものはどれか。

（ア）両親と子供2人（18歳と16歳）の家族が夏の一般公開の当日入場券を購入する場合、料金の総額は£155.00である。
（イ）大人2人（ともに20歳）が冬の専属ガイド付きツアーを予約する場合、料金の総額は£220.00である。
（ウ）両親と子供2人（10歳と4歳）の家族が春の家族向けガイド付きツアーを予約する場合、料金の総額は£240.00である。

a．（ア）（イ）　b．（ア）（ウ）　c．（イ）（ウ）　d．（ア）（イ）（ウ）

問19. 英文の内容から判断して、本文中の［①］に入る最も適切な単語はどれか。

a．abandoned　b．abused　c．admitted　d．appointed

問20. 次の記述のうち、英文の内容に合致しているものをすべて選びなさい。

a．専属ガイド付きツアーの所要時間は、およそ1時間30分である。
b．家族向けガイド付きツアーは、事前に予約をしなければならない。
c．専属ガイド付きツアー及び家族向けガイド付きツアーは、入場時刻の30分前に入場口に到着しなければならない。

第6問　次の英文はニュージーランドのフィヨルドランド国立公園にあるミルフォードサウンドのクルーズツアーに関する案内（抜粋）である。これを読み、以下の問21. から問24. の各設問について、該当するものをそれぞれの選択肢から一つ選び、解答用紙にマークしなさい。

（配点　5点×4）

Milford Sound Cruise Tour: Cruise, Lunch & Return Transfers

Highlights

・Take a relaxing coach ride from Queenstown, traveling through the picturesque Eglinton Valley and Mirror Lakes.

・Visit Fiordland National Park, recognized as a UNESCO World Heritage Site, with a local guide. Walk along nature trails and stop for photo ops around Eglinton Valley and Mirror Lakes.

・Admire the scenery from the spacious deck or the cabin on the glass-roofed boat in Milford Sound. Spot penguins and seals as you pass by waterfalls and cliffs.

・Experience a refreshing spray from glacial meltwater at the bow of the boat when near Stirling Falls.

・Upgrade to opt for a round-trip flight between Milford Sound and Queenstown. Enjoy aerial views of the Southern Alps, Lake Wakatipu, and the popular Routeburn Track.

Inclusions

・Milford Sound cruise

・Hotel pick-up and drop-off

・Local driver/guide

・Lunch aboard the cruise

・Complimentary tea & coffee on-board

・Round-trip coach drive between Queenstown & Milford Sound

・1-hr 20-min round-trip flight between Queenstown & Milford Sound（based on option selected）

・Live commentary by pilot（based on option selected）

Handy travel tips for your Milford Sound tour

・Milford Sound is renowned for its rainfall, so pack waterproof clothing and sturdy footwear. Consider a rain jacket with a hood, waterproof pants, and waterproof hiking boots to stay dry during potential drizzles.

・Dress in layers to adapt to changing weather conditions. Milford Sound can experience temperature variations, so having a combination of warm and breathable layers allows you to stay comfortable throughout the day.

・While Milford Sound experiences rainfall throughout the year, the tours generally operate in various weather conditions. In case of adverse weather, alternative arrangements may be made.

・Flight tours and Milford Sound cruise tours are accessibility-friendly.

・Bring binoculars to enhance your wildlife-spotting experience during the cruise. Seals, dolphins, and penguins often make appearances, and binoculars allow you to appreciate these incredible creatures up close.

・Respect the natural environment by adhering to eco-friendly practices. [①] from feeding wildlife, stay on designated trails during walks, and dispose of any waste responsibly to preserve the pristine beauty of Milford Sound for future generations.

問21. 次の記述から、英文の内容に合致しているものだけをすべて選んでいるものはどれか。

（ア）このツアーでは、クィーンズタウンからバスに乗車し、途中エグリントン渓谷やミラー湖に立ち寄り、自然散策ができる。

（イ）このツアーでは、クルーズ中に滝や断崖を通り過ぎる際に、ペンギンやオットセイの姿を見かけることがある。

（ウ）このツアーでは、クルーズ中にスターリング滝に近づいた時に、船首に行くと氷河からとけ出した爽快な水しぶきを浴びる体験ができる。

a．（ア）（イ）　b．（ア）（ウ）　c．（イ）（ウ）　d．（ア）（イ）（ウ）

問22. 次の記述から、英文の内容に合致しているものだけをすべて選んでいるものはどれか。

（ア）このツアーでは、昼食時のみ紅茶とコーヒーが無料で提供される。
（イ）クィーンズタウンとミルフォードサウンド間を往復とも空路で移動した場合の所要時間は、1時間20分である。
（ウ）クィーンズタウンとミルフォードサウンド間を空路で移動した場合、パイロットが生で解説してくれる。

a．（ア）（イ）　b．（ア）（ウ）　c．（イ）（ウ）　d．（ア）（イ）（ウ）

問23. 次の記述から、英文の内容に合致しているものだけをすべて選んでいるものはどれか。

（ア）ミルフォードサウンドは降雨量が多く気温の変化も激しいので、雨具や重ね着のできる衣類を準備するとよい。
（イ）悪天候となった場合には、代替の手配は行われず、ツアーの催行が中止される。
（ウ）野生動物の生態を観察するために双眼鏡を持参するとよい。

a．（ア）（イ）　b．（ア）（ウ）　c．（イ）（ウ）　d．（ア）（イ）（ウ）

問24. 英文の内容から判断して、本文中の［ ① ］に入る最も適切な単語はどれか。

a．Aside　b．Far　c．Refrain　d．Suffer

第7問　以下の問25.　～問38.　の各設問について、該当するものをそれぞれの選択肢から一つ選び、解答用紙にマークしなさい。(地名等については、各国・地域の観光局等の公式ホームページ、百科事典等を参考としている。)

(配点　2点×14)

問25. 次の空欄に該当するものはどれか。

フランスからピレネー山脈を越えてスペイン北部を通る巡礼路の終着地［　　］は、スペイン北西部ガリシア地方にあるキリスト教の聖地で、十二使徒の一人聖ヤコブの遺骸が埋まっているといわれている大聖堂がある。

a．サン セバスティアン　　b．サンティアゴ デ コンポステーラ
c．トレド　　d．ビルバオ

問26. 次の空欄に該当するものはどれか。

王宮や国際司法裁判所などがあるオランダの［　　］には、レンブラントやフェルメールの作品を収蔵するマウリッツハイス美術館や、オランダの観光名所をミニチュアで再現しているマドゥローダムなどの見どころがある。

a．アムステルダム　　b．ハーグ
c．ユトレヒト　　d．ロッテルダム

問27. 次の空欄に該当するものはどれか。

世界三大瀑布のひとつといわれるカナダとアメリカ合衆国の国境に位置するナイアガラの滝は、エリー湖から［　　］に流れるナイアガラ川の途中にあり、ゴート島をはさんでカナダ滝とアメリカ滝に分かれている。

a．オンタリオ湖　　b．スペリオル湖
c．ヒューロン湖　　d．ミシガン湖

問28. 次の空欄に該当するものはどれか。

マーガレット ミッチェルの小説「風と共に去りぬ」の舞台として知られているアメリカ合衆国南東部の[　　]には、岩山の斜面に南北戦争における南部連合の中心人物の巨大なレリーフがあるストーン マウンテン公園やマーチン ルーサー キング牧師ゆかりの地区などがある。

a．アトランタ　　b．ダラス
c．ニューオーリンズ　　d．メンフィス

問29. 次の空欄に該当するものはどれか。

ソウルにある李氏朝鮮時代の王宮のひとつで世界遺産に登録されている[　　]は、自然の地形と調和するように建てられた宮殿で、王族の憩いの場として使われていた後苑（秘苑）があることで知られている。

a．景福宮　　b．昌徳宮　　c．宗廟　　d．徳寿宮

問30. 次の空欄に該当するものはどれか。

中国の三国時代における蜀の都であった[　　]には、諸葛亮（孔明）を祀った武侯祠や杜甫の草堂などの見どころのほか、ジャイアントパンダ繁殖研究基地がある。

a．西安　　b．成都　　c．南京　　d．武漢

問31. 次の空欄に該当するものはどれか。

インド西部、ムンバイ湾内の島にある［　　］は、世界遺産に登録されているヒンドゥー教の石窟寺院群で、なかでも第１窟の奥室に彫られている三面のシヴァ神の胸像はヒンドゥー教美術の傑作として知られている。

a．アジャンター石窟群　　b．エレファンタ石窟群
c．エローラ石窟群　　d．カーンヘリー石窟群

問32. 次の空欄に該当するものはどれか。

かつてのインカ帝国の首都で、ペルーのマチュピチュ遺跡観光の拠点となる［　　］には、太陽の神殿コリカンチャの石組みの上に建てられたサントドミンゴ教会やアルマス広場などの見どころがある。

a．アレキパ　　b．クスコ　　c．プーノ　　d．リマ

問33. 次の下線部a．～d．のうち、誤っているものはどれか。

インドネシアのa．スマトラ島にあるジョグジャカルタは、スルタンの王宮b．クラトンを中心とした古都で、その近郊にあるヒンドゥー教などの寺院の遺跡群c．プランバナンと仏教寺院の遺跡群d．ボロブドゥールは、ともに世界遺産に登録されている。

問34. 次の下線部a．～d．のうち、誤っているものはどれか。

ハワイ諸島のカウアイ島には、島の北西部約27kmにわたる海岸線で、最高約1,000 mもの高い崖が連なるa．ナパリコースト、作家マーク トウェインが「太平洋のグランド キャニオン」と評したb．ワイメア渓谷、ワイレア川流域のかつて王族の結婚式などが行われた神聖な場所c．シダの洞窟、映画「南太平洋」のロケ地として知られるカウアイ島最大の湾d．ハナウマ湾などがある。

問35. 次の下線部a．～d．のうち、誤っているものはどれか。

南アフリカ共和国には、ジャカランダ シティの愛称で親しまれる行政上の首都a．ヨハネスブルグ、テーブルマウンテンのふもとの港湾都市b．ケープタウン、野生のケープペンギンが見られるc．ボルダーズビーチ、モザンビークとの国境に接しサファリが楽しめるd．クルーガー国立公園などがある。

問36. トルコの世界遺産に関する次の記述から、正しいものだけをすべて選んでいるものはどれか。

（ア）トルコ北西部にあるトロイの古代遺跡は、考古学者シュリーマンが、ホメロスの叙事詩「イリアス」の記述をもとに発見した遺跡である。

（イ）トルコ南西部のパムッカレは、温泉によって作り出された階段状の白い石灰棚で知られ、古代都市ヒエラポリスとともに、世界遺産に登録されている。

（ウ）トルコ西岸にある都市遺跡ベルガマには、ケルススの図書館や古代世界の七不思議のひとつとされるアルテミス神殿の跡などが残されている。

a．（ア）（イ）　b．（ア）（ウ）　c．（イ）（ウ）　d．（ア）（イ）（ウ）

問37. オーストラリアに関する次の記述から、正しいものだけをすべて選んでいるものはどれか。

（ア）メルボルンは、王立展示館やコモハウスなどの歴史的な建造物が残る都市で、その南東約 140km に位置するペンギンパレードで知られるフィリップ島観光の拠点でもある。

（イ）グレート バリア リーフは、オーストラリアの北東部の海岸沿いに広がる世界最大級の珊瑚礁で、グリーン島、ハミルトン島をはじめとする多くの島々が点在している。

（ウ）シドニー湾に突き出た岬に位置し、貝殻やヨットの帆のような曲線を描いている外観のオペラハウスは、20 世紀を象徴するオーストラリアの代表的建築物として評価され、世界遺産に登録されている。

a．（ア）（イ）　b．（ア）（ウ）　c．（イ）（ウ）　d．（ア）（イ）（ウ）

問38. フランス パリに関する次の記述から、正しいものだけをすべて選んでいるものはどれか。

（ア）セーヌ川をはさみエッフェル塔と対峙するシャイヨー宮は、1937 年のパリ万博の展示施設として建てられたもので、現在は博物館や劇場として利用されている。

（イ）沿道にカフェ、レストランなどが建ち並ぶシャンゼリゼ通りは、パリの中心部に位置し、コンコルド広場とバンドーム広場を結ぶマロニエ並木の大通りである。

（ウ）芸術家たちが愛した風情が今も残るモンマルトルの丘には、ロマネスク様式とビザンチン様式が融合したサクレ クール寺院がある。

a．（ア）（イ）　b．（ア）（ウ）　c．（イ）（ウ）　d．（ア）（イ）（ウ）

第8問　イタリアを周遊する募集型企画旅行の次の日程表（抜粋）に関する以下の問39.～問41.の各設問について、該当するものをそれぞれの選択肢から一つ選び、解答用紙にマークしなさい。（地名等については、各国・地域の観光局等の公式ホームページ、百科事典等を参考としている。）

（配点　2点×3）

［日程表］（抜粋）

	行程	宿泊地
4日目	午前、専用バスでフィレンツェへ。 着後、フィレンツェ市内観光。	フィレンツェ泊
5日目	午前、専用バスで伝統的な競馬の祭り「パリオ」で有名な［①］観光へ。昼食後、聖フランチェスコの聖地［②］観光へ。 観光後、ローマへ。	ローマ泊
6日目	終日、バチカン市国とローマ市内観光。	ローマ泊

観光内容（◎入場、○下車）

フィレンツェ：◎大聖堂（ドゥオーモ）、◎ウフィツィ美術館、○ヴェッキオ橋、○シニョリーア広場、○ミケランジェロ広場

［①］：◎大聖堂（ドゥオーモ）、○カンポ広場、○プッブリコ宮殿

［②］：◎サン フランチェスコ聖堂、○サンタ キアラ教会

バチカン市国：◎バチカン美術館、◎サン ピエトロ寺院

ローマ　　　：○コロッセオ、○トレヴィの泉、○スペイン広場

問39. 日程4日目のフィレンツェ市内観光で下車観光するヴェッキオ橋の写真は、次のうちどれか。

a. 

b. 

c. 

d. 

問40. 日程表と観光内容から［ ① ］と［ ② ］にそれぞれ該当する都市名の組合せとして正しいものは、次のうちどれか。

空欄①　　空欄②

a. シエナ － アッシジ
b. シエナ － ペルージャ
c. ピサ　 － アッシジ
d. ピサ　 － ペルージャ

問41. 日程表と観光内容に記載の通り観光ができた場合、入場観光する観光施設等では鑑賞することができない美術作品は、次のうちどれか。（レプリカなどオリジナル作品ではないものを除く）

a. 「春」（ボッティチェリ作）
b. 「ピエタ」像（ミケランジェロ作）
c. 「アテネの学堂」（ラファエロ作）
d. 「最後の晩餐」（レオナルド ダ ヴィンチ作）

第9問　以下の問42. の設問について、該当するものを選択肢から一つ選び、問43. ～問44. の各設問について、該当するものをそれぞれの選択肢からすべて選び、解答用紙にマークしなさい。（地名等については、各国・地域の観光局等の公式ホームページ、百科事典等を参考としている。）

（配点　2点×3）

問42. 次の国とその国にあるオーロラの観測地として知られている都市との組合せのうち、誤っているものはどれか。

	国		オーロラ観測地（都市）
a．	アメリカ合衆国	－	フェアバンクス
b．	カナダ	－	イエローナイフ
c．	スウェーデン	－	トロムソ
d．	フィンランド	－	ロヴァニエミ

問43. 次の国とその国に属する島及びその島にあるビーチとの組合せのうち、正しいものをすべて選びなさい。

	国		島		ビーチ
a．	タイ	－	プーケット島	－	パトンビーチ
b．	フィリピン	－	ボラカイ島	－	クタ ビーチ
c．	マレーシア	－	ペナン島	－	バトゥ フェリンギ

問44. 次の絵画作品とその作品が収蔵されている施設との組合せのうち、正しいものをすべて選びなさい。

	絵画作品（作者）		施設（所在地）
a．	「ゲルニカ」（ピカソ）	－	プラド美術館（マドリード）
b．	「接吻」（クリムト）	－	オーストリア絵画館＜ベルヴェデーレ宮殿上宮＞（ウィーン）
c．	「晩鐘」（ミレー）	－	オルセー美術館（パリ）

第10問　以下の問45. ～問49. の各設問について、該当するものをそれぞれの選択肢から一つ選び、問50. ～問52. の各設問について、該当するものをそれぞれの選択肢からすべて選び、解答用紙にマークしなさい。必要に応じ資料編を参照のこと。（配点　5点×8）

問45. 次の組合せのうち、都市（A）が2024年10月28日（月）13時（午後1時）のとき、都市（B）の現地時刻が誤っているものはどれか。

	都市（A）	都市（B）	都市（B）の現地時刻
a.	デリー(DEL)	－ドバイ(DXB)	10月28日11時30分(午前11時30分)
b.	リスボン(LIS)	－ホーチミン(SGN)	10月28日20時（午後8時）
c.	フェニックス(PHX)	－上海(SHA)	10月29日3時（午前3時）
d.	ダーウィン(DRW)	－ナイロビ(NBO)	10月28日6時30分(午前6時30分)

問46. 2024年10月29日（火）に東京（TYO）をAA0168便で出発し、途中ニューヨーク(NYC)にてAA2995便に乗り継ぎ、メキシコシティ(MEX)まで行く場合、次のAA0168便とAA2995便のそれぞれの所要時間の組合せのうち、正しいものはどれか。

AA0168	東京（TYO）	16:30発	ニューヨーク（NYC）	16:35着
AA2995	ニューヨーク(NYC)	19:29発	メキシコシティ（MEX）	23:15着

	AA0168便の所要時間	AA2995便の所要時間
a．	13時間05分	－ 4時間46分
b．	13時間05分	－ 5時間46分
c．	14時間05分	－ 4時間46分
d．	14時間05分	－ 5時間46分

問47. 次のヨーロッパ各国のシェンゲン協定加盟状況とその国の通貨との組合せのうち、誤っているものはどれか。

	国		シェンゲン協定		通貨
a.	エストニア	–	加盟	–	ユーロ
b.	ギリシア	–	加盟	–	ユーロ
c.	ノルウェー	–	加盟	–	クローネ
d.	ハンガリー	–	非加盟	–	フォリント

問48. 25歳の日本国籍を有する者の海外の出入国に関する次の記述のうち、誤っているものはどれか。

a. 日本から国際線航空機を利用してヘルシンキ（HEL）で乗り継ぎ、マドリード（MAD）に行く場合、シェンゲン協定加盟国の入国審査は、マドリード（MAD）で行われる。

b. 日本から国際線航空機を利用してロサンゼルス（LAX）で乗り継ぎ、マイアミ（MIA）に行く場合、アメリカ合衆国の入国審査及び税関検査は、ロサンゼルス（LAX）で行われる。

c. オーストラリアの電子渡航許可（ETA：Electronic Travel Authority）は、有効期間内で要件を満たせば複数回訪問することも可能であるが、観光目的で入国する場合の1回の滞在期間は、最長で3か月である。

d. アメリカ合衆国の電子渡航認証システム（ESTA：Electronic System for Travel Authorization）でアメリカ合衆国に入国し、その滞在中にESTAが失効する場合であっても、新たにESTAを申請する必要はない。

問49. クルーズ又は鉄道に関する次の記述のうち、誤っているものはどれか。

a.「オンボード ブッキング」とは、乗船中に次回のクルーズを予約すると、一定の割引が適用されるリピーター制度のことをいう。

b.「ガラ パーティー」とは、クルーズ中に開かれる華やかで盛大なパーティーのことをいう。

c.「ベルニナエクスプレス」は、ツェルマットとサンモリッツの間を結ぶスイスの鉄道を代表する観光列車である。

d.「カナディアン号」は、カナダの大平原を走行し、ロッキー山脈を越える大陸横断鉄道で、トロントとバンクーバーの間を結ぶ列車である。

問50. 次の国と名物料理との組合せのうち、当該国の名物料理として正しい組合せをすべて選びなさい。

	国		名物料理
a.	スイス	−	チーズフォンデュ
b.	ベトナム	−	バインミー
c.	メキシコ	−	タコス

問51. 次の都市と都市コード及びその都市の空港コードとの組合せのうち、正しい組合せをすべて選びなさい。

	都市（国）		都市コード		空港コード
a.	トロント（カナダ）	−	YTO	−	YYZ
b.	ミラノ（イタリア）	−	MIL	−	FCO
c.	ソウル（韓国）	−	SEL	−	GMP

問52. 次のアライアンス（航空連合）と航空会社コードとの組合せのうち、航空会社コード①及び②の航空会社の両方が当該アライアンスに加盟しているものをすべて選びなさい。

	アライアンス		航空会社コード①		航空会社コード②
a．	oneworld	−	UA	−	UL
b．	SkyTeam	−	AM	−	AZ
c．	Star Alliance	−	OS	−	OZ

著者紹介

ユーキャン旅行業務取扱管理者試験研究会

本会は、ユーキャン旅行業務取扱管理者通信講座で、教材の制作や添削・質問指導、講義を行っている講師を中心に結成されました。徹底した過去問題の分析と、通信講座で蓄積したノウハウを活かし、わかりやすい書籍作りのために日々研究を重ねています。

● 西川 美保（監修）

国内および総合旅行業務取扱管理者の両資格を保有。海外の地上手配や、国内および海外の個人・法人旅行の企画、営業、添乗業務など、旅行業界における豊富な経験と知識を活かし、受験指導の講師に転身。全科目にわたる緻密な出題傾向の分析と、受験生の立場に立ったわかりやすい講義に定評がある。現在は通信講座教材の執筆を手がけるほか、ユーキャンの指導部門において資格講座の運営や講師の指導・育成に携わっている。

● 山本 綾

学生時代に一般旅行業務取扱主任者（現 総合旅行業務取扱管理者）の資格を取得。大学卒業後、大手旅行会社に入社し、主に募集型企画旅行の販売を担当。旅行業界での実務経験を活かし、現在はユーキャン旅行業務取扱管理者通信講座の講師として受験指導に携わっている。試験に関する情報収集能力・出題傾向の分析に極めて優れ、わかりやすい教材制作と的確な受験指導で多くの学習者からの支持を受けている。

● 笹山 民子

学生時代に一般・国内旅行業務取扱主任者（現 総合・国内旅行業務取扱管理者）の資格を取得。海外の地上手配や在オーストラリア現地法人での実務経験を活かし、現在はユーキャン旅行業務取扱管理者通信講座の講師として活躍。丁寧で的確な受験指導と出題分析を反映したわかりやすい教材制作等に優れた能力を発揮している。

画像提供一覧（掲載順）

那智の滝（P255）©NACKT／玉陵（P256）©OCVB

· MEMO ·

・MEMO・

●法改正・正誤等の情報につきましては、下記「ユーキャンの本」ウェブサイト内「追補（法改正・正誤）」をご覧ください。
https://www.u-can.co.jp/book/information

●本書の内容についてお気づきの点は
・「ユーキャンの本」ウェブサイト内「よくあるご質問」をご参照ください。
https://www.u-can.co.jp/book/faq
・郵送・FAX でのお問い合わせをご希望の方は、書名・発行年月日・お客様のお名前・ご住所・FAX 番号をお書き添えの上、下記までご連絡ください。

【郵送】〒169-8682 東京都新宿北郵便局 郵便私書箱第 2005 号
ユーキャン学び出版 旅行業務取扱管理者資格書籍編集部
【FAX】03-3378-2232

◎より詳しい解説や解答方法についてのお問い合わせ、他社の書籍の記載内容等に関しては回答いたしかねます。

●お電話でのお問い合わせ・質問指導は行っておりません。

2025 年版 ユーキャンの総合旅行業務取扱管理者 過去問題集

2009 年 6 月 10 日 初　版 第 1 刷発行
2025 年 4 月 18 日 第17版 第 1 刷発行

著　者　西川美保、山本綾、笹山民子
編　者　ユーキャン旅行業務取扱管理者試験研究会
発行者　品川泰一
発行所　株式会社 ユーキャン 学び出版
〒 151-0053
東京都渋谷区代々木 1-11-1
Tel 03-3378-1400
ＤＴＰ　有限会社 中央制作社
発売元　株式会社 自由国民社
〒 171-0033
東京都豊島区高田 3-10-11
Tel 03-6233-0781（営業部）

印刷・製本　カワセ印刷株式会社

※落丁・乱丁その他不良の品がありましたらお取り替えいたします。お買い求めの書店か自由国民社営業部（Tel 03-6233-0781）へお申し出ください。

 ISBN 978-4-426-61626-7

ユーキャンの総合旅行業務取扱管理者

過去問題集

テーマ別問題資料
令和6年度 総合試験資料
令和6年度 総合試験　解答・解説

• 資料編 •

テーマ別問題資料

資料 1. International Time Calculator（抜粋）

International time calculator

	Hours ±GMT	DST ±GMT	Daylight saving time DST(period)
A			
Argentina	-3		
Australia**			
Lord Howe Island	+10.30	+11	01 Oct 23 - 07 Apr 24
Capital Territory,NSW (excluding Lord Howe Island, Broken Hill),Victoria,Tasmania	+10	+11	01 Oct 23 - 07 Apr 24
Northern Territory	+9.30		
Queensland	+10		
South Australia, Broken Hill	+9.30	+10.30	01 Oct 23 - 07 Apr 24
Western Australia	+8		
Austria	+1	+2	26 Mar 23 - 29 Oct 23
Azerbaijan	+4		
B			
Bahamas	-5	-4	12 Mar 23 - 05 Nov 23
Bahrain	+3		
Bosnia and Herzegovina	+1	+2	26 Mar 23 - 29 Oct 23
Botswana	+2		
Brazil**			
Alagoas,Amapá,Bahia,Ceará,Distrito Federal, Espirito Santo,Goiás,Maranhão,Minas Gerais, Pará,Paraiba,Paraná,Pemambuco,Piaui, Rio De Janeiro,Rio Grande do Norte,Rio Grande do Sul, Santa Catarina,São Paulo,Sergipe,Tocantins	-3		
Amazonas(excluding the cities of Eirunepe, Benjamin,Constant & Tabatinga),Mato Gross, Mato Grosso do Sul,Rondonia,Roraima	-4		
Acre,Amazonas cities:Eirunepe,Benjamin, Constant & Tabatinga	-5		
Fernando de Noronha	-2		
Bulgaria	+2	+3	26 Mar 23 - 29 Oct 23
Burkina Faso	GMT		
D			
Denmark	+1	+2	26 Mar 23 - 29 Oct 23
Dominica	-4		
Dominican Republic	-4		
F			
Fiji	+12	+13	12 Nov 23 - 14 Jan 24
Finland	+2	+3	26 Mar 23 - 29 Oct 23
France	+1	+2	26 Mar 23 - 29 Oct 23
H			
Honduras	-6		
Hong Kong (SAR) China	+8		
Hungary	+1	+2	26 Mar 23 - 29 Oct 23
I			
Iceland	GMT		
India	+5.30		
Indonesia**			
Western including Sumatera,Jawa, Kalimantan Barat and Kalimantan Tengah	+7		
Central including Sulawesi,Kalimantan Selatan, Kalimantan Timur and Nusa Tenggara	+8		
Eastern including Maluku and Papua	+9		
Iran Islamic Republic of	+3.30	+4.30	22 Mar 23 - 22 Sep 23
Iraq	+3		
Ireland Republic of	GMT	+1	26 Mar 23 - 29 Oct 23
Israel	+2	+3	24 Mar 23 - 29 Oct 23
Italy	+1	+2	26 Mar 23 - 29 Oct 23
J			
Jamaica	-5		
Japan	+9		
Jordan	+2	+3	24 Feb 23 - 27 Oct 23
M			
Macao (SAR) China	+8		
Mexico**			
Mexico,Rest	-6	-5	02 Apr 23 - 29 Oct 23
Baja California Sur,Chihuahua,Nayarit,Sinaloa	-7	-6	02 Apr 23 - 29 Oct 23
Baja California Norte	-8	-7	02 Apr 23 - 29 Oct 23
Sonora	-7		
Piedras Negras,Nuevo Laredo,Reynosa, Matamoros,Ciudad Acuna	-6	-5	12 Mar 23 - 05 Nov 23
Ciudad Juarez	-7	-6	12 Mar 23 - 05 Nov 23
Tijuana,Mexicali	-8	-7	12 Mar 23 - 05 Nov 23
Quintana Roo	-5		
Monaco	+1	+2	26 Mar 23 - 29 Oct 23
Montenegro	+1	+2	26 Mar 23 - 29 Oct 23
Morocco	+1		
Myanmar	+6.30		
N			
Netherlands	+1	+2	26 Mar 23 - 29 Oct 23
New Caledonia	+11		
New Zealand**			
Mainland except Chatham Island	+12	+13	24 Sep 23 - 07 Apr 24
Chatham Islands	+12.45	+13.45	24 Sep 23 - 07 Apr 24
Northern Mariana Islands	+10		
Norway	+1	+2	26 Mar 23 - 29 Oct 23
P			
Paraguay	-4	-3	01 Oct 23 - 24 Mar 24
Peru	-5		
Philippines	+8		
Pitcairn Islands	-8		
Poland	+1	+2	26 Mar 23 - 29 Oct 23
Portugal**			
Mainland and Madeira	GMT	+1	26 Mar 23 - 29 Oct 23
Azores	-1	GMT	26 Mar 23 - 29 Oct 23
Puerto Rico	-4		
Q			
Qatar	+3		
S			
Saudi Arabia	+3		
Senegal	GMT		
Serbia	+1	+2	26 Mar 23 - 29 Oct 23
Seychelles	+4		
Sierra Leone	GMT		
Singapore	+8		
Slovakia	+1	+2	26 Mar 23 - 29 Oct 23
Slovenia	+1	+2	26 Mar 23 - 29 Oct 23
Solomon Islands	+11		
Somalia	+3		
South Africa	+2		
South Sudan	+2		
Spain**			
Mainland,Balearics,Melitta,Ceuta	+1	+2	26 Mar 23 - 29 Oct 23
Canary Islands	GMT	+1	26 Mar 23 - 29 Oct 23
Sri Lanka	+5.30		
Sudan	+2		
Suriname	-3		
Sweden	+1	+2	26 Mar 23 - 29 Oct 23
Switzerland	+1	+2	26 Mar 23 - 29 Oct 23
Syrian Arab Republic	+2	+3	31 Mar 23 - 27 Oct 23
T			
Tajikistan	+5		
Tanzania United Republic of	+3		
Thailand	+7		
Timor-Leste	+9		
Togo	GMT		
Tonga	+13		
Trinidad and Tobago	-4		
Tunisia	+1		
Turkey	+3		
Turkmenistan	+5		
Turks and Caicos Islands	-5	-4	12 Mar 23 - 05 Nov 23
Tuvalu	+12		
U			
Uganda	+3		
Ukraine	+2	+3	26 Mar 23 - 29 Oct 23
United Arab Emirates	+4		
United Kingdom	GMT	+1	26 Mar 23 - 29 Oct 23
United States Minor Outlying Islands**			
Johnston Atoll	-10		
Midway Island	-11		
Wake Island	+12		
USA**			
Eastern Time except Indiana	-5	-4	12 Mar 23 - 05 Nov 23
Central Time	-6	-5	12 Mar 23 - 05 Nov 23
Mountain Time except Arizona	-7	-6	12 Mar 23 - 05 Nov 23
Mountain Time Zone - Arizona	-7		
Pacific Time	-8	-7	12 Mar 23 - 05 Nov 23
Alaska	-9	-8	12 Mar 23 - 05 Nov 23
Aleutian Islands	-10	-9	12 Mar 23 - 05 Nov 23
Hawaiian Islands	-10		
Uruguay	-3		
Uzbekistan	+5		

資料 2. OAG International Time Calculator（抜粋）

A	Hours ±GMT	DST ±GMT	Daylight saving time DST(period)
Afghanistan	+4.30		
Albania	+1	+2	28 Mar 21 - 31 Oct 21
Algeria	+1		
American Samoa	-11		
Andorra	+1	+2	28 Mar 21 - 31 Oct 21
Angola	+1		
Anguilla, Leeward Islands	-4		
Antarctica	-4		
Antigua and Barbuda, Leeward Islands	-4		
Argentina	-3		
Armenia	+4		
Aruba	-4		
Australia**			
Lord Howe Island	+10.30	+11	03 Oct 21 - 03 Apr 22
Capital Territory, NSW (excluding Lord Howe Island and Broken Hill), Victoria	+10	+11	03 Oct 21 - 03 Apr 22
Northern Territory	+9.30		
Queensland	+10		
South Australia, Broken Hill	+9.30	+10.30	03 Oct 21 - 03 Apr 22
Western Australia	+8		
Tasmania	+10	+11	03 Oct 21 - 03 Apr 22
Austria	+1	+2	28 Mar 21 - 31 Oct 21
Azerbaijan	+4		

G	Hours ±GMT	DST ±GMT	Daylight saving time DST(period)
Gabon	+1		
Gambia	GMT		
Georgia	+4		
Germany	+1	+2	28 Mar 21 - 31 Oct 21
Ghana	GMT		
Gibraltar	+1	+2	28 Mar 21 - 31 Oct 21
Greece	+2	+3	28 Mar 21 - 31 Oct 21
Greenland**			
Greenland except Pituffik, Ittoqqortoormiit, Nerlerit Inaat	-3	-2	27 Mar 21 - 30 Oct 21
Pituffik	-4	-3	14 Mar 21 - 07 Nov 21
Ittoqqortoormiit, Nerlerit Inaat	-1	GMT	28 Mar 21 - 31 Oct 21
Grenada, Windward Islands	-4		
Guadeloupe	-4		
Guam	+10		
Guatemala	-6		
Guinea	GMT		
Guinea-Bissau	GMT		
Guyana	-4		

I	Hours ±GMT	DST ±GMT	Daylight saving time DST(period)
Iceland	GMT		
India	+5.30		

J	Hours ±GMT	DST ±GMT	Daylight saving time DST(period)
Jamaica	-5		
Japan	+9		
Jordan	+2	+3	26 Mar 21 - 29 Oct 21

S	Hours ±GMT	DST ±GMT	Daylight saving time DST(period)
Spain**			
Mainland, Balearics, Melilla, Ceuta	+1	+2	28 Mar 21 - 31 Oct 21
Canary Islands	GMT	+1	28 Mar 21 - 31 Oct 21
Sri Lanka	+5.30		
Sudan	+2		
Suriname	-3		
Sweden	+1	+2	28 Mar 21 - 31 Oct 21
Switzerland	+1	+2	28 Mar 21 - 31 Oct 21

U	Hours ±GMT	DST ±GMT	Daylight saving time DST(period)
Uganda	+3		
Ukraine	+2	+3	28 Mar 21 - 31 Oct 21
United Arab Emirates	+4		
United Kingdom	GMT	+1	28 Mar 21 - 31 Oct 21
United States Minor Outlying Islands**			
Johnston Atoll	-10		
Midway Island	-11		
Wake Island	+12		
USA**			
Eastern Time except Indiana	-5	-4	14 Mar 21 - 07 Nov 21
Central Time	-6	-5	14 Mar 21 - 07 Nov 21
Mountain Time except Arizona	-7	-6	14 Mar 21 - 07 Nov 21
Mountain Time Zone - Arizona	-7		
Pacific Time	-8	-7	14 Mar 21 - 07 Nov 21
Alaska	-9	-8	14 Mar 21 - 07 Nov 21
Aleutian Islands	-10	-9	14 Mar 21 - 07 Nov 21
Hawaiian Islands	-10		
Uruguay	-3		
Uzbekistan	+5		

OAG Aviation提供

資料３．JL ヨーロッパ行〈Semi-Flex M〉〈Standard L〉

（掲載している運航便、運賃・規則表は、2021 年５月 15 日現在有効なものを使用している）

（1）運賃規則表（抜粋）

<table>
<tr><td>名称・運賃種別</td><td>Semi-Flex M</td><td>Standard L</td></tr>
<tr><td>目的地</td><td colspan="2">ヨーロッパ（TS）</td></tr>
<tr><td>適用旅客・人数</td><td colspan="2">個人</td></tr>
<tr><td>クラス・旅行形態</td><td colspan="2">エコノミークラス往復、周回、オープンジョー</td></tr>
<tr><td rowspan="2">適用期間
運賃</td><td colspan="2">詳細は運賃表参照
特定便利用の場合、往路・復路それぞれにつき特定便追加運賃を Q サーチャージとして加算する
シーズナリティの適用：
往路：往路の国際線出発日を基準として往路の旅程に適用する
復路：復路のヨーロッパ内の最終地点の出発日を基準として復路の旅程に適用する

ウィークエンド（W）・ウィークデイ（X）運賃の適用：
往路：日本国内の最終地点を出発する曜日を基準とし、1/2 往復運賃を適用する
復路：ヨーロッパ内の最終地点を出発する曜日を基準とし、1/2 往復運賃を適用する</td></tr>
<tr><td>JL041 便以外利用 ｜ ウィークエンド(W) ｜ ウィークデイ（X）
往路出発 ｜ 土～月 ｜ 火～金
復路出発 ｜ 金・土 ｜ 日～木

JL041 便利用 ｜ ウィークエンド(W) ｜ ウィークデイ（X）
往路出発 ｜ 日～火 ｜ 水～土</td><td>JL041 便以外利用 ｜ ウィークエンド(W) ｜ ウィークデイ（X）
往路出発 ｜ 土・日 ｜ 月～金
復路出発 ｜ 金・土 ｜ 日～木

JL041 便利用 ｜ ウィークエンド(W) ｜ ウィークデイ（X）
往路出発 ｜ 日・月 ｜ 火～土</td></tr>
<tr><td>予約・発券</td><td>①予約クラス："M"（日本国内 "Y"）
②発券は以下の期限までに行う
・予約が最初の国際線搭乗日の 29 日以前：予約完了後７日以内
・予約が最初の国際線搭乗日の 28 日～出発前：予約完了後３日以内
③旅行全体の予約は確定済みのこと</td><td>①予約クラス："L"（日本国内 "Y"）
②予約は最初の国際線搭乗日の７日前までに行う
③発券は以下の期限までに行う
・予約が最初の国際線搭乗日の 29 日以前：予約完了後７日以内
・予約が最初の国際線搭乗日の 28 日～出発前：予約完了後３日以内
ただし、最初の国際線搭乗日の７日前まで
④旅行全体の予約は確定済みのこと</td></tr>
<tr><td>必要旅行日数</td><td>２日発・開始</td><td>３日発・開始
ただし、復路のヨーロッパ内最終地点の出発は最初の日曜日以降</td></tr>
<tr><td>最長旅行期間</td><td>12 ヵ月発・開始</td><td>12 ヵ月発・開始</td></tr>
<tr><td>途中降機</td><td colspan="2">ヨーロッパ内で往路・復路各１回可（１回につき 10,000 円）。ただし、ヘルシンキ・マドリードでの途中降機は無料で可</td></tr>
<tr><td>乗り換え</td><td colspan="2">日本国内で往路・復路各１回可
ヨーロッパ内で往路・復路各１回可、さらに、スペイン行はロンドン・ヘルシンキ経由に限りマドリード・バルセロナで往路・復路各１回可</td></tr>
<tr><td>経路規定</td><td colspan="2">①日本国内区間は日本航空（JL）または日本トランスオーシャン航空（NU）に限る
②日本発着国際線区間は日本航空（JL）に限る</td></tr>
<tr><td>運賃計算規定</td><td colspan="2">指定経路型運賃であり、距離計算、HIP チェックは適用しない</td></tr>
<tr><td>参加航空会社</td><td colspan="2">NU、AY、BA、IB、LA、AF、AH、AT、AZ、BT、EI、FI、KL、LG、LH、LO、LX、OK、OS、SK 等</td></tr>
<tr><td rowspan="2">結合可能運賃</td><td>①当該運賃用日本国内アッドオン運賃
②ヨーロッパ行 1/2 JL 運賃（含む 1/2 M/L 運賃）</td><td>①当該運賃用日本国内アッドオン運賃
②ヨーロッパ行 1/2 JL 運賃（含む 1/2 M/L 運賃）</td></tr>
<tr><td colspan="2">発券、必要旅行日数、最長旅行期間、取り消し・払い戻しについては結合されるより厳しい運賃規則が全旅程に適用される。ただし、適用期間、途中降機、乗り換え、経路規定、運賃計算規定、予約変更、経路変更についてはフェアコンポーネント（運賃計算区間）ごとの規則が適用される</td></tr>
<tr><td>予約変更
経路変更</td><td>無料で可
ただし、すでに予約が入っている便の出発時刻までに変更手続きを行うこと。変更の結果生じる差額調整は行うこと</td><td>2021/9/30 発券分まで　無料で可
ただし、すでに予約が入っている便の出発時刻までに変更手続きを行うこと。変更の結果生じる差額調整は行うこと</td></tr>
<tr><td>取り消し
払い戻し</td><td colspan="2">【旅行開始前】
1）往路の最初の区間の予約便出発時刻より前に取り消しの連絡を行った場合
大人 30,000 円、小児 22,500 円を取消手数料として収受し、残額を払い戻す
2）予約便の取り消しを行わなかった場合
払い戻し不可
【旅行開始後】
払い戻し不可</td></tr>
</table>

(2) 運賃表（抜粋）

①東京発ヨーロッパ行　JL エコノミークラス往復運賃　Semi-Flex M

《往路》往路の国際線出発日を基準として往路の旅程に適用する　単位：円

出発地	TYO 東京	
目的地	LON ロンドン／BCN バルセロナ／MAD マドリード	
W/Xの適用 / シーズナリティ	ウィークエンド（W）	ウィークデイ（X）
2021/7/17～2021/8/6	315,000	295,000
2021/8/7～2021/8/9	355,000	335,000
2021/8/10～2021/9/30	315,000	295,000

《復路》復路のヨーロッパ内の最終地点の出発日を基準として復路の旅程に適用する　単位：円

出発地	TYO 東京	
目的地	LON ロンドン／BCN バルセロナ／MAD マドリード	
W/Xの適用 / シーズナリティ	ウィークエンド（W）	ウィークデイ（X）
2021/7/17～2021/8/12	315,000	295,000
2021/8/13～2021/8/15	355,000	335,000
2021/8/16～2021/9/30	315,000	295,000

②東京発ヨーロッパ行　JL エコノミークラス往復運賃　Standard L

《往路》往路の国際線出発日を基準として往路の旅程に適用する　単位：円

出発地	TYO 東京	
目的地	LON ロンドン／BCN バルセロナ／MAD マドリード	
W/Xの適用 / シーズナリティ	ウィークエンド（W）	ウィークデイ（X）
2021/7/17～2021/8/6	250,000	230,000
2021/8/7～2021/8/9	290,000	270,000
2021/8/10～2021/9/30	250,000	230,000

《復路》復路のヨーロッパ内の最終地点の出発日を基準として復路の旅程に適用する　単位：円

出発地	TYO 東京	
目的地	LON ロンドン／BCN バルセロナ／MAD マドリード	
W/Xの適用 / シーズナリティ	ウィークエンド（W）	ウィークデイ（X）
2021/7/17～2021/8/12	250,000	230,000
2021/8/13～2021/8/15	290,000	270,000
2021/8/16～2021/9/30	250,000	230,000

(3) 特定便追加運賃（サーチャージ）（抜粋）

往路・復路が下記特定便に該当する場合、特定便追加運賃をQサーチャージとして加算する

路線	便名	予約クラス	追加運賃／片道
羽田 － ロンドン	JL043/JL044	Mクラス Lクラス	5,000円

(4) Mileage System（マイレージ システム）

運賃計算の基本となる距離計算方式(Mileage System = マイレージ システム)では、往路・復路それぞれの航空航路(GI)に沿ったTPM合計とMPMを比較し、適用運賃を算出する。

・TPMの合計がMPM以内の場合
運賃計算区間内の直行運賃を適用する。

・TPMの合計がMPMを超える場合
TPM合計をMPMで割り、その割合に応じて5%、10%、15%、20%、25%の5段階の割増が必要。
運賃計算区間内の直行運賃に割増額を加算して適用運賃を算出する。

Divide the sum of Ticketed Point Mileages by the Maximum Permitted Mileage.
Take the result to 5 decimal places and compare with the table below to establish surcharge.

if result is:				Surcharge fare by:
over	1	but not higher than	1.05	5%
	1.05		1.10	10%
	1.10		1.15	15%
	1.15		1.20	20%
	1.20		1.25	25%
	1.25			lowest combination

(5) 途中降機（Stopover）と乗り継ぎ（Transit）

途中降機とは、運賃計算区間内の中間地点で24時間を超えて滞在すること。
乗り継ぎとは、運賃計算区間内の中間地点で24時間以内の滞在をいう。

(6) HIP CHECK（Higher Intermediate Point Check）

運賃計算区間内において、始点から終点の運賃と、
・始点から中間途中降機地点の運賃
・中間途中降機地点から終点の運賃
を比較して、始点から終点の運賃より高い場合、その一番高い運賃をHIPとして使用する規則

(7) 適用運賃・規制

運賃・規則は、航空券の第一区間の旅行開始日に適用される、航空券発券日に有効な運賃・規則を使用する。
発券日から旅行開始日までの間に運賃・規則の変更があった場合でも、発券日に有効な運賃・規則が適用される。

資料 4. JL 日本発北米行〈Semi-Flex V 運賃〉〈Special Saver L 運賃〉

（掲載している運航便、運賃・規則表は、2023 年 5 月 22 日現在有効なものを使用している。）

（1）運賃規則表（抜粋）

<table>
<tr><td>運賃名称・種別</td><td>Semi-Flex V（例）VHW03ZN8</td><td>Special Saver L（例）LHW75ZN1</td></tr>
<tr><td>目的地</td><td colspan="2">米国（ハワイを除く）（PA）</td></tr>
<tr><td>適用旅客・人数</td><td colspan="2">個人</td></tr>
<tr><td>クラス・旅行形態</td><td colspan="2">エコノミークラス往復、周回、オープンジョー</td></tr>
<tr><td>適用期間
運賃</td><td colspan="2">詳細は運賃表参照
特定便利用の場合、往路・復路それぞれにつき特定便追加運賃をＱサーチャージとして加算する
シーズナリティの適用：
往路：往路の国際線出発日を基準として往路の旅程に適用する
復路：復路の米国内最終地点の出発日を基準として復路の旅程に適用する
ウィークエンド（W）・ウィークデイ（X）運賃の適用：
往路：日本国内の最終地点を出発する曜日を基準とし、1/2 往復運賃を適用する
復路：米国内の最終地点を出発する曜日を基準とし、1/2 往復運賃を適用する<table><tr><td></td><td>ウィークエンド(W)</td><td>ウィークデイ（X）</td></tr><tr><td>往路出発</td><td>土・日・月</td><td>火〜金</td></tr><tr><td>復路出発</td><td>金・土</td><td>日〜木</td></tr></table></td></tr>
<tr><td>予約・発券</td><td>①予約クラス："V"
②発券は以下の期限までに行う
・予約が最初の国際線搭乗日の 29 日以前：予約完了後 7 日以内
・予約が最初の国際線搭乗日の 28 日〜出発前：予約完了後 3 日以内
ただし、出発前までに行う
旅行全体の予約は確定済みのこと。キャンセル待ちは不可</td><td>①予約クラス："L"
②予約は最初の国際線搭乗日の 7 日前までに行う
③発券は以下の期限までに行う
・予約が最初の国際線搭乗日の 29 日以前：予約完了後 7 日以内
・予約が最初の国際線搭乗日の 28 日〜 7 日前：予約完了後 3 日以内
ただし、最初の国際線搭乗日の 7 日前までに行う
旅行全体の予約は確定済みのこと。キャンセル待ちは不可</td></tr>
<tr><td>必要旅行日数</td><td>3 日発・開始
復路の太平洋横断旅行は、往路の太平洋横断旅行出発後 3 日目以降</td><td>5 日発・開始
復路の太平洋横断旅行は、往路の太平洋横断旅行出発後 5 日目以降</td></tr>
<tr><td>最長旅行期間</td><td colspan="2">12 ヵ月発・開始</td></tr>
<tr><td>途中降機</td><td colspan="2">第 1 地区内（ハワイを除く）で往路・復路各 1 回無料で可</td></tr>
<tr><td>乗り換え</td><td colspan="2">①日本国内で往路・復路各 1 回可
②第 1 地区内（ハワイを除く）で往路・復路各 2 回可</td></tr>
<tr><td>経路規定</td><td colspan="2">①日本国内区間は日本航空（JL）または日本トランスオーシャン航空（NU）に限る
②日本発着国際線区間は日本航空（JL）に限る
③第 1 地区内は日本航空（JL）またはアメリカン航空（AA）、アラスカ航空（AS）、ウエストジェット（WS）、ジェットブルー（B6）に限る
④フェアコンポーネント内のサーフィスセクターは不可</td></tr>
<tr><td>運賃計算規定</td><td colspan="2">距離計算は行い、マイレージサーチャージを適用する。HIP チェックは行わない
特定経路（スペシファイド ルーティング）については、資料 5. を参照のこと</td></tr>
<tr><td>参加航空会社</td><td colspan="2">NU、AA、AS、WS、B6</td></tr>
<tr><td rowspan="2">結合可能運賃</td><td colspan="2">①当該運賃用日本国内アッドオン運賃
②結合可能な日本発第 1 地区行 1/2 JL/AA 運賃</td></tr>
<tr><td colspan="2">発券、必要旅行日数、最長旅行期間、取り消し・払い戻しについては、結合されるより厳しい運賃規則が全旅程に適用される
ただし、適用期間、途中降機、乗り換え、経路規定、運賃計算規定、予約変更・経路変更については、フェアコンポーネント（運賃計算区間）ごとの規則が適用される</td></tr>
<tr><td>予約変更
経路変更</td><td>【旅行開始前／旅行開始後】
無料で可。旅行開始前の第一区間の変更は変更先運賃の予約期限までに行う
すでに予約が入っている便の出発時刻までに変更手続きを行うこと
変更の結果生じる差額調整は行うこと</td><td>【旅行開始前／旅行開始後】
不可</td></tr>
<tr><td>取り消し
払い戻し</td><td>【旅行開始前】
①往路の最初の区間の予約便出発時刻より前に取り消しの連絡を行った場合
航空運賃から大人 50,000 円、小児 37,500 円を取消手数料として収受し、残額を払い戻す
②予約便の取り消しを行わなかった場合
航空運賃の払い戻し不可
【旅行開始後】
航空運賃の払い戻し不可</td><td>【旅行開始前／旅行開始後】
航空運賃の払い戻し不可</td></tr>
</table>

(2) 運賃表（抜粋）

①東京発北米行　JL　Semi-Flex V 運賃

《往路》往路の国際線出発日を基準として往路の旅程に適用する

単位：円

出発地	TYO 東京					
目的地	NYC ニューヨーク		ORL オーランド		DFW ダラス	
運賃名称 / 予約クラス	Semi-Flex V / V クラス					
W/X の適用 適用期間・運賃種別（FB）	ウィークエンド(W)	ウィークデイ(X)	ウィークエンド(W)	ウィークデイ(X)	ウィークエンド(W)	ウィークデイ(X)
2023/7/15 ~ 2023/8/22 VHW03ZN8/VHX03ZN8	321,000	301,000	311,000	291,000	349,000	329,000
2023/8/23 ~ 2023/12/23 VLW03ZN8/VLX03ZN8	261,000	241,000	251,000	231,000	289,000	269,000

《復路》復路の北米内の最終地点の国際線出発日を基準として復路の旅程に適用する

単位：円

出発地	TYO 東京	
目的地	LAX ロサンゼルス / SEA シアトル	
運賃名称 / 予約クラス	Semi-Flex V / V クラス	
W/X の適用 適用期間・運賃種別（FB）	ウィークエンド(W)	ウィークデイ(X)
2023/8/13 ~ 2023/8/21 VHW03ZN8/VHX03ZN8	297,000	277,000
2023/8/22 ~ 2023/12/31 VLW03ZN8/VLX03ZN8	237,000	217,000

②東京発北米行　JL　Special Saver L 運賃

《往路》往路の国際線出発日を基準として往路の旅程に適用する

単位：円

出発地	TYO 東京					
目的地	NYC ニューヨーク		ORL オーランド		DFW ダラス	
運賃名称 / 予約クラス	Special Saver L / L クラス					
W/X の適用 適用期間・運賃種別（FB）	ウィークエンド(W)	ウィークデイ(X)	ウィークエンド(W)	ウィークデイ(X)	ウィークエンド(W)	ウィークデイ(X)
2023/7/15 ~ 2023/8/22 LHW75ZN1/LHX75ZN1	311,000	291,000	306,000	286,000	359,000	339,000
2023/8/23 ~ 2023/12/23 LLW75ZN1/LLX75ZN1	251,000	231,000	246,000	226,000	299,000	279,000

《復路》復路の北米内の最終地点の国際線出発日を基準として復路の旅程に適用する

単位：円

出発地	TYO 東京	
目的地	LAX ロサンゼルス / SEA シアトル	
運賃名称 / 予約クラス	Special Saver L / L クラス	
W/X の適用 適用期間・運賃種別（FB）	ウィークエンド(W)	ウィークデイ(X)
2023/8/13 ~ 2023/8/21 LHW75ZN1/LHX75ZN1	289,000	269,000
2023/8/22 ~ 2023/12/31 LLW75ZN1/LLX75ZN1	229,000	209,000

(3) 特定便追加運賃（Q サーチャージ）

往路・復路が下記特定便に該当する場合、Q サーチャージとしてそれぞれの額を加算する

路線	便名	運賃種別	予約クラス	追加運賃（片道）
羽田ーダラス	JL0012 ／ JL0011	Semi-Flex V	V	7,500円
		Special Saver L	L	5,000円

資料5. 運賃計算の基本規則（抜粋）

(1) Mileage System（マイレージ システム）

運賃計算の基本となる距離計算方式（Mileage System = マイレージ システム）では、往路・復路それぞれの航空航路（GI）に沿ったTPM合計とMPMを比較し、適用運賃を算出する。

・TPMの合計がMPM以内の場合、運賃計算区間内の直行運賃を適用する。

・TPMの合計がMPMを超える場合、超える割合に応じて直行運賃を割り増す。（マイレージ サーチャージ）

if result is:				Surcharge fare by:
over	1.00	but not higher than	1.05	5%
	1.05		1.10	10%
	1.10		1.15	15%
	1.15		1.20	20%
	1.20		1.25	25%
	1.25			lowest combination

(2) 乗り換え（Transfer）と途中降機（Stopover）

「乗り換え」とは、経由地で到着便から出発便に乗り換えること。

運賃計算上の折り返し地点は乗り換えの回数に含まない。

乗り換えのうち、運賃計算区間内の中間地点で24時間を超えて滞在することを「途中降機」という。

(3) HIP CHECK（Higher Intermediate Point Check）

運賃計算区間内において、始点から終点の運賃と、

・始点から中間途中降機地点の運賃

・中間途中降機地点から終点の運賃

を比較して、始点から終点の運賃より高い場合、その一番高い運賃をHIPとして使用する規則

(4) 適用運賃・規則

運賃・規則は、航空券の第一区間の旅行開始日に適用される航空券発券日に有効な運賃・規則を使用する。発券日から旅行開始日までの間に運賃・規則の変更があった場合でも、発券日に有効な運賃・規則が適用される。

(5) 通し運賃（Through Fare）

中間地点を含む旅程について、1つの運賃で計算された適用運賃

(6) 特定経路（スペシファイド ルーティング Specified Routing）

出発地点から目的地点まで指定された経由地点を順に旅行する場合、距離計算及びHIPチェックをすることなく出発地点から目的地点の直行運賃をそのまま適用できる規則

・太平洋線　Between Area 1 and Area 3 via pacific（抜粋）

Between	And	via
SEA	Japan	LAX or SFO

(7) 運賃種別（FB：Fare Basis）

英数字で構成された、適用する運賃の規則を表すコード

〈参考〉

2023年8月

日	月	火	水	木	金	土
		1	2	3	4	5
6	7	8	9	10	11	12
13	14	15	16	17	18	19
20	21	22	23	24	25	26
27	28	29	30	31		

2023年9月

日	月	火	水	木	金	土
					1	2
3	4	5	6	7	8	9
10	11	12	13	14	15	16
17	18	19	20	21	22	23
24	25	26	27	28	29	30

資料 6. NH 中国行〈Full Flex Plus Y2 運賃〉〈Basic M 運賃〉

（掲載している運航便、運賃・規則表は、2022 年 5 月 10 日現在有効なものを使用している）

(1) 運賃規則表（抜粋）

<table>
<tr><td>名称・運賃種別</td><td>Full Flex Plus Y2</td><td>Basic M</td></tr>
<tr><td>目的地</td><td colspan="2">中国</td></tr>
<tr><td>適用旅客</td><td colspan="2">個人</td></tr>
<tr><td>クラス・旅行形態</td><td>エコノミークラス往復、周回、オープンジョー</td><td>エコノミークラス往復、周回、オープンジョー</td></tr>
<tr><td>適用期間
運賃</td><td colspan="2">詳細は運賃表参照
特定便を利用の場合、往路・復路それぞれにつき特定便追加運賃を Q サーチャージとして加算する
ウィークエンド（W）・ウィークデイ（X）運賃の適用：
往路：日本国内の最終地点を出発する曜日を基準とし、1/2 往復運賃を適用する
復路：中国内の最終国際線区間を出発する曜日を基準とし、1/2 往復運賃を適用する
<table><tr><td></td><td>ウィークエンド(W)</td><td>ウィークデイ（X）</td></tr><tr><td>往路出発</td><td>日・月</td><td>火〜土</td></tr><tr><td>復路出発</td><td>金・土</td><td>日〜木</td></tr></table></td></tr>
<tr><td>予約・発券</td><td>①予約クラス："Y"
②予約は旅行開始前までに行う
③発券は以下の期限までに行う
・予約が旅行開始の 22 日以前：旅行開始の 14 日前まで
・予約が旅行開始の 21 日〜旅行開始前：予約完了後 7 日以内。ただし、旅行開始前まで
④往路の予約は確定済みのこと</td><td>①予約クラス："M"
②予約は旅行開始前までに行う
③発券は以下の期限までに行う
・予約が旅行開始の 29 日以前：予約完了後 7 日以内
・予約が旅行開始の 28 日〜旅行開始前：予約完了後 72 時間以内。ただし、旅行開始前まで
④旅行全体の予約は確定済みのこと</td></tr>
<tr><td>必要旅行日数</td><td colspan="2">制限なし</td></tr>
<tr><td>最長旅行期間</td><td>1 年発・開始</td><td>6 ヵ月発・開始</td></tr>
<tr><td>途中降機</td><td>制限なし</td><td>中国国内で往路・復路各 1 回可（1 回につき 5,000 円）</td></tr>
<tr><td>乗り換え</td><td>①日本国内で往路・復路各 2 回可
②日本国外で往路・復路各 4 回可</td><td>①東京・名古屋・大阪で往路・復路各 1 回可
②中国国内で往路・復路各 1 回可</td></tr>
<tr><td>経路規定</td><td>①日本国内区間は全日空（NH）に限る
②日本発着の国際線区間は全日空（NH）に限る</td><td>①日本国内区間は全日空（NH）に限る
②日本発着の国際線区間は全日空（NH）に限る
③中国国内区間は、全日空（NH）のコードシェア便または、中国国際航空（CA）、中国東方航空（MU）、上海航空（FM）など、指定経路上の航空会社に限る</td></tr>
<tr><td>運賃計算規定</td><td>距離計算、HIP チェックを適用する</td><td>指定経路型運賃であり、距離計算、HIP チェックは適用しない</td></tr>
<tr><td>参加航空会社</td><td>連帯運送契約のある航空会社（CA, MU, FM, CZ,HO など）</td><td>指定経路上の航空会社（CA, MU, FM, CZ, HO など）</td></tr>
<tr><td>結合可能運賃</td><td>普通運賃用アッドオン運賃
結合可能な日本発中国行 NH1/2 運賃</td><td>当該運賃用日本国内アッドオン運賃
中国行 NH1/2Basic 運賃

発券、必要旅行日数、最長旅行期間、取り消し・払い戻しについては、結合されるより厳しい運賃規則が全旅程に適用される
適用期間、途中降機、乗り換え、経路規定、運賃計算規定、予約変更・経路変更については、フェアコンポーネント（運賃計算区間）ごとの運賃規則が適用される</td></tr>
<tr><td>予約変更
経路変更</td><td>【旅行開始前／旅行開始後】
無料で可
ただし、変更の結果生じる運賃差額の調整は行う</td><td>【旅行開始前／旅行開始後】
1 回につき 10,000 円で可
ただし、すでに予約が入っている便の出発時刻までに変更手続きを行うこと
変更の結果生じる運賃差額の調整は行う</td></tr>
<tr><td>取り消し
払い戻し</td><td>【旅行開始前】
無料で可
【旅行開始後】
旅行済み区間に適用される運賃を差し引き、残額を払い戻す</td><td>【旅行開始前】
大人 20,000 円を取消手数料として収受し、残額を払い戻す
【旅行開始後】
払い戻し不可</td></tr>
</table>

(2) 運賃表（抜粋）

①東京発中国行　NH　Full Flex Plus Y2 運賃

往路の最初の国際線搭乗日を基準として全旅程に適用する

単位：円

出発地	TYO 東京					
目的地	TAO 青島		DLC 大連		SHA 上海	
運賃名称 / 予約クラス	Full Flex Plus Y2 / Y クラス					
W/X の適用 / シーズナリティ	ウィークエンド (W)	ウィークデイ (X)	ウィークエンド (W)	ウィークデイ (X)	ウィークエンド (W)	ウィークデイ (X)
2022/4/1～2023/3/31	366,000	324,000	338,000	296,000	338,000	296,000

②東京発中国行　NH　Basic M 運賃

往路の最初の国際線搭乗日を基準として全旅程に適用する

単位：円

出発地	TYO 東京					
目的地	TAO 青島		DLC 大連		SHA 上海	
運賃名称 / 予約クラス	Basic M / M クラス					
W/X の適用 / シーズナリティ	ウィークエンド (W)	ウィークデイ (X)	ウィークエンド (W)	ウィークデイ (X)	ウィークエンド (W)	ウィークデイ (X)
2022/4/1～2023/3/31	264,000	250,000	257,000	243,000	253,000	239,000

(3) 特定便追加運賃（Q サーチャージ）（抜粋）

往路・復路が下記特定便に該当する場合、Q サーチャージとしてそれぞれの額を加算する

路線	便名	予約クラス	追加運賃（片道）
羽田―青島	NH0949 ／ NH0950	Y クラス	10,000 円
		M クラス	5,000 円

資料 7. JL 米国行〈Standard H 運賃〉〈Special Saver N 運賃〉

（掲載している運航便、運賃・規則表は、2022 年 5 月 10 日現在有効なものを使用している）

（1）運賃規則表（抜粋）

<table>
<tr><th>名称・運賃種別</th><th>Standard H</th><th>Special Saver N</th></tr>
<tr><td>目的地</td><td colspan="2">米国（ハワイを除く）</td></tr>
<tr><td>適用旅客・人数</td><td colspan="2">個人</td></tr>
<tr><td>クラス・旅行形態</td><td colspan="2">エコノミークラス往復、周回、オープンジョー</td></tr>
<tr><td rowspan="2">適用期間
運賃</td><td colspan="2">詳細は運賃表参照
特定便を利用の場合、往路・復路それぞれにつき特定便追加運賃を Q サーチャージとして加算する
ウィークエンド（W）・ウィークデイ（X）運賃の適用：
往路：日本国内の最終地点を出発する曜日を基準とし、1/2 往復運賃を適用する
復路：北米内の最終地点を出発する曜日を基準とし、1/2 往復運賃を適用する
<table>
<tr><th></th><th>ウィークエンド(W)</th><th>ウィークデイ（X）</th></tr>
<tr><td>往路出発</td><td>土〜月</td><td>火〜金</td></tr>
<tr><td>復路出発</td><td>金・土</td><td>日〜木</td></tr>
</table>
シーズナリティの適用：
往路：往路の国際線出発日を基準として往路の旅程に適用する
復路：復路の北米内最終地点の出発日を基準として復路の旅程に適用する</td></tr>
<tr><td>旅程にホノルル・コナが含まれる場合は、途中降機の有無にかかわらず片道につき 30,000 円の Q サーチャージが加算される</td><td></td></tr>
<tr><td>予約・発券</td><td>①予約クラス："H"
②予約は最初の国際線搭乗日の 7 日前までに行う
③発券は以下の期限までに行う
・予約が最初の国際線搭乗日の 29 日以前：予約完了後 7 日以内
・予約が最初の国際線搭乗日の 28 〜 7 日前：予約完了後 3 日以内
ただし、最初の国際線搭乗日の 7 日前まで
④旅行全体の予約は確定済みのこと</td><td>①予約クラス："N"
②予約は最初の国際線搭乗日の 50 日前までに行う
③発券は予約完了後 1 日以内。ただし、最初の国際線搭乗日の 50 日前までに行う
④旅行全体の予約は確定済みのこと</td></tr>
<tr><td>必要旅行日数</td><td>2 日発・開始
復路の太平洋横断旅行は、往路の太平洋横断旅行出発後 2 日目以降</td><td>5 日発・開始
復路の太平洋横断旅行は、往路の太平洋横断旅行出発後 5 日目以降</td></tr>
<tr><td>最長旅行期間</td><td colspan="2">12 ヵ月発・開始</td></tr>
<tr><td>途中降機</td><td>第 1 地区内で往路・復路各 1 回無料で可</td><td>第 1 地区内（ハワイを除く）で往路・復路各 1 回無料で可</td></tr>
<tr><td>乗り換え</td><td>日本国内で往路・復路各 1 回可
第 1 地区内で往路・復路各 2 回可</td><td>日本国内で往路・復路各 1 回可
第 1 地区内（ハワイを除く）で往路・復路各 2 回可</td></tr>
<tr><td>経路規定</td><td colspan="2">①日本国内区間は日本航空（JL）または日本トランスオーシャン航空（NU）に限る
②日本発着国際線区間は日本航空（JL）に限る
③第 1 地区内は日本航空（JL）、アメリカン航空（AA）、アラスカ航空（AS）、ジェットブルー（B6）等
④フェアコンポーネント内のサーフィスセクターは不可</td></tr>
<tr><td>運賃計算規定</td><td colspan="2">距離計算は適用するが、HIP チェックは適用しない</td></tr>
<tr><td>参加航空会社</td><td colspan="2">NU, AA, AS, B6 等</td></tr>
<tr><td>結合可能運賃</td><td colspan="2">①当該運賃用日本国内アッドオン運賃
② Standard H / Special Saver N を含む結合可能な日本発米国行 1/2 JL 運賃
発券、必要旅行日数、最長旅行期間、取り消し・払い戻しについては、結合されるより厳しい運賃規則が全旅程に適用される
適用期間、途中降機、乗り換え、経路規定、運賃計算規定、予約変更・経路変更については、フェアコンポーネント（運賃計算区間）ごとの運賃規則が適用される</td></tr>
<tr><td>予約変更
経路変更</td><td>1 回につき変更料金 20,000 円で可
ただし、旅行開始の第一区間の変更は変更先運賃の予約期限までに行う
すでに予約が入っている便の出発時刻までに変更手続きを行うこと
変更の結果生じる差額調整は行うこと</td><td>不可</td></tr>
<tr><td>取り消し
払い戻し</td><td>【旅行開始前】
①往路の最初の区間の予約便出発時刻より前に取り消しの連絡を行った場合
大人 30,000 円を取消手数料として収受し残額を払い戻す
②予約便の取り消しを行わなかった場合
運賃額の 50%を取消手数料として収受し残額を払い戻す
ただし、運賃額の 50%が大人 30,000 円を下回る場合には、大人 30,000 円を取消手数料とする
【旅行開始後】
払い戻し不可</td><td>【旅行開始前／旅行開始後】
不可</td></tr>
</table>

(2) 運賃表（抜粋）

①東京発米国行　JL　Standard H 運賃

《往路》往路の国際線出発日を基準として往路の旅程に適用する　単位：円

出発地	TYO 東京					
目的地	NYC ニューヨーク		CHI シカゴ		PHX フェニックス	
W/Xの適用 / シーズナリティ	ウィークエンド (W)	ウィークデイ (X)	ウィークエンド (W)	ウィークデイ (X)	ウィークエンド (W)	ウィークデイ (X)
2022/5/4～2022/7/14	379,000	359,000	374,000	354,000	362,000	342,000
2022/7/15～2022/8/22	439,000	419,000	434,000	414,000	422,000	402,000

《復路》復路の北米内の最終地点出発日を基準として復路の旅程に適用する　単位：円

出発地	TYO 東京					
目的地	NYC ニューヨーク		CHI シカゴ		PHX フェニックス	
W/Xの適用 / シーズナリティ	ウィークエンド (W)	ウィークデイ (X)	ウィークエンド (W)	ウィークデイ (X)	ウィークエンド (W)	ウィークデイ (X)
2022/5/9～2022/8/12	379,000	359,000	374,000	354,000	362,000	342,000
2022/8/13～2022/8/21	439,000	419,000	434,000	414,000	422,000	402,000

②東京発米国行　JL　Special Saver N 運賃

《往路》往路の国際線出発日を基準として往路の旅程に適用する　単位：円

出発地	TYO 東京					
目的地	NYC ニューヨーク		CHI シカゴ		PHX フェニックス	
W/Xの適用 / シーズナリティ	ウィークエンド (W)	ウィークデイ (X)	ウィークエンド (W)	ウィークデイ (X)	ウィークエンド (W)	ウィークデイ (X)
2022/5/4～2022/7/14	179,000	159,000	176,000	156,000	172,000	152,000
2022/7/15～2022/8/22	217,000	197,000	214,000	194,000	210,000	190,000

《復路》復路の北米内の最終地点出発日を基準として復路の旅程に適用する　単位：円

出発地	TYO 東京					
目的地	NYC ニューヨーク		CHI シカゴ		PHX フェニックス	
W/Xの適用 / シーズナリティ	ウィークエンド (W)	ウィークデイ (X)	ウィークエンド (W)	ウィークデイ (X)	ウィークエンド (W)	ウィークデイ (X)
2022/5/9～2022/8/12	179,000	159,000	176,000	156,000	172,000	152,000
2022/8/13～2022/8/21	217,000	197,000	214,000	194,000	210,000	190,000

(3) 特定便追加運賃（Q サーチャージ）

往路・復路が下記特定便に該当する場合、Q サーチャージとしてそれぞれの額を加算する

路線	便名	予約クラス	追加運賃（片道）
羽田－ニューヨーク	JL0006 ／ JL0005	H クラス	7,500 円
		N クラス	5,000 円

資料8. 運賃計算の基本規則（抜粋）

(1) Mileage System（マイレージ システム）

運賃計算の基本となる距離計算方式（Mileage System マイレージ システム）では、往路・復路それぞれの航空航路（GI）に沿ったTPM合計とMPMを比較し、適用運賃を算出する。

・TPMの合計がMPM以内の場合、運賃計算区間内の直行運賃を適用する。

・TPMの合計がMPMを超える場合、超える割合に応じて直行運賃を割り増す。（マイレージ サーチャージ）

if result is:				Surcharge fare by:
over	1	but not higher than	1.05	5%
	1.05		1.10	10%
	1.10		1.15	15%
	1.15		1.20	20%
	1.20		1.25	25%
	1.25			lowest combination

(2) 途中降機（Stopover）と乗り継ぎ（Transit）

途中降機とは、運賃計算区間内の中間地点で24時間を超えて滞在すること。
乗り継ぎとは、運賃計算区間内の中間地点で24時間以内の滞在をいう。

(3) HIP CHECK（Higher Intermediate Point Check）

運賃計算区間内において、始点から終点の運賃と、

・始点から中間途中降機地点の運賃

・中間途中降機地点から終点の運賃

を比較して、始点から終点の運賃より高い場合、その一番高い運賃をHIPとして使用する規則

(4) 通し運賃（Through Fare）

中間地点を含む旅程について、1つの運賃で計算された適用運賃

〈参考〉

2022年5月

日	月	火	水	木	金	土
1	2	3	4	5	6	7
8	9	10	11	12	13	14
15	16	17	18	19	20	21
22	23	24	25	26	27	28
29	30	31				

2022年6月

日	月	火	水	木	金	土
			1	2	3	4
5	6	7	8	9	10	11
12	13	14	15	16	17	18
19	20	21	22	23	24	25
26	27	28	29	30		

2022年7月

日	月	火	水	木	金	土
					1	2
3	4	5	6	7	8	9
10	11	12	13	14	15	16
17	18	19	20	21	22	23
24	25	26	27	28	29	30
31						

2022年8月

日	月	火	水	木	金	土
	1	2	3	4	5	6
7	8	9	10	11	12	13
14	15	16	17	18	19	20
21	22	23	24	25	26	27
28	29	30	31			

令和6年度 総合旅行業務取扱管理者試験　資料

資料1. JL日本発ヨーロッパ行き〈Semi Flex B運賃〉〈Special B運賃〉

(掲載している運航便、運賃・規則表は、2024年5月20日現在有効なものを使用している)

(1) 運賃規則表（抜粋）

名称・運賃種別	Semi Flex B運賃 （例）BNW0A0M1	Special B運賃 （例）BNW0A0M4	Semi Flex B運賃 （例）BNN0NACD	Special B運賃 （例）BNN0NACH
目的地（GI）	ヨーロッパ（TS）		ヨーロッパ（EH）	
適用旅客・人数	個人			
クラス・旅行形態	エコノミークラス往復、周回、オープンジョー			
適用期間運賃	詳細は運賃表参照 特定便利用の場合、往路・復路それぞれにつき特定便追加運賃をQサーチャージとして加算する ウィークエンド（W）・ウィークデイ（X）運賃の適用： 往路：日本国内の最終地点を出発する曜日を基準とし1/2往復運賃を適用する 復路：ヨーロッパ内の最終国際線区間を出発する曜日を基準とし1/2往復運賃を適用する （　／ウィークエンド（W）／ウィークデイ（X）） 往路出発：土～月／火～金 往路JL0041便利用時：日～火／水～土 復路出発：金・土／日～木			
予約・発券	①予約クラス："B"（日本国内"B"、GK運航のコードシェア便"S""V""L""M""K"） ②発券は以下の期限までに行う ・予約が最初の国際線搭乗日の29日以前：予約完了後7日以内 ・予約が最初の国際線搭乗日の28日～旅行開始前：予約完了後3日以内 ただし、旅行開始前まで 上記発券期限までキャンセル待ち可（ただし、期限を過ぎた場合、すでに確保されている予約も含めて自動取り消しとなる） ③旅行全体の予約は確定済みのこと			
必要旅行日数	制限なし			
最長旅行期間	12ヵ月発・開始			
途中降機	ヨーロッパ内（ただし、ロシアを除く）で往路・復路各2回可（1回につき10,000円） ただし、ヘルシンキ・マドリードでは無料で可		ドーハ・ドバイで往路・復路各1回無料で可	
乗り換え	①日本国内で往路・復路各1回可 ②ヨーロッパ内（ただし、ロシアを除く）で往路・復路各3回可		①日本国内で往路・復路各1回可 ②ドーハ・ドバイで往路・復路各1回可	
経路規定	①日本国内区間は日本航空（JL）または日本トランスオーシャン航空（NU）に限る ②日本発着国際線区間は日本航空（JL）に限る ③フェアコンポーネント内のサーフィスセクターは不可			
運賃計算規定	距離計算は行うが、HIPチェックは行わない。			
参加航空会社	NU、AY、BA、IB、AZ、KL　など		NU、EK、QR、AY、BA、IB、RJ　など	
結合可能運賃	①当該運賃用日本国内アッドオン運賃 ②結合可能な日本発ヨーロッパ行1/2 JL/AY/BA/IB運賃		①当該運賃用日本国内アッドオン運賃 ②結合可能な日本発ヨーロッパ・ロシア・中東行1/2 JL運賃	
	発券、必要旅行日数、最長旅行期間、取り消し・払い戻しについては、結合されるより厳しい運賃規則が全旅程に適用される 適用期間、途中降機、乗り換え、経路規定、運賃計算規定、予約変更・経路変更については、フェアコンポーネント（運賃計算区間）ごとの規則が適用される 変更料金については、旅程内の変更したすべてのフェアコンポーネントの中で最も高い額が適用される			
予約変更経路変更	無料で可	1回につき変更料金大人20,000円、小児15,000円で可	無料で可	1回につき変更料金大人20,000円、小児15,000円で可
	旅行開始前の第一区間の変更は変更先運賃の予約期限までに行う より高額なJL/AY/BA/IB普通運賃、同一または上位予約クラスのJL/AY/BA/IB特別運賃への変更に限る キャンセル待ちは結合規則にかかわらず変更先の運賃規則を適用する すでに予約が入っている便の出発時刻までに変更手続きを行うこと 変更の結果生じる差額調整は行うこと			
取り消し払い戻し	【旅行開始前】 往路の最初の区間の予約便出発時刻より前に取り消しの連絡を行った場合： 大人30,000円、小児22,500円を取消手数料として収受し、残額を払い戻す 取り消しの連絡を行わなかった場合： 払い戻し不可 【旅行開始後】 出発地からすでに旅行した区間を適用可能普通運賃で再計算し、支払い額との差額がある場合には残額を払い戻す	【旅行開始前／旅行開始後】 払い戻し不可	【旅行開始前】 往路の最初の区間の予約便出発時刻より前に取り消しの連絡を行った場合： 大人30,000円、小児22,500円を取消手数料として収受し、残額を払い戻す 取り消しの連絡を行わなかった場合： 払い戻し不可 【旅行開始後】 出発地からすでに旅行した区間を適用可能普通運賃で再計算し、支払い額との差額がある場合には残額を払い戻す	【旅行開始前／旅行開始後】 払い戻し不可

(2) 運賃表（抜粋）

①東京発ヨーロッパ行　JL　Semi Flex B 運賃　単位：円

出発地	TYO 東京					
航空航路（GI）	TS				EH	
目的地	LON ロンドン		ATH アテネ		LON ロンドン	ATH アテネ
W/X の適用・FB / 適用期間	ウィークエンド(W) BNW0A0M1	ウィークデイ (X) BNX0A0M1	ウィークエンド(W) BNW0A0M1	ウィークデイ (X) BNX0A0M1	W/X の適用なし BNN0NACD	
2024/4/1～2025/3/31	545,000	505,000	565,000	525,000	420,000	370,000

②東京発ヨーロッパ行　JL　Special B 運賃　単位：円

出発地	TYO 東京					
航空航路（GI）	TS				EH	
目的地	LON ロンドン		ATH アテネ		LON ロンドン	ATH アテネ
W/X の適用・FB / 適用期間	ウィークエンド(W) BNW0A0M4	ウィークデイ (X) BNX0A0M4	ウィークエンド(W) BNW0A0M4	ウィークデイ (X) BNX0A0M4	W/X の適用なし BNN0NACH	
2024/4/1～2025/3/31	525,000	485,000	545,000	505,000	400,000	350,000

(3) 航空航路（GI：Global Indicator）

英字で構成された、航空機の飛行経路を表すコード（主な日本欧州間の GI）

GI	経路	旅程（例）
EH	南回り	TYO-DOH-ATH
TS	日本－欧州間直行便利用	TYO-LON

(4) 特定便追加運賃（Q サーチャージ）

往路・復路が下記特定便に該当する場合、Q サーチャージとしてそれぞれの額を加算する

路線	運賃種別	予約クラス	便名	追加運賃（片道）
羽田－ロンドン	Semi Flex B (TS) Special B (TS)	B	JL0041	15,000 円
		B	JL0042	10,000 円

(5) 日本国内アッドオン運賃（抜粋）

日本国内の各出発地からヨーロッパ行き Semi Flex B 運賃（TS）、Semi Flex B 運賃（EH）、Special B 運賃（TS）、Special B 運賃（EH）は、東京発運賃に下記を加算する

加算地点	日本国内設定都市	アッドオン運賃／往復
東京	大阪・名古屋	0 円
	札幌、福岡、南紀白浜他設定都市	16,000 円

※国際線と国内線の乗り換えは 24 時間以内に行わなければならない

資料 2. NH 日本発米国・カナダ行〈Special Plus E〉〈Special U〉

（掲載している運航便、運賃・規則表は、2024 年 5 月 20 日現在有効なものを使用している）

（1）運賃規則表（抜粋）

<table>
<tr><td>名称・運賃種別</td><td>Special Plus E 運賃（例）ELXNCA1</td><td>Special U 運賃（例）ULXNCA1</td></tr>
<tr><td>目的地（GI）</td><td colspan="2">米国・カナダ（ハワイを除く）（PA）</td></tr>
<tr><td>適用旅客</td><td colspan="2">個人</td></tr>
<tr><td>クラス・旅行形態</td><td>プレミアム エコノミークラス往復、周回、オープンジョー</td><td>エコノミークラス往復、周回、オープンジョー</td></tr>
<tr><td>適用期間</td><td colspan="2">詳細は運賃表参照
特定便利用の場合、往路・復路それぞれにつき特定便追加運賃を Q サーチャージとして加算する
シーズナリティーの適用：
往路：往路の最初の国際線搭乗日を基準として往路の旅程に適用する
復路：復路の最後の国際線搭乗日を基準として復路の旅程に適用する
ウィークエンド（W）・ウィークデイ（X）運賃の適用：往路・復路各方向の太平洋区間を出発する曜日に適用される 1/2 往復運賃をそれぞれ適用する
<table><tr><td></td><td>ウィークエンド(W)</td><td>ウィークデイ（X）</td></tr><tr><td>往路出発</td><td>土・日・月</td><td>火～金</td></tr><tr><td>復路出発</td><td>金・土</td><td>日～木</td></tr></table></td></tr>
<tr><td>予約・発券</td><td>①予約クラス："E"
②予約は出発の 7 日前までに行う
③発券は予約完了後 72 時間以内に行う
ただし、出発の 7 日前まで
キャンセル待ちを含んだ場合にも、上記規則を適用する（ただし、期限を過ぎた場合、すでに確保されている予約も含めて自動取り消しとなる）
④旅行全体の予約は確定済みのこと</td><td>①予約クラス："U"
②予約は出発の 7 日前までに行う
③発券は以下の期限までに行う
出発日の 29 日以前：予約完了後 7 日以内
出発日の 28 日～7 日前：予約完了後 72 時間以内
ただし、出発の 7 日前まで
ANA グループ運航国際線のキャンセル待ちは不可
日本国内線、他社運航のコードシェア便、他社便利用の場合は上記発券期限までキャンセル待ち可
（ただし、期限を過ぎた場合、すでに確保されている予約も含めて自動取り消しとなる）
④旅行全体の予約は確定済みのこと</td></tr>
<tr><td>必要旅行日数</td><td colspan="2">2 日発・開始</td></tr>
<tr><td>最長旅行期間</td><td colspan="2">12 ヵ月発・開始</td></tr>
<tr><td>途中降機</td><td colspan="2">米国内の LAX/SFO/SEA/SJC/NYC/WAS/CHI/HOU/HNL/DEN で往路・復路各 1 回無料で可
さらにカナダ国内の YVR/YYC で 1 回無料で可</td></tr>
<tr><td rowspan="2">乗り換え</td><td>日本国内で往路・復路各 1 回可
北米内の下記都市（※ 1）で往路・復路各 2 回可</td><td>日本国内で往路・復路各 1 回可
北米内の下記都市（※ 1）で往路・復路各 3 回可</td></tr>
<tr><td colspan="2">（※ 1） LAX、SFO、SEA、SJC、NYC、WAS、CHI、HOU、HNL、DEN、YVR、YYC</td></tr>
<tr><td>経路規定</td><td>①日本発着国内線区間は全日空（NH）に限る
②日本発着国際線区間は全日空（NH）に限る
他社が運航するコードシェア便はエアジャパン（NQ）、ユナイテッド航空（UA）、エアカナダ（AC）に限る
③米国（ハワイを除く）内はユナイテッド航空（UA）、アラスカ航空（AS）、ジェットブルー（B6）に限る
④米国 - カナダ間　ユナイテッド航空（UA）、エアカナダ（AC）、アラスカ航空（AS）の利用可
⑤カナダ国内区間はユナイテッド航空（UA）、エアカナダ（AC）に限る</td><td>①日本発着国内線区間は全日空（NH）に限る
②日本発着国際線区間は全日空（NH）に限る
他社が運航するコードシェア便はエアジャパン（NQ）、ユナイテッド航空（UA）に限る
③米国（ハワイを除く）内はユナイテッド航空（UA）、アラスカ航空（AS）、ジェットブルー（B6）に限る
④米国 - カナダ間　ユナイテッド航空（UA）、エアカナダ（AC）、アラスカ航空（AS）の利用可。ただし、米国内、米国 - カナダ間のアラスカ航空（AS）、ジェットブルー（B6）、エアカナダ（AC）は SFO/LAX/DEN/CHI/WAS/NYC/HOU 発着区間は利用不可
⑤カナダ国内区間はユナイテッド航空（UA）、エアカナダ（AC）に限る</td></tr>
<tr><td>運賃計算規定</td><td>距離計算、HIP チェックを適用する</td><td>指定経路型運賃であり、距離計算、HIP チェックは適用しない</td></tr>
<tr><td>参加航空会社</td><td colspan="2">AC、AS、B6、UA、HA に限る</td></tr>
<tr><td rowspan="2">結合可能運賃</td><td>下記同種運賃間の片道ずつの利用可
「Special」V/W/S/U/H/Q/B</td><td>下記同種運賃間の片道ずつの利用可
「Special」V/W/S/H/Q/M/B 「Special Plus」E</td></tr>
<tr><td colspan="2">発券、必要旅行日数、最長旅行期間、取り消し・払い戻しについては、結合されるより厳しい運賃規則が全旅程に適用される
ただし、適用期間、途中降機、乗り換え、経路規定、運賃計算規定、予約変更・経路変更については、フェアコンポーネント（運賃計算区間）ごとの規則が適用される</td></tr>
<tr><td rowspan="2">予約変更
経路変更</td><td>【旅行開始前／旅行開始後】
1 回につき 30,000 円で可</td><td>【旅行開始前／旅行開始後】
1 回につき 20,000 円で可</td></tr>
<tr><td colspan="2">ただし、他の適用可能な運賃へ変更する場合は、より高額な自社普通運賃・Special 運賃に限る
すでに予約が入っている便の出発時刻までに変更手続きを完了すること
ただし、全旅程出発前の変更は航空券の購入期限までに変更手続きを完了すること
変更の結果生じる運賃差額の調整は行うこと</td></tr>
<tr><td>取り消し
払い戻し</td><td colspan="2">【旅行開始前／旅行開始後】
払い戻し不可</td></tr>
</table>

(2) 運賃表（抜粋）

①東京発米国・カナダ行　NH プレミアムエコノミークラス Special Plus E 運賃

《往路》最初の国際線搭乗日を基準として往路の旅程に適用する

単位：円

出発地	TYO 東京					
目的地	YVR バンクーバー		DEN デンバー / CHI シカゴ		HOU ヒューストン	
運賃名称 / 予約クラス（FB）	Special Plus E / E クラス（ELXNCA1 / ELWNCA1）					
W/X の適用 / 適用期間	ウィークエンド(W)	ウィークデイ(X)	ウィークエンド(W)	ウィークデイ(X)	ウィークエンド(W)	ウィークデイ(X)
2024/8/20-2024/12/26	443,000	383,000	471,000	411,000	481,000	421,000

《復路》最後の国際線搭乗日を基準として復路の旅程に適用する

単位：円

出発地	TYO 東京					
目的地	YVR バンクーバー		DEN デンバー / CHI シカゴ		HOU ヒューストン	
運賃名称 / 予約クラス（FB）	Special Plus E / E クラス（ELXNCA1 / ELWNCA1）					
W/X の適用 / 適用期間	ウィークエンド(W)	ウィークデイ(X)	ウィークエンド(W)	ウィークデイ(X)	ウィークエンド(W)	ウィークデイ(X)
2024/8/18-2025/1/1	443,000	383,000	471,000	411,000	481,000	421,000

②東京発米国・カナダ行　NH エコノミークラス Special U 運賃

《往路》最初の国際線搭乗日を基準として往路の旅程に適用する

単位：円

出発地	TYO 東京					
目的地	YVR バンクーバー		DEN デンバー / CHI シカゴ		HOU ヒューストン	
運賃名称 / 予約クラス（FB）	Special U / U クラス (ULXNCA1 / ULWNCA1)					
W/X の適用 / 適用期間	ウィークエンド(W)	ウィークデイ(X)	ウィークエンド(W)	ウィークデイ(X)	ウィークエンド(W)	ウィークデイ(X)
2024/8/20-2024/12/26	343,000	323,000	367,000	347,000	375,000	355,000

《復路》最後の国際線搭乗日を基準として復路の旅程に適用する

単位：円

出発地	TYO 東京					
目的地	YVR バンクーバー		DEN デンバー / CHI シカゴ		HOU ヒューストン	
運賃名称 / 予約クラス（FB）	Special U / U クラス (ULXNCA1 / ULWNCA1)					
W/X の適用 / 適用期間	ウィークエンド(W)	ウィークデイ(X)	ウィークエンド(W)	ウィークデイ(X)	ウィークエンド(W)	ウィークデイ(X)
2024/8/18-2025/1/1	343,000	323,000	367,000	347,000	375,000	355,000

(3) 特定便追加運賃（Q サーチャージ）

往路・復路が下記特定便に該当する場合、Q サーチャージとしてそれぞれの額を加算する

路線	便名	運賃種別	予約クラス	追加運賃（片道）
羽田ーヒューストン	NH0113／NH0114	Special Plus E	E	7,500 円
		Special U	U	7,500 円

資料３．運賃計算の基本規則（抜粋）

（1）Mileage System（マイレージ システム）

運賃計算の基本となる距離計算方式（Mileage System = マイレージ システム）では、往路・復路それぞれの航空航路（GI）に沿ったTPM合計とMPMを比較し、適用運賃を算出する。

・TPMの合計がMPM以内の場合、運賃計算区間内の直行運賃を適用する。
・TPMの合計がMPMを超える場合、超える割合に応じて直行運賃を割り増す。（マイレージ サーチャージ）

Divide the sum of Ticketed Point Mileages by the Maximum Permitted Mileage. Take the result to 5 decimal places and compare with the table below to establish surcharge.

if result is:				Surcharge fare by:
over	1.00	but not higher than	1.05	5%
	1.05		1.10	10%
	1.10		1.15	15%
	1.15		1.20	20%
	1.20		1.25	25%
	1.25			lowest combination

（2）乗り換え（Transfer）と途中降機（Stopover）

「乗り換え」とは、経由地で到着便から出発便に乗り換えること。
運賃計算上の折り返し地点は乗り換えの回数に含まない。
「途中降機」とは、乗り換えのうち運賃計算区間内の中間地点で24時間を超えて滞在すること。

（3）HIP CHECK（Higher Intermediate Point Check）

運賃計算区間内において、始点から終点の運賃と、
・始点から中間途中降機地点の運賃
・中間途中降機地点から終点の運賃
を比較して、始点から終点の運賃より高い場合、その一番高い運賃をHIPとして使用する規則

（4）適用運賃・規則

運賃・規則は、航空券の第一区間の旅行開始日に適用される、航空券発券日に有効な運賃・規則を使用する。
発券日から旅行開始日までの間に運賃・規則の変更があった場合でも、発券日に有効な運賃・規則が適用される。

（5）運賃種別（FB：Fare Basis）

英数字で構成された、適用する運賃の規則を表すコード

〈参考〉

2024年 9 月

日	月	火	水	木	金	土
1	2	3	4	5	6	7
8	9	10	11	12	13	14
15	16	17	18	19	20	21
22	23	24	25	26	27	28
29	30					

2024年10月

日	月	火	水	木	金	土
		1	2	3	4	5
6	7	8	9	10	11	12
13	14	15	16	17	18	19
20	21	22	23	24	25	26
27	28	29	30	31		

2025年 9 月

日	月	火	水	木	金	土
	1	2	3	4	5	6
7	8	9	10	11	12	13
14	15	16	17	18	19	20
21	22	23	24	25	26	27
28	29	30				

資料 4. International time calculator（抜粋）

International time calculator

A	Hours ±GMT	DST ±GMT	Daylight saving time DST(period)
Argentina	-3		
Australia			
Lord Howe Island	+10.30	+11	06 Oct 24 - 07 Apr 25
Capital Territory,NSW (excloudinng Lord Howe Island, Broken Hill),Victoria,Tasmania	+10	+11	06 Oct 24 - 07 Apr 25
Northern Territory	+9.30		
Queensland	+10		
South Australia, Broken Hill	+9.30	+10.30	06 Oct 24 - 07 Apr 25
Western Australia	+8		
Austria	+1	+2	31 Mar 24 - 27 Oct 24
Azerbaijan	+4		

C	Hours ±GMT	DST ±GMT	Daylight saving time DST(period)
Cambodia	+7		
Cameroon	+1		
Canada			
Newfoundland Island (excluding Labrador)	- 3.30	- 2.30	10 Mar 24 - 03 Nov 24
Atlantic Area including Labrador	-4	-3	10 Mar 24 - 03 Nov 24
Eastern Time	-5	-4	10 Mar 24 - 03 Nov 24
Central Time except Saskatchewan	-6	-5	10 Mar 24 - 03 Nov 24
Mountain Time Zone	-7	-6	10 Mar 24 - 03 Nov 24
Pacific Time	-8	-7	10 Mar 24 - 03 Nov 24
Atlantic Areas not observing DST	-4		
Eastern Areas not observing DST	-5		
Saskatchewan	-6		
Mountain Areas not observing DST	-7		
Chile			
Mainland（excluding Magallanes Region & Chilean Antarctic）	-4	-3	08 Sep 24 - 07 Apr 25
Easter Island	-6	-5	08 Sep 24 - 07 Apr 25
Magallanes Region & Chilean Antarctic	-3		
China	+8		
Chinese Taipei	+8		

I	Hours ±GMT	DST ±GMT	Daylight saving time DST(period)
Iceland	GMT		
India	+5.30		
Indonesia			
Western including Sumatera,Jawa, Kalimantan Barat and Kalimantan Tengah	+7		
Central including Sulawesi,Kalimantan Selatan, Kalimantan Timur and Nusa Tenggara	+8		
Eastern including Maluku and Papua	+9		
Iran Islamic Republic of	+3.30		
Iraq	+3		
Ireland Republic of	GMT	+1	31 Mar 24 - 27 Oct 24
Israel	+2	+3	29 Mar 24 - 27 Oct 24
Italy	+1	+2	31 Mar 24 - 27 Oct 24

J	Hours ±GMT	DST ±GMT	Daylight saving time DST(period)
Jamaica	-5		
Japan	+9		
Jordan	+2		

K	Hours ±GMT	DST ±GMT	Daylight saving time DST(period)
Kazakhstan			
Aktau,Atyrau,Aktyubinsk,Uralsk	+5		
Almaty,Astana,Karaganda,Kokshetau,Kostanay, Kyzl-Orda,Petropavlovsk,Semipalatinsk,Shimkent, Ust-Kamenogorsk	+6		
Kenya	+3		
Korea Democratic People's Republic of	+9		
Korea Republic of	+9		
Kuwait	+3		
Kyrgyzstan	+6		

M	Hours ±GMT	DST ±GMT	Daylight saving time DST(period)
Mexico			
Pacific Standard Time			
Baja California Norte (Tijuana, Mecicali, Ensenada)	-8	-7	10 Mar 24 - 03 Nov 24
Mountain Standard Time			
Baja California Sur (Cabo San Lucas, San Jose del Cabo, La Paz)			
Sonora, Sinaloa, Nayarit	-7		
Central Standard Time			
Chihuahua			
Border cities with US(Ciudad Juarez, Ojinaga)	-6	-5	10 Mar 24 - 03 Nov 24
Coahulia			
Border cities with US(Ciudad Acuna)	-6	-5	10 Mar 24 - 03 Nov 24
Nuevo León			
Border cities with US(Anahuac)	-6	-5	10 Mar 24 - 03 Nov 24
Tamaulipas			
Border cities with US(Heroica Matamoros)	-6	-5	10 Mar 24 - 03 Nov 24
Chihuahua except Border cities with US	-6		
Coahulia except Border cities with US	-6		
Nuevo León except Border cities with US	-6		
Tamaulipas except Border cities with US	-6		
Central Time Zone not observing DST (Mexico City, Acapulco, Oaxaca, Merida)	-6		
Eastern Standard Time			
Cancun	-5		

P	Hours ±GMT	DST ±GMT	Daylight saving time DST(period)
Pakistan	+5		
Paraguay	-4	-3	06 Oct 24 - 24 Mar 25
Peru	-5		
Philippines	+8		
Poland	+1	+2	31 Mar 24 - 27 Oct 24
Portugal			
Mainland and Madeira	GMT	+1	31 Mar 24 - 27 Oct 24
Azores	-1	GMT	31 Mar 24 - 27 Oct 24
Puerto Rico	-4		

Q	Hours ±GMT	DST ±GMT	Daylight saving time DST(period)
Qatar	+3		

U	Hours ±GMT	DST ±GMT	Daylight saving time DST(period)
Ukraine	+2	+3	31 Mar 24 - 27 Oct 24
United Arab Emirates	+4		
United Kingdom	GMT	+1	31 Mar 24 - 27 Oct 24
USA			
Eastern Time except Indiana	-5	-4	10 Mar 24 - 03 Nov 24
Central Time	-6	-5	10 Mar 24 - 03 Nov 24
Mountain Time except Arizona	-7	-6	10 Mar 24 - 03 Nov 24
Mountain Time Zone - Arizona	-7		
Pacific Time	-8	-7	10 Mar 24 - 03 Nov 24
Alaska	-9	-8	10 Mar 24 - 03 Nov 24
Aleutian Islands	-10	-9	10 Mar 24 - 03 Nov 24
Hawaiian Islands	-10		
Uruguay	-3		
Uzbekistan	+5		

V	Hours ±GMT	DST ±GMT	Daylight saving time DST(period)
Vanuatu	+11		
Venezuela	-4		
Viet Nam	+7		
Virgin Islands, British	-4		
Virgin Islands, US	-4		

•令和６年度 総合旅行業務取扱管理者試験　解答・解説編•

令和６年度 総合旅行業務取扱管理者試験　解答一覧

1　旅行業法及びこれに基づく命令（各４点）

1	2	3	4	5	6	7	8	9	10	11	12	13	14	15
a	d	c	d	a	c	d	b	b	a	bd	a	bcd	abc	bc

16	17	18	19	20	21	22	23	24	25
ac	a	ad	abd	abcd	abcd	bc	ab	ac	abc

2　旅行業約款、運送約款及び宿泊約款（1～20＝各４点、21～30＝各２点）

1	2	3	4	5	6	7	8	9	10	11	12	13	14	15
a	b	c	d	b	a	c	d	c	b	c	d	abc	bcd	bcd

16	17	18	19	20	21	22	23	24	25	26	27	28	29	30
ac	abc	bcd	cd	a	a	b	a	b	a	a	b	b	a	b

3　国内旅行実務（1～20＝各２点、21～32＝各５点）

1	2	3	4	5	6	7	8	9	10	11	12	13	14	15
a	b	c	a	d	a	c	c	c	d	b	d	b	c	b

16	17	18	19	20	21	22	23	24	25	26	27	28	29	30
c	d	d	a	ac	c	a	d	b	c	d	b	a	a	d

31	32
b	c

4　海外旅行実務（1～24＝各５点、25～44＝各２点、45～52＝各５点）

1	2	3	4	5	6	7	8	9	10	11	12	13	14	15
d	b	c	a	c	c	d	bc	b	a	ac	a	abc	a	bc

16	17	18	19	20	21	22	23	24	25	26	27	28	29	30
c	b	d	c	abc	d	c	b	c	b	b	a	a	b	b

31	32	33	34	35	36	37	38	39	40	41	42	43	44
b	b	a	d	a	a	d	b	a	a	d	c	ac	bc

45	46	47	48	49	50	51	52
c	b	d	a	c	abc	ac	bc

1 旅行業法及びこれに基づく命令

第1問

問1　正解　a

（ア）と（イ）は、いずれも旅行業法第1条（目的）に定められているが、（ウ）は定められていない。したがって、（ア）（イ）を選んでいるaが正解である。

問2　正解　d

a．**誤り。旅行業者代理業の登録には有効期間の定めがない。**有効期間を5年とするのは旅行業の登録である。したがって、"旅行業者代理業の登録の有効期間は、登録の日から起算して5年"とする本肢の記述は誤りである。

b．**誤り。**法人である旅行業者等の**"代表者の氏名"**に変更が生じたときは、**その日から30日以内**に登録行政庁に**登録事項の変更の届出**をしなければならない。法人である第1種旅行業者の代表者の氏名に変更があったときは、観光庁長官に**登録事項変更届出書**を提出する必要があるので"変更登録申請書を提出しなければならない"とする本肢の記述は誤りである。

c．**誤り。**旅行業者が登録業務範囲を変更しようとするときは、**変更後の**（これから変更しようとする）**業務の範囲**を基準として、所定の登録行政庁に対して**変更登録**の申請を行う。**第1種旅行業**への変更登録の申請をしようとするときは、**観光庁長官**に変更登録申請書を提出しなければならないので"都道府県知事に変更登録申請書を提出しなければならない"とする本肢の記述は誤りである。

d．**正しい。**記述のとおり。

問3　正解　c

a．**誤り。旅行業者代理業**の登録に当たり、**財産的基礎（基準資産額）の定めはない。**登録の際に財産的基礎を求められるのは**旅行業者のみ**である。

b．**誤り。**旅行業者代理業の新規登録の申請は、その**旅行業者代理業を営もうとする者の主たる営業所の所在地を管轄する都道府県知事**に対して行う。したがって、"所属旅行業者の主たる営業所の所在地を管轄する都道府県知事に申請しなければならない"とする本肢の記述は誤りである。

c．**正しい。**記述のとおり。旅行業者代理業者は、**自らが営業保証金を供託する必要はない**が、所属旅行業者が営業保証金を供託し、登録行政庁にその旨の届出をした後でなければ、その事業を開始することができない。

d．**誤り。**次の①または②のいずれかに該当する場合、**旅行業者代理業者の登録は失効する。**

> ① **所属旅行業者との契約**（旅行業者代理業者が所属旅行業者のために旅行業務を取り扱うことを内容とする契約）が**効力を失ったとき**
> ② **所属旅行業者**が、**旅行業の登録を抹消されたとき**（登録の有効期間満了、事業の廃止、登録の取消しなどにより）

本肢は①に該当するので、"…失効しない"とする記述は誤りである。

問４　正解　d

a．**正しい**。記述のとおり。

b．**正しい**。記述のとおり。旅行業者は、**事業の開始前**に旅行業務の取扱いの料金を定め、その営業所において**旅行者に見やすいように掲示**しなければならない。

c．**正しい**。**旅行業者代理業者は自ら旅行業務の取扱いの料金を定めることはできず**、その営業所において、**所属旅行業者が定めた料金**を旅行者に見やすいように掲示しなければならない。

d．**誤り**。bの記述にあるとおり、旅行業者は事業の開始前に旅行業務の取扱いの料金を定める必要があるが、**料金を変更する**（または定める）際に、**届出や認可は不要**である。したがって、"登録行政庁にその旨を届け出なければならない"とする本肢の記述は誤りである。

問５　正解　a

a．**誤り**。"旅行業務取扱管理者の氏名"は、企画旅行の募集広告の表示事項ではない。

b．**正しい**。記述のとおり。例えば、旅行業者代理業者が所属旅行業者の実施する企画旅行の募集広告を行うときや、受託契約に基づき、受託旅行業者が委託旅行業者の実施する企画旅行の募集広告を行うときなど、企画者以外の者が募集広告をする場合は、企画者の氏名または名称の明確性を確保することが求められる。

c．**正しい**。記述のとおり。最低額だけを表示することは認められない。

d．**正しい**。"専ら企画旅行実施のために提供される運送サービス"とは、主に企画旅行の行程中で使用する貸切バスを指す。使用する貸切バスについての"旅行者が取得することが望ましい輸送の安全に関する情報"は、企画旅行の募集広告の表示事項である。

問６　正解　c

a．**誤り**。旅程管理主任者の選任要件は、①欠格事由に該当しない、②旅程管理研修の課程を修了している、③一定の実務要件を有する、の３つである。

罰金の刑に処せられたことが①の欠格事由になり得るのは、その原因が**旅行業法違反による場合のみ**である（旅行業法以外の法律に違反したときは、その量刑が**禁錮以上**の場合には５年を経過していないと欠格事由に該当する）。本肢には"外国為替及び外国貿易法の規定に違反して罰金の刑に処せられ…"とあり、欠格事由には該当しないので、②と③の要件を満たせば旅程管理主任者として選任することが可能である。

b．**誤り**。旅程管理主任者として選任されるためには、次の①または②のいずれかの**旅程管理業務に従事した経験**（実務経験）が必要である。

① 旅程管理研修の課程を修了した日の前後１年以内に１回以上 ② 旅程管理研修の課程を修了した日から３年以内に２回以上

本肢の"研修の課程を修了した日から１年以内に２回以上の旅程管理業務に従事した経験"は上記①②のいずれにも該当しないので誤りである。

c．**正しい**。記述のとおり。**募集型**企画旅行、**受注型**企画旅行を実施する旅行業者には企画旅行の円滑な実施のための措置（旅程管理）が義務付けられている。

d．**誤り**。"旅行地において旅行に関する計画に定めるサービスの提供を受けるために必要な手続の実施その他の措置”は、国内の企画旅行であって、次の①②の両条件を満たすときに省略できる。

① 契約の締結前に旅行者にこれらの措置を講じない旨を説明すること
② サービスの提供を受ける権利を表示した書面（航空券、乗車船券、宿泊券など）を旅行者に交付すること

本肢には“本邦内の旅行”とあり、かつ①②の条件を満たしているので、当該措置を講じる必要はない。したがって、“…措置を講じなければならない”とする本肢の記述は誤りである。

問７　正解　d

a．**誤り。**旅行サービス手配業の登録には有効期間の定めはないので、更新登録の手続きは不要である（有効期間を５年とし、更新登録の申請を必要とするのは旅行業の登録である）。

b．**誤り。**“旅行に関する計画の作成に関する事項”は、旅行サービス手配業務取扱管理者が管理および監督すべき職務ではない（旅行業者等の営業所において選任された旅行業務取扱管理者が管理および監督すべき職務である）。

c．**誤り。**“契約に係る旅行サービス手配業務取扱管理者の氏名”は、旅行サービス手配業者が旅行サービス手配業務に関し取引をする者に交付する書面に記載すべき事項だが、管理者の“住所”を記載する必要はない。

d．**正しい。**記述のとおり。“旅行サービス手配業務取扱管理者を解任する措置をとるべきこと”は、登録行政庁が旅行サービス手配業者に命ずることができる措置（業務改善命令）として定められている。

問８　正解　b

a．**定められていない。**旅行業協会には、旅行業者等（または旅行サービス手配業者）の営業所への立入調査を行う権限はない（営業所への立入り、帳簿書類その他の物件の検査等の権限を有するのは登録行政庁である）。

b．**定められている。**

c．**定められていない。**運送等サービスを提供した者との取引によって生じた債権は旅行業協会が行う弁済業務の対象にならない。旅行業協会の法定業務として定められているのは「旅行業務に関し社員である旅行業者または当該旅行業者を所属旅行業者とする旅行業者代理業者と取引をした旅行者に対し、その取引によって生じた債権に関し弁済をする業務」である。

d．**定められていない。**旅行業者等または旅行サービス手配業者に対し、業務改善命令を発する権限を有するのは登録行政庁である。旅行業協会の法定業務として定められているのは「旅行業務または旅行サービス手配業務の適切な運営を確保するための旅行業者等または旅行サービス手配業者に対する指導」である。

問９　正解　b

a．**正しい。**記述のとおり。旅行業者から弁済業務保証金分担金の納付を受けたときは、旅行業協会はその日から７日以内に、納付額に相当する額の弁済業務保証金を旅行業協会の

住所の最寄りの供託所に供託しなければならない。

b．**誤り。**弁済業務保証金から弁済を受ける権利を実行（還付請求）しようとする旅行者は、その債権について**旅行業協会の認証**を受けなければならない。したがって、“登録行政庁の認証を受けなければならない”とする本肢の記述は誤りである。

c．**正しい。**還付請求をした旅行者に対して弁済がなされると、供託していた弁済業務保証金の額が減少するため、その還付にかかる保証社員は、その減少分（還付充当金）を旅行業協会に納付しなければならない。旅行業協会から還付充当金を納付するよう通知を受けた保証社員は、その**通知を受けた日から７日以内**に還付充当金を納付しないときは、**旅行業協会の社員の地位を失う。**

d．**正しい。“所属する旅行業協会の名称及び所在地”**は、保証社員である旅行業者の旅行業約款に記載すべき事項である。このほか、「弁済業務保証金から弁済を受けることができること」「弁済業務保証金からの弁済限度額」「営業保証金を供託していないこと」なども旅行業約款に記載しなければならない。

問10　正解　a

（ア）**正しい。**記述のとおり。

（イ）**正しい。**記述のとおり。

（ウ）**誤り。**観光庁長官は、旅行業法の規定に基づき**インターネットの利用その他の適切な方法**により、法令違反行為を行った者の氏名または名称等を一般に公表することができる。公表の方法はインターネットに限定されていないので“インターネットの利用に限り行う”とする本肢の記述は誤りである。

以上により、（ア）（イ）を選んでいるａが正解である。

問11　正解　b　d

旅行業の登録業務範囲（取扱い可能な業務の範囲）は、テーマ別問題 P29（問題 8）の解説参照。

a．**正しい。**すべての旅行業務を取り扱うことができるのは**第１種旅行業者のみ**である。

b．**誤り。**第２種旅行業者は、他の第１種旅行業者と受託契約を締結することにより、委託旅行業者を代理して、旅行者と海外の募集型企画旅行契約を締結すること（受託販売）ができる。

c．**正しい。**第３種旅行業者は、**拠点区域内で実施するものに限り**、募集型企画旅行を自ら実施することができる。

d．**誤り。**地域限定旅行業者の場合、募集型・受注型企画旅行の実施および手配旅行の取扱いについては、その範囲が拠点区域内で実施するもの（拠点区域内のサービス）に限られているが、募集型企画旅行の受託販売は国内・海外を問わず取り扱うことができる（海外旅行の相談に応ずることも可能である）。したがって、“本邦外の旅行を一切取り扱うことができない”とする本肢の記述は誤りである。

以上により、ｂ、ｄを選ぶのが正解である。

問12　正解　a

a．**登録が必要。**宿泊事業者が自ら経営する宿泊サービスを販売する行為は旅行業に該当しないが、**他人の経営する運送サービス**（観光ハイヤー）を**手配**し、これらを組み合わせた商品を旅行者に販売する場合は旅行業に該当し、登録が必要である。

b．**登録は不要。**運送事業者が自ら経営する運送サービスを提供する行為は旅行業に該当しない。本肢の場合、バス会社が運送サービスを自ら提供し、これにテーマパークの入場券（運送等関連サービス）を組み合わせて旅行者に販売している。他人の経営する運送サービス、宿泊サービスの手配は行っていないので旅行業に該当せず、登録は不要である。

c．**登録は不要。**レストラン等の食事箇所（運送等関連サービス）の手配を単独で（運送・宿泊サービスに付随せず）行う場合は旅行業に該当しないので、登録は不要である。

d．**登録は不要。**コンサートの入場券（運送等関連サービス）の手配を単独で（運送・宿泊サービスに付随せず）行う場合は旅行業に該当しないので、登録は不要である。

以上により、aを選ぶのが正解である。

問13　正解　b　c　d

a．**該当しない。**第2種旅行業の登録に当たり求められる財産的基礎（基準資産額）は700万円以上である。本肢には“その基準資産額が1,000万円”とあるので、旅行業の登録の拒否事由には該当しない。

b．**該当する。**登録の申請者が「**申請前5年以内に旅行業務または旅行サービス手配業務に関し不正な行為をした者**」であるときは、旅行業または旅行業者代理業の登録の拒否事由に該当する。

c．**該当する。**登録の申請者が「心身の故障により旅行業もしくは旅行業者代理業を適正に遂行することができない者として国土交通省令で定めるもの」であるときは、旅行業または旅行業者代理業の登録の拒否事由に該当する。

d．**該当する。**登録の申請者が「旅行業者代理業を営もうとする者であって、その代理する旅行業を営む者が2以上であるもの」であるときは、旅行業者代理業の登録の拒否事由に該当する。

以上により、b、c、dを選ぶのが正解である。

問14　正解　a　b　c

a．**誤り。**営業保証金に充てることができる有価証券は、国債証券に限定されていない。営業保証金は、金銭のほか、**国債証券、地方債証券その他の国土交通省令で定める有価証券**で供託することができる。

b．**誤り。**営業保証金の額を算定する際の「前事業年度における**旅行業務に関する旅行者との取引額**」には、その旅行業者自らの営業所における取引額のほか、次の①と②を含めなければならない（本肢は①に該当し、誤りである）。

① 自社に所属する**旅行業者代理業者の取引額**
② 自社の実施する募集型企画旅行の**受託契約に基づく他社の取引額**

c．**誤り。旅行業者代理業者は営業保証金を供託する義務はない。**登録に当たって営業保証金の供託が求められるのは**旅行業者のみ**である。

d．**正しい。**新規登録を受けた旅行業者が、その登録を受けた事業年度に供託すべき営業保証金の額は、**登録の申請時に添付した書類（事業計画）に記載した**「旅行業務に関する旅行者との**年間取引見込額**」により算定する（変更登録を受けた場合も同様）。
以上により、a、b、cを選ぶのが正解である。

問15　正解　b　c

b、cは旅行業務取扱管理者が管理および監督しなければならない職務として定められているが、aの“外務員の証明書の携帯に関する事項”およびdの“旅行業の有効期間の更新の登録の申請に関する事項”は定められていない。したがって、b、cを選ぶのが正解である。

問16　正解　a　c

a．**正しい。**記述のとおり。
b．**誤り。**旅行業務取扱管理者の選任に当たり、**旅行業務に従事した経験は問われない**。旅行業務取扱管理者試験に合格していること、欠格事由に該当しないなどの所定の条件を満たす者であれば、旅行業務に従事した経験が3年未満であっても、営業所の旅行業務取扱管理者として選任することができる。
c．**正しい。**記述のとおり。なお、aの記述にある「**旅行業協会が実施する5年ごとの研修の受講**」が旅行業者等に課せられた義務であるのに対し、本肢の「**苦情の解決に関する講習の受講等の措置**」は努力義務である。前者は遵守しない場合に行政庁による勧告を受ける可能性がある（従わない場合は罰則が適用される）が、後者は勧告、罰則の対象にならない。
d．**誤り。**旅行業者等は、**営業所ごとに1人以上**の旅行業務取扱管理者を選任しなければならない。営業所で**旅行業務を取り扱う者が1人である場合**には、その者が**旅行業務取扱管理者の有資格者**でなければならない。
以上により、a、cを選ぶのが正解である。

問17　正解　a

a．**正しい。**記述のとおり。
b．**誤り。**旅行業約款は登録行政庁の認可を受けなければならず、その認可の基準は次のように定められている。

> ①**旅行者の正当な利益**を害するおそれがないものであること
> ②少なくとも旅行業務の取扱いの料金その他の旅行者との取引に係る**金銭の収受および払戻し**に関する事項、**旅行業者の責任**に関する事項が明確に（企画旅行を実施する旅行業者にあっては、**企画旅行契約と手配旅行契約その他の企画旅行契約以外の契約との別に応じ**、明確に）定められているものであること

本肢の“旅行業者の適正な利益を害するおそれがないものであること”は、登録行政庁が旅行業約款を認可するときの基準に含まれない。
c．**誤り。旅行業者代理業者は自ら旅行業約款を定めることができない。所属旅行業者の定めた旅行業約款**を、その営業所において旅行者に見やすいように掲示し、または旅行者が閲覧することができるように備え置かなければならない。
d．**誤り。**旅行業者が**旅行業約款を変更しようとするとき**は、その変更の内容が軽微なもの

である場合を除き、**登録行政庁の認可を受けなければならない**。旅行業者の旅行業約款に記載された“責任及び免責に関する事項”の変更は「軽微なもの」に該当しないため、これを変更しようとするときは、原則どおり登録行政庁の認可が必要である。
以上により、aを選ぶのが正解である。

問18 正解 a d

a．**誤り**。「旅程管理業務を行う者が同行しない場合にあっては、旅行地における企画者との連絡方法」は、企画旅行契約を締結しようとするときに交付する取引条件の説明書面の記載事項ではない（同契約を締結したときに交付する**契約書面に記載すべき事項**である）。
b．**正しい**。記述のとおり。
c．**正しい**。記述のとおり。書面の交付に代えて、電子メールやインターネットなどの情報通信の技術を利用する方法により取引条件の説明書面に記載すべき事項を旅行者に提供するときは、**あらかじめ旅行者の承諾を得なければならない**。
d．**誤り**。旅行相談契約を締結しようとするときは、次の事項を記載した**取引条件の説明書面を旅行者に交付しなければならない**。“書面の交付を要しない”とあるのは誤りである。

① 旅行者が旅行業者に支払うべき**対価**およびその**収受の方法** ② 旅行者が上記①に掲げる対価によって提供を受けることができる**旅行に関するサービスの内容**

以上により、a、dを選ぶのが正解である。

問19 正解 a b d

a．**正しい**。旅行者と**旅行相談業務に係る契約**を締結したときは、**契約書面の交付は不要**である。
b．**正しい**。“契約に係る旅行業務取扱管理者の氏名及び旅行者の依頼があれば当該旅行業務取扱管理者が最終的には説明を行う旨”は、企画旅行契約および手配旅行契約を締結したときに旅行者に交付する契約書面の記載事項である。
c．**誤り**。旅行業者は、旅行者と旅行業務に関し契約（旅行相談業務に係る契約を除く）を締結したときは、遅滞なく、次の①**または**②**のいずれか**の書面を旅行者に交付しなければならない（企画旅行契約、手配旅行契約のいずれの場合も同じ）。

① 国土交通省令・内閣府令で定める事項を記載した書面（契約書面） ② **旅行に関するサービスの提供を受ける権利を表示した書面**（航空券、乗車船券、宿泊券など）

宿泊のみの手配旅行契約を締結し「宿泊サービスの提供を受ける権利を表示した書面（上記②）」を旅行者に交付する場合、①の書面（契約書面）の交付は不要である。
d．**正しい**。“旅行の目的地を勘案して、旅行者が取得することが望ましい安全及び衛生に関する情報があるときは、その旨及び当該情報”は、企画旅行契約を締結したときに旅行者に交付する契約書面の記載事項である。
以上により、a、b、dを選ぶのが正解である。

問20　正解　a　b　c　d

a．**誤り。**取引条件の説明に際し、旅行者から「選任された旅行業務取扱管理者による説明」を求められた場合は、最終的に旅行業務取扱管理者がその条件を説明しなければならないが、旅行者からの依頼がなければ、旅行業務取扱管理者以外の者でも取引条件を説明することができる。また、旅行業務取扱管理者自らが取引条件の説明を行う場合でも、**旅行者からの請求があったときに**、旅行業務取扱管理者の証明書（旅行業務取扱管理者証）を**提示することで足りる**。したがって、"旅行業務取扱管理者の証明書を常に提示してこれを行なわせなければならない"とする本肢の記述は誤りである。

b．**誤り。**国土交通省令で定める様式により、旅行業者の外務員が携帯する外務員の証明書（外務員証）はその旅行業者が発行し、**旅行業者代理業者の外務員が携帯する外務員証は、その旅行業者代理業者が発行する。**したがって、"所属旅行業者が発行しなければならない"とする本肢の記述は誤りである。

c．**誤り。**旅行業者等の使用人だけでなく、**役員**がその営業所以外の場所で旅行業務について取引を行う場合も**外務員証を携帯させなければならない。**したがって、"役員についてはこの限りではない"とする本肢の記述は誤りである。

d．**誤り。**外務員としての業務を行うときは、**旅行者からの請求の有無にかかわらず**、外務員証を提示しなければならない。したがって、"請求があったときに限り…提示しなければならない"とする本肢の記述は誤りである。

以上により、a、b、c、dを選ぶのが正解である。

問21　正解　a　b　c　d

旅行業務について広告するときに誇大表示をしてはならない事項は、テーマ別問題P53（問題27）の解説参照。

a～dのいずれも誇大表示をしてはならない事項として定められているので、a、b、c、dを選ぶのが正解である。

問22　正解　b　c

テーマ別問題P43「ポイント整理」参照。

a．**正しい。**記述のとおり。標識は国土交通省令により4種類の様式が定められている。旅行業者等以外の者は標識またはこれに類似する標識を掲示してはならない。

b．**誤り。**旅行業者等の標識は、営業所において、**公衆に見やすいように掲示しなければならない。**"旅行者に見やすいように…"とする本肢の記述は誤りである。

c．**誤り。**"旅程管理業務を行う主任の者の氏名"は旅行業者等の標識の記載事項ではない（旅行業務取扱管理者の氏名は標識の記載事項として定められている）。

d．**正しい。**記述のとおり。"受託取扱企画旅行"の欄は、企画者が明確になるように記載しなければならないが、**受託契約を締結していない場合は省略できる。**

以上により、b、cを選ぶのが正解である。

問23　正解　a　b

a．**正しい。**"専ら企画旅行の実施のために提供される運送サービスを提供する者"とは、主に企画旅行の行程中で使用する貸切バスを運行する事業者を指す。旅行業者等が**貸切バ**

ス事業者に対し、**輸送の安全の確保を不当に阻害する行為**は、旅行者の保護に欠け、または旅行業の信用を失墜させる行為として禁止されている。

b．**正しい。**“住宅宿泊事業法第3条第1項の届出をした者”とは、住宅宿泊事業者（いわゆる「民泊サービス」を提供するための所定の届出をした者）を指している。旅行業者等が民泊のサービスを提供する者と取引を行う際に、その者が**住宅宿泊事業者であるかどうかの確認を怠る行為**は禁止されている。

c．**誤り。**旅行業者等が旅行業務に関し取引をした者に対し、その取引によって生じた債務の履行を**不当に遅延する行為**は禁止されているが、**正当な理由に基づき債務の履行を遅延することは禁止行為に当たらない。**したがって、“いかなる理由があっても…遅延する行為をしてはならない”とする本肢の記述は誤りである。

d．**誤り。**旅行業者等が次の行為を行うことは禁止されている。

① 旅行業者等が、その名義を他人に旅行業または旅行業者代理業のために利用させること ② **営業の貸渡し**その他いかなる方法をもってするかを問わず、**旅行業または旅行業者代理業を他人にその名において経営させること**

本肢は②に該当するので“他人にその名において経営させることができる”とあるのは誤りである。

以上により、a、bを選ぶのが正解である。

問24　正解　a　c

a．**正しい。**地域限定旅行業者がその拠点区域内で実施する募集型企画旅行について、第3種旅行業者を受託旅行業者とし、地域限定旅行業者を委託旅行業者とする受託契約を締結することができる（第3種旅行業者は、地域限定旅行業者の募集型企画旅行を代理して販売することができる）。

第1種・第2種・第3種・地域限定旅行業者は、実施できる範囲は異なるものの、いずれも募集型企画旅行を実施できるので、**登録業務範囲にかかわらず、自らが委託旅行業者になることも、受託旅行業者になることも可能**である。

b．**誤り。**受託旅行業者は、受託契約に基づく業務を**他の旅行業者に再委託することはできない。**

c．**正しい。**記述のとおり。委託旅行業者および受託旅行業者は、委託旅行業者を代理して募集型企画旅行契約を締結すること（受託販売）ができる受託旅行業者（または受託旅行業者代理業者）の営業所を、受託契約において定めておかなければならない。

d．**誤り。**受託契約は、**旅行業者間**で締結する契約である。したがって、**旅行業者代理業者**は自ら直接、他の旅行業者と**受託契約を締結することはできない。**所属旅行業者が他の旅行業者と締結した受託契約において「受託旅行業者代理業者」として定められている場合に限り、その旅行業者代理業者でも委託旅行業者を代理して旅行者と募集型企画旅行契約を締結できる。

以上により、a、cを選ぶのが正解である。

問25　正解　a　b　c

a．**業務の停止を命ずる（または登録を取り消す）ことができる。**法人である旅行業者等の役員が「禁錮以上の刑に処せられ、その執行を終わり、または執行を受けることがなくなった日から５年を経過していない者」に該当することとなったときは、登録行政庁は、旅行業者等の業務の全部または一部の停止を命じ、または登録を取り消すことができる。

b．**登録を取り消すことができる。**「旅行業者等が登録を受けてから1年以内に事業を開始せず、または引き続き１年以上事業を行っていないと認めるとき」は、登録行政庁は、旅行業者等の登録を取り消すことができる。

c．**業務の停止を命ずる（または登録を取り消す）ことができる。**「旅行サービス手配業者が不正の手段により登録を受けたとき」は、登録行政庁は、旅行サービス手配業者の業務の全部または一部の停止を命じ、または登録を取り消すことができる。

d．**業務の停止を命ずる（または登録を取り消す）ことはできない。**「旅行サービス手配業者が登録を受けてから１年以内に事業を開始せず、または引き続き１年以上事業を行っていないと認めるとき」は、登録の取消事由に該当するが、本肢には“登録を受けてから6月以内に事業を開始していない”とあるので、登録行政庁はその時点で旅行サービス手配業者の登録を取り消すことはできない。

以上により、a、b、cを選ぶのが正解である。

2　旅行業約款、運送約款及び宿泊約款

第１問

問1　正解　a

a．**正しい。**特約は、①法令に反しないこと、②旅行者の不利にならない範囲であること、③書面によること、とする①～③の条件をすべて満たしたときに限り、約款に優先して適用される。本肢は上記①～③のすべてを満たしているので、正しい記述である。

b．**誤り。**「国内旅行」とは本邦内（国内）のみの旅行をいい、「海外旅行」とは国内旅行以外の旅行をいう。行程のすべてが本邦外（海外）のみの旅行だけでなく、国内と海外の両方にまたがる旅行も「国内旅行以外の旅行」に該当し、全行程を海外旅行として取り扱う。したがって、海外旅行に該当する本肢の旅行において“横浜港出港から那覇港出港までの区間は国内旅行として取り扱われる”とする記述は誤りである。

c．**誤り。**募集型企画旅行契約における通信契約とは、旅行業者と、旅行業者（または受託旅行業者）が提携するクレジットカード会社（提携会社）のカード会員との間で締結される契約で、次の①～③の条件をすべて満たすものをいう。

① 電話、郵便、ファクシミリ、インターネットその他の通信手段による申込みであること ② 提携会社のカード会員規約に従って決済することをあらかじめ旅行者が承諾していること ③ カード利用時の伝票への旅行者の署名なしで旅行代金等を決済すること

本肢は②以外の記載がないので通信契約とはいえず、誤った記述である。

d．**誤り。**旅行業者は、募集型企画旅行契約の履行に当たり、国内旅行、海外旅行のいずれ

であっても手配の**全部**または**一部**を本邦内または本邦外の他の旅行業者、手配を業として行う者その他の補助者（手配代行者）に**代行させることができる**。

問２　正解　ｂ

ａ．**誤り**。旅行の参加に際し、特別な配慮を必要とする旅行者が、契約の申込時にその旨を申し出た場合、旅行業者は可能な範囲内でこれに応じるが、この申出に基づき、旅行業者が旅行者のために講じた特別な措置に要する費用は、**旅行者の負担**となる。

ｂ．**正しい**。記述のとおり。**予約の時点では契約は成立していない**。契約を成立させるためには、旅行者は、旅行業者が予約の承諾の旨を通知した後、旅行業者が定める期間内に旅行業者に申込書と申込金を提出（通信契約の場合は会員番号等を通知）しなければならない。なお、申込書と申込金の提出（通信契約の場合は会員番号等の通知）があったときの契約の締結順位は、**予約の受付の順位**によることとなる。

ｃ．**誤り**。募集型企画旅行契約の締結の拒否事由は、テーマ別問題P85「ポイント整理」⑧参照。「旅行業者の業務上の都合があるとき」は、募集型企画旅行契約の締結の拒否事由に該当する。したがって、旅行業者はこれを理由に契約の締結を**拒否することができる**。

ｄ．**誤り**。募集型企画旅行契約の成立時期は、テーマ別問題P87「ポイント整理」参照。本肢は原則（通信契約でない場合）に該当するので、旅行業者が契約の締結を承諾し、**申込金**を受理した時に契約が成立する。したがって、“申込書を受理したとき”とする本肢の記述は誤りである。

問３　正解　ｃ

ａ．**正しい**。記述のとおり。**契約書面**（旅行日程、旅行サービスの内容、旅行代金その他の旅行条件および旅行業者の責任に関する事項を記載した書面）は、**契約の成立後速やかに**旅行者に交付すべきものである。

ｂ．**正しい**。確定書面は、契約書面において、確定された旅行日程、運送・宿泊機関の名称を記載できないときに、これらが確定した段階で旅行者に交付すべき書面である。したがって、契約書面において、確定された旅行日程、運送・宿泊機関の名称をすべて記載しているときは、確定書面を交付する必要はない。

ｃ．**誤り**。確定書面の交付期限は、契約の申込みの時期によって次のように定められている。

契約の申込日	確定書面の交付期限
① 旅行開始日の前日から起算してさかのぼって７日目に当たる日**より前**の申込み	旅行開始日の**前日**までの契約書面に定める日まで
② 旅行開始日の前日から起算してさかのぼって７日目に当たる日**以降**の申込み	旅行開始日**当日**までの契約書面に定める日まで

本肢は②に該当するので、“旅行開始日の前日までの…”とする記述は誤りである。

ｄ．**正しい**。**契約書面のみ**が交付されている段階では、契約により旅行業者が手配し旅程を管理する義務を負う旅行サービスの範囲は、**契約書面に記載するところによる**が、その後、**確定書面**が交付された場合には、契約により旅行業者が手配し旅程を管理する義務を負う旅行サービスの範囲は、**確定書面に記載するところに特定される**。

問４　正解　d

a．**誤り。**旅行業者の関与し得ない事由が生じた場合で、旅行の安全かつ円滑な実施を図るためやむを得ず契約内容を変更するときは、旅行業者は旅行者に対して、あらかじめ速やかにその事由が旅行業者の関与し得ないものである理由およびその事由との因果関係を説明しなければならないが、**緊急の場合でやむを得ないときは、変更後の説明でもよい**（ただし、説明そのものを省略することはできない）。

b．**誤り。**旅行サービス提供機関の**過剰予約受付**が原因で、**諸設備の不足**（本肢の場合は座席の不足）が発生した場合、旅行業者は契約内容の一部を変更することができるが、これにより旅行の実施に要する費用が増加したとしても、**旅行代金を増額することはできない。**

c．**誤り。**旅行代金の額を変更するに当たり、旅行者への通知期限が定められているのは、運送機関の適用運賃・料金が、著しい経済情勢の変化等により、通常想定される程度を大幅に超えて増額される場合のみである。本肢の事由により旅行代金を増額する場合の通知期限は、定められていない。

d．**正しい。**契約書面に、**運送・宿泊機関等の利用人員により旅行代金が異なること**を記載した場合で、契約の成立後に**旅行業者の責に帰すべき事由によらず**（旅行者の都合により）、利用人員が変更になったときは、契約書面に記載したところにより、旅行業者は旅行代金の額を変更することができる。

問５　正解　b

a．**誤り。**通信契約を締結した旅行者の有するクレジットカードが無効になり、旅行代金の決済ができなくなったときは、旅行業者は旅行者に理由を説明して旅行開始前に契約を解除することができるが、**旅行業者からの契約解除**の場合は、旅行者に対して**取消料に相当する額の違約料を請求することはできない。**

b．**正しい。**旅行者の数が契約書面に記載した**最少催行人員に達しなかったこと**を理由に、旅行業者が旅行開始前に募集型企画旅行契約を解除するときは、次の期限までに旅行者に対して**旅行を中止する旨の通知**をしなければならない。

募集型企画旅行		通知期限 （旅行開始日の前日から起算してさかのぼって）
国内旅行	① 日帰り旅行	3日目に当たる日より前まで
	② 宿泊をともなう旅行	13日目に当たる日より前まで
海外旅行	③ 旅行開始日がピーク時以外	23日目に当たる日より前まで
	④ 旅行開始日がピーク時	33日目に当たる日より前まで

本肢は“１泊２日の国内旅行”とあり、②に該当するので正しい記述である。

c．**誤り。契約締結の際に明示した旅行実施条件**（花見・紅葉観賞を目的とする旅行における開花・紅葉状況、スキーを目的とする旅行における必要な降雪量など）**が成就しないおそれが極めて大きいとき**は、旅行業者は旅行開始前に契約を解除することができるが、契約の解除に当たり、旅行者への**通知期限は定められていない**（旅行者への通知期限が定められているのは、bで解説したとおり、最少催行人員に達しなかったことを理由に契約を解除するときだけである）。

d．**誤り。**旅行者が契約書面に記載した期日までに旅行代金を支払わないときは、旅行業者は**当該期日の翌日**において旅行者が契約を解除したものとし、旅行者は旅行業者に対し、取消料に相当する額の違約料を支払わなければならない。したがって、“当該期日において”とする本肢の記述は誤りである。

問6　正解　a

a．**正しい。**同じ行程を同時に旅行する複数（2名以上）の旅行者は、その責任ある代表者（契約責任者）を定めて募集型（または受注型）企画旅行契約を申し込むことができる。この場合の契約には、団体・グループの規定が適用される。

b．**誤り。**通信契約の場合を除き、**募集型企画旅行契約**を成立させるには、**申込金の支払いを受ける必要がある**（団体・グループ契約であることを理由に、申込金を不要とする例外はない）。旅行業者と契約責任者との間で申込金の支払いを受けることなく契約の締結を承諾することがあるのは、**受注型企画旅行契約**および**手配旅行契約**のときである。

c．**誤り。**募集型企画旅行契約の場合、契約責任者は、**旅行業者が定める日までに構成者の**名簿を提出しなければならない（受注型企画旅行契約も同じ）。したがって、“旅行出発日の前日までに”とする本肢の記述は誤りである。

d．**誤り。**旅行業者は、契約責任者が団体・グループに同行しない場合、旅行開始後においては、あらかじめ**契約責任者が選任した構成者**を契約責任者とみなす。

問7　正解　c

a．**正しい。**記述のとおり。

b．**正しい。**記述のとおり。旅行者が旅行開始後、旅行終了までの間において“団体で行動するとき”は、旅行を安全かつ円滑に実施するための旅行業者の指示に従わなければならない。

c．**誤り。**募集型企画旅行契約の旅程管理業務を行うに当たり、添乗員等を同行させるかどうかは、**旅行の内容により**旅行業者が判断する。**必ずしもすべての旅行に添乗員等を同行させる必要はない**ので、本肢の記述は誤りである。なお、旅行業者が旅程管理の全部または一部を添乗員等に行わせた場合でも、旅程管理責任を負うのは企画旅行を実施する**旅行業者**である（旅行業者は、旅程管理責任を免れることはできない）。

d．**正しい。**添乗員等が旅程管理業務に従事する時間帯は、原則として8時から20時までである。

問8　正解　d

a．**誤り。**運送機関の旅行サービス提供の中止など、旅行業者または手配代行者の関与し得ない事由により旅行者が損害を被ったときは、その損害について旅行業者または手配代行者の**故意または過失がある場合を除き**、旅行業者は**損害賠償責任を負わない**。したがって、“いかなる場合であっても、…責任を負わない”とする本肢の記述は誤りである。

b．**誤り。**旅行業者への損害の通知期限と賠償限度額は、テーマ別問題P111「ポイント整理」参照。“身体に傷害を被ったとき”（手荷物以外）の損害については、**損害発生の翌日から**起算して2年以内が期限となる。したがって、“旅行終了日から起算して”とする本肢の記述は誤りである。

c．**誤り。**旅行業者または手配代行者の過失（重大な過失を除く）により、旅行者の手荷物に損害を与えた場合、旅行業者は、**旅行者１名につき15万円**を限度として、その損害を賠償する責任を負う。なお、損害発生の原因が、旅行業者または手配代行者の故意または重大な過失によるものであるときは、15万円の上限額は適用されない（限度額の制限がなくなる）。

d．**正しい。**旅行者は、旅行開始後に契約書面と異なる旅行サービスが提供されたと認識したときは、**旅行地において速やかに**その旨を旅行業者、手配代行者または旅行サービス提供者に申し出なければならない。

問９　正解　c

a．**正しい。**記述のとおり。特別補償とは、企画旅行参加中の旅行者が生命、身体または手荷物のうえに被った一定の損害について、**旅行業者の損害賠償責任が生じるか否かを問わず**、あらかじめ定める額の補償金および見舞金を支払う制度である。

b．**正しい。**“旅行業者の募集型企画旅行参加中の旅行者を対象として、別途の旅行代金を収受して当該旅行業者が実施する募集型企画旅行”とは、現地発着型のいわゆる「オプショナルツアー」のことである。主たる企画旅行（Aとする）とオプショナルツアー（Bとする）を実施する旅行業者が同一の場合、Bは**Aの契約内容の一部**として取り扱うことになる（**それぞれの旅行契約に対して二重の補償はされない**）。

c．**誤り。**旅行者があらかじめ定められた企画旅行の行程から離脱する場合は、次のように取り扱う。

① 離脱および復帰の予定日時をあらかじめ旅行業者に		
a．届け出ていた場合	→	離脱中も**企画旅行参加中となる**
b．届け出ていない場合	→	離脱中は**企画旅行参加中とならない**
② 復帰の予定なく離脱した場合	→	離脱した時から後は企画旅行参加中とならない

本肢は①のｂに該当するので、**離脱中は企画旅行参加中とならない**。したがって、旅行者がその離脱中に負傷して入院したとしても、特別補償規程による**入院見舞金は支払われない**。

d．**正しい。**記述のとおり。旅行業者が支払うべき補償金は、損害賠償金の額の限度において、当該損害賠償金とみなされる。

問10　正解　b

添乗員などによる受付や解散の告知が行われない場合におけるサービスの提供を受けることを「開始した時」と「完了した時」は、テーマ別問題P123（問題28）の解説参照。

ａ（航空機）、ｃ（鉄道）、ｄ（宿泊機関以外の施設）はいずれもサービスの提供を受けることを「開始した時」に該当する。ｂ（車両）の場合は、**車両の乗車時**が正しい。

問11　正解　c

a．**正しい。**記述のとおり。旅行業者は、受注型企画旅行契約の申込みをしようとする旅行者からの依頼があったときは、旅行業者の業務上の都合があるときを除き、企画書面を交付する。

b．**正しい。**「旅行業者の業務上の都合があるとき」は、受注型企画旅行契約の締結の拒否事由に該当する。したがって、旅行業者が企画書面を交付した後に、企画書面に記載した企画の内容に関し、旅行者から契約の申込みがあっても、旅行業者は業務上の都合を理由に契約の締結に応じないことがある。

c．**誤り。**受注型企画旅行は、旅行者の依頼に基づき旅行業者が旅行の計画を作成して実施する旅行であることから、旅行者は旅行業者に対して契約内容の変更を申し出ることができる。これにより旅行の実施に要する費用が増加したときは、その増加分を旅行者の負担とすることができるが、旅行業者は旅行者から**変更手続に係る取扱料金（変更手続料金）を収受することはできない。**なお、旅行者からの求めにより契約内容を変更した場合に変更手続料金を収受することができるのは、**手配旅行契約**の場合である。

d．**正しい。**国内の企画旅行において、"旅行開始日の前日から起算してさかのぼって20日目に当たる日より前"の契約解除は、取消料の適用期間外となる。しかし、受注型企画旅行契約では、**企画書面および契約書面**に旅行代金の内訳として**企画料金の金額が明示**されていれば、**取消料の発生期日より前**に旅行者の都合により契約解除する場合でも、旅行者は**企画料金に相当する額の取消料を支払わなければならない。**したがって、本肢は正しい記述である。

問12　正解　d

a．**正しい。**旅行者の参加を募って実施する**募集型**企画旅行契約では、企画旅行ごとに定員（募集予定人員）が設定されるのが一般的なので「電話等による予約」の規定があるが、旅行者からの依頼により実施する**受注型**企画旅行契約では定員という概念がないため、同様の規定はない。

b．**正しい。**記述のとおり。旅行者からの依頼により実施する**受注型**企画旅行契約では、旅行者は旅行業者に対して契約内容の変更を求めることができるが、旅行者の募集のためにあらかじめ旅行業者が計画を作成して実施する**募集型**企画旅行契約の場合は、旅行者から契約内容の変更を求めることはできない。

c．**正しい。募集型**企画旅行契約では「旅行者の数が契約書面に記載した最少催行人員に達しなかった」という理由で旅行業者が契約を解除することはあるが、**受注型**企画旅行契約では、旅行業者が最少催行人員を設定することはないため、同様の規定はない。

d．**誤り。**「旅行者が他の旅行者に迷惑を及ぼし、または団体旅行の円滑な実施を妨げるおそれがあると認められるとき」は、**募集型・受注型いずれの企画旅行契約**であっても**旅行業者からの旅行開始前の解除事由に該当する。**したがって、"受注型企画旅行契約においては同様の規定はない"とする本肢の記述は誤りである。

問13　正解　a　b　c

募集型企画旅行契約において、dは約款に定める「旅行者が旅行開始前に取消料を支払うことなく契約を解除することができる事由」に該当するが、a、b、cはこれに該当しないので、契約の解除に当たり、原則どおり取消料の支払いが必要となる。

なお、aの「直行便から乗継便への変更」は、その航空便が**日本発・着の国際線区間（本邦内と本邦外との間）**の場合は契約内容の重要な変更に該当するが、本肢のように国内線区間（本邦内の空港間）の場合は重要な変更に当たらないので、これにより旅行者が契約を解除する場合は、取消料の支払いが必要である。

以上により、a、b、cを選ぶのが正解である。

問14　正解　b　c　d

a．**正しい。**本肢の“契約関係は、将来に向かってのみ消滅する”とは、**解除より後の契約関係は無効になる**という意味である。この場合、旅行者がすでに提供を受けた旅行サービスに関する旅行業者の債務については、有効な弁済がなされた（解除より前の契約について、旅行業者は責任を果たした）ものとみなされる。

b．**誤り。**旅行業者が旅行開始後に契約の一部を解除したときは、**解除事由にかかわらず**、旅行者がいまだその提供を受けていない旅行サービスに係る部分の金額を**払い戻さなければならない**（ただし、旅行サービス提供機関から解除にともなう取消料、違約料等を請求された場合、その費用は旅行者の負担となるため、旅行業者はこれらの費用を差し引いた残額を旅行者に払い戻す）。

c．**誤り。**“旅行者に同行していた添乗員が病気になり、業務の遂行が不可能となったとき”は、募集型企画旅行契約における旅行業者による旅行開始後の解除事由に該当しない。したがって、旅行業者はこれを理由に契約の一部を解除することはできない。

d．**誤り。**“運送・宿泊機関等の旅行サービス提供の中止”など、旅行業者の関与し得ない事由が生じた場合であって旅行の継続が不可能となったときは、旅行業者は、旅行開始後であっても契約の一部を解除することができる。契約の解除に当たり、旅行者に対する**理由の説明は必要だが、旅行者の承諾を得る必要はない**ので、“旅行者の承諾を得なければ”とする本肢の記述は誤りである。

以上により、b、c、dを選ぶのが正解である。

問15　正解　b　c　d

a．**正しい。**契約の解除や旅行代金の減額にともない、旅行業者が旅行者に対し払い戻すべき金額が生じた場合の払戻し期限は次のとおり。

払戻事由	払戻期限
① 旅行開始前の解除	**解除の翌日**から起算して**7日以内**
② 旅行開始後の解除	**契約書面に記載した旅行終了日の翌日**から起算して**30日以内**
③ 旅行代金の減額	

本肢は「旅行開始前の解除」なので①に該当し、正しい記述である。

b．**誤り。**本肢は「旅行開始前の解除」（aの解説の①）に該当するので、旅行業者は、**解除の翌日から起算して7日以内**に、旅行者に対して、払い戻すべき金額を払い戻さなければならない。したがって、“契約書面に記載した旅行開始日までに“とする本肢の記述は誤りである。

なお、旅行開始日の前日から起算してさかのぼって8日目にあたる日（本肢の“旅行開始日の前日から起算してさかのぼって7日目にあたる日より前”のうち、もっとも遅い日）に旅行者から契約解除の申出がなされた場合は、解除の翌日から起算して7日目、つまり、旅行開始日の前日までに、旅行者に対して払い戻すべき金額を払い戻さなければならないので、具体的な日付で考えても“契約書面に記載した旅行開始日まで”とする本肢の記述は誤りである。

c．**誤り。**旅行開始後において、旅行者の責に帰すべき事由によらず、契約書面に記載された旅行サービスを受領することができなくなり、旅行者が契約の一部を解除した場合、旅行業者は旅行代金のうち、その受領することができなくなった部分に係る金額を旅行者に払い戻さなければならない。ただし、「受領することができなくなった部分の旅行サービス提供機関に対する取消料、違約料など」は、旅行業者に**責任がない**（旅行業者の責に帰すべき事由によらない）場合、**旅行者の負担**となるので、旅行業者は、取消料などを**差し引いた残額**を旅行者に払い戻す。したがって、“旅行業者の責任の有無にかかわらず、…金額のすべてを払い戻す”とする本肢の記述は誤りである。

d．**誤り。**本肢は「旅行代金の減額」（aの解説の③）に該当するので、**契約書面に記載した旅行終了日の翌日**から起算して30日以内に、旅行者に対して、減額分を払い戻さなければならない。したがって、“短縮された旅行終了日の翌日から起算して…”とする本肢の記述は誤りである。

以上により、b、c、dを選ぶのが正解である。

問16　正解　a　c

a．**支払いが必要。**変更の内容（Aホテル→Bホテル）は「宿泊機関の名称の変更」に該当し、変更の原因は過剰予約受付による諸設備の不足（客室の不足）なので、変更補償金の支払いが必要である。**宿泊機関の名称**に変更が生じた場合は、たとえ**上位ランクへの変更**であっても**旅程保証の対象となる。**

b．**支払いは不要。**変更の内容（ツインルーム→シングルルーム）は「宿泊機関の客室の種類の変更」に該当するが、変更の原因が**旅行業者の過失（誤手配）**であるため、旅程保証ではなく**損害賠償責任**が発生する。この場合、旅行業者は変更補償金ではなく、**損害賠償金**を旅行者に支払うことになる。

c．**支払いが必要。**変更の内容（D旅館→E旅館）は「宿泊機関の名称の変更」に該当し、変更の原因は過剰予約受付による諸設備の不足（客室の不足）なので、変更補償金の支払いが必要である。契約内容の重要な変更は、契約書面に記載されたものだけでなく、**確定書面に記載されたものも対象になる**ので、確定書面が交付された場合は「確定書面の記載内容」と「実際に提供された旅行サービスの内容」との間で生じた変更についても変更補償金の支払い対象となる（本肢のように、実際に利用した旅館が契約書面に記載されていたものであっても、確定書面との間で変更が生じている場合は旅程保証の対象となる）。

d．**支払いは不要。**“初日の出”のように自然現象に左右されるものは、その目的が達成できなかったとしても契約内容の重要な変更に該当しないので、変更補償金の支払いは不要である。

以上により、a、cを選ぶのが正解である。

問17　正解　a　b　c

a．**正しい。変更補償金は、変更を受け入れてくれた旅行者に対して支払われる**ものなので、旅行者が変更を受け入れずに契約を解除した場合、変更補償金は支払われない。

b．**正しい。**旅行業者が変更補償金を支払った後に、その変更について旅行業者（または手配代行者）の故意または過失による責任が発生することが明らかになったときは、旅行業者に損害賠償責任が生じることになる。この場合、旅行者はその変更に係る変更補償金を旅行業者に返還しなければならない（一般的には損害賠償金の額のほうが高くなることから、旅行業者は、支払うべき「損害賠償金の額」と旅行者が返還すべき「変更補償金の額」とを相殺した残額を旅行者に支払うことになる）。

c．**正しい。**契約内容の変更にともない旅行の実施に要する費用が減少した場合、旅行業者は旅行代金を減額する必要がある。また、その変更が旅程保証の対象となる重要な変更だった場合は、減少額の払戻しをしたとしても、旅行者に変更補償金を支払わなければならない。

d．**誤り。**変更の内容は「入場する観光地または観光施設その他の旅行の目的地の変更」に当たるが、変更の原因である“当初の運行計画によらない運送サービスの提供”は免責事由に該当する。したがって、この場合、変更補償金は支払われない。

以上により、a、b、cを選ぶのが正解である。

問18　正解　b　c　d

a．**誤り。**受注型企画旅行の**団体・グループ契約**（契約責任者と契約を締結する場合）では、**申込金の支払いを受けることなく**契約を成立させることができる特則がある（この場合、旅行業者が契約責任者に対して「申込金の支払いを受けずに契約を締結する」旨を記載した書面を交付した時に契約が成立する）。したがって、“必ず…申込金を支払わなければならない”とする本肢の記述は誤りである。

b．**正しい。**受注型企画旅行契約の申込みは、契約の方法によって次のように定められている。

① 原則（通信契約でない場合） → 旅行業者所定の申込書に所定の事項を記入のうえ、旅行業者が別に定める金額の申込金とともに、旅行業者に提出する。 ② 通信契約の場合 → 会員番号その他の事項を旅行業者に通知する。

本肢は②に該当し、正しい記述である。

c．**正しい。**「旅行者が契約内容に関し合理的な範囲を超える負担を求めたとき」は、受注型企画旅行契約における旅行業者による旅行開始前の解除事由に該当する。したがって、この場合、旅行業者は契約を解除することができる。

d．**正しい。**旅行業者は、利用する運送機関の適用運賃・料金が、著しい経済情勢の変化等により、企画書面の交付の際に明示した時点のものに比べて通常想定される程度を大幅に超えて増額される場合はその額の範囲内において（減額される場合はその減少額だけ）、旅行代金の額を変更することができる。なお、この増額に当たっては、旅行開始日の前日から起算してさかのぼって15日目に当たる日より前に旅行者にその旨を通知しなければならない（減額の場合、通知期限はない）。

以上により、b、c、dを選ぶのが正解である。

問19　正解　c　d

a．**正しい。**記述のとおり。募集型・受注型企画旅行契約と異なり、**手配旅行契約では旅行業者に旅程管理の義務はない。**

b．**正しい。**旅行業者が善良な管理者の注意をもって旅行サービスの手配をしたときは、手配旅行契約に基づく**旅行業者の債務の履行は終了する**（旅行業者はその義務を果たしたことになる）。したがって、満員、休業、条件不適当等の事由により、運送・宿泊機関等との間で旅行サービスの提供をする契約を締結できなかった場合でも、旅行者は旅行業者に対し、所定の**旅行業務取扱料金を支払わなければならない。**

c．**誤り。**手配旅行契約では、旅行業者が手配する**すべての旅行サービス**について、**旅行サービスの提供を受ける権利を表示した書面（乗車券類、宿泊券など）を交付する**ときは、旅行業者は**契約書面を交付しない**ことがある。

d．**誤り。**手配旅行契約において、運送・宿泊機関等の運賃・料金の改訂、為替相場の変動などにより旅行開始前に旅行代金の変動が生じた場合、旅行業者は旅行代金を変更することができる。この場合、旅行代金の増加または減少は**旅行者に帰属する**（増額の場合は旅行者の負担となり、減額の場合は旅行者に返金される）。

以上により、c、dを選ぶのが正解である。

問20　正解　a

a．**誤り。**渡航手続代行契約の成立時期は、契約の申込みの方法により、次のように定められている（旅行相談契約も同様）。

① 原則（通信手段によらない申込みの場合） 　→ **旅行業者が契約の締結を承諾し、申込書を受理した時** ② 通信手段（電話、郵便、ファクシミリ、インターネットなど）による申込みの場合 　→ **旅行業者が契約の締結を承諾した時**

本肢は“通信手段による申込みを受け付ける場合を除き”とあるので①に該当する。したがって、“申込金を受理した時”とする記述は誤りである。

b．**正しい。**記述のとおり。旅行業者が渡航手続代行契約を締結する旅行者には、旅行業者と募集型企画旅行契約、受注型企画旅行契約、手配旅行契約を締結した旅行者のほかに、**受託契約により他の旅行業者の募集型企画旅行について旅行業者が代理して契約を締結した旅行者**も含まれる。

c．**正しい。**aの解説を参照。本肢は②に該当し、正しい記述である。

d．**正しい。**旅行業者が旅行相談契約に基づき作成した旅行の計画に記載した運送・宿泊機関等については、**実際に手配が可能であることを保証するものではない。**したがって、満員等の事由により、運送・宿泊機関等との間で旅行サービスの提供をする契約を締結できなかったとしても、**旅行業者はその責任を負わない。**

以上により、aを選ぶのが正解である。

第2問

問21　正解　a（正しい）

記述のとおり。小児とは、**運送開始日時点で2歳以上12歳未満の者**をいう。

問22　正解　b（誤り）

旅客または手荷物の運送は、航空券の最初の搭乗用片により行われる運送の開始日に有効な約款および会社規則が適用される。したがって、"運送の終了日に有効な…"とする本問の記述は誤りである。

問23　正解　a（正しい）

航空会社は、一旅客に対して二つ以上の予約がされ、かつ次のいずれかに該当する場合は、航空会社の判断により、予約の全部または一部を取り消すことができる。

① 搭乗区間および搭乗日が同一の場合
② 搭乗区間が同一で、搭乗日が近接している場合
③ 搭乗日が同一で、搭乗区間が異なる場合
④ 旅客が予約のすべてに搭乗すると合理的に考えられないと航空会社が判断した場合

本問は②に該当するので、正しい記述である。

問24　正解　b（誤り）

航空会社は、相当なる判断のもとに、旅客が感染症であると判断した場合および感染症の疑いがあると判断した場合、いずれも当該旅客の運送を拒否し、または降機させることができる。したがって、"感染症の疑いがある場合には…拒否することはできない"とする本問の記述は誤りである。

問25　正解　a（正しい）

第３問

問26　正解　a（正しい）

問27　正解　b（誤り）

旅客が病気その他の事由で旅行不能となった場合、30日を限度に航空券の有効期間を延長することができる。この場合、当該旅客の同伴者が所持する航空券についても同様に有効期間の延長をすることができる。

問28　正解　b（誤り）

適用運賃および料金は、会社規則に別段の定めがある場合を除き、航空券の発行日において、旅客が航空機に搭乗する日に有効な旅客運賃および料金とする。したがって、"航空券の予約時において有効な…"とする本問の記述は誤りである。

第４問

問29　正解　a（正しい）

運送契約の成立後に、契約責任者が運送申込書に記載された運送契約の内容の変更をしようとするときは、あらかじめ書面により、バス会社の承諾を求めなければならない。ただし、緊急の場合やバス会社が認めるときは、書面の提出を要しない（口頭でも可）。

第5問

問30　正解　b（誤り）

所定の解除事由に基づき宿泊業者が宿泊契約を解除する場合、違約金や補償料の支払いは不要である。宿泊業者は、宿泊しようとする者が特定感染症の患者等であるときは、宿泊契約の締結に応じないことがあり、また、契約締結後に宿泊客が特定感染症の患者等であることが判明したときは、補償料などを支払わずに契約を解除することができる。

3　国内旅行実務

第1問

問1　正解　a　竹原

＊すべて「国の重要伝統的建造物群保存地区」に選定されている。

a．**竹原**（広島県）：“安芸（広島県の旧国名の一つ）の小京都”のキーワードのほか、行程上、広島平和記念資料館（広島市）と千光寺公園（尾道市）の中間に位置することもヒントになる。

b．**龍野**（兵庫県）：揖保川の清流によって育まれたしょうゆの醸造業などで栄え、龍野城下に形成された商家町。「播磨の小京都」と呼ばれ、武家屋敷や白壁の土蔵が残されている。

c．**津山**（岡山県）：津山城跡を中心に、なまこ壁など江戸の風情漂う建物や当時の町家が残る商家町、社寺建築が見られる寺町などで構成されている。

d．**矢掛**（岡山県）：山陽道沿いの宿場町。江戸時代の旧本陣と旧脇本陣がそろって国の重要文化財に指定されており、建造物が良好な状態で保存されている。

問2　正解　b　吉備津神社

＊すべて岡山県の観光地で、このうちａ、ｃ、ｄは「倉敷美観地区」にある。

a．**大原美術館**：日本初の西洋美術中心の私立美術館。エル・グレコ、モネ、ゴーギャン、マティスなどの作品を所蔵する。

b．**吉備津神社**：大吉備津彦大神を主祭神とする神社で、桃太郎の童話のもととされる温羅退治の伝説ゆかりの場所である。国宝に指定されている本殿と拝殿、鳴釜神事（釜の鳴る音で占う神事）が行われる御竈殿、全長360ｍもの廻廊などが見どころ。

c．**倉敷アイビースクエア**：明治時代の倉敷紡績所（現クラボウ）の本社工場を再利用した複合観光施設。ツタのからまる赤レンガに囲まれた敷地内に、倉紡記念館やホテル、土産物店などがある。

d．**桃太郎のからくり博物館**：桃太郎をテーマとした観光施設。目の錯覚を利用したからくり遊びのほか、鬼ヶ島の洞窟探検アトラクションなどが楽しめる。

第2問

問3　正解　c　竹富島

＊すべて沖縄県（選択肢ａ、ｂ、ｃは八重山諸島）の島である。

a．**石垣島**：八重山諸島の主島。川平湾や琉球王国時代の邸宅・宮良殿内などの見どころがある。

b．**小浜島**：西表島の東に位置し、NHK連続テレビ小説「ちゅらさん」（2001年放送）の舞台として知られる。大岳の展望台から、与那国島（日本最西端）以外の八重山諸島の島々を望む。

c．**竹富島**："赤瓦の民家""国の重要伝統的建造物群保存地区""八重山諸島"がキーワードとなる。

d．**渡名喜島**：慶良間諸島の北西に位置する島。竹富島と同様、石垣に囲まれた赤瓦の民家が残り、集落全体が重要伝統的建造物群保存地区に選定されている。

問４　正解　a　①洞爺湖－②支笏湖－③サロマ湖－④阿寒湖

①は洞爺湖（湖中に中島などの小島が浮かぶカルデラ湖）、②は支笏湖（国内第２位の深さを誇る不凍湖）、③はサロマ湖（砂嘴でオホーツク海と隔てられた、道内最大の湖）、④は阿寒湖（マリモで知られる道東の湖）である。

問５　正解　d　釧路

＊すべて北海道の都市である。

a．**網走**：流氷の接岸で知られる、オホーツク海に面した都市。網走湖や知床連山を望む天都山には、流氷とオホーツク海の生き物がテーマのオホーツク流氷館がある。

b．**小樽**：石狩湾に臨む港町。明治、大正にかけて日本銀行の支店、商社、海運会社などが軒を連ね、貿易や金融で栄えたことから「北のウォール街」と称された。

c．**帯広**：さまざまな畜産物や農作物を産する十勝平野の中心を占める。紫竹ガーデンや真鍋庭園、六花の森（北海道中央部の観光ルート「北海道ガーデン街道」の庭園）などの見どころがある。

d．**釧路**："和商市場"は釧路市にある。新鮮な魚介をはじめ、水産加工品や乾物、肉、野菜などを販売する店が並び、釧路の台所として親しまれている。

問６　正解　a　金色堂

＊すべて中尊寺（岩手県平泉町）の境内にある。

a．**金色堂**："奥州藤原氏初代清衡公によって上棟""本年（2024年）建立900年を迎える"がキーワードとなる。

b．**讃衡蔵**：奥州藤原氏が残した3,000点以上もの文化財を収蔵する宝物館。平安時代の仏像や経典のほか、藤原氏の棺に納められていた副葬品などを見ることができる。

c．**弁慶堂**：古くは愛宕堂と呼ばれ、源義経と弁慶の木像を安置することから、明治以降は弁慶堂と称される。堂内の格天井に約60種の草花が描かれている。

d．**本堂**：法要儀式が行われる、中尊寺の中心となる建物。本尊は丈六の釈迦如来で、両脇に「不滅の法灯」と呼ばれる灯籠が灯り続ける。

問７　正解　c　浜離宮恩賜庭園

＊すべて東京都に所在する庭園である。

a．**旧芝離宮恩賜庭園**：都内に残る江戸初期の大名庭園の一つ。池の中央にある中島、流れる滝に見立てた石組など、池を中心とした石や松の木の配置がすばらしい庭園。

b．**清澄庭園**：泉水や築山、枯山水を主体とした江戸時代の造園手法をもとに、明治時代に全国から取り寄せた名石を配するなどして完成した庭園。

c．**浜離宮恩賜庭園**：“隅田川を下るクルーズ船を利用して行くことができる”“潮入の池”がキーワードとなる。
d．**六義園**：柳沢吉保が造った大名庭園で、小石川後楽園とともに江戸の二大庭園と呼ばれた。

問８　正解　ｃ　高遠城址公園
＊すべて長野県に所在する公園である。
a．**上田城跡公園**：真田昌幸（真田幸村の父）によって築城された上田城の跡地で、現在は城跡公園として整備されている。
b．**小諸城址懐古園**：別名「白鶴城」や「酔月城」と呼ばれた小諸城跡が、現在は公園となっている。島崎藤村の詩『千曲川旅情の歌』の一節“小諸なる古城のほとり”で知られる。
c．**高遠城址公園**：“「天下第一桜」”“コヒガンザクラ”がキーワードとなる。園内の桜は「タカトオコヒガンザクラ」と呼ばれる当地の固有種。
d．**松本城公園**：国宝の５重６階の天守をもつ松本城（別名「深志城」）は、その内堀の外側が公園となっている。周辺には300本ものソメイヨシノが植えられており、春は桜の名所として知られる。

問９　正解　ｃ　加賀温泉
ａの粟津温泉（石川県小松市）、ｂの芦原温泉（福井県あわら市）、ｃの加賀温泉（石川県加賀市）、ｄの湯涌温泉（石川県金沢市）のうち、2024年３月に延伸開業した北陸新幹線の区間内にある駅は、ｂとｃである。このうち、“山代、山中、片山津の各温泉地への玄関駅”となるのは、ｃである。

問10　正解　ｄ　廬山寺
a．**石山寺**（滋賀県）：西国三十三所第13番札所。近江八景「石山の秋月」で知られる。国宝の本堂の中にある源氏の間で、紫式部が『源氏物語』の構想を練ったといわれている。
b．**大覚寺**（京都府）：真言宗大覚寺派の本山。嵯峨天皇の離宮を寺に改めた。『源氏物語』のなかにもその名が登場し、寺には室町時代のものと伝わる源氏物語の写本が残されている。
c．**平等院**（京都府）：藤原道長の別荘を息子の頼通が仏寺として改めたもので、『源氏物語』の最後を飾る「宇治十帖」ゆかりの地。絢爛豪華な鳳凰堂は10円硬貨の図柄に採用されている。
d．**廬山寺**（京都府）：“紫式部が「源氏物語」を執筆した邸宅”“源氏庭”がキーワードとなる。

問11　正解　ｂ　西条
＊すべて広島県の市町である。
a．**呉**：海軍と造船の町として知られ、呉湾での艦船めぐり、大和ミュージアム（呉市海事歴史科学館）が人気。
b．**西条**：“「酒都」”“酒蔵通り”“毎年10月には…「酒まつり」が開催”がキーワードとなる。

c．**福山**：水野勝成（徳川家康の従兄弟）が築城した福山城の城下町として発達。古くは万葉集にも詠まれ、潮待ちの港として栄えた鞆の浦は、この市の景勝地である。

d．**三次**：中国地方最大級の古墳群「みよし風土記の丘」、市内の馬洗川で行われる伝統漁法「三次の鵜飼」、粘土を焼成して彩色した三次人形などが有名。

問 12　正解　d

（ア）**正しい。**別府八湯の一つ、鉄輪温泉（大分県別府市）では、温泉の蒸気で食材を調理する「地獄蒸し」や薬草の上で体全体を蒸す「むし湯」が楽しめる。

（イ）**正しい。**黒川温泉（熊本県南小国町）では、旅館ごとに趣向を凝らした露天風呂に、宿泊しなくても入ることができる「入湯手形」が販売されている。

（ウ）**正しい。**小浜温泉（長崎県雲仙市）は、島原半島の西部に位置し、橘湾に面して全長105 mの足湯「ほっとふっと 105」がある。

以上により、（ア）（イ）（ウ）を選んでいるｄが正解である。

問 13　正解　b

本問は、青森県と秋田県の日本海沿岸を走る「JR 五能線」沿線の観光地等に関する記述である。海岸と一体化したひょうたん型の露天風呂があるのは、**黄金崎不老ふ死温泉**（青森県）である。なお、下風呂温泉（青森県）は下北半島にある温泉で、井上靖の小説『海峡』に登場することでも知られる。

問 14　正解　c

本問は、福井県の観光地等に関する記述である。約 6km にわたる断崖美と奇岩、洞門、洞窟などが豪壮な景観をなすのは、**蘇洞門**である。東尋坊は九頭竜川河口の北側にある断崖絶壁の名勝地。

問 15　正解　b

本問は、徳島県の観光地等に関する記述である。吉野川の激流によってつくられた約8km にわたる渓谷は、**大歩危・小歩危**である。三段峡は広島県北西部にある峡谷で、黒淵、猿飛、二段滝、三段滝、三ツ滝の「五大景観」が見どころ。

問 16　正解　c

本問は、九州地方の観光地等に関する記述である。高千穂神楽が境内の神楽殿でほぼ毎晩公演されているのは、**高千穂神社**（宮崎県）である。天岩戸神社は国内に複数あるが、宮崎県に所在するものは高千穂峡の近くにあり、天岩戸と呼ばれる洞窟（古事記・日本書紀によれば、天照大御神が素戔嗚尊の乱暴に怒り、隠れたとされる場所）を御神体とする。

問 17　正解　d

a．湯西川温泉 － あしかがフラワーパーク（いずれも栃木県）

b．袋田温泉 － 国営ひたち海浜公園（いずれも茨城県）

国営ひたち海浜公園は、太平洋沿岸に位置する広大な公園。なかでも「みはらしの丘」の春のネモフィラと秋のコキアが人気。

c．伊香保温泉 － 館林つつじが岡公園（いずれも群馬県）

館林つつじが岡公園は、城沼のほとりにあるツツジの名所。推定樹齢800年の古木をはじめ、約1万株ものツツジが見られる。

d．仙石原温泉（**神奈川県**）－ 笛吹川フルーツ公園（**山梨県**）

笛吹川フルーツ公園は、モモやブドウの果樹園のほか、全天候型ガラスドームなどの施設が充実。園内から望む富士山などの山並みや甲府盆地の夜景も人気。

問18　正解　d

a．益子焼 － 華厳の滝（いずれも栃木県）

益子焼は、益子町周辺を産地とする陶器。春と秋に開催される益子陶器市が人気。

b．九谷焼 － 兼六園（いずれも石川県）

九谷焼は、石川県を代表する陶磁器。金沢市、加賀市、小松市、能美市など、石川県の複数の窯元で生産されている。

c．信楽焼 － 竹生島（いずれも滋賀県）

信楽焼は、甲賀市信楽町周辺で作られる陶磁器。日本六古窯の一つで、たぬきの置物が有名。

d．石見焼（**島根県**）－ 鳥取砂丘（**鳥取県**）

石見焼は、石見地方（江津市、浜田市、大田市など）で焼かれている陶器の総称。はんどうと呼ばれる大きな水がめや漬物用の壺の製造で知られる。

問19　正解　a

a．ふなずし － 彦根城（**いずれも滋賀県**）

ふなずしは滋賀県を代表する郷土料理の一つで、琵琶湖産のニゴロブナなどを塩漬けにし、ご飯とともに乳酸発酵させたもの。

b．めはりずし（和歌山県）－ 二条城（京都府）

めはりずしは、高菜の葉の漬物に包まれたおにぎり。和歌山県南部の漁業や林業が盛んな地域で、忙しい仕事の合間に手軽に食せる弁当として広まった。

c．柿の葉寿司（奈良県）－ 姫路城（兵庫県）

柿の葉寿司は、柿の葉で一口大の塩サバの寿司を包んだ料理。主に奈良県の五條市、吉野町などで食される（同名の寿司は、ほかにも和歌山県、鳥取県の一部地域で食されるが、いずれであってもcは「同一都道府県のものである組合せ」ではない）。

以上により、aを選ぶのが正解である。

問20　正解　a　c

a．**正しい。**玉泉洞は、沖縄本島の南部にある鍾乳洞。

b．**誤り。**玉取崎展望台は**石垣島**にある展望台。金武岳の東麓に所在し、平久保半島やサンゴ礁の海などを一望することができる。

c．**正しい。**マリユドゥの滝は、西表島を流れる浦内川上流の滝。

以上により、a、cを選ぶのが正解である。

第3問

問21　正解　c

大人2人と10歳の小学生1人の計3人が旅館に1泊する場合の宿泊料金等の総額を求める問題である。

① 基本宿泊料

大人1人当たりの基本宿泊料は、夕食・朝食付きで1泊20,000円である。10歳の子供には"「大人に準じる食事と寝具等」を提供する"とあるので、**大人の基本宿泊料に70%を乗じた額が子供料金となる。**

20,000円×2人＋（20,000円×70%）×1人＝**54,000円**

② サービス料

追加料金（追加飲食代など）が発生する場合は、追加料金に対してもサービス料がかかるが、本問には"追加料金は発生しない"とあるので、**①の「基本宿泊料」のみに対して、10%のサービス料がかかる。**

54,000円×10%＝**5,400円**

③ 入湯税

"入湯税は1人1泊につき150円（7歳未満は免除）"とあるので、本問では**大人2人と10歳の子供1人の3人分の入湯税が必要である。**

150円×3人＝**450円**

④ 消費税

「基本宿泊料（①）」と「基本宿泊料にかかるサービス料（②）」の合計額に対して、消費税10%が課税される（③の入湯税には消費税は課税されない）。

（54,000円＋5,400円）×10%＝**5,940円**

①～④で求めた額を合計する。①＋②＋③＋④＝**65,790円**

以上により、cが正解である。

問22　正解　a

大人2人と7歳の小学生1人の計3人が旅館に1泊する場合の宿泊料金等の総額を求める問題である。

① 基本宿泊料

大人1人当たりの基本宿泊料は、夕食・朝食付きで1泊20,000円である。7歳の子供には"「子供用食事と寝具」を提供する"とあるので、**大人の基本宿泊料に50%を乗じた額が子供料金となる。**

20,000円×2人＋（20,000円×50%）×1人＝**50,000円**

② サービス料

本問には"追加料金は発生しない"とあるので、**①の「基本宿泊料」のみに対して、10%のサービス料がかかる。**

50,000円×10%＝**5,000円**

③ 宿泊税

宿泊税を導入している自治体（都道府県または市町村）のホテルや旅館に宿泊する場合に、1人1泊当たりの宿泊料金に応じて宿泊税が課税される。この場合の「宿泊料金」とは、【注】にあるとおり、"食事代や消費税を除き、サービス料を含んだ金額"を意味する。

本問の場合、上から2つ目の※に“**室料は1泊夕・朝食付き料金の70%とする**”とあるので、大人・子供それぞれの基本宿泊料に70%を乗じて室料相当額を求め、これにサービス料10%を加算した額をもとに宿泊税を適用する。

- 大人1人当たりの宿泊税
  室料相当額　20,000円×70%＝14,000円
  サービス料　14,000円×10%＝1,400円
  宿泊料金　14,000円＋1,400円＝**15,400円**（10,000円以上20,000円未満）
  宿泊税　**200円**
- 子供1人当たりの宿泊税
  室料相当額　20,000円×50%×70%＝7,000円
  サービス料　7,000円×10%＝700円
  宿泊料金　7,000円＋700円＝**7,700円**（10,000円未満）
  宿泊税　**100円**

宿泊税の合計　200円×2人＋100円×1人＝**500円**

④ 消費税

「基本宿泊料（①）」と「基本宿泊料にかかるサービス料（②）」の合計額に対して、消費税10%が課税される（③の宿泊税には消費税は課税されない）。

（50,000円＋5,000円）×10%＝**5,500円**

①～④で求めた額を合計する。①＋②＋③＋④＝**61,000円**

以上により、aが正解である。

第4問

問23　正解　d

a．**誤り。**貸切バスの運賃は、各運輸局により公示された**下限額以上**の額で計算する（**上限額は定められていない**）。

b．**誤り。**時間制運賃の算出に当たり、走行時間が**3時間未満の場合は、3時間**として計算する。なお、走行時間が3時間以上で1時間未満の端数が生じた場合は、**30分未満は切り捨て、30分以上は1時間単位に切り上げる。**

c．**誤り。**フェリーを利用するときの貸切バスの航送時間に関し、時間制運賃の対象となる時間の上限は**8時間**と定められているが、**下限は定められていない**。したがって、3時間未満であっても、時間制運賃の対象となる。

d．**正しい。**記述のとおり。貸切バスの運賃が時間制運賃およびキロ制運賃の下限額をもとに計算されている場合、割引は適用できない。

第5問

問24　正解　b

大人3人（自動車の運転者1人を含む）、小学4年生1人、4歳の未就学児1人の計5人が、自動車1台で、宮島口－宮島間をフェリーで**往復する**場合の運賃等の総額を求める問題である。

- フェリーにおいて、12歳以上の者（小学生を除く）は**大人**、12歳未満の者および12歳以上の小学生は小児に区分される。また、大人に同伴されて乗船する**1歳以上の小学校**

に就学していない小児は、その小児が**指定制の座席や寝台を単独で使用しない場合、大人1人につき小児1人まで無料となる**。本問のフェリーは、3つ目の※に"全席自由席で上等級や指定席はない"とあるので、大人に同伴される**4歳の未就学児1人は無料となる**。

- 4つ目の※にあるとおり、旅客の乗船には、宮島口－宮島間の往復の運賃のほかに**宮島訪問税がかかる**。"未就学児は免除"とあるので、4歳の未就学児1人は免除で、大人3人と小学4年生1人が課税の対象となる。
- 自動車の航送には、自動車航送運賃（片道：1,700円）がかかる。自動車航送運賃には、**運転者1人が2等船室（自由席）に乗船する運賃が含まれているので**、大人3人のうち1人は自動車航送運賃を支払うことで乗船できる（別途、旅客運賃は不要）。

よって、本問の運賃等の総額は次のとおり（旅客運賃と自動車航送運賃は往復分なので×2）。

① 大人2人（自動車の運転者を除く）分の「大人旅客運賃200円×2（往復）」と「宮島訪問税100円」
② 小学4年生1人分の「小児旅客運賃100円×2（往復）」と「宮島訪問税100円」
③「自動車航送運賃1,700円×2（往復）」（大人1人分の旅客運賃を含む）
④ 大人1人分（自動車の運転者）の宮島訪問税100円

①～④を合計する。

(200円×2＋100円)×2人+(100円×2＋100円)×1人+ 1,700円×2＋100円= **4,800円**

以上により、bが正解である。

第6問

問25　正解　c

JALの「スペシャルセイバー」を適用した航空券を、搭乗日の52日前に取り消し、払い戻した場合の返金額を求める問題である。

「スペシャルセイバー」を適用した航空券を購入後、搭乗日の54日前から出発時刻までに取り消し、払い戻す場合は、**税抜運賃額の50%相当額の取消手数料**がかかる。旅客施設使用料および消費税は取消手数料の対象とならないので、合計金額の18,620円から、**旅客施設使用料690円と消費税1,630円を差し引いて**税抜運賃額を求め、その50%に当たる額が取消手数料となる。

(18,620円－ 690円－ 1,630円) × 50%＝ 8,150円（**取消手数料**）

合計金額から取消手数料を差し引き、返金額を求める。

18,620円－ 8,150円＝ **10,470円**

以上により、cが正解である。

問26　正解　d

ANAの小児ディスカウントは、**満3歳以上12歳未満の旅客が大人の運賃額から25%相当の割引**を受けられる制度で、次の対象運賃を利用する場合に適用される。

ANA FLEX ／ANA VALUE 1・3・7／ANA SUPER VALUE 21・28・45・55・75／プレミアム運賃／ ANA VALUE PREMIUM 3 ／ ANA SUPER VALUE PREMIUM 28

以上により、（ア）（イ）（ウ）を選んでいるdが正解である。

第7問

問27　正解　b

本問は、東海道本線（在来線）と東海道新幹線を乗り継ぎ、新所原から豊橋、三島を経由して沼津まで乗車する行程である。

<参考：駅の位置図>に記載のとおり、東海道本線は、東海道新幹線と並行する在来線である。［行程］を見ると「新所原→豊橋→三島→沼津」と片道で連続した行程のように思えるが、JRの規則では、「新幹線」と「新幹線と並行する在来線」は、原則として、**同一の路線として取り扱う**ため、<参考：駅の位置図>で示すように、新所原－豊橋間と三島－沼津間は、経路上、同じ区間を**折り返している**（乗車してきた経路を後戻りしている）ことになる。

これらの折り返し区間について、まず、新所原－豊橋間は、東海道新幹線と東海道本線を同一路線とする原則どおり、折り返しとなる豊橋駅で距離の通算を打ち切って運賃を求める。

① 新所原－豊橋の運賃

営業キロ 11.2km → 12km【本州内JR3社の幹線の普通運賃表】より　**240円**

次に、三島－沼津間については、※に“静岡～三島間は新幹線と並行する在来線を別の線として営業キロ等の計算を行う”とあり、「新幹線と在来線とを**別路線扱いとする特例**」に該当する区間であることがわかる。この場合、折り返しとなる三島駅で距離の通算を打ち切ることなく、豊橋→三島→沼津に**通しの運賃**を適用することができる。

② 豊橋－三島－沼津間の運賃

営業キロ 172.9km ＋ 5.5km ＝ 178.4km → 179km

【本州内JR3社の幹線の普通運賃表】より　**3,080円**

①と②で求めた額を合計する。①＋②＝ 240円＋ 3,080円＝ **3,320円**

以上により、bが正解である。

問28　正解　a

本問は、JR線とJR線の間にハピラインふくい線（私鉄）をはさむ行程である。

［行程］下の※に“JR線とハピラインふくい線は**通過連絡運輸の取扱いを行っている**”とあるので、ハピラインふくい線の**前後で乗車するJR区間の距離を通算して**JR線の運賃を算出し、これにハピラインふくい線の運賃を合算して全行程の運賃を求める。

① JR線の運賃

行程中の堅田－敦賀間、敦賀－福井間は**幹線**、越前花堂－九頭竜湖間は**地方交通線**である。幹線と地方交通線を連続して乗車しているので、幹線区間の営業キロと地方交通線区間の換算キロを合計した**運賃計算キロ**を、幹線用の運賃表に照らして運賃を求める。

70.9km + 49.2km + 57.8km = 177.9km → 178 km

【本州内 JR3 社の幹線の普通運賃表】より　**3,080 円**

② ハピラインふくい線の運賃　【ハピラインふくい線の普通運賃表】より　**170 円**

①と②で求めた額を合計する。①+②= 3,080 円+ 170 円= **3,250 円**

以上により、a が正解である。

問 29　正解　a

繁忙期に北陸新幹線〔つるぎ〕、特急〔サンダーバード〕、山陽新幹線〔のぞみ〕、〔こだま〕を乗り継ぐ場合の特急料金を求める問題である。

次の①②の区間に分けて特急料金を算出し、これらを合算して全行程の特急料金を求める。

① 北陸新幹線〔つるぎ〕・特急〔サンダーバード〕の特急料金　金沢－敦賀－新大阪

北陸新幹線の金沢－敦賀間と特急〔サンダーバード〕とを敦賀駅で改札口を出ずに当日中に乗り継ぐ場合、両列車の乗り継ぎ用に定められた特定の特急料金（通しの特急料金）を適用する。また、両列車ともに**繁忙期**に普通車指定席を利用しているので、**200 円を加算する。**

【北陸新幹線と特急「サンダーバード号」を…通しの指定席特急料金（通常期）】より

4,570 円+ 200 円= **4,770 円**

② 山陽新幹線〔のぞみ〕〔こだま〕の特急料金　新大阪－岡山－新尾道

岡山駅で改札口を出ずに同一方向（下りどうし）の山陽新幹線を乗り継いでいるので、特急料金を通算することができる。

本行程のように、最速型の新幹線〔のぞみ〕と最速型以外の新幹線〔こだま〕を乗り継ぐ場合、**全乗車区間（新大阪－新尾道）**に〔ひかり・こだま〕の特急料金（**3,930 円**）を適用し、最速型新幹線乗車区間（新大阪－岡山）の〔のぞみ〕の特急料金（3,380 円）と〔ひかり・こだま〕の特急料金（3,060 円）の**差額を加算する。**また、普通車指定席と普通車自由席の乗り継ぎなので、**全乗車区間に普通車指定席特急料金を適用し、繁忙期の 200 円を加算する**（自由席を利用するときの－ 530 円は適用しない）。

3,930 円+（3,380 円－ 3,060 円）+ 200 円= **4,450 円**

①と②で求めた額を合計する。①+②= 4,770 円+ 4,450 円= **9,220 円**

以上により、a が正解である。

問 30　正解　d

a．**誤り。**自由席特急券の有効期間は１日（**有効期間開始日のみ**）である。

b．**誤り。**往復乗車券の有効期間は、**片道乗車券の２倍**である。片道乗車券の有効期間は、営業キロに基づき、次のとおり定められている。

100km まで	200km まで	400km まで	600km まで	以降 200km までごと
1 日	2 日	3 日	4 日	+ 1 日

本肢は片道の営業キロが 180km であり、表中の「200km まで」に該当する。片道乗車券の有効期間が２日なので、往復乗車券はこの２倍の**４日間**となる。

c．**誤り。大都市近郊区間（本肢の場合、東京近郊区間）内相互発着**の片道乗車券は、距離に関係なく、**有効期間は１日**である。

d．**正しい。**記述のとおり。

問31　正解　b

東京－敦賀間で北陸新幹線〔かがやき〕のグランクラスに乗車するときの乗車券、特急券、グリーン券が1枚で発行されているJR券を、乗車日（6月1日）の前日（5月31日）に払い戻した場合の払戻し額を求める問題である。

① **乗車券に対する手数料**…乗車券1枚につき**220円**

② **特急券・グリーン券に対する手数料**

特急券とグリーン券が1枚で発行された料金券を払い戻す場合、**グリーン券のみが手数料の対象となる（特急券に対する手数料は不要）**。

券面の“内訳”に“グ8,380・西グ8,380”と記載されているのは、北陸新幹線のグランクラス料金が上越妙高駅を境にJR東日本の区間（東京－上越妙高）とJR西日本の区間（上越妙高－敦賀）に分けて計算されるためである。この場合、**両区間のグランクラス料金を合わせて1つの料金として**払戻しの手数料を適用する。指定券の払戻しにかかる手数料は次のとおり。

・列車出発日の2日前まで……………………1枚につき340円 ・出発日の前日から乗車駅出発時刻まで…対象となる料金の30%（最低340円）

本問の場合、乗車日の**前日**に払い戻しているので、グランクラス料金（8,380円＋8,380円）の**30%**の額が手数料となる。

（8,380円＋8,380円）× 0.3 ＝ 5,028円→**5,020円**

券面額（32,590円）から①と②の手数料を差し引き、払戻し額を求める。

32,590円－5,020円－220円＝**27,350円**

以上により、bが正解である。

問32　正解　c

※現行ダイヤとは異なるが、時刻表の見方を理解するうえでの参考事例として、出題時のまま掲載している。

a．**誤り。**快速「マリンライナー7号」に岡山駅から乗車して琴平駅まで行く場合、坂出駅で乗り換える必要がある。なお、坂出駅8時26分発の普通列車（列車番号：1221M）に乗り換えると、最も早く、琴平駅に到着することができる（8時56分に琴平駅に到着）。

b．**誤り。**特急「南風3号」の坂出駅発着時刻の欄の || は「他線区経由」を表す記号なので、当該列車が坂出駅を経由しない（通過しない）ことがわかる。なお、「通過」を意味する記号は ﾚ である。

c．**正しい。**特急「しまんと3号」は高松駅発の列車である。宇多津駅着時刻の下に、「列車の直通・分割・併結」を表す ↵ があり、これは「しまんと3号」が宇多津駅において、特急「南風1号」に併結することを意味する。特急「南風1号」は高知駅行きの列車なので、特急「しまんと3号」は“高松駅発、高知駅行き”となる。

d．**誤り。**高松駅10時13分発の快速「サンポート南風リレー号」に乗車し、宇多津駅で10時40分発の特急「南風5号」に乗り継ぐと、最も早く、**11時00分**に琴平駅に到着することができる（または、丸亀駅で10時43分発、多度津駅で10時48分発の「南風5号」に乗り継いでも同時刻に到着する）。したがって、“琴平駅に最も早く到着できるように乗り継ぐと、琴平駅到着時刻は11時37分である”とする本肢の記述は誤りである。

4 海外旅行実務

第1問

問1 正解 d

本問では、往路にSemi Flex B、復路にSpecial Bを適用した場合の「往路」の運賃（計算式）を求める。適用条件5より、**折り返し地点はATH**なので、本問の往路・復路は次のとおりである。

【TS】	【EH】
往路:OSA(大阪) − TYO − LON − ATH ／	復路:ATH − DOH − TYO − SHM(南紀白浜)

第1問の旅程は、**往路と復路でGIと呼ばれる航空航路（航空機の飛行経路）を表すコードが異なる点**に注意が必要である。適用条件6の「各区間TPM」のTYO − LON間に（TS）と表示されていることから、**往路**のGIは「**TS**」、DOH − TYO間に（EH）と表示されていることから、**復路**のGIは「**EH**」である（資料1 (3) より、日本−欧州間のGIのうち、「TS」は日本−欧州間直行便利用、「EH」は南周りの飛行経路を表すコードである）。

資料1 (1) の「名称・運賃種別」欄および「目的地（GI）」欄より、Semi Flex B、Special Bはいずれも「ヨーロッパ（TS）」と「ヨーロッパ（EH）」の2種類あり、資料1 (1) には4つの規則が掲載されていることがわかる。また、資料1 (2) の運賃表も「TS」と「EH」に分けて運賃額が表示されている。この場合、**往路の運賃計算ではSemi Flex Bの「TS」を、復路の運賃計算ではSpecial Bの「EH」の規則表および運賃表をそれぞれ適用する**（往路、復路それぞれのGIにあった規則と運賃を適用する）。

往路の運賃 OSA − TYO − LON − ATH **Semi Flex B(TS)**

【W・X運賃】 資料1 (1)「適用期間・運賃」欄を参照。

日本国内の最終地点（TYO）を出発する曜日 → 01OCT（火） → **W運賃**（※）

※往路はTYO − LON間でJL0041便を利用するので、「往路JL0041便利用時」の曜日を適用する。

1. マイレージ計算

資料1 (1) の「運賃計算規定」欄に“距離計算は行うが、HIPチェックは行わない”とある。往路には経由地があるので、マイレージ計算を行う。なお、往路の飛行経路はTSなので、マイレージ計算も**TS**の数値で行う。

（参考）より、往路（OSA − TYO − LON − ATH）のSTPM（TPMの合計）は8000。

適用条件6より、OSA − ATH（**TS**）のMPMは7645。

STPM 8000 ＞ MPM 7645

STPMがMPMを超えているので割増しが必要である。

8000 ÷ 7645 ＝ 1.04･･･

資料3 (1) より、1.00を超えて1.05以下→ **5%の割増しが必要である。**

2. HIPチェック

資料1 (1) の「運賃計算規定」欄に“HIPチェックは行わない”とあるので、HIPチェックは不要である。

3. 往路の運賃

往路の両端であるOSA－ATH（TS：W）のHRT（1/2往復運賃）を5%割増ししたものが往路の運賃となる。資料1（2）は「東京発」の運賃表だが、往路の国内線区間（OSA－TYO間）は、資料1（5）より加算が不要（0円）である。したがって、TYO－ATH（TS：W）の運賃がそのまま往路の運賃となる。運賃額は、資料1（2）①を参照する。

565,000円 × 1/2 × 1.05

4. 特定便追加運賃

資料1（4）参照。往路のTYO－LON間で利用する**JL0041便は特定便に該当する**ので、**15,000円**の加算が必要である。

5. 途中降機料金

資料1（1）Semi Flex B（TS）の「途中降機」欄を参照。途中降機は“ヨーロッパ内（ただし、ロシアを除く）で往路・復路各2回可（1回につき10,000円）ただし、ヘルシンキ・マドリードでは無料で可”とある。往路で経由するLONは滞在時間が24時間を超えているので途中降機である。したがって、LONでの途中降機に対して**10,000円**の途中降機料金が必要である。

6. 最終的な往路の運賃　565,000円 × 1/2 × 1.05 ＋ 15,000円 ＋ 10,000円

以上により、dが正解である。

問2　正解　b

本問では、**Special B**を適用した場合の**「復路」**の運賃（計算式）を求める。復路は問1で確認したとおり、ATH－DOH－TYO－SHMである。また、復路のGIは「EH」なので、資料1（1）規則表および資料1（2）の運賃表は**EH**のものを適用する。

復路の運賃　ATH－DOH－TYO－SHM（南紀白浜）　Special B(EH)

1. マイレージ計算

資料1（1）「運賃計算規定」欄を参照。復路も経由地があるので、マイレージ計算を行う。なお、復路の飛行経路はEHなので、マイレージ計算も**EH**の数値で行う。

（参考）より、復路（SHM－TYO－DOH－ATH）のSTPMは7284。

適用条件6より、SHM－ATH（**EH**）のMPMは8331。

STPM　7284 ＜ MPM　8331

STPMがMPM以内なので、割増しは不要である。

2. HIPチェック

資料1（1）「運賃計算規定」欄より、HIPチェックは不要である。

3. 復路の運賃

資料1（2）②の東京発アテネ行（EH）の運賃に、資料1（5）の東京－南紀白浜間の加算額**16,000円**を加えた額のHRT（1/2往復運賃）が復路の運賃となる。

350,000円 ＋ 16,000円 ＝ 366,000円　　366,000円 × 1/2

4. 特定便追加運賃

復路は資料1（4）の特定便に該当しないので、加算は不要である。

5. 途中降機料金

資料1（1）のSpecial B（EH）の「途中降機」欄を参照する。“ドーハ・ドバイで往路・復路各1回無料で可”とある。復路で経由するDOHは滞在時間が24時間を超えているが、規則により、復路で1回の途中降機は無料で可能なので、途中降機料金は発生しない。

6. 最終的な復路の運賃　366,000円×1/2

以上により、bが正解である。

問3　正解　c

本問は、問1（往路）、問2（復路）で求めた計算式に関するeチケットの運賃計算情報欄に記載される正しいものを選ぶ問題である。本問を解く際のポイントは次のとおり。

- 設問文より、NUC額と日本円の換算レート（ROE）は1NUC＝JPY100.000000（1NUC＝100円）である。円貨額からNUC額への換算は、JPY÷ROE＝NUCの計算式によって求める。
- 問1と問2の運賃額（特定便追加運賃、途中降機料金は除く）は往復運賃なので、往路と復路の運賃額を求める場合は、往復運賃×1/2の計算が必要である。さらに、運賃に割増しがある場合は、割増率を乗じる。
- a～dの選択肢のうち、数値が異なる下記の①②③を確認して正解を判断する。

本問の運賃計算情報欄は次のように表示される。

30SEP24　OSA　JL　X/ TYO　JL　LON　Q150.00　S100.00　BA　ATH5M ①
（X/：乗り継ぎ　Q150.00：往路の特定便追加運賃　S100.00：途中降機料金　①：往路の運賃）

QR　DOH　JL　X/ TYO　JL　SHM　M ②　NUC ③ END ROE100.000000
（X/：乗り継ぎ　②：復路の運賃　③：全旅程の運賃）

①往路の運賃額

この部分には、往路の運賃額が表示される。往路の運賃の円貨額をNUC額に換算すると次のとおりである。

JPY565000 ÷ ROE100.000000 = NUC5650.00
NUC5650.00 × 1/2 = NUC2825.00
NUC2825.00 × 1.05 = NUC2966.25

したがって、①には「2966.25」と表示される。なお、往路はマイレージ計算の結果、運賃に5%の割増しを行ったので、①の前に5Mが表示される。

②復路の運賃額

この部分には、復路の運賃額が表示される。復路の運賃の円貨額をNUC額に換算すると次のとおりである。

JPY366000 ÷ ROE100.000000 = NUC3660.00
NUC3660.00 × 1/2 = NUC1830.00

したがって、②には「1830.00」と表示される。なお、復路はマイレージ計算の結果、割増しは不要なので、②の前にMが表示される。

③全旅程の運賃額

この部分には、往路の特定便追加運賃、途中降機料金、①、②の額を合計したもの（全旅程の運賃額）が表示される。

150.00 + 100.00 + 2966.25 + 1830.00 = NUC5046.25

以上により、①「2966.25」、②「1830.00」、③「5046.25」とするcが正解である。

問４ 正解 a

本問は、往路にSemi Flex B（TS）、復路にSpecial B（EH）を適用（運賃を結合）した場合の航空券の取扱いに関する問題である。

a．**正しい。**本肢は予約（キャンセル待ち）および発券に関する記述である。資料１（1）の「結合可能運賃」欄より、「発券」については、結合されるより厳しい運賃規則が全旅程に適用されるが、「予約・発券」欄の②を参照すると、Semi Flex BとSpecial Bの規則は次のとおり共通しているので、この規則をそのまま適用する。

資料１（1）「予約・発券」欄（抜粋）

②発券は以下の期限までに行う ・予約が最初の国際線搭乗日の29日以前：予約完了後７日以内 ・予約が最初の国際線搭乗日の28日～旅行開始前：予約完了後３日以内 ただし、旅行開始前まで 上記発券期限までキャンセル待ち可（ただし、期限を過ぎた場合、すでに確保されている予約も含めて自動取り消しとなる）

規則に「発券期限までキャンセル待ち可（ただし、期限を過ぎた場合、すでに確保されている予約も含めて自動取り消しとなる）」とあるので、発券期限を確認する。

・予約日：2024年９月５日

・旅行開始日：2024年９月30日

・最初の国際線搭乗日：2024年10月１日

予約日である「９月５日」は、最初の国際線搭乗日の**26日前**に当たる。“最初の国際線搭乗日の28日～旅行開始前”に行われた予約の発券期限は“予約完了後３日以内 ただし、旅行開始前まで”なので、本肢の場合、予約完了から３日目の**９月８日**が発券期限となる。

したがって、“2024年９月８日（日）までに…航空券の発券ができなければ、…自動取り消しとなる”という本肢の記述は正しい。

b．**誤り。**本肢は旅行開始前の取り消し・払い戻しに関する記述である。資料１（1）の「結合可能運賃」欄を参照すると「取り消し・払い戻し」については、**結合されるより厳しい運賃規則が全旅程に適用される**。資料１（1）の「取り消し・払い戻し」欄より、Semi Flex B（TS）の場合は一定の条件のもとに航空運賃の払い戻しが可能だが、Special B（EH）の場合は**“払い戻し不可”**である。したがって、**より厳しいSpecial Bの規則**が適用され、航空運賃の払い戻しはないため、“取消手数料30,000円を支払い、残額が払い戻される”とする本肢の記述は誤りである。

c．**誤り。**本肢は旅行開始後の予約変更に関する記述である。資料１（1）の「結合可能運賃」欄を参照すると「予約変更」については、**フェアコンポーネント（運賃計算区間）ごとの規則が適用される。**

変更しようとするTYO－SHMは**復路**の区間である。資料１（1）の「予約変更・経路変更」欄より、復路に適用する**Special B**（EH）の規則を確認すると“１回につき変更料金大人20,000円、小児15,000円で可”とあるため、料金を支払えば変更が可能である。しかし、本問の旅程においてTYO－SHM（JL0215便）を10月12日から10月13日に変更すると、TYOでの滞在時間がDOH－TYO（JL0050便）のTYO到着時刻「10月

11日23：55」から24時間を超えるので、**TYOは途中降機地点になる**。資料1 (1) Special B（EH）の「途中降機」欄を確認すると、日本国内（東京）での途中降機を可とする記載はないので、TYOでの途中降機は不可であり、TYOが途中降機地点となる旅程にはSpecial B（EH）を適用することはできない（TYOが途中降機地点となる日程への変更はできない）ので、“予約変更が可能である”という本肢の記述は誤りである。
以上により、aを選ぶのが正解である。

第2問

問5　正解　c

本問は、適用条件、運賃・規則表を参照して、**往路にSpecial U、復路にSpecial Plus E**を適用する場合の**折り返し地点**を選ぶ問題である。この場合、往路と復路の各経由地が、資料2 (1) の「途中降機」および「乗り換え」の規則に合致するかどうかで、適切な折り返し地点を判別する。

資料2 (1)「途中降機」および「乗り換え」の規則を確認する。「途中降機」は、経由地での滞在時間が24時間を超えることをいい、「乗り換え」は、経由地で航空機を乗り換えることをいう（「乗り換え」は途中降機と乗り継ぎの両方を意味する）。なお、資料2 (1)「結合可能運賃」欄より、「途中降機」および「乗り換え」の規則は**フェアコンポーネントごとの規則が適用されるので、往路はSpecial U、復路はSpecial Plus E**の規則に合致しているかを確認する。

資料2 (1)「途中降機」「乗り換え」欄（抜粋）

規則＼運賃	Special Plus E【復路】	Special U【往路】
途中降機	米国内のLAX/SFO/SEA/SJC/NYC/WAS/**CHI**/**HOU**/HNL/**DEN**で **往路・復路各1回無料で可** **さらにカナダ国内のYVR**/YYC**で1回無料で可**	
乗り換え	北米内の下記都市（※1）で **往路・復路各2回可**	北米内の下記都市（※1）で **往路・復路各3回可**
	（※1）LAX、SFO、SEA、SJC、NYC、WAS、**CHI**、**HOU**、HNL、**DEN**、**YVR**、YYC	

適用条件1. 旅程で、経由地である**YVR、DEN、CHI、HOU**の滞在時間を確認すると、いずれの都市も滞在時間が24時間を超えているので、**途中降機地点**である。往路にSpecial U、復路にSpecial Plus Eを適用する場合、「乗り換え」は、**往路で3回可、復路で2回可**であり、このうち「途中降機」は、**「米国内の指定都市で往路・復路各1回無料で可」**に加えて、**「カナダ国内の指定都市で1回無料で可」**（カナダ国内の指定都市での途中降機は**全旅程で（往路・復路あわせて）**1回無料で可）である。この条件に当てはまるのは、次のとおり、「**CHI**」を折り返し地点とする行程のみである。

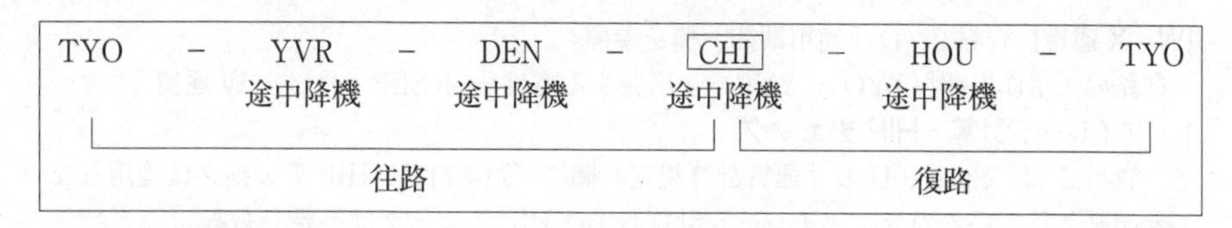

折り返し地点を「CHI」にすると、「乗り換え」は往路で2回・復路で1回、「途中降機」は往路は米国内の指定都市（DEN）で1回・カナダ国内の指定都市（YVR）で1回、復路は米国内の指定都市（HOU）で1回となる。この行程は、往路のSpecial U、復路のSpecial Plus Eの「途中降機」と「乗り換え」の規則に合致する（YVR、DEN、HOUを折り返し地点にすると規則に合致しない）。

以上により、「CHI」を折り返し地点とするcが正解である。

〈参考〉問5について

YVR、DEN、HOUが折り返し地点として不可となる根拠は次のとおりである。

① **折り返し地点「YVR」：TYO − YVR − DEN − CHI − HOU − TYO**

往路はTYO − YVRなので規則の確認は不要。復路は「乗り換え」が**3回**（DEN・CHI・HOU）である。Special Plus Eを適用する場合、復路での乗り換えは2回まで認められており、復路で3回の乗り換えは規則に合致しない（途中降機の規則にも合致しない）。したがって、YVRを折り返し地点とすることはできない。

② **折り返し地点「DEN」：TYO − YVR − DEN − CHI − HOU − TYO**

「乗り換え」「途中降機」のいずれも往路は1回（YVR）、復路は**2回**（CHI、HOU）である。「途中降機」は、米国内で往路・復路各1回まで可なので、復路でCHIとHOU（いずれも米国内の都市）での2回の途中降機は不可であり、規則に合致しない。したがって、DENを折り返し地点とすることはできない。

③ **折り返し地点「HOU」：TYO − YVR − DEN − CHI − HOU − TYO**

往路は「乗り換え」が**3回**（YVR、DEN、CHI）で、すべて「途中降機」である。Special Uを適用する場合、往路での3回の乗り換えは可能であるが、米国内の指定都市（DEN、CHI）で2回の途中降機は不可であり、規則に合致しない。したがって、HOUを折り返し地点とすることはできない。

問6　正解　c

問5で確認したCHIを折り返し地点として、Special Uを適用した場合の「往路」の運賃（計算式）を求める。本問の往路・復路は次のとおりである。

往路：TYO − YVR − DEN − CHI　／　復路：CHI − HOU − TYO

往路の運賃　**TYO − YVR − DEN − CHI　Special U**

【シーズナリティ】

資料2（1）「適用期間」欄には「シーズナリティ」の基準が記載されているが、資料2（2）の運賃表には、ひとつの期間の運賃だけが表示されている。したがって、シーズナリティの確認は不要（この手順は省略してよい）。

【W・X 運賃】資料 2（1）「適用期間」欄を参照。

往路の太平洋区間（TYO － YVR）を出発する曜日 → 16SEP（月）→ W 運賃

1. マイレージ計算・HIP チェック

資料 2（1）Special U の「運賃計算規定」欄に"距離計算、HIP チェックは適用しない"と記載されているので、マイレージ計算および HIP チェックは不要である。

2. 往路の運賃

往路の両端である TYO － CHI（W）の HRT が往路の運賃となる。運賃額は、資料 2（2）②《往路》を参照する。

367,000 円 × 1/2

3. 特定便追加運賃

往路は資料 2（3）の特定便に該当しないので、加算は不要である。

4. 途中降機料金

往路で経由する YVR、DEN はいずれも途中降機地点である。資料 2（1）の「途中降機」欄より、YVR と DEN での途中降機はいずれも無料である。したがって、途中降機料金は不要である。

5. 最終的な往路の運賃　367,000 円 × 1/2

以上により、c が正解である。

問 7　正解　d

CHI を折り返し地点として、Special Plus E を適用した場合の「復路」の運賃（計算式）を求める。

復路の運賃　CHI － HOU － TYO　Special Plus E

【W・X 運賃】資料 2（1）「適用期間」欄を参照。

復路の太平洋区間（HOU － TYO）を出発する曜日 → 29SEP（日）→ X 運賃

1. マイレージ計算

資料 2（1）Special Plus E の「運賃計算規定」欄に"距離計算、HIP チェックを適用する"とあるので、必要に応じて、マイレージ計算と HIP チェックを行う。復路には経由地があるので、マイレージ計算を行う。

（参考）より、復路（TYO － HOU － CHI）の STPM は 7591。

適用条件 6 より、TYO － CHI の MPM は 7539。

STPM　7591 > MPM　7539

STPM が MPM を超えているので割増しが必要である。

7591 ÷ 7539 ＝ 1.00･･･（1.00 で割り切れず、余りが出る）

資料 3（1）より、1.00 を超えて 1.05 以下→ 5%の割増しが必要である。

2. HIP チェック

復路で経由する HOU は途中降機地点なので、HIP チェックの対象となる。復路の両端である TYO － CHI の運賃と、途中降機地点行の TYO － HOU の運賃を比較する。復路には X 運賃を適用するため、HIP チェックも X 運賃で行う。運賃額は、資料 2（2）①《復路》を参照する。

TYO － CHI（X）: 411,000 円…両端

TYO － HOU（X）: 421,000 円← HIF

復路の両端であるTYO － CHIの運賃よりも、途中降機地点行の**TYO － HOUの運賃**のほうが高額なので、復路にはこの運賃を適用する（HOUがHIP、TYO － HOUの運賃がHIF）。

3. 復路の運賃

HIFである**TYO － HOU（X）**のHRTを**5%割増し**したものが復路の運賃となる。

421,000円 × 1/2 × 1.05

4. 特定便追加運賃

資料2（3）参照。復路のHOU － TYO間で利用する**NH0113便は特定便に該当する**ので、**7,500円**の加算が必要である。

5. 途中降機料金

復路で経由するHOUは途中降機地点であるが、資料2（1）の「途中降機」欄より、HOUでの途中降機は無料である。したがって、途中降機料金は不要である。

6. 最終的な復路の運賃　421,000円 × 1/2 × 1.05 ＋ 7,500円

以上により、dが正解である。

問8　正解　b　c

本問は往路にSpecial U、復路にSpecial Plus Eを適用（運賃を結合）した場合の航空券の取扱いに関する問題である。

a．**誤り**。本肢は発券期限に関する記述なので、資料2（1）の「予約・発券」欄を確認する。

資料2（1）「予約・発券」欄（抜粋）

Special Plus E【復路】	Special U【往路】
③発券は予約完了後72時間以内に行う ただし、出発の7日前まで	③発券は以下の期限までに行う 出発日の29日以前：予約完了後7日以内 出発日の28日～7日前：予約完了後72時間以内 ただし、出発の7日前まで

・予約日時：2024年9月9日午前10時

・出発日：2024年9月16日

予約日である「9月9日」は、**出発の7日前**に当たる。資料2（1）の「結合可能運賃」欄より、「発券」については、結合されるより厳しい運賃規則が全旅程に適用されるが、「出発の7日前」に予約が完了した場合の発券期限は、Special Plus E、Special Uともに“予約完了後72時間以内 ただし、**出発の7日前まで**”である。この場合「予約完了後72時間以内」と「出発の7日前」のうち早い日が発券期限となる。

・予約完了後72時間以内→9月9日午前10時の72時間後→9月12日午前10時

・出発の7日前→9月16日の7日前→**9月9日**

この場合、**9月9日**が発券期限となるので、“発券期限は、2024年9月12日（木）午前10時である”とする本肢の記述は誤りである。

b．**正しい**。本肢は旅行開始後の予約変更に関する記述である。変更の概要は次のとおり。

・変更日：2024年9月20日

・変更内容：9月23日発のDEN － CHI間UA2312便を9月24日の同一便、同一クラスに変更する資料２(1)の「結合可能運賃」欄を参照すると「予約変更」については、**フェアコンポーネント（運賃計算区間）ごとの規則が適用される**。変更しようとするDEN－CHIは**往路**の区間なので、資料２(1)の「予約変更・経路変更」欄で**往路に適用するSpecial U**の規則を確認すると、“【旅行開始前／旅行開始後】１回につき20,000円で可”、“すでに予約が入っている便の出発時刻までに変更手続きを完了すること”とある。本肢の場合、これらの条件に合致するため予約変更は可能である。

c．**正しい**。“最も長い旅行期間を手配する場合”とあるので、本肢は最長旅行期間に関する記述である。資料２(1)の「結合可能運賃」欄より、「最長旅行期間」については、結合されるより厳しい運賃規則が全旅程に適用されるが、資料２(1)の「最長旅行期間」欄を参照すると、Special Plus E、Special Uともに“12ヵ月発・開始”である。

旅行開始日は2024年９月16日なので、最長旅行期間満了日は**12ヵ月後の同一日**である**2025年９月16日**となる。この日の24時までに日本国外の最後の途中降機地点であるHOUからの旅行を開始すればよいので、“HOU－TYO間NH0113便の旅行開始日は2025年９月16日（火）である”とする本肢の記述は正しい。

以上により、b、cを選ぶのが正解である。

第３問

問９　正解　b

a．**誤り**。申請者の法定代理人以外の者（配偶者、２親等内の親族、申請者の指定した者など）が申請者に代わって旅券の発給申請をするときは「申請書類等提出委任申出書」１通を提出しなければならないが、**申請者の法定代理人**を通じて発給申請をする場合は、**この申出書の提出は不要**である。

b．**正しい**。記述のとおり。なお、申請者に代わり出頭する者は、「当該申請の内容を知り、かつ、都道府県知事または領事官の指示を申請者に確実に伝達する能力のある者」でなければならないが、年齢による制限は特にない。

c．**誤り**。疾病または身体の故障により署名することが困難な場合や、申請者が署名する能力のない乳幼児などである場合は、代理人による署名の代筆が認められている。代理人になることができるのは**次のいずれかに該当する者で、①から④の順位で行うこと**が定められている。

① 申請者の法定代理人 ② 申請者の配偶者 ③ ①および②以外の者で、申請者の海外渡航に同行を予定している者 ④ ①～③以外の者で、都道府県知事、外務大臣または領事官が申請者に代わり記名することが適当であると認める者

本肢の記述では上記④が含まれていないことと、“その順位は定められていない”としていることから誤りである。

d．**誤り**。旅券の名義人が病気、身体の障害、交通至難の事情その他の真にやむを得ない理由により自ら届け出ることが困難であると認められるときは、「①名義人の配偶者または２親等内の親族」、「② ①以外の者で、名義人の指定した者（自己の行為の責任をわきまえる能力がない者を除く）」を通じて、旅券の焼失の届出を行うことができる。

②のとおり、名義人が指定した者も届出を行うことができるため、“当該旅券の名義人の配偶者又は２親等内の親族に限られる”とする本肢の記述は誤りである。

問10　正解　a

a．**誤り。**旅券の記載事項に変更を生じた場合において、その旅券の名義人が、遅滞なく、旅券の発給を申請するものとされている旅券の記載事項は、旅券の名義人の氏名、生年月日、性別以外に、**本籍の都道府県名、呼称**もこれに該当する。したがって、“旅券の名義人の氏名、生年月日、性別に限られる”とする本肢の記述は誤りである。

b．**正しい。**記述のとおり。

c．**正しい。**記述のとおり。なお、この届出（在留届）を行った者は、住所、居所その他の届出事項に変更を生じたときは遅滞なく、また、管轄区域を去るときは事前に、その旨を届け出なければならない。

d．**正しい。**外務大臣または領事官は、外国にいる日本国民のうち次の①～③に該当する者が日本への帰国を希望する場合、旅券に代えて渡航書（帰国のための渡航書）を発給することができる。

① 旅券を所持しない者であって緊急に帰国する必要があり、かつ、旅券の発給を受けるいとまがない者
② 旅券の発給を受けることができない者
③ 旅券の返納の命令に基づいて旅券を返納した者

本肢の渡航書発給の対象者は③に該当するため、正しい記述である。

問11　正解　a　c

a．**正しい。**国外で旅券を紛失し、領事官にその旨を届け出た場合、紛失した旅券は原則として、その**届出があったときに失効する**（焼失の場合も同様）。

b．**誤り。**旅券の有効期間内に新たに旅券の発給申請をする場合、返納された有効な旅券は、それに代わる**新たな旅券が交付されたときに失効する**。したがって、“返納したときに当該旅券は失効する”とする本肢の記述は誤りである。

また、本肢の冒頭に“有効な旅券を返納して新たな旅券を申請する場合に…”とあるが、有効期間内の申請の場合、現に所持する旅券（現有旅券）は申請時に返納するのではなく、「提示」して都道府県知事（または領事官）の確認を受ける（返納は新たな旅券の交付の際に行う）。

c．**正しい。**記述のとおり。国内において発行された旅券について、申請者が旅券の発行日から６か月以内に受領しないときは、**６か月を経過したとき**にその旅券は失効する。

以上により、a、cを選ぶのが正解である。

問12　正解　a

a．**要件を満たしている。**“交付年月日が平成24年４月１日以降の運転経歴証明書”は、この１点だけで本人確認のための書類としての要件を満たしている。

b．**要件を満たしていない。**“印鑑登録証明書及び実印”だけでは本人確認のための書類として不十分である。なお、印鑑登録証明書と実印は合わせて１点として扱われ、ほかにもう1点本人確認のための書類が必要である。

c．**要件を満たしていない。**“後期高齢者医療の資格確認書”は、この1点だけでは本人確認のための書類として不十分である。

以上により、aを選ぶのが正解である。

第4問

問13　正解　a　b　c

a．**正しい。**特別永住者以外の者の「再入国の許可」の有効期間は、有効期間を延長する場合を除き、許可の効力が生じるとされる日から**5年**を超えない範囲内で決定される。

b．**正しい。**中長期在留者に対する「みなし再入国の許可」の有効期間は、出国の日から**1年**（在留期間の満了の日が出国の日から1年を経過する日よりも前に到来する場合は、在留期間の満了までの期間）である。なお、みなし再入国の許可は有効期間の延長をすることはできない。

c．**正しい。**特別永住者の「再入国の許可」の有効期間は、有効期間を延長する場合を除き、許可の効力が生じるとされる日から**6年**を超えない範囲内で決定される。

以上により、a、b、cを選ぶのが正解である。

問14　正解　a

a．**正しい。**ハンドバッグ（7万円×2個＝14万円）、指輪（5万円）、ネクタイ（5千円×4本＝2万円）の海外市価の合計額（申告価格）は**21万円**で、免税範囲の20万円を超えるため、購入した品物の一部が課税対象となる（旅行者に有利になるよう、税額が高い品物に対して優先的に免税枠を適用し、税額が安い品物を課税対象とする）。

　ハンドバッグ、指輪、ネクタイを課税の対象とする場合の税率は、いずれも**簡易税率（15％）**が適用される。本肢では、免税範囲を1万円分超過しているので**ネクタイ2本（5千円×2本＝1万円）を課税対象**とし、ハンドバッグ（7万円×2個＝14万円）、指輪（5万円）、ネクタイ2本（5千円×2本＝1万円）の計20万円に免税枠を適用すると税額が最も安くなる。したがって、“申告価格は21万円となり、ネクタイ2本が課税される”とする本肢の記述は正しい。

なお、ネクタイ2本の税額を計算すると次のとおり（課税価格は海外市価の6割とする）。

5,000円×0.6＝3,000円（課税価格）

3,000円×0.15（15％）＝450円（1本当たりの税額）

450円×2本＝900円

b．**誤り。**「酒類」は1本760ml程度のものが**3本まで免税**となる。本肢のようにワイン2本、ウォッカ2本（いずれも1本760ml）の合計4本を輸入する場合、**1本が課税対象となり、税額がより安いものに課税される**。酒類の税額は、海外市価の額にかかわらず、1リットル当たりワインが200円、ウォッカが500円でワインのほうが安いため、**ワイン1本が課税対象となる**。したがって、“海外市価が安価なウォッカ1本のみに課税される”とする本肢の記述は誤りである。

c．**誤り。**腕時計（12万円）、ジャケット（10万円）の海外市価の合計額（申告価格）は**22万円**で、免税範囲の20万円を超えるため、腕時計とジャケットのいずれかが課税対象となる。それぞれの税額を比較し、税額が高いほうに免税枠を適用し、税額が安いほうを課税対象とする。

腕時計の税率は、関税が無税なので**消費税および地方消費税（10%）のみ**が適用され、ジャケットの税率は、**簡易税率（15%）**が適用される。課税価格を海外市価の6割として税額を計算すると次のようになる。

・腕時計	120,000円×0.6 = 72,000円(課税価格)	72,000円×0.1 = 7,200円(税額)
・ジャケット	100,000円×0.6 = 60,000円(課税価格)	60,000円×0.15 = 9,000円(税額)

税額がより安い**腕時計が課税対象**となるので、“ジャケット1着が課税される”とする本肢の記述は誤りである。
以上により、aを選ぶのが正解である。

問15　正解　b　c

a．**誤り。**外国製品や貴金属を持ち出す場合は、出国時に**税関**に現品と必要事項を記入した「外国製品の持出し届」を提示し、確認を受けなければならない。したがって、“出国時に出国審査を行う係員に…確認を受けなければならない”とする本肢の記述は誤りである。

b．**正しい。**記述のとおり。帰国時に所定の申告をした別送品は、**入国後6か月以内**に輸入しなければ旅具通関が認められず、免税枠や簡易税率の適用を受けることはできない。

c．**正しい。20歳未満の者が輸入する酒類、たばこ**については、家族などへの土産品として購入した場合でも**免税は適用されない**（数量にかかわらず、すべて課税の対象となる）。
以上により、b、cを選ぶのが正解である。

問16　正解　c

a．**該当しない。**養殖用など一部の例外を除いて、**魚介類**は動物検疫の対象とならない。カズノコ、イクラ、からすみなど魚卵を加工したものも動物検疫を受けずに輸入することができる。

b．**該当しない。**“乾燥したウーロン茶の茶葉”などの「**製茶**」は、植物検疫を受けずに輸入することができる。

c．**該当する。**豚肉を原料とするソーセージ、ハム、ベーコンなどの**肉製品は動物検疫の対象**である。缶詰、びん詰、真空パックなど保存の形態にかかわらず、帰国時に携帯して輸入する場合は検疫を受けなければならない。
以上により、cを選ぶのが正解である。

第５問　英国のバッキンガム宮殿に関するインターネット上の案内（抜粋）

バッキンガム宮殿の見学

壮大なステートルーム（国賓室）を探索してみましょう。ここは毎年夏に一般公開され、冬と春の限られた日に専属ガイド付きツアーおよび家族向けガイド付きツアーが実施されます。

バッキンガム宮殿の夏の一般公開

・今年のバッキンガム宮殿の夏の一般公開は、7月11日から9月29日までです。
・最もお得な料金で入場が保証されるよう、事前予約をお願いします。
・子供は大人の半額で、5歳未満は無料です。
・夏季入場券には、マルチメディア・ガイドが含まれます。

夏の一般公開 料金

	前売り券	当日券 （空き状況による）
大人	40ポンド	50ポンド
若者（18～24歳）	25ポンド	30ポンド
子供（5～17歳）	20ポンド	25ポンド

夏の一般公開に関する実用情報

・入場時間枠は15分刻みで指定されています。入場券購入時に入場時刻を選択してください。
・すでに入場券をお持ちの方は、最高の体験となりますよう、入場券に印字された入場時刻どおりにご到着ください。
・バッキンガム宮殿の夏の一般公開中には、見学・体験できることが多数ありますので、存分にお楽しみいただくために十分な時間をおとりください。2時間～2時間30分がおすすめです。
・動物は、案内・聴導または介助のための動物を除き、宮殿内への入場が禁じられています。

冬と春の専属ガイド付きツアーおよび家族向けガイド付きツアー

・専属ガイド付きツアーは、お一人様110ポンドです（18歳以上）。
・小さいお子様連れの家族のために特別に企画された家族向けガイド付きツアーは、お一人様80ポンドで、5歳未満は無料です。
・体験の所要時間はおよそ1時間30分で、見学料にはガイドブック1冊が含まれています。

専属ガイド付きツアーおよび家族向けガイド付きツアーに関する実用情報

・入場券の事前予約が必要です。すべてのツアーで入場時間枠が設定されています。入場券購入時に入場時刻を選択してください。
・入場券に印字された入場時刻の30分前に到着する必要があります。
・動物は、案内・聴導または介助のための動物を除き、宮殿内への入場が禁じられています。

問17　正解　b

（ア）**合致している。**バッキンガム宮殿の見学の英文1～3行目参照。なお、一般公開が毎年夏の「一定の期間」であることについては、**バッキンガム宮殿の夏の一般公開**の第1項にある「7月11日から9月29日まで」から判断することができる。

（イ）**合致していない。夏の一般公開に関する実用情報**の第2項参照。入場券を所持している場合、「入場券に印字された入場時刻どおりにご到着ください」と記載されているので、

“入場時刻の遅くとも15分前には入場口に到着”とする本肢の記述は、英文の内容と合致していない。

（ウ）**合致している。夏の一般公開に関する実用情報**の第1項参照。

以上により、（ア）（ウ）を選んでいるbが正解である。

問18　正解　d

（ア）**合致している。夏の一般公開 料金**の表中「当日券」欄参照。両親（大人2人）には一人当たり「50ポンド」、18歳の子供には「30ポンド」、16歳の子供には「25ポンド」がそれぞれ適用されるので、料金の総額は、50 + 50 + 30 + 25 = 155ポンドである。

（イ）**合致している。冬と春の専属ガイド付きツアーおよび家族向けガイド付きツアー**の第1項参照。20歳の大人2人が専属ガイド付きツアーを予約する場合、一人当たり「110ポンド」が適用されるので、料金の総額は、110 + 110 = 220ポンドである。

（ウ）**合致している。冬と春の専属ガイド付きツアーおよび家族向けガイド付きツアー**の第2項参照。家族向けガイド付きツアーを予約する場合、両親（大人2人）と10歳の子供には一人当たり「80ポンド」が適用され、4歳の子供は無料である。したがって、料金の総額は、80 + 80 + 80 = 240ポンドである。

以上により、（ア）（イ）（ウ）を選んでいるdが正解である。

問19　正解　c

［　①　］のある文は2か所にあり、いずれも同じ文章である。内容としては、**介助目的の動物以外の動物**に関するもので、will not be ［　①　］とあるので受け身の否定文である（～されない）。この場合、［　①　］にcのadmitted（admitの過去分詞）を入れると、will not be admitted＝～入場を認められない（入場が禁じられている）となり、「介助目的の動物以外の動物は、宮殿への入場が禁じられている」という文になる。したがって、cが適切である。なお、他の選択肢を入れるとそれぞれ次の意味となり、いずれも適切ではない。

a．abandoned（abandonの過去分詞）will not be abandoned＝放棄されない

b．abused（abuseの過去分詞）will not be abused＝虐待されない

d．appointed（appointの過去分詞）will not be appointed＝指名されない

問20　正解　a　b　c

a．**合致している。冬と春の専属ガイド付きツアーおよび家族向けガイド付きツアー**の第3項参照。所要時間は、around 1.5 hours＝およそ1時間30分である。

b．**合致している。専属ガイド付きツアーおよび家族向けガイド付きツアーに関する実用情報**の第1項参照。Prebooking tickets is essential.＝入場券の事前予約が必要です。

c．**合致している。専属ガイド付きツアーおよび家族向けガイド付きツアーに関する実用情報**の第2項参照。なお、英文では「入場口に」とは明記されていないが、入場の際に到着すべき場所は一般的に「入場口」と考えられる。

以上により、a、b、cを選ぶのが正解である。

第６問　ニュージーランドのフィヨルドランド国立公園にあるミルフォードサウンドのクルーズツアーに関する案内（抜粋）

ミルフォードサウンド クルーズツアー：クルーズ、昼食および往復の送迎

見どころ

・クィーンズタウンからゆったりとバスに乗り、絵のように美しいエグリントン渓谷やミラー湖を巡ります。

・現地ガイドとともに、ユネスコの世界遺産に登録されているフィヨルドランド国立公園を訪ねます。エグリントン渓谷やミラー湖周辺では、自然遊歩道の散策や、写真撮影を楽しみます。

・ミルフォードサウンドでは、ガラス屋根のボートの広々としたデッキや船室からの風景をお楽しみください。滝や断崖を通り過ぎる際に、ペンギンやオットセイの姿を見かけることがあります。

・スターリング滝に近づいたときに、船首では氷河からとけ出した爽快な水しぶきを浴びる体験ができます。

・ミルフォードサウンドとクィーンズタウン間で往復とも空路を選択し、アップグレードすることができます。サザンアルプスやワカティプ湖、人気のルートバーン・トラックの空からの眺めをお楽しみください。

含まれるもの

・ミルフォードサウンド・クルーズ

・ホテルまでの送り迎え

・現地ドライバー／ガイド

・クルーズ船上での昼食

・船上での紅茶とコーヒーの無料サービス

・クィーンズタウンとミルフォードサウンド間の往復のバス移動

・クィーンズタウンとミルフォードサウンド間の１時間20分の往復のフライト（選択したオプションによる）

・パイロットによるライブ解説（選択したオプションによる）

ミルフォードサウンド・ツアーに関する便利な旅のヒント

・ミルフォードサウンドは降雨量が多いことで知られています。防水加工を施した服や丈夫な履き物をお持ちください。霧雨でも濡れない備えとして、フード付きのレインジャケット、防水パンツ、ハイキング用の防水ブーツの準備もご検討ください。

・変化する気象条件に適応するため、重ね着をしましょう。ミルフォードサウンドでは気温の変化も激しいため、暖かく通気性のある衣類の組合せで一日を快適にお過ごしください。

・ミルフォードサウンドでは一年を通じて雨が降ることから、ツアーは一般的に様々な天候のもとで催行されます。悪天候の場合には、代替の手配が行われることがあります。

・フライトツアーとミルフォードサウンドのクルーズツアーは、アクセスのしやすさに配慮しています。

・クルーズ中の野生動物の観察をより楽しめるよう、双眼鏡をご持参ください。オットセイやイルカ、ペンギンは頻繁に姿を現すため、双眼鏡があることで、これらの素晴らしい生き物たちを間近で鑑賞できます。

・環境へのやさしさを実践し、自然環境に敬意を払いましょう。
野生動物への餌やりを控え、散策中は指定された道を歩き、次世代のためにミルフォードサウンドの手つかずの美しさを守り続けるため、いかなるごみも責任をもって処理しましょう。

問21　正解　d

（ア）**合致している。**見どころの第１項と第２項から、バスの乗車地が「クィーンズタウン」であり、途中で訪れる「エグリントン渓谷やミラー湖」周辺で自然遊歩道の散策が楽しめることがわかる。

（イ）**合致している。**見どころの第３項参照。ミルフォードサウンドではボートに乗船中、滝や断崖を通り過ぎる際に、ペンギンやオットセイの姿を見かけることがある。

（ウ）**合致している。**見どころの第４項参照。

以上により、（ア）（イ）（ウ）を選んでいるｄが正解である。

問22　正解　c

（ア）**合致していない。**含まれるものの第５項参照。「船上での紅茶とコーヒーの無料サービス」と書かれており、"昼食時"に限定されていない。したがって、本肢の記述は英文の内容と合致していない。

（イ）**合致している。**含まれるものの第７項参照。クィーンズタウンとミルフォードサウンド間の移動については、往復とも空路とするオプションを選択することができる。その場合のフライトの所要時間は、１時間20分である。

（ウ）**合致している。**含まれるものの第８項参照。

以上により、（イ）（ウ）を選んでいるｃが正解である。

問23　正解　b

（ア）**合致している。ミルフォードサウンド・ツアーに関する便利な旅のヒント**の第１項と第２項参照。ミルフォードサウンドについて「降雨量が多い」「気温の変化も激しい」との記載があり、"雨具（雨を防ぐものの総称）"に該当するいくつかの衣類や履き物の例とともに「重ね着をしましょう（Dress in layers）」と書かれている。

（イ）**合致していない。ミルフォードサウンド・ツアーに関する便利な旅のヒント**の第３項参照。ツアーは様々な天候のもとで催行され、悪天候の場合、**代替の手配が行われることがある。**したがって、本肢の記述は英文の内容と合致していない。

（ウ）**合致している。ミルフォードサウンド・ツアーに関する便利な旅のヒント**の第５項、英文の１行目参照。

以上により、（ア）（ウ）を選んでいるｂが正解である。

問24　正解　c

［　①　］のある文は**野生動物への餌やり**（feeding wildlife）に関するもので、［　①　］にｃの Refrain を入れると「Refrain from ＝～を控える」となり、「野生動物への餌やりを控える」という文になる。したがって、ｃが適切である。なお、他の選択肢を入れるとそれぞれ次の意味となり、いずれも適切ではない。

ａ．Aside from ～＝～は別として、～に加えて

ｂ．Far from ～＝～とかけ離れて、少しも～でない

ｄ．Suffer from ～＝～に苦しむ

第7問

問25　正解　b　サンティアゴ デ コンポステーラ

＊いずれもスペインの都市である。

a．**サン セバスティアン**：スペイン北部バスク地方の都市。ビスケー湾に面した港町で、半円形の弧を描くコンチャ海岸が有名。

b．**サンティアゴ デ コンポステーラ**：“スペイン北部を通る巡礼路の終着地”“スペイン北西部ガリシア地方にあるキリスト教の聖地”などがキーワード。

c．**トレド**：スペイン中部、タホ川に三方を囲まれた古都。スペイン・カトリックの総本山である大聖堂やエル・グレコの傑作『オルガス伯の埋葬』が展示されているサント・トメ教会で知られる。

d．**ビルバオ**：スペイン北部バスク地方の港湾都市。造船所跡地に建てられたグッゲンハイム美術館（アメリカのニューヨークにあるグッゲンハイム美術館の分館）や、郊外にある世界初の運搬橋ビスカヤ橋などの見どころがある。

問26　正解　b　ハーグ

＊いずれもオランダの都市である。

a．**アムステルダム**：オランダの経済・文化の中心地で、同国の首都（政治の中心地は選択肢bのハーグ）。ダム広場を中心とする旧市街は、多くの運河に囲まれている。

b．**ハーグ**：“王宮や国際司法裁判所”“マウリッツハイス美術館”“マドゥローダム”がキーワード。マウリッツハイス美術館はフェルメールの『真珠の耳飾りの少女（青いターバンの女）』を収蔵している。

c．**ユトレヒト**：オランダ中部の商業都市。高さ112メートルのゴシック様式の尖塔を有するドム塔やオルゴール博物館などの見どころがある。

d．**ロッテルダム**：オランダ第2の都市で、ヨーロッパ屈指の貿易港。郊外にあるキンデルダイクでは運河沿いに建つ風車群が見られる。

問27　正解　a　オンタリオ湖

＊選択肢a～dの湖にエリー湖を加えた5つの湖を「五大湖」という。

a．**オンタリオ湖**：エリー湖とナイアガラ川で結ばれ、その途中にナイアガラの滝がある湖は、オンタリオ湖である。ナイアガラの滝は、アメリカとカナダの国境に位置し、アメリカ側はバッファロー（ニューヨーク州）、カナダ側はトロント（オンタリオ州）が観光の

拠点となっている。

b．**スペリオル湖**：五大湖の北西端にあり、淡水湖としては世界最大の面積をもつ。カナダのオンタリオ州、アメリカのミネソタ州、ウィスコンシン州、ミシガン州に囲まれている。

c．**ヒューロン湖**：五大湖の中でスペリオル湖に次いで2番目に大きい湖。スペリオル湖、ミシガン湖、エリー湖と川や水道でつながっている。

d．**ミシガン湖**：南岸には北米有数の大都市シカゴがある。

問28　正解　a　アトランタ

＊いずれもアメリカ南東部の都市である。

a．**アトランタ**（ジョージア州）：“マーガレット ミッチェルの小説「風と共に去りぬ」の舞台”“ストーン マウンテン公園”“マーチン ルーサー キング牧師ゆかりの地区”がキーワード。

b．**ダラス**（テキサス州）：テキサス州北東部の商工業都市。綿花の取引地として栄え、その後、石油・航空機工業が発達した。ダラス市とフォート・ワース市との間にあるダラス・フォート・ワース国際空港は世界最大級の空港である。

c．**ニューオーリンズ**（ルイジアナ州）：ディキシーランドジャズの発祥地。旧市街フレンチ・クオーターのバーボンストリートにはライブハウス、バー、ナイトクラブが軒を連ねる。

d．**メンフィス**（テネシー州）：テネシー州南西端の都市。ロック歌手エルビス・プレスリーの邸宅「グレースランド・マンション」があり、多くのファンが訪れている。

問29　正解　b　昌徳宮

＊いずれも韓国のソウル市内にある史跡である。

a．**景福宮**（キョンボックン）：李朝の創始者である李成桂（イソンゲ）が14世紀に建てた王宮。敷地内に国立民俗博物館がある。

b．**昌徳宮**（チャンドックン）：“王族の憩いの場として使われていた後苑（秘苑）”がキーワード。李氏朝鮮時代の5つの王宮（景福宮、昌徳宮、徳寿宮（トクスグン）、昌慶宮（チャンギョングン）、慶熙宮（キョンヒグン））のうち、昌徳宮のみが世界文化遺産に登録されている。

c．**宗廟**（チョンミョ）：朝鮮王朝の歴代王と王妃を祀る霊廟。毎年5月に李氏の子孫によって祭祀が営まれている。

d．**徳寿宮**：朝鮮時代の王族の邸宅として建てられ、のちに王宮として使用されるようになった。ほかの王宮と違い、西洋風の建造物が点在している。

問30　正解　b　成都

＊いずれも中国の都市である。

a．**西安**：シルクロードの起点となる西北地方の代表的都市で、大慈恩寺（だいじおんじ）、兵馬俑坑（へいばようこう）、華清池（かせいち）などの見どころがある。

b．**成都**：“三国時代における蜀の都”“諸葛亮（孔明）を祀った武侯祠”“杜甫の草堂”などがキーワード。

c．**南京**：江蘇省の省都。長江下流の沿岸に位置する。古くから政治・文化の中心都市であり、明の時代には首都とされた歴史を有する。明の太祖朱元璋（しゅげんしょう）（洪武帝）の陵墓「明孝陵（みんこうりょう）」や、孫文を祀った「中山陵」などがある。

d．**武漢**：長江とその最大の支流の漢水（漢江）の合流点に位置し、古くから水上交通の要衝の地。長江を見下ろす高台に建つ黄鶴楼（こうかくろう）からは武漢の市街を眺望することができる。

問31　正解　b　エレファンタ石窟群

＊いずれもインドの石窟（寺院）群である。

a．**アジャンター石窟群**：デカン高原北西部を流れるワゴーラ川沿いの断崖に造られた仏教の石窟寺院群。選択肢cのエローラとともにアウランガバードが観光拠点となっている。

b．**エレファンタ石窟群**："インド西部、ムンバイ湾内の島にある""ヒンドゥー教の石窟寺院群"などがキーワード。"ムンバイ湾内の島"とはエレファンタ島を指す。

c．**エローラ石窟群**：アウランガバードの北西にある、仏教、ヒンドゥー教、ジャイナ教の異なる3つの宗教の石窟寺院群。なかでも巨大な岩の塊を削り出して造られたカイラーサナータ寺院はヒンドゥー教寺院の最高傑作として知られる。

d．**カーンヘリー石窟群**：ムンバイの北約40㎞の国立公園内にある仏教の石窟寺院群。巨大な岩山に築かれた石窟は109窟を数える。

問32　正解　b　クスコ

＊いずれもペルーの都市である。

a．**アレキパ**：ペルー南部にある同国第2の都市。近郊で採取される白い火山岩を使った建造物が多いため「白い町」と呼ばれる。

b．**クスコ**："かつてのインカ帝国の首都""マチュピチュ遺跡観光の拠点""サントドミンゴ教会やアルマス広場"がキーワード。

c．**プーノ**：ペルー南部、ボリビアとの国境にある南米最大の湖・チチカカ湖の西岸に位置する都市。

d．**リマ**：ペルーの首都。植民地時代の建築物が多く残る歴史地区は世界文化遺産に登録されている。

問33　正解　a

インドネシアのジョグジャカルタは、**ジャワ島**にある。ジャワ島には首都ジャカルタやスラバヤなどの都市が所在する。なお、スマトラ島はインドネシアの西端に位置する島で、同国最大の湖・トバ湖がある。

問34　正解　d

映画『南太平洋』のロケ地として知られるカウアイ島最大の湾は**ハナレイ湾**である。ハナウマ湾はオアフ島の南東部にあり、シュノーケリングやダイビングを楽しめる観光客に人気のスポット。

問35　正解　a

ジャカランダ・シティの愛称で親しまれ、南アフリカ共和国の行政上の首都とされている都市は**プレトリア**である。春になるとジャカランダの花が街を彩る。ヨハネスブルグは、同国最大の都市で金融・経済の中心地である。

なお、南アフリカ共和国は首都の機能をプレトリア（行政府）、ケープタウン（立法府）、ブルームフォンテーン（司法府）の３つの都市に分散させているが、対外的には各国の大使館が置かれているプレトリアが首都と認識されている。

問36　正解　a

（ア）**正しい。**トロイの古代遺跡は、ホメロスの叙事詩『イリアス』にうたわれたトロイ戦争の舞台で、遺跡の入り口に「トロイの木馬」の巨大な複製がある。ダーダネルス海峡に面した港町チャナッカレが観光拠点。

（イ）**正しい。**

（ウ）**誤り。**“ケルススの図書館”や“アルテミス神殿”の跡などが残されている都市遺跡はエフェソス（エフェス）である。ベルガマはトルコの西部イズミルの北に位置し、ペルガモン王国の都として栄えた時代の遺跡が残る。

以上により、（ア）（イ）を選んでいるａが正解である。

問37　正解　d

（ア）**正しい。**フィリップ島はメルボルンの南東に位置する島で、小さなペンギン（フェアリーペンギン）が生息する。ペンギンが海から砂浜に上がり巣穴に戻る様子は「ペンギンパレード」と呼ばれ、メルボルンから日帰りの見学ツアーが催行されている。

（イ）**正しい。**世界最大級の珊瑚礁群グレートバリアリーフにあるグリーン島へは、ケアンズから船で訪れることができる。

（ウ）**正しい。**

以上により、（ア）（イ）（ウ）を選んでいるｄが正解である。

問38　正解　b

（ア）**正しい。**シャイヨー宮は1937年のパリ万博の会場として造られ、そのテラスからはエッフェル塔が正面に見える。

（イ）**誤り。**シャンゼリゼ通りはコンコルド広場と凱旋門（シャルル・ド・ゴール広場）を結ぶパリのメインストリートである。バンドーム広場はオペラ座やマドレーヌ寺院の近くにある広場で、中央にはナポレオンの記念柱が立っている。

（ウ）**正しい。**

以上により、（ア）（ウ）を選んでいるｂが正解である。

第８問

問39　正解　a

イタリアのフィレンツェ市内で観光する**ヴェッキオ橋**の写真はａである。ヴェッキオ橋はアルノ川に架かる石造りのアーチ橋で、橋の上は金銀細工の店が軒を連ねる。ｂ～ｄの写真の橋は次のとおり。

ｂ．チェコの首都プラハにあるカレル橋。ヴルタヴァ川（モルダウ川）に架かる石橋で、30体の聖人像が欄干に並ぶ。写真の左上に見えるのはプラハ城である。

ｃ．イタリアのベネチアにあるリアルト橋。市内をＳ字に貫く大運河に架かる大理石の橋。橋の上には金細工などの土産物店が並んでいる。

ｄ．イギリスの首都ロンドンにあるタワーブリッジ。テムズ川に架かる、２つの塔を持つ跳ね橋。

問40　正解　a　① シエナ　② アッシジ

空欄①：日程表の5日目に"伝統的な競馬の祭り「パリオ」で有名"とあり、日程表下の「観光内容」に"大聖堂（ドゥオーモ）""カンポ広場""プッブリコ宮殿"とあるので、［①］に該当するのは**シエナ**である。

空欄②：日程表の5日目に"聖フランチェスコの聖地"とあり、日程表下の「観光内容」に"サン フランチェスコ聖堂""サンタ キアラ教会"とあるので、［②］に該当するのは**アッシジ**である。

以上により、空欄①にシエナ、空欄②にアッシジを選んでいるａが正解である。

問41　正解　d

a．**鑑賞することができる。**『春』（ボッティチェリ作）は、フィレンツェのウフィツィ美術館に収蔵されている。

b．**鑑賞することができる。**『ピエタ』像（ミケランジェロ作）は、バチカン市国のサン・ピエトロ寺院に収蔵されている。

c．**鑑賞することができる。**『アテネの学堂』（ラファエロ作）は、バチカン市国のバチカン美術館に収蔵されている。

d．**鑑賞することはできない。**『最後の晩餐』（レオナルド ダ ヴィンチ作）は、イタリアのミラノにある**サンタ・マリア・デレ・グラツィエ教会**の食堂として使われていた部屋の壁に描かれている。ミラノは行程に含まれていないので、ｄを鑑賞することはできない。

第9問

問42　正解　c

a．**正しい。**フェアバンクスはアメリカのアラスカ州の都市。オーロラの発生率が高く、郊外のチナ温泉に滞在してオーロラ観賞を楽しむこともできる。

b．**正しい。**イエローナイフはカナダのノースウエスト準州の州都。グレート・スレーブ湖近くの都市。オーロラがよく発生するオーロラ帯（オーロラベルト）の真下に位置し、晴天率も高いためオーロラ観賞に恵まれた場所として観光客が多数訪れる。

c．**誤り。**トロムソは**ノルウェー**の都市。ノルウェーにおける北極圏最大の町で、夏の白夜、冬のオーロラ観賞で知られる。

d．**正しい。**ロヴァニエミはフィンランド北部、ラップランドの中心都市。郊外には一年中サンタクロースに会えるサンタクロース村がある。

問43　正解　a　c

a．**正しい。**プーケット島はマレー半島の西側、アンダマン海に浮かぶタイ最大の島。パトンビーチのほか、バンタオビーチ、カロンビーチなど多くのビーチがある。

b．**誤り。**ボラカイ島はフィリピンに属するが、"クタ ビーチ"は**インドネシア**の**バリ島**にあるので、誤った組合せである。

c．**正しい。**ペナン島はマラッカ海峡に位置し、「東洋の真珠」と称される島。ジョージ・タウンを中心に、バトゥ・フェリンギなどのビーチが点在するマレーシア有数のリゾートアイランドである。
以上により、a、cを選ぶのが正解である。

問44 正解 b c

aの『ゲルニカ』(ピカソ) はプラド美術館ではなく、マドリード (スペイン) の国立ソフィア王妃芸術センターに収蔵されている。
bの『接吻』(クリムト) はウィーン (オーストリア) のオーストリア絵画館 (ベルヴェデーレ宮殿の上宮) に、cの『晩鐘』(ミレー) はパリ (フランス) のオルセー美術館に収蔵されているので正しい組合せである。
以上により、b、cを選ぶのが正解である。

第10問
問45 正解 c

都市 (A) と都市 (B) の2都市間の時差をもとに、都市 (B) の現地時刻を確認する。具体的な手順は次のとおり。

① 資料4より、2024年**10月28日**における都市 (A) と都市 (B) のGMT数値を読み取る。
② GMT数値の「大きいほう」から「小さいほう」を引き、**2都市間の時差**を求める。
③ 都市 (A) (B) のGMTを比較して、次のいずれかにより、都市 (B) の時刻を確認する。
・**都市 (B) のGMT数値のほうが大きい (時刻が進んでいる)** ときは、都市 (A) の時刻 (10/28の13:00) に「2都市間の時差」を足して、都市 (B) の時刻を求める。
・**都市 (B) のGMT数値のほうが小さい (時刻が遅れている)** ときは、都市 (A) の時刻 (10/28の13:00) から「2都市間の時差」を引いて、都市 (B) の時刻を求める。

a. **正しい。**
(A) デリー (India) GMT + 5.30
(B) ドバイ (United Arab Emirates) GMT + 4
デリー(GMT+5.30) − ドバイ(GMT+4) = 5:30 − (+4) = 5:30 − 4:00 = 1時間30分
デリーとドバイの時差は**1時間30分**(**ドバイは、デリーより1時間30分遅れている**)。
13:00 − 1:30 = 11:30 → ドバイ:**10月28日11時30分 (午前11時30分)**

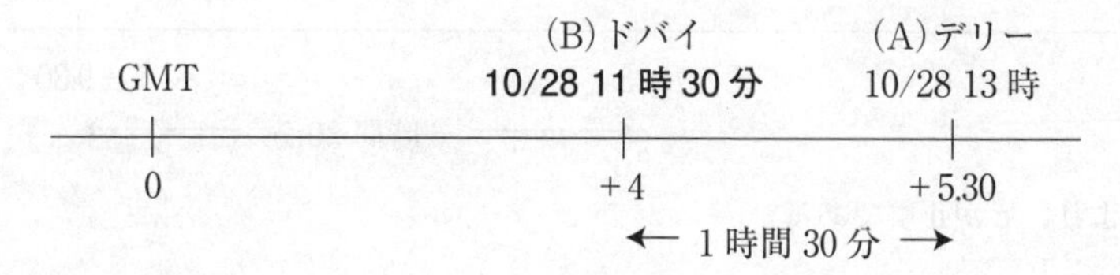

b. **正しい。**
(A) リスボン (Portugal / Mainland and Madeira) GMT (GMTとの時差なし = 0)
(B) ホーチミン (Viet Nam) GMT + 7
ホーチミン(GMT+7) − リスボン(GMT) = 7:00 − 0 = 7時間
リスボンとホーチミンの時差は**7時間**(**ホーチミンは、リスボンより7時間進んでいる**)。

13：00 + 7：00 ＝ 20：00 → ホーチミン：**10月28日20時（午後8時）**

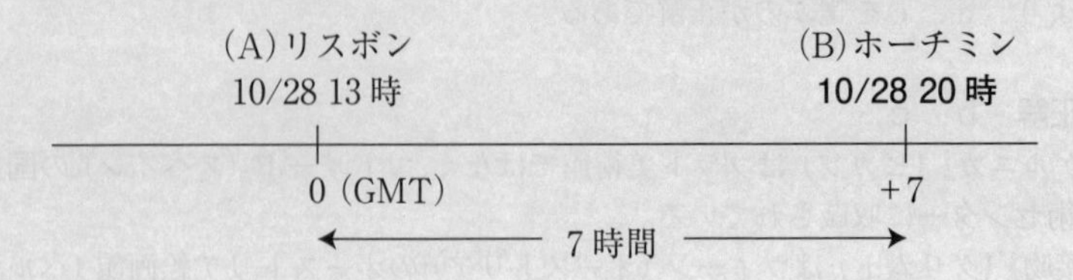

c．**誤り。**

（A）フェニックス（USA／Mountain Time Zone-Arizona）GMT − 7

（B）上海（China）GMT + 8

上海(GMT＋8)－フェニックス(GMT－7)＝8－(－7)＝8:00＋7:00＝15時間

フェニックスと上海の時差は**15時間（上海は、フェニックスより15時間進んでいる）。**

13：00 + 15：00 ＝ 28：00（※）→ 上海：**10月29日4時（午前4時）**

※10月28日の28：00＝翌10月29日の4：00(28：00 − 24：00（24時間）＝ 4：00)

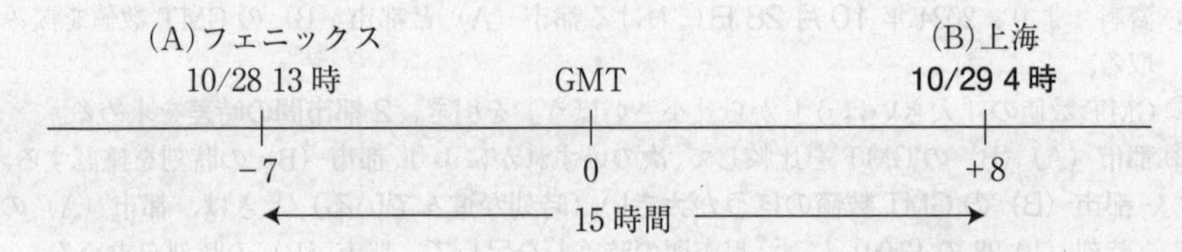

d．**正しい。**

（A）ダーウィン（Australia／Northern Territory）GMT + 9.30

（B）ナイロビ（Kenya）GMT + 3

ダーウィン(GMT＋9.30)－ナイロビ(GMT＋3)＝9:30－(＋3)＝9:30－3:00＝6時間30分

ダーウィンとナイロビの時差は**6時間30分（ナイロビは、ダーウィンより6時間30分遅れている）。**

13：00 − 6：30 ＝ 6：30 → ナイロビ：**10月28日6時30分（午前6時30分）**

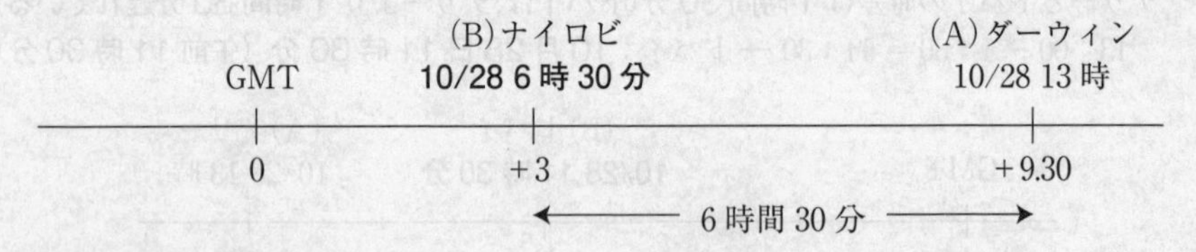

以上により、cが正解である。

問46　正解　b

すべての出発・到着時刻を「GMTにあわせる方法」で所要時間を計算する。資料4より、2024年**10月29日**の東京、ニューヨーク（アメリカ）、メキシコシティ（メキシコ）各都市のGMT数値は次のとおり。

- 東京（Japan）GMT ＋9
- ニューヨーク（USA ／ Eastern Time except Indiana・夏時間）GMT －4
- メキシコシティ（Mexico ／ Central Time Zone not observing DST）GMT －6

【AA0168便】10月29日　東京16:30発－ニューヨーク16:35着

東京の出発時刻とニューヨークの到着時刻をそれぞれGMTにあわせ、到着時刻から出発時刻を差し引いて所要時間を求める。

この場合、GMT数値が「＋」の都市は、現地時間から**GMT数値を引き**、GMT数値が「－」の都市は、現地時間に**GMT数値を足す**ことで、出発・到着の現地時間がGMTにそろう。

東京発　　16：30 － 9：00（9時間）＝ 7：30
ニューヨーク着　16：35 ＋ 4：00（4時間）＝ 20：35
20：35 － 7：30 ＝ **13時間05分（AA0168便の所要時間）**

【AA2995便】10月29日 ニューヨーク19:29発－メキシコシティ23:15着

ニューヨークの出発時刻とメキシコシティの到着時刻をそれぞれGMTにあわせ、到着時刻から出発時刻を差し引いて所要時間を求める。

ニューヨーク発　　19：29 ＋ 4：00（4時間）＝ 23：29
メキシコシティ着　23：15 ＋ 6：00（6時間）＝ 29：15
29：15 － 23：29 ＝ 28：75（※）－ 23：29 ＝ **5時間46分（AA2995便の所要時間）**
※29：15の1時間（60分）を分の位に移した時間

以上により、bが正解である。

問47　正解　d

a．**正しい。**エストニアはシェンゲン協定「加盟国」で、通貨は「ユーロ」である。
b．**正しい。**ギリシアはシェンゲン協定「加盟国」で、通貨は「ユーロ」である。
c．**正しい。**ノルウェーはシェンゲン協定「加盟国」で、通貨は「クローネ」である。
d．**誤り。**ハンガリーはシェンゲン協定「加盟国」で、通貨は「フォリント」である。

問48　正解　a

a．**誤り。**ヘルシンキはフィンランドの首都、マドリードはスペインの首都で、**フィンランドとスペインはいずれもシェンゲン協定に加盟している。**日本人旅行者が複数のシェンゲン協定加盟国にまたがって旅行する場合（航空機の乗継ぎのために経由する場合を含む）は、**最初に訪れる加盟国の都市**（本肢の場合はヘルシンキ）でシェンゲン協定加盟国圏の入国審査を行う。したがって、“シェンゲン協定加盟国の入国審査は、マドリード（MAD）で行われる”とする本肢の記述は誤りである。
b．**正しい。**国際線を利用してアメリカに渡航する場合、**最初に到着したアメリカ国内の空港**で入国審査および税関検査を行う。したがって、本肢の場合は、最初に到着したロサンゼルスで入国審査と税関検査を行うことになる。
c．**正しい。**オーストラリアの電子渡航許可（ETA）は有効期間内であれば渡航回数に制限はなく、1回の滞在期間は**最長で3か月**である。なお、ETAの有効期間は1年（旅券の残存有効期間が1年未満の場合は、当該旅券の残存有効期間まで）である。
d．**正しい。**アメリカの電子渡航認証システム（ESTA）の認証は、**アメリカ入国時に有効**

であればよく、滞在中にESTAが失効したとしても、新たにESTAの申請をする必要はない。

問49　正解　c

a．**正しい。**記述のとおり。

b．**正しい。**記述のとおり。「ガラ」とは、祝典、お祭りを意味し、クルーズ中に開かれる最も盛大なパーティーを“ガラ パーティー”という。

c．**誤り。**“ベルニナエクスプレス”は、**スイス東部のサンモリッツやクールなどの都市とイタリアのティラーノを結ぶ**パノラマ列車。運行区間の大半は「レーティッシュ鉄道アルブラ線・ベルニナ線と周辺の景観」として世界文化遺産に登録されている。なお、ツェルマットとサンモリッツの間を結ぶスイスの鉄道を代表する観光列車は「グレッシャー・エクスプレス（氷河特急）」である。

d．**正しい。**“カナディアン号”は、VIA鉄道によって運行されるカナダの大陸横断鉄道で、バンクーバー−トロント間を運行している。

問50　正解　a　b　c

a．**正しい。**チーズフォンデュはスイスの名物料理で、白ワインで溶かしたグリュイエールやエメンタールなどのチーズをパンや肉、野菜などにからめて食べる料理である。

b．**正しい。**バインミーはベトナムの名物料理で、パン（柔らかめのフランスパン）に肉や野菜、パクチーなどをはさんだベトナム風サンドイッチである。

c．**正しい。**タコスはメキシコの名物料理で、トウモロコシまたは小麦の粉で作ったトルティーヤと呼ばれる薄い皮に、ひき肉や野菜、サルサソースをのせて包んだ料理である。

以上により、a、b、cを選ぶのが正解である。

問51　正解　a　c

a．**正しい。**YTOはトロント（カナダ）の都市コードであり、YYZ（トロント・ピアソン国際空港）はトロントにある空港なので、正しい組合せである。

b．**誤り。**MILはミラノ（イタリア）の都市コードだが、FCOは**ローマ**（ROM）にあるフィウミチーノ空港の空港コードなので、誤った組合せである。なお、ミラノには、マルペンサ空港（MXP）やリナーテ空港（LIN）がある。

c．**正しい。**SELはソウル（韓国）の都市コードであり、GMP（金浦（キンポ）国際空港）はソウルにある空港なので、正しい組合せである。なお、ソウルには、仁川（インチョン）国際空港（ICN）もある。

以上により、a、cを選ぶのが正解である。

問52　正解　b　c

a．**一方が加盟していない。**UL（SriLankan Airlines：スリランカ航空）はoneworldに加盟しているが、UA（United Airlines：ユナイテッド航空）が加盟しているアライアンスはStar Allianceである。

b．**両方が加盟している。**AM（Aeromexico：アエロメヒコ航空）とAZ（ITA Airways：ITAエアウェイズ）は、いずれもSkyTeamに加盟している。

c．**両方が加盟している。**OS（Austrian Airlines：オーストリア航空）とOZ（Asiana Airlines：アシアナ航空）は、いずれもStar Allianceに加盟している。
以上により、b、cを選ぶのが正解である。

令和６年度 総合旅行業務取扱管理者試験　解答用紙

切取線

1 旅行業法及びこれに基づく命令

問題	解答欄
1	a b c d
2	a b c d
3	a b c d
4	a b c d
5	a b c d
6	a b c d
7	a b c d
8	a b c d
9	a b c d
10	a b c d
11	a b c d
12	a b c d
13	a b c d
14	a b c d
15	a b c d
16	a b c d
17	a b c d
18	a b c d
19	a b c d
20	a b c d
21	a b c d
22	a b c d
23	a b c d
24	a b c d
25	a b c d

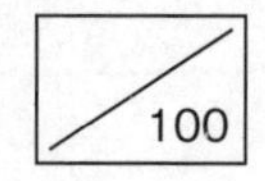

2 旅行業約款、運送約款及び宿泊約款

問題	解答欄
1	a b c d
2	a b c d
3	a b c d
4	a b c d
5	a b c d
6	a b c d
7	a b c d
8	a b c d
9	a b c d
10	a b c d
11	a b c d
12	a b c d
13	a b c d
14	a b c d
15	a b c d
16	a b c d
17	a b c d
18	a b c d
19	a b c d
20	a b c d
21	a b
22	a b
23	a b
24	a b
25	a b
26	a b
27	a b
28	a b
29	a b
30	a b

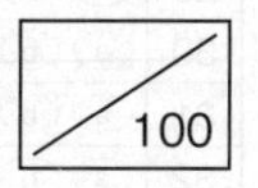

→裏面へ続く

3 国内旅行実務

問題	解答欄
1	ⓐ ⓑ ⓒ ⓓ
2	ⓐ ⓑ ⓒ ⓓ
3	ⓐ ⓑ ⓒ ⓓ
4	ⓐ ⓑ ⓒ ⓓ
5	ⓐ ⓑ ⓒ ⓓ
6	ⓐ ⓑ ⓒ ⓓ
7	ⓐ ⓑ ⓒ ⓓ
8	ⓐ ⓑ ⓒ ⓓ
9	ⓐ ⓑ ⓒ ⓓ
10	ⓐ ⓑ ⓒ ⓓ
11	ⓐ ⓑ ⓒ ⓓ
12	ⓐ ⓑ ⓒ ⓓ
13	ⓐ ⓑ ⓒ ⓓ
14	ⓐ ⓑ ⓒ ⓓ
15	ⓐ ⓑ ⓒ ⓓ
16	ⓐ ⓑ ⓒ ⓓ
17	ⓐ ⓑ ⓒ ⓓ
18	ⓐ ⓑ ⓒ ⓓ
19	ⓐ ⓑ ⓒ
20	ⓐ ⓑ ⓒ
21	ⓐ ⓑ ⓒ ⓓ
22	ⓐ ⓑ ⓒ ⓓ
23	ⓐ ⓑ ⓒ ⓓ
24	ⓐ ⓑ ⓒ ⓓ
25	ⓐ ⓑ ⓒ ⓓ
26	ⓐ ⓑ ⓒ ⓓ
27	ⓐ ⓑ ⓒ ⓓ
28	ⓐ ⓑ ⓒ ⓓ
29	ⓐ ⓑ ⓒ ⓓ
30	ⓐ ⓑ ⓒ ⓓ
31	ⓐ ⓑ ⓒ ⓓ
32	ⓐ ⓑ ⓒ ⓓ

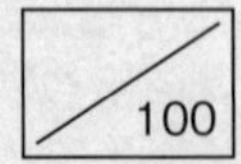

4 海外旅行実務

問題	解答欄
1	ⓐ ⓑ ⓒ ⓓ
2	ⓐ ⓑ ⓒ ⓓ
3	ⓐ ⓑ ⓒ ⓓ
4	ⓐ ⓑ ⓒ
5	ⓐ ⓑ ⓒ ⓓ
6	ⓐ ⓑ ⓒ ⓓ
7	ⓐ ⓑ ⓒ ⓓ
8	ⓐ ⓑ ⓒ
9	ⓐ ⓑ ⓒ ⓓ
10	ⓐ ⓑ ⓒ ⓓ
11	ⓐ ⓑ ⓒ
12	ⓐ ⓑ ⓒ
13	ⓐ ⓑ ⓒ
14	ⓐ ⓑ ⓒ
15	ⓐ ⓑ ⓒ
16	ⓐ ⓑ ⓒ
17	ⓐ ⓑ ⓒ ⓓ
18	ⓐ ⓑ ⓒ ⓓ
19	ⓐ ⓑ ⓒ ⓓ
20	ⓐ ⓑ ⓒ
21	ⓐ ⓑ ⓒ ⓓ
22	ⓐ ⓑ ⓒ ⓓ
23	ⓐ ⓑ ⓒ ⓓ
24	ⓐ ⓑ ⓒ ⓓ

問題	解答欄
25	ⓐ ⓑ ⓒ ⓓ
26	ⓐ ⓑ ⓒ ⓓ
27	ⓐ ⓑ ⓒ ⓓ
28	ⓐ ⓑ ⓒ ⓓ
29	ⓐ ⓑ ⓒ ⓓ
30	ⓐ ⓑ ⓒ ⓓ
31	ⓐ ⓑ ⓒ ⓓ
32	ⓐ ⓑ ⓒ ⓓ
33	ⓐ ⓑ ⓒ ⓓ
34	ⓐ ⓑ ⓒ ⓓ
35	ⓐ ⓑ ⓒ ⓓ
36	ⓐ ⓑ ⓒ ⓓ
37	ⓐ ⓑ ⓒ ⓓ
38	ⓐ ⓑ ⓒ ⓓ
39	ⓐ ⓑ ⓒ ⓓ
40	ⓐ ⓑ ⓒ ⓓ
41	ⓐ ⓑ ⓒ ⓓ
42	ⓐ ⓑ ⓒ ⓓ
43	ⓐ ⓑ ⓒ
44	ⓐ ⓑ ⓒ
45	ⓐ ⓑ ⓒ ⓓ
46	ⓐ ⓑ ⓒ ⓓ
47	ⓐ ⓑ ⓒ ⓓ
48	ⓐ ⓑ ⓒ ⓓ
49	ⓐ ⓑ ⓒ ⓓ
50	ⓐ ⓑ ⓒ
51	ⓐ ⓑ ⓒ
52	ⓐ ⓑ ⓒ

／200

切取線